Jörg Oberste

DER SCHATZ DER NIBELUNGEN

JÖRG OBERSTE
DER SCHATZ DER NIBELUNGEN — MYTHOS UND GESCHICHTE

GUSTAV LÜBBE VERLAG

Gustav Lübbe Verlag in der Verlagsgruppe Lübbe

Originalausgabe

Copyright © 2008 by Verlagsgruppe Lübbe GmbH & Co. KG,
Bergisch Gladbach

TV-Begleitbuch zur gleichnamigen ARD-Reihe, produziert
von LE VISION Film- und Fernsehproduktion GmbH, Leipzig,
in Koproduktion mit dem MDR, mit Unterstützung der
Mitteldeutschen Medienförderung (MDM)

Redaktionelle Bearbeitung: Heike Rosbach, Nürnberg
Bildredaktion: Dagmar Battle, Bergisch Gladbach
Register: Heike Rosbach, Nürnberg
Gestaltung, Layout und Satz: JahnDesign Thomas Jahn,
Erpel/Rhein
Gesetzt aus Mason Sans und Linotype Syntax und Syntax Serif
Druck und Einband: Mohn media · Mohndruck GmbH,
Gütersloh

Printed in Germany
ISBN 978-3-7857-2318-0

2 4 5 3 1

Sie finden die Verlagsgruppe Lübbe im Internet unter:
www.luebbe.de
Bitte beachten Sie auch: www.lesejury.de

ARTUR
UND ALLEN KLEINEN RITTERN
UND PRINZESSINNEN
GEWIDMET

INHALT

I. SPURENSUCHE — DER LANGE WEG DER NIBELUNGEN

WER SIND DIE NIBELUNGEN?

BÖSE SCHÄTZE

Wenn Gollum am Ende der monumentalen Tolkien-Trilogie mit dem Ring der Macht (»mein Schatz«) in den Schluchten des Orodruin versinkt, wirkt ein höheres Schicksal. Beider Untergang ist vorausbestimmt – der Schatz bringt seinen Besitzern Tod und Verderben. Selbst Bilbo und Frodo, die unschuldigen Hobbits, können sich der Gefahr nicht vollständig entziehen.

Man muss beim dramatischen Schlusskampf zwischen Frodo und Gollum vor brennenden Höhlenwänden nicht unbedingt an Etzels Königshalle und den Untergang der Nibelungen denken (in Frodos Fall ist der Zweikampf in der Berghalle auch nur der Stellvertreterkrieg für den sich vor dem Schwarzen Tor anbahnenden Untergang der »Völker des Westens«). Aber Tolkiens Schatz ist unverwechselbar der Schatz der Nibelungen – der Schatz, der fluchbeladen seine Besitzer verdirbt, der Kampf, Krieg und Tod fordert und der am Ende von dieser Welt verschwinden muss (sei es im Feuer des Schicksalsberges oder in den Fluten des Rheins). Wer diesem Vergleich misstraut, werfe einen Blick in die Biografie des Schöpfers von Gollum: John Ronald R. Tolkien (1892–1973), Professor für angelsächsische Sprache und Literatur in Oxford, war Spezialist für die Erforschung der nordischen Mythen. Die Inspiration für Elronds Elbenreich, Gimlis Zwergenvolk und Gollums Schatz stammt aus der mittelalterlichen Sage.

Reste dieser Sage haben sich in unser kollektives Gedächtnis eingeschrieben: die Lichtgestalt Siegfried, sein dunkler Gegenspieler Hagen, die trauernde Witwe Kriemhild und der Schatz im Rhein.

Zunächst spinnt Hagen, der zwielichtige Berater und Verwandte der Burgunderkönige, erfahren und listig, skrupellos und gewalttätig, alle Fäden. Einzig er kennt am Wormser Burgunderhof die Abenteuer des jungen Siegfried. Er berichtet über Siegfrieds Fahrt zu den Nibelungen, denen dieser im Kampf ihren Staatsschatz abnimmt, und über seinen Kampf mit dem Drachen Fafnir, dessen Blut ihn vermeintlich unverwundbar macht.

Hagen warnt König Gunther und seine Brüder vor der Verbindung mit dem sympathischen Drachentöter, der um ihre schöne Schwester Kriemhild anhält. Und Hagen schmiedet das Mordkomplott gegen Siegfried. Hinterlistig ringt er der arglosen Kriemhild das Geheimnis der verwundbaren Stelle ihres Gemahls ab. Da diese genau zwischen den Schulterblättern liegt, ist es für ihn ein Leichtes, den an einer Quelle trinkenden Helden hinterrücks zu erstechen.

Dunkel steht Hagen schließlich am nächtlichen Rheinufer. Erneut ist es ihm gelungen, Kriemhild hinters Licht zu führen. Über ihre Brüder hat er erreicht, dass die Witwe den ererbten Nibelungenhort nach Worms bringen lässt. Der Schatz versinkt in den Fluten des Rheins und mit ihm alle Rachepläne der Trauernden. Doch darin irrt der schlaue Hagen. Und als er die Folgen seines Irrtums erkennt, führt er die Burgunder starrköpfig in ihr Verderben.

Aus der weinenden wird an dieser Stelle die wütende Witwe. Kriemhild bestimmt fortan das Geschehen bis zu jener verhäng-

nisvollen Schlacht in Etzels Königshalle, bei der alle Burgunder untergehen. Als Letzter stirbt von Kriemhilds eigener Hand Hagen, das Geheimnis des Schatzes mit sich nehmend.

Der verratene Siegfried, der grimme Hagen, der schwache Gunther und die zuerst liebreizende, dann mordlustige Kriemhild (oder ihre nordischen Abbilder Sigurd, Högni, Gunnar und Gudrun) waren im Mittelalter äußerst populär. Und sie schafften es dank Richard Wagner, Fritz Lang oder Hermine Möbius bis in die Moderne. Gewiss, Gandalf hat es mithilfe des *Ringe*-Regisseurs Peter Jackson heute zu größerer Berühmtheit gebracht als Gunther, und nicht einmal Belesene kennen mehr den Namen Hermine Möbius, die Autorin der *Deutschen Götter- und Heldensagen. Für die Jugend erzählt* (1897). Doch noch in Tolkiens Jugend waren die germanischen Heldensagen als Erzählstoff allgegenwärtig.

Die Abenteuer der Nibelungen konnten es mit den Irrfahrten des Odysseus (in ihrer populären Fassung von Gustav Schwab: *Sagen des klassischen Altertums*) und die Bosheit Hagens mit Schneewittchens Stiefmutter der Brüder Grimm aufnehmen. Märchen sind ort- und zeitlos und die griechischen Welten der *Ilias* fern und faszinierend, aber welches Kind wusste schon, wo Troja oder Ithaka liegen? Dagegen sind Siegfried und Gunther die Jungen von nebenan. Sie stammen aus dem beschaulichen Xanten oder dem prächtigen Worms, und der Nibelungenschatz landet schließlich im Rhein, dem deutschesten aller Flüsse.

Die Erzählung von den Nibelungen ist ein urdeutscher Mythos. Das macht sie interessant für die Suche nach Wurzeln, aber in bestimmten Zeiten auch anfällig für nationale Wahnvorstellungen. Wann dieser Mythos entsteht und was er bedeutet, werden Fragen dieses Buches sein. Eine vorläufige Antwort auf die oben gestellte Frage »Wer sind die Nibelungen?« könnte lauten: Die Nibelungen sind die Helden vieler Generationen. Sie bevölkern die Fantasien des höfischen Publikums im 13. Jahrhundert, der Bayreuther Festspielgemeinde und die Kindheitsträume unserer Großeltern.

DER NAME »NIBELUNGEN«

Im Mittelalter war die Vorstellung weit verbreitet, die Welt lasse sich erklären, wenn man die Namen der Dinge ergründe. Ein spanischer Bischof namens Isidor von Sevilla hat die etymologische Methode bereits im 7. Jahrhundert zu einem wissenschaftlichen Erfolgsmodell gemacht. Doch wer sie auf die Nibelungen anwendet, stößt schon bald an ihre Grenzen. Eine Spur führt in die germanische Mythologie: Hier steigen die Toten in ihre eigene Welt hinunter, die im Nordischen als »Niflhel« (Niflheim) bezeichnet wird. Da die Nibelungen im Altnordischen uns auch als »Niflûngr« begegnen, haben frühere Gelehrte in den Nibelungen die Bewohner von Niflheim, also mythische Wesen der Unterwelt, gesehen. Das Grimm'sche *Wörterbuch* vermerkt zum Stichwort »Nibelung«: »...der sohn des nebels, der nebligen unterwelt, ein alter mythischer manns- und geschlechtername« (Bd. 13). »Nibel« erinnert an »Nebel« und macht aus den Nibelungen

ein unergründliches Nebelvolk, über dem die grauen Schleier der Vorzeit liegen.

Doch sollte man dieser Assoziation nicht unbesehen erliegen. Die Nebel-Metapher mag aus heutiger Sicht durchaus zutreffend unseren Blick auf den Nibelungenmythos umschreiben, aber die ältesten Überlieferungen vermitteln ein anderes Bild: Als Quellen stehen uns Heldenlieder aus dem skandinavischen Raum des 9. bis 13. Jahrhunderts und das süddeutsche *Nibelungenlied* aus der Zeit um 1200 zur Verfügung.

Im *Nibelungenlied* leitet sich der Name von einem Herrschergeschlecht mit dem Leitnamen »Nibelung« ab. Der Fürst Nibelung und sein Bruder Schilbung, »Söhne eines mächtigen Königs« (Str. 87), herrschen über ein in den Bergen liegendes Reich und über eine starke Gefolgschaft (die »Nibelungen«). An einer späteren Stelle wird im Lied eine Fahrt von Island ins Nibelungenreich beschrieben, eine Seereise von »gut hundert langen Meilen oder mehr« (Str. 484). Der Dichter stellte sich mithin eine skandinavische (vermutlich westnorwegische) Herkunft der Nibelungen vor.

Die Macht ihrer Herrscher gründet auf den Reichtümern aus der sie umgebenden Bergwelt: Der steigende Bedarf an Waffen, Werkzeugen, Schmuck und liturgischem Gerät machte bereits seit der Römerzeit den Abbau von Gold und Silber, Edelsteinen, Kupfer und Eisenerzen in Skandinavien und Deutschland zu einem einträglichen Geschäft. Archäologen fanden Schwertklingen, Goldschmiedewerkzeug sowie Schmuck und Münzen aus Gold, Silber oder Bronze, die auf einen hohen Stand der Edelmetallgewinnung und -verarbeitung in Skandinavien und auf rege Austauschbeziehungen mit dem nördlichen Deutschland seit dem frühen Mittelalter hindeuten.

Der Name »Nibelungen« als Ableitung von einem herrscherlichen Urahn Nibelung, dafür gibt es im Mittelalter viele Vorbilder: Die Welfen führten sich auf einen Grafen Welf zurück, die Karolinger auf Karl den Großen, die älteren Merowinger auf den mythischen Helden Merowech. In gleicher Weise spricht man auch von Rudolfingern, Raimundinern oder Ernstinern. In all diesen Familien war der Name des Spitzenahns gleichzeitig der Leitname für die nachfolgenden Generationen (bei den Welfen kommt man im 12. Jahrhundert bei Welf VII. an).

Allerdings belässt es der unbekannte Dichter des *Nibelungenlieds* nicht bei dieser einleuchtenden Erklärung. Er verwendet im zweiten Teil seines großen Werks (ab Str. 1523) den Namen »Nibelungen« auch für die burgundische Königssippe, für Gunther, seine Brüder Gernot und Giselher, ihren Onkel Hagen und ihre ganzen Gefolgsleute. Da dies

Peter Cornelius, Hagen versenkt den Nibelungenhort, *1859.*

systematisch geschieht, ist eine Verwechslung ausgeschlossen. Der Schlüssel zu diesem Rätsel dürfte im Nibelungenhort verborgen liegen. Auf dem Schatz (mhd. »hort«) beruht die Macht seiner Besitzer. Als er gestohlen wird, und das passiert gleich zweimal, geht der Name »Nibelungen« auf die neuen Besitzer über. Die alten verlieren nicht nur ihren Reichtum, sondern auch ihre Identität (und ihr Leben).

Die Verknüpfung des Nibelungennamens mit dem Schatz und folglich mit den ihn raubenden Burgundern findet sich übrigens bereits im norwegischen »Atlilied« aus dem 9. Jahrhundert. Spätere skandinavische Erzählungen kennen die burgundische Königssippe nach Giuki, dem Vater der drei Könige, auch als »Giukungen« und verwenden »Niflungen« als Synonym dazu.

Die amerikanische Historikerin Barbara Tuchman hat ein wunderbares Buch über *Die Torheit der Regierenden* verfasst (erschienen 1984). Wie die Geschichte nach den

Schilderungen des *Nibelungenlieds* für Nibelung weiterging, hätte ein Kapitel in diesem Buch verdient: Der Nibelungenfürst beauftragt einen Fremden damit, den Schatz gerecht zwischen ihm und seinem Bruder zu teilen. Zufällig handelt es sich bei dem Fremden um den jungen Siegfried, der gerade den Drachen Fafnir auf der Gnitaheide erlegt hat. Siegfried lässt sich diese Chance nicht entgehen, seinen Ruf als jugendlicher Held zu festigen, bringt den Schatz an sich und tötet Nibelung, dessen Bruder und reichlich Nibelungen (Str. 94 beziffert die Opfer auf immerhin »700 Recken aus dem Nibelungenland«).

Dass ihm der neue Reichtum freilich kein Glück bringen sollte, hatte kurz vor dem Ableben noch der böse, aber erfahrene Fafnir geweissagt: »Das gellende Gold, der glutrote Schatz / Diese Ringe verderben dich« (in der allerdings veränderten Version der Schatzgeschichte im altnordischen »Fafnirlied«, Str. 20). Als Siegfried schließlich im

Szenen aus dem »Fafnirlied«. Felsritzung von Ramsundberg, um 1020–1040.

Odenwald ermordet wird und sein Mörder Hagen bald darauf den Schatz in Besitz nimmt (aber nur, um ihn bei Nacht und Nebel im Rhein zu versenken), werden aus dem Burgunderreich das neue Nibelungenland (1392) und aus Hagens Verwandtschaft und Volk die neuen Nibelungen (ab Str. 1523), die ihrem Schicksal entgegeneilen.

Der wichtigste Beitrag aus dem *Nibelungenlied* und der altnordischen Dichtung zur noch immer offenen Frage: »Wer sind die Nibelungen?« liegt mithin in der Erkenntnis, dass ein Fürst Nibelung damit zu tun hat und dass der Name »Nibelungen« untrennbar mit dem verwunschenen Schatz verwoben ist.

Da sich die zweite These schwer beweisen lässt (wer glaubt schon an verwunsche-

ne Schätze?), haben sich die Historiker mit Scharfsinn der ersten Behauptung gewidmet. Ihre Rekonstruktionen führen bis ins 7. und 8. Jahrhundert zurück, als sich im östlichen Frankenreich (dem heutigen Belgien) eine junge Adelsfamilie zu Höherem berufen fühlte.

Diese Familie, nach ihrem Urahn Pippin dem Älteren (um 580–640) Pippiniden genannt, erwarb zunächst Grundbesitz im östlichen Flandern und nördlichen Lothringen. Im Dienst für ihre merowingischen Könige stiegen Pippin und seine Nachfahren bis in das führende Amt eines Hausmeiers auf, einer Mischung aus Generalstabschef und Premierminister. Die Familie weitete ihren Einfluss auf benachbarte Regionen aus, auf das Elsass, Burgund und Bayern.

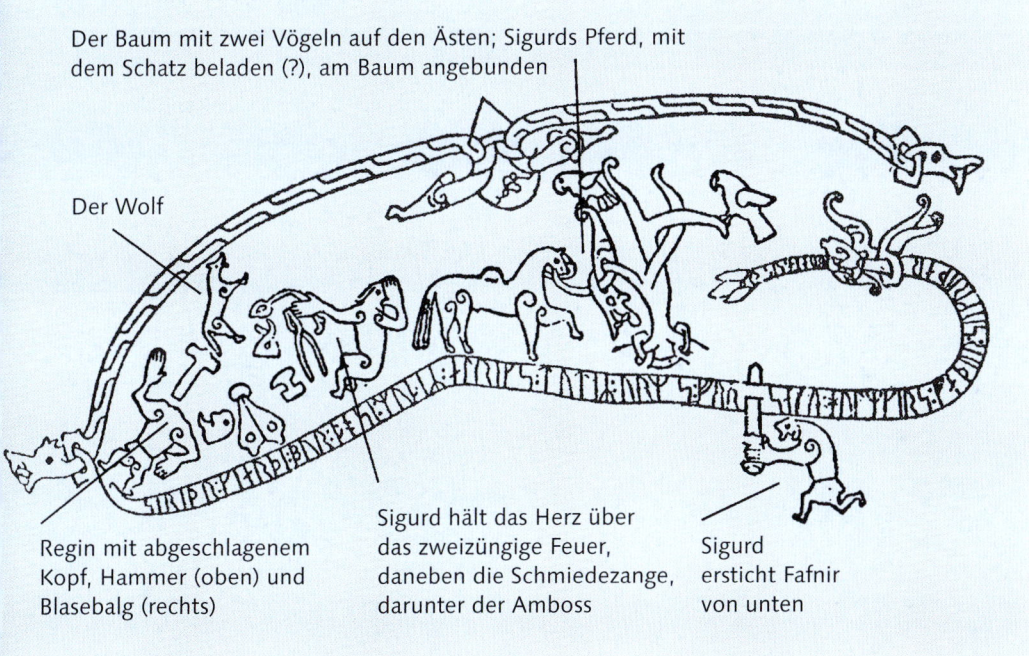

Der Baum mit zwei Vögeln auf den Ästen; Sigurds Pferd, mit dem Schatz beladen (?), am Baum angebunden

Der Wolf

Regin mit abgeschlagenem Kopf, Hammer (oben) und Blasebalg (rechts)

Sigurd hält das Herz über das zweizüngige Feuer, daneben die Schmiedezange, darunter der Amboss

Sigurd ersticht Fafnir von unten

Sie verzweigte sich in mehrere Linien, deren eine seit dem frühen 8. Jahrhundert den männlichen Leitnamen »Nibelung« führte und somit von einigen Historikern als »Nibelungen« bezeichnet wird.

Zum Besitz dieses Familienzweiges zählte auch der Ort Nivelles (südlich von Brüssel), wo die Ehefrau und die Tochter Pippins des Älteren, Ida und Gertrud, um das Jahr 650 ein Kloster errichteten. Der deutsche Germanist Georg Holz glaubte im Jahr 1907, in diesem flämischen Ortsnamen den Urgrund für den Namen »Nibelungen« gefunden zu haben. »Nivelles« sei auf den dort sitzenden Zweig der mächtigen Pippiniden übergegangen (was sprachlich übrigens kein Problem wäre, da der im Übergang von Nivel- zu Nibel- zu beobachtende Wechsel von /w/ und /b/ in dieser Region und Zeit häufiger belegt ist, so auch bei /B/orbetomagus, der ältesten Namensform für /W/orms). Und weil aus den Pippiniden in der Mitte des 8. Jahrhunderts die noch viel mächtigeren Karolinger hervorgegangen sind, habe es der Name »Nibelung« irgendwie in die Sagentradition geschafft.

Tatsächlich findet man in der fränkischen Geschichte um 750 einen Grafen Nibelung von Burgund, einen Neffen des Hausmeiers Karl Martell und damit einen Vorfahren Karls des Großen. Lassen sich die Nibelungen der Sage also historisch auf die Familie der Pippiniden und ihr Hauskloster Nivelles zurückführen? Auch wenn die These bis heute Anhänger findet, so noch 2006 den Historiker Jürgen Breuer, überwiegen doch die Einwände dagegen. Vor allem über folgende drei Punkte müsste nachgedacht werden:

1. Könnte es bei Nivelles nicht genau umgekehrt gewesen sein? Könnte nicht ein fränkischer Adliger namens Nibelung eine ostflämische Siedlung gegründet und ihr seinen Namen gegeben haben? Dass der Name eines Stifters oder Gründers in den Ortsnamen übergeht, ist hundertfach belegt.

2. Wenn der tatsächliche Hintergrund im karolingischen Aufstieg zu sehen wäre, wieso werden dann die Franken und ihre Fürstengeschlechter der Pippiniden und Karolinger in den verschiedenen Nibelungenüberlieferungen nicht erwähnt? Wieso spielt die Handlung des Epos an Rhein und Donau und nicht an Maas und Schelde, der Stammlandschaft der Pippiniden? Wieso hält Siegfried in Xanten und nicht in Lüttich oder Metz Hof?

3. Nach den Forschungen Wilhelm Störmers traten im 8. und 9. Jahrhundert nicht nur linksrheinisch, sondern auch in Bayern Nibelungennamen (neben Nibelung auch Gunther, Giselher, Kriemhild, Hagen, Brünhild oder Siegfried) gehäuft auf.

Daraus darf man schließen, dass der Sagenstoff ältere Wurzeln hatte und bereits in der frühen Karolingerzeit so populär war, dass einige Familien die Namen aus der Sage in ihre eigene Haustradition aufnahmen. Der pippinidische Graf Nibelung trug möglicherweise nur einen zu seiner Zeit ›modischen‹ Namen (wer heute als Lara oder Robbie

König Gunther. Szene aus dem Film
Die Nibelungen *(Regie: Fritz Lang), 1924.*

getauft wird, kann seine Vorbilder ja auch nicht verleugnen).

Die Überlegungen zum Namen »Nibelungen« lassen an dieser Stelle einige Schlussfolgerungen zu: Die erste ist durchaus selbstkritisch gemeint. Wenn sich Historiker an der Debatte beteiligen, wird es oft kompliziert, aber nicht immer einleuchtend. Die Herleitung des Namens darf nach wie vor als ungeklärt gelten. Es stehen sich mythologische, literarische und historische Deutungen aus unterschiedlichen Epochen gegenüber: Nibelung als »Sohn der nebligen Unterwelt« (W. Grimm), als ungeschickt agierender Herrscher über das nordische Bergvolk der Nibelungen, dem auch Riesen und Zwerge angehören (*Nibelungenlied*,

Str. 87–99), oder als Graf von Burgund und Verwandter Karls des Großen (L. Levillain, J. Breuer).

Keiner dieser Deutungen ist unbesehen der Vorzug zu geben. Ihre Verschiedenheit verdeutlicht vielmehr jene Bezugsfelder, in denen die Nibelungen stehen und denen bei der folgenden Spurensuche nachzuspüren ist: die alten germanischen Mythen, die literarischen Zeugnisse des Mittelalters und die historischen Personen und Ereignisse, die sich in die Überlieferungen eingeschrieben haben. Die Nibelungen sind zugleich mythische Helden, literarische Figuren und Träger historischer Eigenschaften. Präziser kann die Frage »Wer sind die Nibelungen?« vorerst nicht beantwortet werden.

Gustav Heinkel, Versenkung des Nibelungenschatzes. *Fliesenwandbild, 1938.*

ZWEITAUSEND
JAHRE
NIBELUNGEN —
VON TACITUS
ZU TANKRED
DORST

AUS DEM DUNKEL DER GESCHICHTE

Die Nibelungen begleiten die Deutschen und ihre germanischen Ahnen seit einer sehr langen Zeit. Die Suche führt bis in das römisch besetzte Westgermanien und in die Wirren der sogenannten Völkerwanderung zurück. Diese Zeiten hat man zuweilen als »dunkle Jahrhunderte« abgestempelt. Damit drücken sich zugleich ein moralisches (Vor-)Urteil und ein wissenschaftlicher Notstand aus. Die schlechten Moralnoten sind ein Erbe des Humanismus (also des 15. und 16. Jahrhunderts), als man die klassische Antike als Blütezeit der europäischen Zivilisation verehrte und nachahmte.

Die Zeit zwischen Antike und heute, die mittlere Zeit also (daher der Begriff »Mittel-Alter«), betrachtete der Humanismus mit Abscheu. Der Niedergang der römischen Welt wurde den germanischen »Barbaren« zur Last gelegt. Dass mit den Römern aus Europa eine halbwegs geordnete Verwaltung, eine hoch stehende urbane Kultur, ein funktionierendes Schulwesen und damit die kulturellen Techniken des Schreibens und Lesens weitgehend verschwanden (mit der wichtigen Ausnahme des kirchlich-liturgischen Bereiches), erklärt den angesprochenen Wissensnotstand.

Aus den »dunklen Zeiten« fehlen die Quellen, die Licht auf das Geschehene und Vergangene werfen, die Antworten auf unsere Fragen geben könnten. Bis die ersten Bilder und Texte zu den Nibelungen entstehen und den Umriss der Erzählung erkennen lassen, vergehen Jahrhunderte.

Die Voraussetzungen dafür liegen in der fortschreitenden Christianisierung des germanischen Europas und im seit der Karolingerzeit sprunghaft ansteigenden Schriftgebrauch in Verwaltung und Kultur.

Es gibt mithin Lücken und Hindernisse bei dem Versuch, den langen Weg der Nibelungen durch die Geschichte zu rekonstruieren. Die erste (und vermutlich folgenschwerste) ›Lücke‹ zeigt sich gleich zu Beginn. Wann entsteht die Erzählung über die Nibelungen?

Da die Anfänge in jene »dunklen Zeiten« der Quellen- und Sprachlosigkeit fallen, tut sich die Wissenschaft mit der Beantwortung schwer (was zugleich unwissenschaftlichen Positionen einen gewissen Auftrieb verleiht). Völlig hilflos stehen Historiker und Germanisten allerdings nicht vor dem Problem der Anfänge. In den letzten Jahren hat sich eine Methode durchgesetzt, die nach den schwachen Spuren der mündlichen Tradition (»oral history«) fahndet.

Die frühen germanischen Gemeinschaften bedienten sich in ihrer Kommunikation vorwiegend der Mündlichkeit und der Symbolik von Ritualen und zeichenhaften Handlungen. Ihre Erzählungen sind »Sagen« (Gesprochenes) im Unterschied zu den lateinischen »Legenden« (Gelesenes), mit denen die Kirche an ihre Heiligen erinnerte. Die Verehrung der Götter und die Erinnerung an Helden und Vorfahren brachten die Germanen in Liedern zum Ausdruck, die mündlich von einer Generation zur nächsten weitergegeben und gemeinschaftlich am Lagerfeuer gesungen wurden. Darüber berichtet schon der römische Schriftsteller Tacitus im 1. nachchristlichen Jahrhundert. Ob zu diesem alten

Liedgut auch Strophen über Siegfried, Hagen oder Brünhild zählten, muss offenbleiben. Jedoch gibt es gute Gründe dafür, noch ältere Vorbilder für die seit dem 9. Jahrhundert überlieferten Lieder zu vermuten (auf dieses Thema kommt das Kapitel »Trauer und Schuld in der *Klage*« zurück).

Die Faszination, die vom Nibelungenstoff ausgeht, ist bereits in den ältesten Texten und Bildern aus der Karolingerzeit spürbar (Teil II). In Skandinavien breiten sich zu diesem Zeitpunkt einzelne Lieder und Abbildungen aus dem Sagenkreis der Nibelungen aus. Diese Zeugnisse stehen neben anderen Erzählungen mythologischer und geschichtlicher Art, sodass man die Nibelungen nie isoliert behandeln sollte, sondern als Strang in einer breiteren Erzähltradition, die um Götter, Heroen und Ahnen kreist. Dass zu derselben Zeit auch im kontinentalen Europa, etwa in Bayern, Ostfranken und Burgund, solche Nibelungenlieder kursieren, deutet die Verbreitung nibelungischer Namen in diesen Regionen zumindest an.

Einer Nebenfigur des späteren *Nibelungenlieds*, Hildebrand, dem Waffenmeister Dietrichs von Bern (1718 ff.), ist eines der ältesten Heldenlieder aus dem deutschen Sprachraum aus den Jahren nach 800 gewidmet (das althochdeutsche *Hildebrandslied*). Jedoch steht der Liedinhalt in dieser frühen Zeit noch nicht mit der Nibelungensage in Verbindung.

Das früheste ›nibelungische‹ Schriftzeugnis aus dem fränkisch-deutschen Raum liegt mit dem lateinischen Gedicht *Waltharius* (auch: *Waltharilied*) aus der Zeit um 900/950 vor. Darin kommen – wenn auch in einer anderen Handlungskonstellation – als Figuren der Frankenkönig Gunther (in der

Nibelungentradition ein Burgunder), sein Vater Gibich, ihr Verbündeter Hagen sowie der Hunnenfürst Attila (im *Nibelungenlied* Etzel) vor.

In dieser Zeit tauchen überdies in England Dichtungen auf, die Kenntnis von den Nibelungen besitzen: Im altenglischen *Beowulf* wird von Siegmund (im *Nibelungenlied* der Vater Siegfrieds) und seinen Taten berichtet. Es lässt aufhorchen, dass Siegmund in diesem Text als Drachentöter präsentiert wird, der seinem Opfer einen mächtigen Schatz abringt und diesen auf sein Schiff verlädt.

Die freie Variation von Rollen, Namen und Handlungsmotiven ist ein typisches Merkmal der mittelalterlichen Heldenlieder. Die Lieddichter griffen auf einen alten Fundus an Überlieferungen zurück, hatten jedoch auch die Freiheit, die Handlungsfolgen und Charaktere zu verändern, neue Stoffe mit alten zu kombinieren und mit Form und Sprache zu experimentieren.

Um das Jahr 1000 wird erneut in England das nur in Bruchstücken erhaltene Gedicht *Waldere* verfasst, eine weitere Version der Walthersage. Zum literarischen Durchbruch gelangt der Nibelungenstoff jedoch erst mehr als 200 Jahre später. Zum einen werden in Skandinavien während des 13. Jahrhunderts zwei größere Sammlungen der altnordischen Liedtradition angelegt, die *Lieder-* und die *Prosa-Edda*. Überdies entstehen nach 1250 auf Island und in Norwegen zwei lange romanhafte Erzählungen (Sagas), in denen jeweils die Taten Sigurds (Siegfrieds) im Mittelpunkt stehen.

Die ausführlichste Dichtung, die den gesamten Zyklus von Siegfrieds Heirat mit

Kriemhild, den Abenteuern am Burgunderhof, Siegfrieds Ermordung und dem Untergang der Burgunder-Nibelungen in Etzels Königshalle in epischer Breite ausmalt, stammt jedoch aus dem deutschen Sprachraum: Das *Nibelungenlied*, im bayerisch-österreichischen Gebiet um 1200 zu Pergament gebracht, umfasst über 2300 Strophen und fast 10 000 Verse (ihm widmet sich Teil III). Das Epos verbreitet sich bis ins frühe 16. Jahrhundert in vielen, teilweise illustrierten Handschriften; der Stoff dient auch als Vorlage für ein populäres Volksbuch über den »Hürnen Sewfrid« (den von einer Hornhaut geschützten Siegfried), das in Deutschland über den neuen Buchdruck zu einem Bestseller des 16. und 17. Jahrhunderts wird.

Der kurze Überblick zeigt, wo die Erzählungen über die Nibelungen besonders gefragt waren: in Skandinavien, England und im ostfränkisch-deutschen Reich. Dabei drängt sich freilich eine Frage auf, die auch der Forschung einiges Kopfzerbrechen bereitet hat: Wieso liegt das erste deutschsprachige Textzeugnis erst aus der Zeit um 1200 vor, fast 300 Jahre nach den frühesten skandinavischen, englischen und lateinischen Versionen?

Die Frage ist nicht ohne Brisanz, da der Nibelungenstoff aufgrund der genannten Orte und Flüsse eindeutig ›deutschen‹ Ursprungs ist. Die Antwort darauf muss sich hier zunächst mit den beiden Hinweisen begnügen, dass ältere deutschsprachige Zeugnisse durchaus existiert haben können, die später verloren gegangen sind, und dass es im deutschen Sprachraum während des frühen Mittelalters keine den Skalden vergleichbaren Berufsdichter gab. Skalden waren in Skandinavien als fahrende Dichter an den Adelshöfen die wichtigsten Träger der volkssprachlichen Liedtradition. Ihnen verdankt man die umfangreiche schriftliche Überlieferung von altnordischen Liedern bereits aus dem 9. Jahrhundert.

Spürt man den Überresten älterer deutscher Nibelungenlieder nach, ergibt sich zumindest eine Reihe von Indizien: An Rhein und Donau muss es im frühen Mittelalter schriftkundige Kirchenleute gegeben haben, die sich für die alten Sagenstoffe interessierten. So tadelte der Bamberger Domherr Meinhard seinen Bischof Gunther (1057–1065) dafür, dass er niemals die Kirchenväter lese, weil er sich die ganze Zeit damit beschäftige, »über Attila, Amelungen und ähnliche Dinge zu dichten«. Unter Amelungen hat man sich die Familie Theoderichs des Großen vorzustellen.

Ebenfalls aus dem 11. Jahrhundert stammt eine geografische Beschreibung, die vom Feldberg im Taunus berichtet, das Volk bezeichne ihn als »Bett der Brünhild«. Dies könnte auf Brünhilds Schlaf und ihre Erweckung durch Siegfried anspielen, eine Sagentradition, die aus den nordischen *Edda*-Liedern, nicht jedoch aus deutschen Texten bekannt ist.

Dass die Erzählungen über die Nibelungen auch im 12. Jahrhundert in Deutschland nicht in Vergessenheit geraten waren, dafür sprechen die Zeugnisse des Mönchs Metellus von Tegernsee und des Geschichtsschreibers Saxo Grammaticus. Ersterer schrieb um 1170 über den niederösterreichischen Fluss Erlauf, er sei durch Graf Rüdiger (von Bechelaren) und Dietrich von Bern berühmt geworden,

deren Geschichte im Lied besungen werde. Rüdiger und Dietrich begegnen als zentrale Figuren im zweiten Teil des *Nibelungenlieds* wieder. Saxo erwähnt in seiner *Geschichte der Dänen* einen Sänger, der im Jahr 1131 einem dänischen Herzog die Erzählung von Kriemhild und ihrer blutigen Rache an ihren Brüdern vorgetragen haben soll.

Es kann also kein Zweifel darüber bestehen, dass in Deutschland nach dem Vorbild des benachbarten Nordeuropas bereits vor Einsetzen der schriftlichen Überlieferung Lieder und Erzählungen über die Nibelungen kursierten, ja, dass Siegfried, Kriemhild, Gunther, Brünhild und Hagen im narrativen Gedächtnis der Deutschen schon lange vor dem Jahr 1200 Spitzenplätze einnahmen.

Erstaunlich bleibt die Beobachtung, dass keine deutschsprachigen Nibelungenlieder vor dem 13. Jahrhundert erhalten geblieben oder aufgeschrieben worden sind. Erst durch das mittelhochdeutsche *Nibelungenlied* aus der Zeit um 1200 tritt somit die alte Sage in die deutsche Literatur ein. Damit fällt der Text genau in jene kulturelle Blütezeit, die man als »Staufische Klassik« bezeichnet hat.

Zwischen 1150 und 1250 entstanden in Deutschland zahlreiche literarische, architektonische und künstlerische Meisterwerke, nicht zuletzt die höfischen Romane um König Artus und die Ritter seiner Tafelrunde. Der Nibelungendichter konnte mithin von einem gesteigerten Literaturinteresse beim adlighöfischen Publikum ausgehen.

Von den gewiss weit zahlreicheren mittelalterlichen Handschriften des *Nibelungenlieds*

Streit der Königinnen. Illustrierte Nibelungenlied-*Handschrift B, 15. Jahrhundert.*

Da chamen in die mere die frawen riten dan
Den edlen kunigine volget manger chuner man
¶ Sy stunden vor dem munster under auf das gras
Praunhild von gesten dannoch vil weze was
Sy giengen under der thvrne in daz munster weit
Dew lieb ward seit geschaiden das feumte grosser neit
¶ Do sy gehorten messe sy fürten under dan
mit vil mangen eren man sach sy seider gan
Ze diste frolichte frewde mē gelag
Da ze der hochzeite vntz an den aylften tag

sind heute noch 36 vollständige oder fragmentarische Fassungen in Archiven und Bibliotheken überliefert. Da das Original verloren ist, beruht unsere Kenntnis des *Nibelungenlieds* ausschließlich auf Abschriften, wie sie während des Mittelalters vor allem in klösterlichen Skriptorien für alle Arten von Literatur hergestellt wurden.

Die ältesten und wertvollsten Abschriften aus dem 13. Jahrhundert liegen heute in der Bayerischen Staatsbibliothek (Handschrift A), der Stiftsbibliothek Sankt Gallen (Handschrift B) und der Badischen Landesbibliothek Karlsruhe, von der die Handschrift C kürzlich für 24 Millionen Euro aus Privatbesitz erworben wurde. Die jüngste Abschrift findet sich im berühmten *Ambraser Heldenbuch*, das zwischen 1504 und 1516 für Kaiser Maximilian I. in Wien hergestellt wurde. Die »Stars« der Literaturszene waren Siegfried, Kriemhild und ihre Mitstreiter zu diesem Zeitpunkt längst nicht mehr.

RING FREI — NIBELUNGEN IN DER MODERNEN WELT

Es ist eine der Überraschungen in der langen Geschichte der Nibelungen, dass im Zeitalter des aufkommenden Buchdrucks das Interesse am *Nibelungenlied* vollkommen erlosch. Die erste gedruckte Fassung des Lieds erschien erst im Jahr 1757 in Zürich. Welche Faktoren für den 250-jährigen Dornröschenschlaf der Nibelungen verantwortlich sind, lässt sich nur vermuten: Die Gelehrten werden gewiss vom negativen Mittelalterbild des Humanismus abgeschreckt worden sein. Die literarische Mode der frühen Neuzeit richtete sich zudem lieber nach französischen als nach altdeutschen Vorbildern.

Populär waren in weiten Kreisen belustigende und exotische Literaturstoffe, so etwa die Geschichten aus dem Schlaraffenland, die Narreteien von Till Eulenspiegel oder Reiseberichte aus der Neuen Welt. Das tragische Schicksal der Nibelungen eignete sich offenbar wenig dazu, die Unterhaltungsbedürfnisse des neuen Büchermarktes zu befriedigen. Allenfalls schaffte es Siegfried dank seiner exotischen Jugendabenteuer in einige Volksbücher der frühen Neuzeit.

Der Titel einer Schrift von 1726 lässt jedoch ahnen, dass die Nibelungen nur als verballhornte Parodien ihrer mittelalterlichen Ahnen diese Epoche durchwanderten: *Eine Wunderschöne Historie von dem gehörnten Siegfried. Was wunderlicher Ebentheur dieser theure Ritter ausgestanden. Sehr denckwürdig und mit Lust zu lesen.*

Der Grund für den neuzeitlichen Nibelungenboom wurde in der Mitte des 18. Jahrhunderts gelegt. Ein junger, literarisch bewanderter Landarzt namens Jakob Hermann Obereit entdeckte im Sommer 1755 in der gräflichen Schlossbibliothek von Hohenems (Vorarlberg) ein altes Manuskript, das die Abenteuer der Nibelungen zum Inhalt hatte. Sein Förderer, der Züricher Literaturprofessor Johann Jakob Bodmer, erkannte alsbald, dass es sich um eine frühe Abschrift des verschollen geglaubten *Nibelungenlieds* handelte (die später als C bekannt gewordene Handschrift). Einen Teil der Schrift brachte Bodmer, ohne den eigentlichen Finder Obereit überhaupt zu erwähnen, im Jahr 1757 erstmals zum Druck.

Zwar war der ersten Teilveröffentlichung beim deutschen Publikum genauso wenig Erfolg beschieden wie der ersten Gesamtausgabe des *Nibelungenlieds* durch den Bodmer-Schüler Christoph Heinrich Myller aus dem Jahr 1782. Noch Myllers Landesvater, der preußische König Friedrich II., auch er ein großer Anhänger französischer Kultur, brachte für die Begeisterung des Bodmer-Kreises wenig Verständnis auf: »Meiner Einsicht nach sind solche [mittelalterlichen Dichtungen] nicht einen Schuss Pulver wert und verdienen nicht, aus dem Staube der Vergessenheit gezogen zu werden.« Doch allen Zweiflern zum Trotz: Die Erfolgsstory der Nibelungen war nicht aufzuhalten.

Der Grund dafür lag schlicht im steigenden Bedürfnis nach Mythen. Die Zeit nach 1800 war von der Sehnsucht nach der deutschen Nation geprägt. Die Französische Revolution hatte mit ihren patriotischen Parolen auch die jüngere Generation und viele Intellektuelle in Deutschland erreicht. Im Unterschied zu Frankreich war das Deutsche Reich in Kleinstaaten, geistliche Fürstentümer und freie Städte zersplittert. Der Gedanke an die nationale Einheit förderte die Suche nach gemeinsamen kulturellen Wurzeln (so wie im Prozess der europäischen Einigung auch immer wieder über gemeinsame »abendländische« Wurzeln nachgedacht wird).

In der ältesten deutschsprachigen Literatur, in der germanischen Vorzeit und im mittelalterlichen Reich mit seiner Blüte in der Stauferzeit sah man Bezugspunkte für eine Belebung des National- und des Einheitsgedankens. Gebraucht wurden nationale Mythen des Deutschen.

Mythen sind Erzählungen aus der Vorzeit einer Gemeinschaft. Ihnen fehlt historische Detailtreue, dafür vermitteln sie das Gefühl für das große Ganze, für den Sinn des Seins und Tuns, für die eigene Herkunft und Werteskala, für die gemeinsame Identität. Diese Funktionen erfüllten in der heidnisch-germanischen Epoche die Lieder über Götter, Helden und Vorfahren. Entscheidend ist dabei nicht das Alter eines Mythos, sondern seine identitätsstiftende Kraft im Hier und Heute. Der Ägyptologe Jan Assmann sagt: »Mythen befriedigen Sinnbedürfnisse der Gegenwart.« Auf diesem Weg konnte im 19. Jahrhundert ein neuer Nibelungenmythos entstehen.

Den Mythos von Kaiser Barbarossa, der im Kyffhäuser schlafend einst zur machtvollen Einigung Deutschlands wieder erwachen würde, kannte in der Goethezeit jeder Pennäler. Selbst Richard Wagner, der Nibelungenkomponist, hat 1848 über ein Barbarossa-Stück nachgedacht. Neben dem Rotbart eigneten sich weitere vorzeitliche Helden für die Fiktion einer gemeinsamen deutschen Identität und Nation. Hoch im Kurs stand besonders Arminius (oder fälschlich Hermann), jener Cheruskerfürst, der im Jahr 9 n. Chr. die römischen Legionen des Statthalters Varus besiegte und damit – zumindest in der Interpretation des 19. Jahrhunderts – zum Urvater des freien Germaniens wurde.

Zu mythischen Helden reiften nach ihrer ›Wiederentdeckung‹ auch Siegfried und die burgundischen Könige heran. Nach der Gründung des Deutschen Kaiserreiches von 1871 überzog man das ganze Land mit Erinnerungsorten an diese mythischen Ahnen. So wurde im Teutoburger Wald nur vier Jahre nach der Reichsgründung feierlich das Hermannsdenkmal eingeweiht. Auf dem monumentalen Schwert des Cheruskers ist zu lesen: »Deutschlands Einigkeit, meine Stärke. Meine Stärke, Deutschlands Macht«.

Auf dem Kyffhäuser entstand 1890 das große Barbarossa-Denkmal. In Worms folgten wenig später, angeregt durch den Besuch Kaiser Wilhelms II. im Jahr 1889, das Hagendenkmal und der Siegfriedbrunnen. Wer diese pathetischen Steinmonumente heute aufsucht, kann sich schwerlich ihre vormalige Ausstrahlung vorstellen. Doch leben Mythen vor allem in Erzählungen fort, und die erzählerische Tradition war im 19. Jahr-

hundert – im Unterschied zu heute – höchst produktiv und lebendig.

Den preußischen Grenadieren überreichte man in den Befreiungskriegen gegen Napoleon eine Feldausgabe des *Nibelungenlieds*. Zu derselben Zeit sollte »dieß Heldengedicht in allen Schulen ... wieder ein Hauptbuch bey der Erziehung der deutschen Jugend werden« (Friedrich Schlegel, 1812). Fürsten wie der bayerische König Ludwig I. ließen ihre Residenzen mit Nibelungenfresken ausmalen, während die germanistische Wissenschaft sich um die originale Fassung und beste Übersetzung des *Nibelungenlieds* zu bemühen begann. Dass die Nibelungen

Barbarossa thront über dem Kyffhäuser.

ihre lange Reise in dieser Epoche als Inbegriff deutscher Werte und Stärke fortsetzten, machte sie alsbald zum Spielball nationaler Politik und nationalistischer Interessen.

Im Vorfeld des Ersten Weltkrieges beschwor der deutsche Reichskanzler Bernhard Fürst von Bülow das deutsche Bündnis mit Österreich-Ungarn, indem er dem Nachbarn »Nibelungentreue« versprach. Ob es sich dabei um einen verbalen Ausrutscher handelte (denn immerhin führte die Treue unter den Nibelungen geradewegs in ihren kollektiven Untergang in Etzels Königshalle) oder um ein furchterregendes politisches Bekenntnis, muss hier offenbleiben.

Wenige Jahre später machten unbelehrbare Nationalisten für die Kriegsniederlage von 1918 nicht die Truppen im Feld, sondern den fehlenden Rückhalt aus der Heimat verantwortlich. Da sie dafür die Metapher des feigen Dolchstoßes von hinten verwendeten (die Truppe als verratener Siegfried), gerieten die Nibelungen im politischen Diskurs immer mehr zu Bannerträgern des Nationalwahns.

Wie sehr man insbesondere Siegfried in jenen Jahrzehnten mit deutscher Kampfeswut in Verbindung brachte, bezeugt eine Episode aus den Jahren vor dem Zweiten Weltkrieg: Hitler ließ ab 1936 militärische Befestigungsanlagen an der Grenze zu Frankreich und Belgien errichten. Die Nazis verletzten durch den »Westwall«, wie sie ihn nannten, demonstrativ die Entmilitarisierungsauflagen des Versailler Vertrages von 1919. In Frankreich wurden diese Befestigungen als Vorspiel zu einem erneuten deutschen Angriff angesehen und sinnfällig auf den Namen »Siegfriedlinie« getauft.

In den Trümmern und Totengruben des Weltkrieges haben die meisten Deutschen auch den Nationalgedanken entsorgt. Dass die Nibelungen in der allgemeinen Nachkriegsernüchterung nicht in eine symbolische Etzelburg wanderten, um dort für immer unterzugehen, verdanken sie der modernen Kunst. Diese hatte sie längst zu Ikonen erhoben, als die Pervertierung durch Politik und Krieg einsetzte: Friedrich Hebbels dramatische Bearbeitung *Die Nibelungen* (1862), Richard Wagners Operntetralogie *Der Ring des Nibelungen* (uraufgeführt 1876) und Fritz Langs Verfilmung *Die Nibelungen* von 1924 haben entscheidend daran mitgewirkt. Aber auch Max Slevogts und Ernst Barlachs in der Weimarer Zeit entstandene Bilderzyklen setzten Kontrapunkte gegen die nationale Vereinnahmung der Nibelungen.

Bis heute ist wohl Wagners vierteilige *Ring*-Oper (»Das Rheingold«, »Die Walküre«, »Siegfried« und »Götterdämmerung«) der verlässlichste Indikator für die aktuelle Bedeutung der Nibelungen. Jeder Regisseur, der in den letzten 130 Jahren einen *Ring* auf die Bühne des Bayreuther Festspielhauses gebracht hat – und es waren von den Wagner-Enkeln bis zu Tankred Dorst (2006) große Namen darunter –, hat dieser Bedeutung nachgespürt und unterschiedliche Antworten gefunden. Antworten, die vor allem etwas über die veränderliche Befindlichkeit unserer eigenen Zeit und Gesellschaft aussagen. Wenn es in Bayreuth demnächst wieder heißt: »Ring frei«, werden die postmodernen Nibelungen ihre lange Reise durch unser kollektives Gedächtnis unbeirrt fortsetzen.

II. RUNENSTEINE UND HELDENLIEDER — DIE ÄLTESTEN SPUREN DER NIBELUNGEN

BRUCHSTÜCKE AUS DER KAROLINGERZEIT

VISIONEN IN STEIN — DIE ÄLTESTEN BILDZEUGNISSE

Die Nibelungen treten uns zum allerersten Mal in Stein graviert entgegen. Etwa ein Jahrhundert bevor die ältesten heute bekannten Texte in Skandinavien entstehen, haben Bildkünstler auf der schwedischen Insel Gotland Teile des Nibelungenstoffs aufgegriffen. Bei den gotländischen Bildsteinen aus dem frühen Mittelalter handelt es sich um Gedenksteine für Verstorbene, wie aus den beigefügten Runeninschriften hervorgeht.

Die frühesten dieser Steine datieren aus dem 6. Jahrhundert; ihre Blütezeit hatten die skandinavischen Steinmetzarbeiten aber zwischen dem 9. und 11. Jahrhundert. Zur Verehrung der Toten ritzten oder meißelten die Künstler mythische Szenen in den Stein. Zentrale Themen sind die Göttermythen: Odin auf seinem achtbeinigen Pferd Sleipnir, Thor beim Fang der Midgardschlange, die elitäre Totenstätte Walhall, Totenschiffe bei der Überfahrt ins Jenseits, Odin und der Fenriswolf. Nach der Christianisierung der nordischen Inseln im Lauf des 11. Jahrhunderts finden sich auch Kreuz- und Christusmotive auf manchen Bildern.

Auffallend ist stets das Szenische der Darstellungen: Die Figuren kämpfen, reiten, musizieren, diskutieren oder fahren zur See. Die Bilder sind Erinnerungsmale für große Erzählungen, wie man sie im frühen Mittelalter am Lagerfeuer oder im Lied weitergab. Wer sie anschaute, wusste, wer gemeint ist und wie die Geschichte ausgeht. Die Drachenmotive auf einem Sarkophagstein in St. Paul

(London) und auf dem reich bebilderten Stein von Jelling (Jütland) verweisen genau wie der gehörnte Löwe auf dem Runenstein von Tullstorp (Schonen) auf die Vorliebe für mythische Fabelwesen.

Einen prominenten Platz unter diesen Wesen nimmt die Midgardschlange ein, eine dämonische Riesenschlange, deren Leib die ganze menschliche Welt umschlingt. Ihre Bewegungen peitschen die das Land umgebenden Meere auf und treiben die Seefahrer in den Tod; ihr Gifthauch bringt dem

Land Verderben. Auch ihre sinistren Verwandtschaftsbeziehungen unterstreichen: Die Midgardschlange ist Symbol für den Schrecken menschlicher Existenz und die Gefährdung durch die Naturkräfte.

Ihre Eltern sind der Gott Loki und die Riesin Angrboda, ihre Geschwister der gefürchtete Fenriswolf und die Todesgöttin Hel. Lokis Götterkollege Thor zieht gleich zweimal aus, um sie zu erlegen. Wie Thor seinen Hammer Mjöllnir gegen das Haupt der Schlange schleudert und die Erde erbebt, wird in Liedern der nordischen *Edda* besungen und in Bildern der Runensteine verewigt.

Andere Steine und Lieder erzählen aus den im Norden populären Heldensagen. In diesen sind die Hauptakteure menschlicher Natur, wenn auch nicht ohne Kontakt zur Götterwelt und zu mythischen Fabelwesen. Neben weiteren berühmten Kriegern, Königen und Schmieden bevölkern die Nibelungen, allen voran Drachentöter Sigurd (Siegfried) und König Gunnar (Gunther), diese nordische Heldenwelt.

Das älteste Zeugnis für die Nibelungensage stammt aus den Jahrzehnten zwischen 700 und 800 von der Insel Gotland. Der in Klinte Hunninge aufgefundene Bildstein (Bild links) setzt verschiedene mythologische Szenen nebeneinander, an der Spitze eine Darstellung des Heldenparadieses Walhall, darunter ein mit Kriegern bemanntes Schiff bei der Über-

Gunnar im Schlangenhof. Bildstein von Klinte Hunninge (Gotland), 8. Jahrhundert.

fahrt ins Totenreich. Eine Szene im unteren Teil zeigt einen abgeschlossenen Raum, in dem Schlangen einen Menschen angreifen. Damit wird vermutlich auf König Gunnars heroisches Ende im Schlangenhof des Hunnen Atli (Etzel) angespielt, das auch auf anderen Abbildungen thematisiert wird. Aus dem in der *Lieder-Edda* überlieferten »Alten Atlilied« kennen wir die ganze tragische Geschichte Gunnars und des Burgunderuntergangs, die im Übrigen anders verläuft als die spätere Version des *Nibelungenlieds*:

Der Hunnenkönig Atli ist mit der Burgunderprinzessin Gudrun (Kriemhild) verheiratet. Aus Gier nach dem legendären Schatz der Burgunder lädt Atli seine Schwäger, die Könige Gunnar und Högni (Hagen), zu sich ein. Die Warnung ihrer Schwester ausschlagend, kommen Gunnar und Högni ohne burgundisches Heer an den Hof Atlis. Allerdings haben sie zuvor den Schatz im Rhein versenkt. Falls dies als Lebensversicherung gedacht war, ging der Plan gründlich schief. Bei den Hunnen werden die beiden Burgunder gefesselt und mit dem Tod bedroht.

Auf die Frage nach dem Schatz antwortet Gunnar mit der brutalen Forderung, zuerst Högnis Herz sehen zu wollen. Nach dem zwangsläufigen Tod seines Bruders freut sich Gunnar, dass nur er allein noch das Geheimnis des Fundortes kenne. Auf seine erneute Weigerung, dieses Geheimnis preiszugeben, wirft Atli ihn seinen Schlangen zum Fraß vor. Gunnar aber, der in dem ganzen Ungemach seine Harfe mit sich führt, schafft es, fast

alle Schlangen durch seine liebliche Musik zu besänftigen. Nur eine einzige Schlange lässt sich nicht blenden und besiegelt Gunnars heldenhaften Tod im Schlangenhof. Gudrun rächt die Ermordung ihrer Brüder auf grausame Weise, indem sie Atli zuerst die Überreste der gemeinsamen Söhne zum Mahl vorsetzt, ihren Gatten dann im Ehebett mit dem Schwert erschlägt und durch

Nibelungenmotive auf dem Oseberg-Wagen (Norwegen), um 820.

Brandstiftung schließlich sämtliche Hunnen und sich selbst tötet.

Gunnars Ende ist auch das Bildthema des prunkvollen Holzwagens, der als Grabbeilage bei Oseberg (Norwegen) gefunden wurde und nach einer Untersuchung der Jahresringe im Holz auf das Jahr 820 datiert werden kann. Der Burgunderkönig wird hier nicht als sterbensmutiger Harfenist, sondern im dramatischen Todeskampf gegen die Schlangenbrut dargestellt. Mit beiden Händen und Füßen wehrt er Angriffe ab, während eine Schlange über seinen Rücken kriecht und andere in seine offene Seite beißen. Gunnars letztes Harfenspiel im Schlangenhof ist hingegen auf dem hölzernen Taufbecken der Kirche von Näs (Norwegen) aus dem 13. Jahrhundert abgebildet.

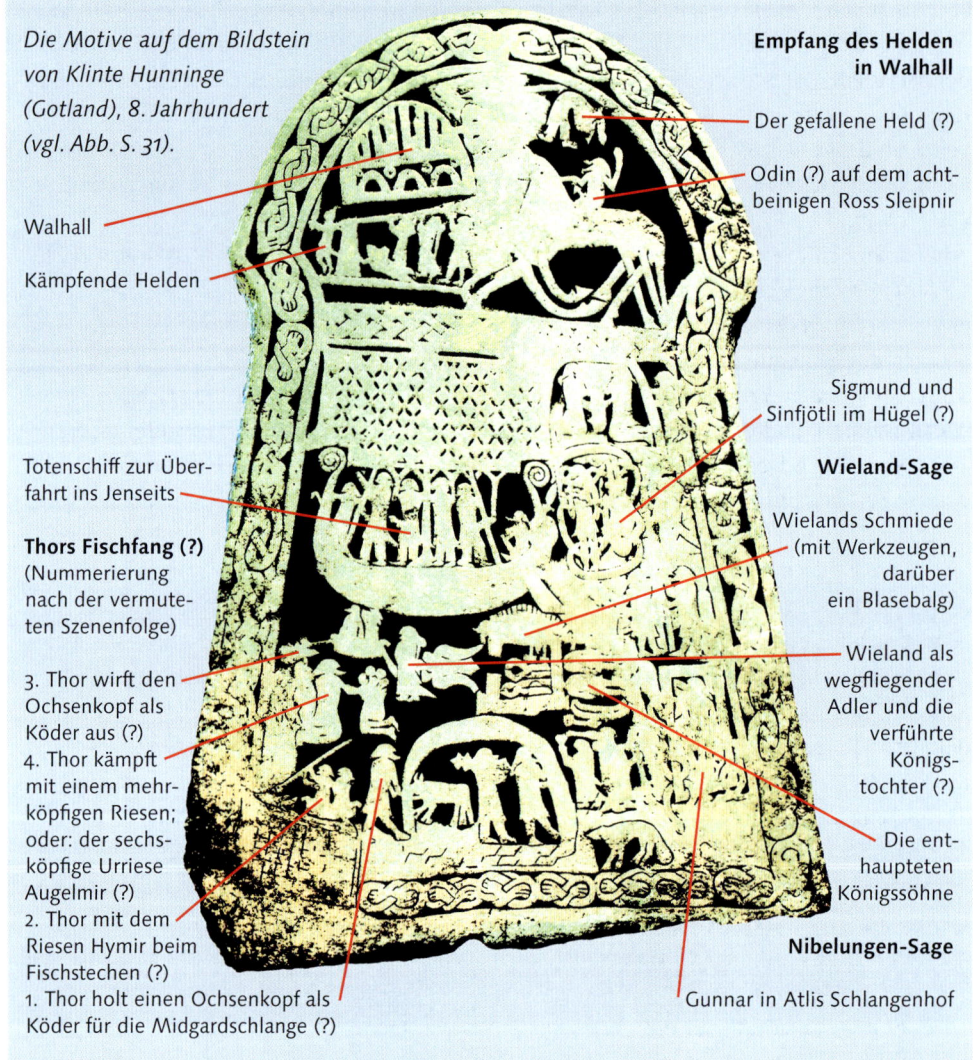

*Die Motive auf dem Bildstein
von Klinte Hunninge
(Gotland), 8. Jahrhundert
(vgl. Abb. S. 31).*

**Empfang des Helden
in Walhall**

Der gefallene Held (?)

Odin (?) auf dem acht-
beinigen Ross Sleipnir

Walhall

Kämpfende Helden

Sigmund und
Sinfjötli im Hügel (?)

Wieland-Sage

Totenschiff zur Über-
fahrt ins Jenseits

Wielands Schmiede
(mit Werkzeugen,
darüber
ein Blasebalg)

Thors Fischfang (?)
(Nummerierung
nach der vermute-
ten Szenenfolge)

Wieland als
wegfliegender
Adler und die
verführte
Königs-
tochter (?)

3. Thor wirft den
Ochsenkopf als
Köder aus (?)
4. Thor kämpft
mit einem mehr-
köpfigen Riesen;
oder: der sechs-
köpfige Urriese
Augelmir (?)
2. Thor mit dem
Riesen Hymir beim
Fischstechen (?)
1. Thor holt einen Ochsenkopf als
Köder für die Midgardschlange (?)

Die ent-
haupteten
Königssöhne

Nibelungen-Sage

Gunnar in Atlis Schlangenhof

Andere nordische Bildzeugnisse aus dem frühen Mittelalter wählen Sigurd zu ihrer Hauptfigur. Auf einer fast fünf Meter langen Felsplatte in Ramsundberg (Schweden) hat ein Künstler kurz nach der ersten Jahrtausendwende ein besonders aufwendiges Grabmonument geschaffen. Das den Fels umlaufende Runenband, aus dem der Name der Auftraggeber und des zu ehrenden Verstorbenen hervorgehen, ist in Form einer Riesenschlange mit Drachenkopf gestaltet.

Dass es sich nicht um die berüchtigte Midgardschlange, sondern um den Drachen

Fafnir handelt, der zu seinem Unglück auf den jungen Sigurd trifft, belegt die Todesart des Monsters. Die Schlange wurde von Thors Hammer Mjöllnir erschlagen, der Drache von Sigurds Schwert Gramr (im *Nibelungenlied* heißt Siegfrieds Schwert Balmung). Eine Verwechslung ist ausgeschlossen, da den Waffen ähnlich wie den Rössern der Helden große Verehrung entgegengebracht und ein eigener Name gegeben wurde.

Überdies sind auf der Felszeichnung nicht nur klar der Schwerthieb des jugendlichen Helden, sondern auch weitere Details aus dessen Jugendgeschichte zu erkennen. Von rechts nach links sind folgende Motive sichtbar: (1) Sigurd ersticht den Drachen von unten (nach dem späteren »Fafnirlied« hatte der Held extra eine Grube ausgehoben und gewartet, bis der Drache darüberkroch); (2) das mit dem Schatz beladene Pferd Sigurds, an einen Baum gebunden, auf dem zwei Vögel sitzen; (3) Sigurd brät über dem Feuer das Drachenherz und versteht die Sprache der Vögel, die ihm mitteilen, dass sein Ziehvater Regin nach dem Schatz trachtet; (4) der erschlagene Schmied Regin, mit dessen Hilfe Sigurd das wundertätige Schwert Gramr einst fertigte, daneben Amboss und Zange als Utensilien des Schmieds.

In großer Kunstfertigkeit bildeten fast 200 Jahre später norwegische Holzschnitzer dieselbe Erzählung am Portal der Pfarrkirche von Hylestad ab. Im ersten Bildfeld unten rechts schmieden Sigurd und Regin gemeinsam das Schwert Gramr. Es folgen nach oben zwei Bildfelder, in denen Sigurd die Schärfe seines neuen Schwertes erprobt (2) und den Drachen von unten ersticht (3). Auf der linken Seite wird die Erzählung fortgesetzt

mit Bildern über das gebratene Drachenherz (4), das Pferd mit dem Drachenhort und den Vögeln (5), die Ermordung Regins durch Sigurd (6) und Gunnars Harfenspiel im Schlangenhof (7).

Die thematische Verbindung zwischen Sigurds Jugendtaten und dem Ende des Burgunders Gunnar wird uns später noch ausführlicher beschäftigen. Sie taucht hier in der bildenden Kunst erstmals auf. Die Abbildungen aus Hylestad bezeugen, dass es im skandinavischen Raum über mehrere Jahrhunderte eine relativ stabile Erzähltradition zu Sigurd und den Burgundern gab. Einzelne Szenen der großen Nibelungensage konnten an verschiedenen Orten und in verschiedenen Epochen dieselben Geschichten in Erinnerung rufen. Auf Verständnis konnten die Bildkünstler bei den Betrachtern ihrer Werke hoffen, solange Lieder über die Nibelungen gesungen und Epen gedichtet wurden. Diesen Liedern und Epen widmen sich die folgenden Kapitel.

Dass in den Bildern jedoch eine symbolische Dimension verborgen ist, die sich über Texte nur schwer vermitteln lässt, macht das Beispiel Sigurds deutlich. Es dürfte kein Zufall und noch weniger künstlerisches Unvermögen sein, wenn die von Sigurd getöteten Drachen in den frühen Abbildungen allesamt eher wie Riesenschlangen aussehen. Der Betrachter fühlt sich dabei an die Midgardschlange und ihren Bezwinger Thor erinnert.

Der Drachentöter Sigurd – und dies entspricht durchaus der Bedeutung des mythischen Helden im Allgemeinen – wird dadurch in die Nähe der Götter gerückt. Mit dem Gott verbindet ihn nicht zuletzt das tragische Ende: Thor wird in seinem zweiten Kampf von der tödlich verwundeten Midgardschlange vergiftet; Sigurd überlebt zwar seinen Drachenkampf, muss sich aber von dem im Sterben liegenden Drachen sein künftiges Unheil weissagen lassen.

GÖTTER, AHNEN UND HEROEN – DIE ÄLTESTEN LIEDER

Wie die Bilder stammen auch die ältesten nibelungischen Texte aus dem skandinavischen Raum. Es handelt sich um Lieder über den Hunnenfürsten Atli, den Burgunderkönig Gunnar, dessen Geschwister Gudrun und Högni, die Walküre Brynhild und den Helden Sigurd. Nach vorsichtiger Schätzung entstanden die frühesten heute bekannten Lieder zwischen 850 und 1000: das »Alte Sigurdlied« und das »Alte Atlilied«. Sicher ist, dass bereits frühere Generationen Lieder über diese Heroen kannten und diese Kenntnis unter anderem für die Gestaltung ihrer Bildsteine genutzt haben.

Gewiss ist ebenso, dass spätere Generationen den Nibelungenstoff weiter gedichtet und ausgebaut haben, sodass wir bis zum 14. Jahrhundert eine große Menge an Liedern und romanhaften Epen über die Nibelungen aus Skandinavien besitzen. Die isländische Tradition ist besonders reichhaltig, da die Insel im Mittelalter die Hochburg der skaldischen Kultur war. Skalden waren als gelehrte Berufsdichter an den Adels- und Königshöfen in ganz Skandinavien tätig. Sie waren die Träger der mythischen Liedkultur, und

ihnen verdanken wir die ersten Aufzeichnungen über diese Stoffe.

Mit dem »Alten Atlilied« liegt die früheste Darstellung des Burgunderuntergangs vor, wenn man von den noch älteren Bildern absieht, die König Gunnar in Atlis Schlangenhof zeigen. Der Inhalt des Lieds wurde im vergangenen Kapitel kurz referiert. Dem gedichteten Text geht ein kurzer Prolog in Prosa voraus, in dem die Sage von Gudruns Rache als »weltberühmt« bezeichnet wird. Solche Einleitungen verstärken den Eindruck, dass professionelle Dichter am Werk waren, die aus bestehenden Sagenstoffen neue Liedversionen komponierten und diese durch Prologe in die weithin bekannten Erzählzusammenhänge einordneten.

Das Lied setzt die Kenntnis der Sigurdgeschichte und ihres tragischen Endes voraus, denn Sigurds vormalige Frau Gudrun wird – ohne weitere Erklärung – als Atlis Gattin vorgestellt. Deren Rache richtet sich allerdings nicht wie im *Nibelungenlied* gegen ihr Volk und ihre Brüder, sondern gegen ihren neuen Gemahl, wie bereits der Prolog hervorhebt. Die ersten Liedstrophen zeigen hunnische Boten am Burgunderhof bei einem feuchten Gelage. Fröhlichkeit will nicht aufkommen, denn es herrscht »Furcht vor den Hunnen« (Str. 2). Schließlich überbringen die Boten Atlis verräterische Einladung an den Hunnenhof. Großspurig versprechen sie den Burgundern reiche Geschenke, unter anderem die Überlassung der Gnitaheide (Str. 5).

Wieder spielt Högni die Rolle des weisen Ratgebers. Diese Rolle gehört zu den stabilsten Motiven der Sage von den Anfängen der Überlieferung bis ins späte Mittelalter.

Heldentaten Sigurds.
Schnitzungen am Portal
der Stabkirche Hylestad
(Norwegen), um 1200.

Högni durchschaut die hunnische Einladung als Falle; er entdeckt auch eine als Warnung gemeinte Nachricht Gudruns unter den Gastgeschenken. Gunnar spielt nun die Partie des jugendlichen Helden und Toren. Alle Einwände ignorierend, entscheidet er sich zu der Fahrt. Als Högni und er an Atlis Hof ankommen, geschieht Vorhersehbares und Unvorhersehbares.

Zunächst werden die beiden Burgunder gefangen genommen und – wie Högni geahnt hatte – mit der hunnischen Goldgier konfrontiert. Doch es folgen, und dies ist durchaus überraschend, zwei heroische Opfer um eines Schatzes willen, von dem bislang noch keine Rede war. Gunnar gibt seinen Bruder mit dem Wunsch, er wolle dessen Herz sehen, dem Tod preis. Anschließend lacht er seinem Peiniger Atli ins Gesicht: »Allein ich weiß nun um den verborgenen / Hort der Niflungen, da Högni tot ist.« Und weiter: »Nur der Rhein soll schalten mit dem verderblichen Schatz« (Str. 27). Da auch Gunnar das Geheimnis des versunkenen Nibelungenschatzes bewahrt, trifft ihn der Tod im Schlangenhof, wo er bis zuletzt – mit seinen Zehen – die Harfe spielt.

Die letzten Strophen sind der grausamen Rache Gudruns gewidmet. Wie beim antiken Atreusmahl opfert sie ihre Söhne, um sie dem gehassten Gatten als Speise vorzusetzen. Dieser ertränkt seine Trauer im Wein, büßt aber als Folge davon sein Urteilsvermögen ein, das ihn sonst sicher davor gewarnt hätte, mit Gudrun das Ehebett zu besteigen. Strophe 41 stellt dazu fest: »Mit dem Dolch gab sie Blut den Decken zu trinken / Mit mordlustger Hand.« Anschließend legt die Burgunderin Feuer im Palast, in dem sie

selbst mit allen Hunnen und Reichtümern zugrunde geht.

Das 300 Jahre jüngere *Nibelungenlied* behält bei der Gestaltung der Kriemhild-Figur das Motiv der grausamen Rächerin bei, wendet jedoch die Rache gegen die Mörder ihres ersten Gatten und damit genau jene, um die sie im »Atlilied« noch trauert. Diese Beobachtung ist nicht der einzige Hinweis darauf, dass die mittelalterlichen Bearbeiter des Nibelungenstoffs durchaus Variationsmöglichkeiten hatten.

Ein weiteres Indiz ist etwa die Erwähnung einer hunnischen Gnitaheide. In den Liedern über Sigurds Jugend heißt genau so der Ort des Drachenkampfes. Ferner ist die merkwürdige Randstellung des Nibelungenschatzes, um den es Atli bei der Planung des Mordkomplotts schließlich ganz zentral geht, im »Atlilied« nur zu erklären, wenn man an weitere Erzählungen über diesen Schatz denkt, deren Bekanntheit der Dichter bei seinem Publikum voraussetzen durfte.

Zeitgleich zum »Atlilied« kennen wir solche Schatzerzählungen nicht, wohl aber in großer Vielfalt aus den folgenden Jahrhunderten. Als zeitgleich kann lediglich ein einziges isländisches Lied eingestuft werden, dessen Anfang verloren gegangen ist.

Das Fragment des »Alten Sigurdlieds« behandelt nur den letzten Lebensabschnitt des Helden: seine Ermordung. In den Bildquellen wird dieses Thema ausgespart. Hier stehen, wie gezeigt, die jugendlichen Heldentaten Sigurds, insbesondere sein Drachenkampf und der Schatzgewinn, im Mittelpunkt. Der älteste Text über Sigurd (und damit das älteste schriftliche Zeugnis der Siegfriedsage) vermittelt dagegen eine düstere Stimmung. Zuerst spricht Högni seinen Bruder Gunnar, den König der Burgunder, an: »Was hat so Schweres Sigurd verbrochen / Dass du dem Kühnen willst nehmen das Leben?« (Str. 1)

Ist Hagen im *Nibelungenlied* die treibende Kraft bei der Ermordung Siegfrieds, so rät sein nordisches Pendant eher zur Zurückhaltung. Gunnar wird zur Hauptfigur des Dramas. Der König klagt, Sigurd habe die ihm geschworenen Treueide gebrochen. Der schlaue Högni erkennt, dass die Ehefrauen der beiden hinter der sich anbahnenden Katastrophe stehen, und resigniert. Zum Verständnis muss man spätere Lieder hinzuziehen, die den Konflikt zwischen Gunnars Frau Brynhild (Brünhild) und Sigurds Frau Gudrun (Kriemhild), der Schwester der Burgunderkönige, erklären.

Im *Nibelungenlied* wird diese verhängnisvolle Geschichte anschaulich geschildert: Siegfried hilft Gunther durch eine List, die Hand der starken isländischen Fürstin Brünhild zu gewinnen. Auch im Ehebett wird die List – ein Rollentausch unter dem Tarnumhang – noch einmal angewendet, um die missmutige Gattin zu erobern. Siegfried, der Gunther Verschwiegenheit über die peinliche Angelegenheit geschworen hat, kann sich allerdings nicht verkneifen, aus der intriganten Hochzeitsnacht einen Ring Brünhilds als Andenken mitzunehmen. Als sich der ansonsten treue Held gegenüber seiner eigenen glücklich Angetrauten Kriemhild verrät, tickt am Burgunderhof eine Zeitbombe.

Brünhild ist inzwischen darüber verstimmt, dass dem Gatten Kriemhilds mehr Aufmerksamkeit geschenkt wird als ihrem königlichen Gemahl. Der berühmte Streit der beiden Königinnen über den Vorrang ihrer Männer – im Norden findet er beim gemeinsamen Flussbad, im deutschen *Nibelungenlied* auf den Stufen des Wormser Münsters (gemeint ist der Dom) statt – gipfelt darin, dass Kriemhild ihrer Konkurrentin das Geheimnis der durch Betrug erschlichenen Brautwerbung und Hochzeitsnacht entdeckt.

Siegfrieds Ermordung. Illustrierte Nibelungenlied-*Handschrift B. 15. Jahrhundert.*

Brünhild fühlt sich nicht ganz zu Unrecht von ihrem Gatten und Siegfried hintergangen. Die Folgen sind für alle Beteiligten fatal.

Im Bruchstück des »Alten Sigurdlieds« kommen schließlich Gunnar und Högni überein, dass nur Sigurds Tod Brynhilds Zorn besänftigen könne. Durch gebratenes Geierfleisch machen sie ihren jüngeren Stiefbruder Guthorm (im *Nibelungenlied* – allerdings in einer deutlich sympathischeren Rolle – Gernot) gefügig, den Mord auszuführen. Als Sigurd nach einem Ausritt nicht zurückkehrt, weist Högni Gudrun brutal auf das Geschehen hin: »Mit dem Schwert erschlagen den Sigurd haben wir« (Str. 7). Während Brynhild frohlockt, sagt Gudrun ihren Brüdern ein böses Ende voraus. Die Dichtung endet mit schlechten Träumen Gunnars und seiner Gattin.

Ein vermutlich später angefügter Prosa-Epilog erzählt überdies, über die genauen Todesumstände Sigurds gebe es verschiedene Berichte. Die einen wollen, dass er im Bett erschlagen worden sei. »Deutsche Männer sagen, dass sie ihn erschlugen draußen im Walde«, während im älteren »Gudrunlied« von einer gemeinsamen Thingfahrt Sigurds und der Burgunderkönige die Rede sei.

Es verdient übrigens hervorgehoben zu werden, dass hier von Deutschen die Rede ist, die ihre eigene Fassung der Siegfriedsage erzählten. Man wird sich darunter am besten norddeutsche Kaufleute vorzustellen haben, die in der Wikingerzeit von Häfen in Haithabu (bei Schleswig) und Dorestad (Friesland) aus im Skandinavienhandel tätig waren. Deutsche Münzfunde in Schweden lassen die Reichweite dieses frühmittelalterlichen Handels heute noch ahnen.

Eine Strophe im vorderen Teil des Lieds verdient besondere Aufmerksamkeit: Högni und Gunnar hatten sich gerade verschworen und ihren Stiefbruder Guthorm mit in die Sache gezogen, als ein Rabe vom Baum rief: »An euch wird Atli das Eisen röten / Der Meineid wird die Mörder fällen« (Str. 5). Raben spielen in vielen germanischen Göttermythen die Rolle des Propheten und Ratgebers. Hier ist von Interesse, dass bereits im ältesten Zeugnis der Siegfriedsage eine Verbindung zum Untergang der Burgunder am Hof Atlis (Etzels) gezogen wird.

Das zweiteilige *Nibelungenlied* aus dem 13. Jahrhundert führt diesen Zusammenhang in epischer Breite vor. Doch der rote Faden, der von der Ermordung des Helden zum schicksalhaften Ende der Mörder bei den Hunnen führt, wird schon in den frühesten Liedern aus dem 9. Jahrhundert gesponnen. Auffällig bleibt freilich, dass im »Alten Sigurdlied« an keiner Stelle vom Schatz die Rede ist. Der machtvolle und verwunschene Schatz wird in anderen Nibelungentexten, nicht zuletzt im *Nibelungenlied*, als eigentliche Ursache für des Helden Tod angegeben.

Daraus kann man an dieser Stelle eine Schlussfolgerung ziehen: Es kursierten schon im frühen Mittelalter in Skandinavien und in Deutschland mehrere Liedversionen von Siegfrieds/Sigurds Tod. Deutliche Unterschiede herrschten beim Todesort des Helden (Bett, Wald, Thing) sowie beim Mordmotiv (die Rachsucht Brünhilds, der Nibelungenschatz) vor. Der Kern der Sagenhandlung – der mit besonderer Macht begabte Held, dessen verräterische Ermordung durch die Sippe seiner Gattin sowie der schicksalhafte Untergang dieser Sippe am Hunnenhof –

blieb hingegen über Jahrhunderte stabil und motivierte immer wieder zu neuen Bearbeitungen.

Bis zum 13. Jahrhundert entstanden allein in Skandinavien mehr als ein Dutzend Lieder und mehrere Epen, die einer der nibelungischen Figuren oder Episoden gewidmet sind. Bevor auf diesen literarischen Reichtum ein genauerer Blick geworfen wird (Kapitel »Zweitausend Jahre Nibelungen«), ist ein kurzer Umweg über Rhein und Donau erforderlich.

KRIEMHILD ALS PATIN – NIBELUNGENNAMEN IN FRÄNKISCHER ZEIT

Die Suche nach der Nibelungensage im frühmittelalterlichen deutschen Sprachraum wirft Licht auf ein Kernproblem des Historikers. Wir ahnen, dass an Rhein und Donau schon früh nibelungische Sagenstoffe kursierten. Doch die Quellen schweigen beharrlich, und wenn sie endlich zu sprechen beginnen, hören wir für Jahrhunderte nur das Altnordische.

Als Geschichte im 19. Jahrhundert zu einem wissenschaftlichen Hauptfach an den neuen Universitäten wurde, kannte man nur ein Rezept gegen die allgegenwärtigen Wissenslücken: Was nicht in den Quellen steht, ist (zumindest für den Historiker) nicht existent. Man nannte die Methode »Positivismus« (von lat. »ponere« – setzen, stellen, legen). Geschichte beschäftigte sich also mit den Überresten der Vergangenheit, die irgendwer (am Ende der bloße Zufall) vor uns gesetzt, gestellt oder gelegt hat. In der Konsequenz entstanden einige Bücherregale voller Literatur zu mittelalterlichen Urkunden (von denen man viele fand), zu bestimmten Herrschern (über die bereits im Mittelalter viel geschrieben wurde) und zur Verfassung des mittelalterlichen Reiches (Rechtstexte gab es genügend, und das Interesse für Verfassungsfragen hatte im 19. Jahrhundert zudem aktuelle Gründe).

Mittlerweile hat sich die Geschichtswissenschaft verändert, auch die aktuellen Interessen sind andere geworden. Das Nibelungenproblem könnte man heute auf den Nenner bringen: Was machen wir mit Dingen, die nicht in den Quellen stehen, aber trotzdem existiert haben müssen? Eine Antwort des großen französischen Mittelalterhistorikers Jacques Le Goff lautet: Bemühen wir unsere Fantasie! Sein deutscher Kollege Arnold Esch rät dazu, uns bewusst zu sein, dass wir nur einzelne Mosaiksteine besitzen und uns immer zugleich fragen müssen, wie das Gesamtbild ausgesehen haben könnte.

Die Frage nach mündlicher Kommunikation ist ein typischer Fall für diese neuere Sichtweise. Natürlich besitzen wir keine mündlichen Zeugnisse aus dem Mittelalter, und natürlich haben sich die Menschen dennoch unterhalten. Die Frage zu stellen heißt, nach Möglichkeiten zu suchen, etwas von der vergangenen Weise zu sprechen (oder zu singen), wieder sichtbar zu machen.

In mittelalterlichen Romanen, in denen fiktive, aber hoch lebendige Sprechszenen enthalten sind, ist man tatsächlich fündig geworden. Das deutsche *Nibelungenlied* aus der Zeit um 1200 ist voller interessanter Dialoge, die vielleicht durch Endreim und metrische

Form künstlich wirken, jedoch unterschied-
lichste Kommunikationssituationen zwischen
Männern und Frauen, Alten und Jungen,
Bediensteten und Herren, zwischen Freunden
und zwischen Feinden widerspiegeln.

Aus solchen Situationen können wir
schließen, wie die Spielregeln für das Mit-
und Gegeneinander aussahen, worüber
gelacht, geweint, gezürnt und nachgedacht
wurde. Als gute Strategie im Fall der uns
interessierenden Lieder und Sagen hat sich
zudem herausgestellt, danach zu forschen,
wie populär diese gewesen sind. Mit Fantasie und Akribie haben Namenforscher er-
mittelt, dass die Rufnamen bereits im frühen
Mittelalter bestimmten Moden und Trends
unterlagen. Bedeutende Heilige, wichtige
Vorfahren oder eben Sagenhelden konnten
die Namenswahl der Eltern maßgeblich
beeinflussen.

Für das Aufspüren von Nibelungennamen
im frühen Mittelalter stehen überraschend
reichhaltige Quellen zur Verfügung. In
Herrscher- und Adelsurkunden finden sich
lange Zeugenreihen. Viele mittelalterliche
Klöster kannten die Gewohnheit, die Namen
verstorbener Mitbrüder und -schwestern
sowie weltlicher Gönner und Freunde des
Klosters in Totenbücher (Nekrologien) ein-
zutragen. An den kalendarischen Einträgen
konnten die Mönche und Nonnen ablesen,
wann ein Jahresgedächtnis fällig war. Die
Auswertung von Urkunden und Nekrologien
ergibt bereits für das 8. und 9. Jahrhundert
Zehntausende von Personennamen aus den
führenden Adelskreisen (über die ›kleinen
Leute‹ wissen wir fast nichts).

Grundsätzlich ist zu bemerken, dass nicht
alle Eltern, die ihren Sohn Siegfried oder

Gernot nannten, dabei an die Nibelungen
gedacht haben müssen. Die Namen der
Nibelungensage sind zum größten Teil durch-
aus übliche germanische Rufnamen, deren
Bestandteile auf bestimmte Werte oder
Qualitäten hinweisen.

Der zweigliedrige Name »Ger-not« bedeutet beispielsweise im ersten Teil »Speer«
und im zweiten »Kampf«. Er bezeichnet also
einen bewaffneten Krieger, während »Siegfried« eher auf die herrscherlichen Qualitäten des Siegreichen und Friedenswahrers
gemünzt ist. Bevor sich im hohen Mittelalter
Berufs- oder Herkunftsbezeichnungen zu
Familiennamen weiterentwickelten (Müller,
Meier, Schmied oder von Eschenbach, von
Aue und so fort), dienten die Rufnamen als
familiäres Bindeglied: Durch den sogenannten Stabreim (Gleichheit im Anlaut) wiesen
germanische Sippen auf ihre Verwandtschaft
hin. Es ist mithin kein Zufall, dass die Eltern
Siegfrieds Siegmund und Sieglinde heißen
und dass die Namen der burgundischen
Könige mit Gunther, Gernot und Giselher
übereinstimmend mit G anlauten. Im Norden vervollständigen ihre Schwester Gudrun
und ihre Eltern Giuki und Grimhild die
»G-Sippe«.

Für unsere Frage nach der Nibelungensage im frühmittelalterlichen deutschen
Sprachraum sind solche Familien oder
Regionen interessant, in denen gehäuft
nibelungische Namen auftauchen. In diesen
Fällen ist der Bezug zur Sage und damit
deren Kenntnis als wahrscheinlich anzunehmen. Als Regionen zeichnen sich nach den
Untersuchungen Wilhelm Störmers vor
allem Bayern und das Mittelrheingebiet um
Worms ab.

Das 784 angelegte Salzburger Totenbuch enthält immerhin fünfmal die Namen Siegfried und Giselher, viermal sind Gunther, jeweils dreimal Kriemhild, Hagen und Gernot sowie einmal Nibelung vertreten. Noch deutlicher werden Vorlieben und Konzentrationen, wenn man sich die Urkunden für das relativ kleine Freisinger Gebiet nördlich des Ammersees in der Zeit um 800 näher ansieht. Ein Siegfried ist dort bereits 769 nachgewiesen; in einer Urkunde von 802 stehen ein Nibelung, Gunther und Siegfried nebeneinander. Drei Jahre später urkunden in einer Nachbargemeinde zwei Verwandte mit dem Namen Giselher und ein weiterer Siegfried. Etwa gleichzeitig kommt eine Kriemhild in einer Freisinger Urkunde vor. Zu ihrer Verwandtschaft zählen auch zwei Träger von nordischen Namen: Hrodni (vgl. Högni) und Kysalni (vgl. Gislahari). In weiteren Urkunden tritt neben mehreren Siegfrieds auch ein Sigurd auf. Für Gunther und Giselher gibt es neben Personennamen gar zwei passende Ortsnamen im Freisinger Gebiet: Kyselheringa (Kottgeisering) und Guntheringen (Güntering).

Die Liste ließe sich fortsetzen, doch ist die Schlussfolgerung bereits jetzt erlaubt: In Bayern waren die Nibelungensage in einer deutschen Fassung und vermutlich auch Teile der nordischen Varianten während des 8. und 9. Jahrhunderts bekannt und zumindest bei Teilen des Adels populär.

Es wird nicht überraschen, dass in derselben Epoche auch im Wormser Gebiet sowie im Umfeld des Klosters Lorsch eine Häufung von Nibelungennamen zu registrieren ist. Die Namen Siegfried und Gunther führen hier die Rangliste an; Letzterer ist zudem in einem Ortsnamen, Guntersblum, vertreten. Nicht zuletzt erscheint noch einmal der ungewöhnliche Name Nibelung. Worms und Lorsch sind gemäß dem *Nibelungenlied* Zentralorte der burgundischen Herrschaft und Schauplätze wichtiger Ereignisse (Worms als Königsstadt, Lorsch als Begräbnisstätte Siegfrieds). Viele der Träger frühmittelalterlicher Nibelungennamen in Bayern und im Wormsgau scheinen sogar miteinander verwandt gewesen zu sein. Ob sich darin freilich, wie der Historiker Wilhelm Störmer meint, ein »Nibelungenbewusstsein« bestimmter Adelsfamilien ausdrückte, wird man offenlassen müssen.

Das ›Minimalziel‹, um das es hier ging, ist längst erreicht: Auch wenn kein nibelungisches Schriftzeugnis aus dieser frühen Zeit überliefert ist, wissen wir, dass im 8. und 9. Jahrhundert in bestimmten Regionen und Adelskreisen zwischen Rhein und Donau Lieder und Erzählungen über die Nibelungen im Umlauf gewesen sind. Um den Inhalt solcher Lieder und Erzählungen zu ermitteln, muss der Weg wieder zurück in die reiche skandinavische Literatur des Mittelalters eingeschlagen werden.

DIE RÄTSEL DER NORDISCHEN NIBELUNGEN

SIGURDS JUGEND

Sigurd wird in den alten nordischen Heldenliedern als Waise aus edlem Geschlecht und Haus eingeführt. Die germanische Mythologie stellt ihn als letzten Vertreter der heroischen Sippe der Wölsungen dar, die auf Odin selbst zurückgeht. Ein wesentliches Kennzeichen dieser Mythologie ist die Verknüpfung von Helden und Göttern durch weit verflochtene Verwandtschaftsbeziehungen. Die einzelnen Hauptfiguren treten so in einen persönlichen Zusammenhang; zwischen den vielen Episoden wird eine fiktive Genealogie zum roten Faden der Ereignisse. So werden die beiden nordischen Helden Sigurd und Helgi durch eine Erzählung über Sigurds Vater Siegmund zu Halbbrüdern gemacht.

Die isländischen Skalden mussten folglich nicht nur Geschichtenerzähler und Lieddichter sein, sie erfüllten eine den spätmittelalterlichen Herolden vergleichbare Funktion, die am Wappen und Schildzeichen der adligen Turnierritter die Herkunft, Geschichte und Verwandtschaft der betreffenden Adelsfamilie ablesen konnten. Das Skaldenhandbuch Snorri Sturlusons aus dem 13. Jahrhundert informiert über die verwandtschaftlichen Verhältnisse Sigurds.

Sigurds Großvater, Wölsung, ist stolzer Vater von elf Kindern. Unglück befällt die Familie bei der Vermählung der einzigen Tochter mit dem König von Gautland (Gotland?). Dieser nutzt die weinselige Hochzeitsfeier dazu, seine neue wölsungische Verwandtschaft zu dezimieren. Als einziger Überlebender kämpft Siegmund, Wölsungs ältester Sohn und – nach einem Lied der älteren *Edda* – König im Frankenland, um Rache. Mehr durch Mut als durch Klugheit ausgezeichnet, schafft er es, die Königshalle der Gautländer in Brand zu setzen und damit freilich auch seine Schwester umzubringen.

Das Motiv der brennenden Königshalle und der Vernichtung einer großen Königssippe (hier der Wölsungen) kommt mithin in der germanischen Mythologie häufiger vor. Dies trifft übrigens auch auf das Motiv des Drachentöters zu, denn in der altenglischen Erzählung *Beowulf* aus dem 10. Jahrhundert ist es Siegmund, der in einem seiner Abenteuer als Drachentöter einen großen Goldschatz gewinnt. Siegmund ist in erster Ehe mit der Königstochter Borghild verheiratet, von der er die Söhne Sintiflöti und Helgi hat. Bei dieser Verwandtschaft ist es nicht verwunderlich, dass auch Helgi mit dem Beinamen Hundingsbana (»Töter der Hundinge«) das Zeug zum echten Helden hat: Stark, mutig und von den Nornen (drei Göttinnen) begünstigt, durchwandert er viele Erzählungen der Nordgermanen.

Beliebt ist insbesondere die Geschichte, wie er den bösen Hunding erschlägt. Als Borghild ihren Sohn Sintiflöti absichtlich vergiftet, hält es Siegmund für angebracht, die Ehefrau zu wechseln. Mit der Königstochter Hjördis freut er sich alsbald über den kleinen Sigurd. Auf diese Weise konstruieren die Lieder der *Edda* und das *Wölsungenepos* mit wenigen Federstrichen die Verwandtschaft zwischen den beiden skandinavischen Haupthelden Helgi und Sigurd, die allerdings nie gemeinsam auf Abenteuer ausziehen.

Siegmund fällt schon bald nach Sigurds Geburt in einer Schlacht gegen Hunding. Der vaterlose Sigurd zieht mit seiner Mutter an den Hof König Hjalpreks (Chilperichs?), der den Jüngling bei seiner Vaterrache nach Kräften unterstützt. Zuerst darf sich Sigurd aus dem königlichen Gestüt den starken Hengst Grani wählen, später stattet ihn der König mit einer Flotte aus, um gegen die Söhne Hundings zu Felde zu ziehen. Am Hof Hjalpreks arbeitet der wundertätige Schmied Regin. Das »Reginlied« aus der älteren *Edda* beschreibt ihn: »Er war über alle Männer kunstreich, dabei ein Zwerg von Wuchs. Er war weise, grimm und zauberkundig.«

Sigurd erlernt die Kunst des Schmiedens. Aus den Bruchstücken des väterlichen Schwertes und unter Anleitung Regins schmiedet er sein eigenes Schwert Gramr, dessen Schärfe er an einer im Rhein schwimmenden Wolfslocke ausprobiert. Dem Schwert soll wenig später der Drache Fafnir zum Opfer fallen. Das Schwert schafft somit eine narrative Verbindung zu den Abenteuern des Vaters und den Erzählungen um Helgi.

Diese Szenen sind zu beliebten Chiffren der Jugendabenteuer Sigurds geworden; sie zieren den Eingang der Stabkirche von Hylestad genauso wie den Stein von Ramsundberg oder das Südportal von Santa Maria la Real in Sangüesa (Spanien).

Was wir über den jungen Sigurd wissen, ist bruchstückhaft und nicht selten widersprüchlich. In der norwegischen *Thidrekssaga* (Dietrichsage) aus dem späteren 13. Jahrhundert wird Sigurd von seiner Mutter Sisibe in der Einöde geboren. Nach ihrem Tod wird er von einer Hirschkuh gesäugt und später vom Schmied Mimir erzogen. Keinen

Zweifel lassen die mittelalterlichen Texte an der Schönheit des jungen Sigurd. Der Dichter der Dietrichsage schwärmt: »Er hat schönes braunes Haar, das in langen Locken fällt. Sein Bart ist kurz und dicht und von derselben Farbe. Seine Augen sind so scharf, dass nur wenige den Mut finden, ihm ins Gesicht zu sehen.«

Sigurd und Regin als Schmiede. Schnitzung am Portal der Stabkirche Hylestad (Norwegen), um 1200 (vgl. Abb. S. 37).

Schönheit galt im Mittelalter als äußere Form des Guten; an einem schönen Körper ließen sich Edelmut, hoher Geist und Tugend ablesen. Körperliche Gebrechen hingegen wiesen nach derselben Logik auf Bosheit und Sünde hin. In manchen Erzählungen wird der Mörder Hagen als Einäugiger dargestellt.

Über die Herkunft Sigurds gibt es einige verstreute Hinweise. Sein Vater wird in einem Lied der *Lieder-Edda* als »König im Frankenland« bezeichnet. In dieselbe Region weist der Name seines Ziehvaters König Hjalprek, mit dem der Frankenherrscher Chilperich aus dem Geschlecht der Merowinger gemeint sein könnte. Das »Jüngere Sigurdlied« nennt als Herkunft des Helden das Hunaland. Einem Hinweis der *Thidrekssaga* zufolge wurde so das alte Westfalen bis zum Niederrhein genannt.

Gewiss ist damit, dass Sigurd und seine wölsungische Sippe in der skandinavischen Dichtung als ›Ausländer‹ gesehen wurden, als germanische Nachbarn vom Festland. Auffällig bleibt überdies die Erwähnung der Hirschkuh in der *Thidrekssaga*. In der jüngeren *Prosa-Edda* findet sich eine kurze Erzählung über Sigurd den Hirschmenschen, »Sigurd Hjörtr«. Als Sohn Sigurds des Drachentöters sei er bei einer Jagd im Ödland von einem Haki ermordet worden. Diese Geschichte kombiniert das Hirschmotiv mit der späteren Ermordung Siegfrieds durch Hagen während einer Jagd im Odenwald, wie wir sie aus dem deutschen *Nibelungenlied* kennen.

All diese erzählerischen Varianten des Stoffs dürfen nicht irritieren. Sie sind vielmehr der beste Beweis dafür, wie lebendig die Geschichten aus dem Umfeld der Nibelungen in den Kulturkreisen Skandinaviens, Englands und Deutschlands während langer Jahrhunderte geblieben sind. Am bekanntesten sind freilich jene Erzählungen geworden, die Sigurds oder Siegfrieds Drachenkampf auf der Gnitaheide und den Hort der Nibelungen zum Thema haben.

DAS GEHEIMNIS DES SCHATZES

Das materielle Denken ist keine Erfindung der Moderne. Der französische Abt Odo von Cluny klagte schon im 10. Jahrhundert: Jeder wolle reich sein; und wer es geschafft habe, werde immer weiter von Habgier aufgefressen, selbst wenn er den ganzen Erdkreis besitze. Sein Landsmann, der Bischof Hildebert von Lavardin, brachte dies um 1120 auf die einfache Formel: »Geld regiert die Welt.« Besitzgier und die Macht des Goldes herrschten im frühen Mittelalter sogar in der Welt der germanischen Götter vor. Man glaubte an ein vergangenes Zeitalter, in dem die Götter sichtbar auf der Erde wandelten und sich menschlichen Neigungen hingaben. Die *Prosa-Edda* erzählt, wie Odin, Loki und Hönir einst ausziehen, um die Welt kennenzulernen. An einem Wasserfall begegnen die drei Götter einem Otter, den Loki durch einen Steinwurf tötet. Ihre Jagdbeute mit sich führend, kehren die drei auf einem Hof bei dem zauberkundigen Riesen Hreidmar ein. Als klar wird, dass sich hinter dem erlegten Otter der Sohn des Hausherrn verbirgt, geraten die noch unerfahrenen Götter in eine unangenehme Lage. Hreidmar bindet sie mithilfe seiner beiden anderen Söhne

Regin und Fafnir, und man ist zu Verhandlungen über das Lösegeld gezwungen. Schließlich willigen Odin und seine Kollegen ein, den mittlerweile ausgenommenen Sohn in Ottergestalt mit rotem Gold zu füllen und sich dadurch die Freiheit zu erkaufen.

Da Götter zu dieser Zeit keine Wunder wirken können, wird Loki losgeschickt, um das Lösegeld zu beschaffen. Wie er dabei vorgeht, erinnert ein wenig an die Methoden übler Spielschulden- und Schutzgeldeintreiber in den Gangsterfilmen der 30er-Jahre.

Der Gott begibt sich zielstrebig zum Bergvolk der Schwarzalben, dessen Reichtümer sich herumgesprochen haben. Als Hüter der Schätze stellt sich der Zwerg Andwari (im *Nibelungenlied* Alberich) heraus, der in Fischgestalt vor Loki tritt (oder schwimmt). Gestaltwandel war in der Welt der Riesen, Zwerge und Alben offenbar ein beliebter Zeitvertreib; von ihm wird in den Liedern der *Edda* immer wieder mit großer Selbstverständlichkeit berichtet.

Loki packt den Fisch-Zwerg und erpresst – wohl im wörtlichen Sinne – die Herausgabe sämtlicher Albenschätze. Zuletzt verrät Andwari, vielleicht durch seine Fischgestalt im Denkvermögen eingeschränkt, noch die Existenz eines Zauberrings, mit dem er das verlorene Gold erneut herstellen könne. Als Loki in echter Eintreibermanier auch den Ring an sich nimmt, schleudert ihm der Zwerg einen Fluch hinterher, der jedem künftigen Ringträger einen gewaltsamen Tod prophezeit.

Endlich ist der verstorbene Otter mit allem Gold gefüllt, und da eine kleine Stelle frei bleibt, in die Odin den Zauberring stopfen muss, um sein Versprechen zu erfüllen, nimmt das Unglück der Familie Hreidmars seinen freien Lauf. Der Vater wird Opfer seiner goldgierigen Söhne. Anstatt die Mordbeute zu teilen, greift sich der starke Fafnir den ganzen Schatz und die wundertätigen Waffen des Vaters. Regin ist zur Flucht gezwungen, die ihn schließlich an den Hof König Hjalpreks bringt, während sein Bruder auf der Gnitaheide die Gestalt eines Drachen annimmt und sich auf seinen Goldschatz legt.

An dieser Stelle betritt Sigurd die Bühne. Regin erkennt in dem jungen und starken Helden am Königshof seine Waffe zur Rache an Fafnir. Die beiden schmieden das scharfe Schwert Gramr. Sigurd ist noch von dem Gedanken an den ermordeten Vater beseelt. Gramr wird somit zuerst an Hundings Söhnen ausprobiert. Danach erliegt aber der Jüngling schon bald den Einflüsterungen seines neuen Erziehers über den sagenhaften Goldschatz und den bösen Drachen auf der Gnitaheide. Hort und Monster versprechen einen glänzenden Start in die Heldenlaufbahn. Die *Prosa-Edda* stellt dazu wenig fantasievoll fest, Sigurd habe auf der Heide eine Grube gegraben und, als Fafnir darübergekrochen sei, diesen von unten erstochen.

Verschiedene Stücke der *Lieder-Edda* zeigen sich wesentlich interessierter an dem dramatischen Kampfgeschehen. Das »Fafnirlied« beginnt zwar ebenfalls mit der Grubenlist, aber man erfährt immerhin, dass Fafnir auf dem Weg zum Wasser ist und Sigurd mit seinem giftigen Atem in Gefahr bringt, bevor dieser ihm das Schwert ins Herz treibt. Es beginnt ein Dialog zwischen dem sterbenden Drachen und dem siegreichen Helden: Fafnir erkundigt sich zunächst höflich nach der Familie seines Gegenübers (»Gesell und

Gesell, welcher Gesell erzeugte dich?«), was Sigurd in Erklärungsnöte bringt (»Ein Kind, das keine Mutter kennt. Auch miss ich den Vater«).

Da ihm sein Mörder offenbar sympathisch ist, lässt sich der Drache noch zu einigen guten Ratschlägen herab: Es gebe nichts Besseres als eine solide Erziehung in der Familie. Und Gold verderbe den besten Charakter, worauf Sigurd ziemlich abgeklärt meint: Besser reich sterben als arm, wenn schon gestorben werden muss (oder in der Sprache der *Edda*: »Goldes walten will ein jeder / Stets bis an den einen Tag. / Denn einmal muss jeder Mann doch / Fahren von hinnen zu Hel«).

Wer die vollen Akkorde des *Nibelungenlieds* kennt, stolpert gelegentlich über die philosophischen Zwischentöne mancher *Edda*-Lieder. Die Skalden erfüllen damit einen pädagogischen Auftrag. Sie unterlegen ihren Dichtungen oft moralische Betrachtungen und psychologische Deutungen. Götter und Helden benehmen sich hier nicht fortwährend göttlich oder heroisch; ihnen unterlaufen genauso Zweifel, Missgeschicke und Irrtümer. Neben allem Kampfgetümmel ist auch Platz für Fragen. So fragt Sigurd etwa den noch immer sterbenden Fafnir über die Geheimnisse der Götterwelt aus. Mit der erneuten Warnung vor dem Schatz und vor dem drohenden Verrat durch seinen Bruder Regin auf den Lippen stirbt der Drache und lässt Sigurd mit Regin allein.

Der junge Held wird sofort misstrauisch, als sein früherer Erzieher von ihm das Drachenherz verlangt. Es folgt jene Szene, die Sigurd bis heute den Ruf als Daumenlutscher eingetragen hat. Regin trinkt vom Drachenblut und legt sich am Lagerfeuer schlafen, während Sigurd das Herz über dem Feuer brät. Mit den Fingern prüft der unerfahrene Koch das noch blutige Fleisch, den verbrannten Daumen steckt er anschließend in den Mund. Dies wird deshalb erzählt, weil es erklärt, warum der Held plötzlich die Sprache der Tiere verstehen kann (das Rezept lautet: Drachenblut auf der Zunge). Von den Vögeln erfährt er, dass Regin bereits seine Ermordung plane. Um kein Risiko einzugehen, schlägt er dem Schlafenden den Kopf ab und verspeist zu einem tüchtigen Schluck Drachenblut das frisch ge-

bratene Drachenherz. Sein Pferd Grani wird schließlich mit dem Schatz und den Wunderwaffen Fafnirs beladen; darunter befindet sich mit dem »Oegishelm« auch eine Art Geheimwaffe, die den Feinden Schrecken einflößt.

Das deutsche *Nibelungenlied* erzählt die Geschichte des Schatzes und des Drachenkampfes etwas anders. Es wurde bereits erwähnt, dass die betreffenden Stellen über Siegfrieds Jugend nur in einer kurzen Passage im vorderen Teil der Dichtung untergebracht werden, wo sie fast wie ein Fremdkörper wirken. Hagen, der weise Berater

Siegfried und sein wundertätiges Schwert. Szene aus dem Film Die Nibelungen *(Regie: Fritz Lang), 1924.*

der Burgunderkönige, erkennt den nach Worms reitenden Helden an seiner strahlenden Gestalt. Auf Gunthers Frage, wer Siegfried sei, gibt Hagen einen Kurzbericht über dessen frühere Heldentaten. Dabei ist besonders auffällig, dass er die Verbindung zwischen Schatz und Drachenkampf nicht zu kennen scheint. Erzählt wird stattdessen die oben erwähnte Geschichte, wie Sieg-

fried die Königssöhne Nibelung und Schilbung um Leben und Staatsschatz brachte. Hagen weiß zu berichten, der Schatz aus Edelsteinen und rot schimmerndem Gold sei so riesig gewesen, »dass hundert Wagen es nicht hätten befördern können« (Str. 92).

An einer späteren Stelle heißt es, vier riesige Wagen hätten in vier Tagen und vier Nächten kaum den ganzen Schatz aus der

Hans Thoma, Siegfried nach Erlegung des Drachen, *1889*.

Berghöhle nach oben schaffen können (Str. 1122). Aus dem Nibelungenhort stammt auch das wundertätige Schwert Balmung, mit dem der Held aus Xanten schließlich die Königssöhne, zwölf Riesen und siebenhundert Recken aus dem Nibelungenland niedermacht. Die restlichen Nibelungen ergeben sich bis auf den starken Zwerg Alberich. Im Zweikampf nimmt Siegfried diesem einen seltenen, unsichtbar machenden Tarnmantel ab und ernennt ihn nach seiner Unterwerfung zum Hüter des neu erworbenen Schatzes.

Nur als Nachtrag erwähnt Hagen den Drachenkampf: »Übrigens weiß ich noch mehr von Siegfried: Er hat mit eigner Hand einen Drachen erschlagen, in dessen Blut er badete, sodass seine Haut von Horn überzogen wurde« (Str. 100). Siegfried erntet mithin nicht Reichtum, sondern – vermeintliche – Unverletzlichkeit als Lohn für die Tötung des Monsters.

Im Vergleich zu den skandinavischen Liedern wird dabei im *Nibelungenlied* der alte erzählerische Zusammenhang vollkommen zerrissen. Die Genealogie der Schatzbesitzer von Andwari über Loki, Hreidmar, Fafnir und Regin zu Sigurd verliert ebenso ihre Bedeutung wie die Motive des verfluchten Goldes, der Vaterrache und der Vogelsprache. Als Einzelmotive übernimmt der deutsche Dichter lediglich den von einem Zwerg bewachten Schatz (Andwari/Alberich), dessen Wunder wirkende Waffe (Oegishelm/Tarnkappe) und die übersinnliche Macht des Drachenblutes (Sprache der Vögel/Hornhaut).

Damit geht zuletzt auch das natürliche Bindeglied zu Sigurds Frauengeschichten verloren. Denn nach der skandinavischen Überlieferung ist es gerade die Fähigkeit, die Gespräche der Vögel zu belauschen, die dem Helden die entscheidenden Vorteile bei der Suche nach dem anderen Geschlecht vermittelt.

SIGURDS FRAUEN

Die große Stille nach der Schlacht erlebt Sigurd am nächtlichen Lagerfeuer. Fafnir liegt tot auf der Gnitaheide, sein Bruder Regin erschlagen direkt neben dem Feuer. Sigurd brät blutbespritzt das Drachenherz und überdenkt die nächsten Schritte. In das Schweigen hinein dringt das Geschwätz von sieben Adlerinnen, die Zeugen des Geschehens geworden sind. Die klugen Tiere künden dem mittlerweile steinreichen Junggesellen von zwei Frauen: der wunderschönen Tochter des Königs Giuki und einer männermordenden Walküre auf dem Hindarfiall.

Den Vormittag verbringt Sigurd damit, den Schatz zu sichten und eine Auswahl an Edelsteinen, Gold und Waffen auf sein Pferd zu laden. Er schlägt den Weg ein, der ihm das nächste Abenteuer verspricht: auf den Berg Hindarfiall. Dort findet er eine stark befestigte Burg und in ihr eine in Tiefschlaf versunkene Frauengestalt in voller Rüstung. Nur mit seinem scharfen Schwert Gramr vermag er es, den Körper der Schlafenden vom fest verwachsenen Panzer (Brünne) zu befreien. Da somit auch der Schlaffluch gebrochen ist, kann die erwachende Schönheit ihre traurige Geschichte erzählen: Odin habe sie einst als Strafe für Ungehorsam mit einem Schlafdorn gestochen und sie auf den Hindarfiall verbannt. Um nichts anbrennen zu lassen, verwandelt sie sogleich den Willkommenstrunk für ihren Befreier in einen Liebestrank, den der durstige Held nicht verschmäht.

In anderen Versionen der Sage hat Sigurd zuvor einige Probleme zu bewältigen, um überhaupt bis zur schlafenden Walküre vorzudringen. Im *Wölsungenepos* muss er einen Flammenwall durchreiten (die »Waberlohe«); nach der *Thidrekssaga* bezwingt er – etwas weniger märchenhaft – zunächst die schlecht gelaunte Burgwache, bevor er zum Ziel gelangt. Die nordischen Lieder und Erzählungen kennen die Walküre unter zwei Namen: Als Sigrdrifa begegnet sie einmal in der *Lieder-Edda*, doch populärer ist sie unter dem Namen Brünhild geworden. Als Tochter des Königs Budli ist sie zugleich Schwester Atlis, der im weiteren Verlauf noch eine wichtige Rolle zu spielen hat.

Odin hatte ihr einst befohlen, nicht mehr zu kämpfen, sondern stattdessen zu heiraten. Dem traditionellen Frauenbild des Gottes zum Trotz bevorzugte die kampftüchtige Jungfrau den ewigen Schlaf mit dem Hinweis, sie heirate nur einen Ritter ohne Furcht und Tadel.

Im *Nibelungenlied* wird diese Bedingung sehr viel farbenprächtiger ausgemalt: Jeder Freier, der um Brünhilds Hand anhält, muss gegen die mächtige Walküre im Zweikampf antreten. Unter Umständen, die noch zu beschreiben sind, schaffen es König Gunther und der starke Siegfried nur um Haaresbreite gemeinsam, die wütende Dame zu besiegen und in den Ehestand zu zwingen.

In den skandinavischen Liedern ist die Walküre überdies eine große Zauberin, die

sich auf Runenkunde versteht. Mit Eiden besiegeln Sigurd und Brünhild ihre künftige Verbindung, bevor der Held erneut zu Abenteuern aufbricht. Er erinnert sich daran, was er nach dem Drachenkampf von den Vögeln erfahren hat. Sein Pferd Grani trägt ihn daher an den Hof König Giukis, wo er sich zunächst mit dessen Söhnen Gunnar und Högni anfreundet. Auch ihre Schwester Gudrun, deren Schönheit bereits von den Adlerinnen gepriesen wurde, zeigt sich an dem jungen Helden interessiert.

Neu hinzu kommt an dieser Stelle das Motiv der bösen Schwiegermutter. Das *Wölsungenepos* beschreibt, wie Gudruns Mutter Grimhild einen Vergessenstrank braut und ihn Sigurd verabreicht, damit er sich nicht mehr an die Brünhild geschworenen Eide erinnere. Die List gelingt: Gudrun und Sigurd werden ein glückliches Paar; das spätere *Wölsungenepos* kennt sogar zwei Kinder aus dieser Ehe: Siegmund und Swanahild – Heroen der nächsten Generation.

In der Logik von Heldenliedern ist klar, dass der Bruch heiliger Eide – und sei es unter dem Einfluss von Drogen – nicht ohne Strafe bleiben darf. Unheil droht Sigurd dem Eidbrecher und der Familie der Giukungen (der Burgunder des *Nibelungenlieds*). Am Hof Giukis ist die weise Brünhild im Übrigen keine Unbekannte. Im *Wölsungenepos* erzählt Sigurd selbst von der beeindruckenden Frau, allerdings ohne sich an seine eigene Verstrickung in die Geschichte zu erinnern, und rät Gunnar zur Heirat mit ihr. Außer-

Kriemhild. Szene aus dem Film Die Nibelungen *(Regie: Fritz Lang), 1924.*

dem hat Gudrun einmal Brünhilds Dienste als Wahrsagerin in Anspruch genommen.

In allen Fassungen der Sage brechen Gunnar und Sigurd gemeinsam zur Brautwerbung auf. Das dritte »Sigurdlied« aus der *Lieder-Edda* benötigt nur wenige Verse, um die schwierige Aufgabe zu lösen, Brünhild für einen neuen Gemahl zu gewinnen: Sigurd kehrt zu der Walküre zurück, besteigt mit ihr das Bett, legt jedoch das Schwert in die Mitte zwischen sich und sie und verhält sich auch sonst wenig verliebt (»Er küsste nicht die Königin«). Offenbar steht Brünhild darauf für kurze Zeit so unter Schock, dass sie in die Ehe mit Gunnar einwilligt.

Spätere Dichtungen fanden diese Erklärung wohl zu blass, um die Reaktion Brünhilds verständlich zu machen. Das *Wölsungenepos* lässt die Walküre daher Opfer eines hinterlistigen Betrugs werden. Da ihr Domizil nach wie vor von einem Flammenwall umgeben ist, den nur Sigurd durchreiten kann, tauscht der Held kurzerhand mit seinem Schwager Gunnar die Gestalt, damit dieser bis zu seiner künftigen Braut vordringen kann. Weil die Waberlohe Brünhilds Schutz vor ungebetenen Freiern ist, hat sie dem neuen Bewerber nichts entgegenzusetzen. Offenbar erinnert auch sie sich nicht recht an die einstmals Sigurd geleisteten Eide. Erst am Hof der Giukungen trifft sie wieder auf ihren früheren Geliebten und wird von neuerlicher Liebe zu ihm entflammt.

Der Dichter der norwegischen *Thidrekssaga* hält dagegen nicht viel von Brünhilds Gedächtnisverlust. Er berichtet stattdessen von ihrer Empörung, als sie bemerkt, dass Sigurd gekommen ist, um sie mit einem anderen zu verkuppeln. Durch beachtliches Verhandlungsgeschick schafft es der Held dennoch, die Verbindung mit Gunnar zustande zu bringen. In jedem Fall bleibt Brünhilds Verhalten rätselhaft. Ein Hauch von Unglaubwürdigkeit schwingt in allen überlieferten Fassungen mit.

Das deutsche *Nibelungenlied* erzählt eine weitere Variante. Es sei daran erinnert, dass die skandinavischen Epen über Dietrich und die Wölsungen erst nach dem *Nibelungenlied* aufgeschrieben wurden und dass nur ein Teil der früheren Lieder über diesen Stoff überhaupt bekannt ist. Man kann also nicht entscheiden, wie die ursprüngliche Sage ausgesehen hat und welche Motive spätere Variationen sind.

Im *Nibelungenlied* residiert Brünhild als jungfräuliche Herrscherin auf Island. Der Ruf ihrer Macht und Schönheit dringt bis zum Burgunderkönig Gunther. Siegfried beginnt sich zu ebendieser Zeit stärker für Gunthers Schwester Kriemhild zu interessieren. Man kommt überein, Siegfried solle dem Burgunder bei der Eroberung Brünhilds helfen und als Lohn die Hand der Schwester erhalten. Nur in zarten Andeutungen geht der Dichter auf eine frühere Verbindung zwischen Siegfried und Brünhild ein. So ist dieser als Einziger mit dem Weg nach Island vertraut. Der Dichter gibt dadurch zu verstehen, dass er weitere Lieder zu diesem Thema gehört hat, jedoch baut er sie nicht in sein Epos ein. Brünhild erkennt Siegfried und Gunther nicht, als sie schließlich vor ihrer Burg im Hafen landen. Aufgrund der äußeren Erscheinung hält sie zunächst Siegfried für den könig-

Brünhild. Szene aus dem Film Die Nibelungen *(Regie: Fritz Lang), 1924.*

lichen Brautwerber, worauf sich dieser, um seinen Auftrag nicht zu verraten, fälschlich wie ein Lehnsmann Gunthers aufführt.

Mithilfe seines Tarnmantels steht er dem Burgunderkönig anschließend im Zweikampf gegen Brünhild bei, in dem die starke Jungfrau dennoch fast gesiegt hätte. Man misst sich im Schwertkampf, Steinwurf und Weitspringen. Insbesondere der Stein, den »zwölf tapfere, starke Helden … nur mit Mühe« trugen (Str. 449), verfehlt seinen Eindruck auf die mitgereisten Burgunder nicht. So findet Hagen: »Was hat der König nur für eine Liebste! Die sollte lieber in der Hölle die Braut des Satans sein« (Str. 450). Nachdem Gunther den Schwertkampf mit Siegfrieds Unterstützung überlebt hat, schleudert der Held aus Xanten unter seinem Tarnmantel auch den Stein weiter und springt zuletzt – mit Gunther auf dem Rücken – besser als die düpierte Gastgeberin. Diese muss sich geschlagen geben, bleibt aber weiterhin misstrauisch, als sie, die neue Burgunderkönigin, feierlich nach Worms geleitet wird.

In der Hochzeitsnacht erlebt Gunther doch noch die verdiente Schlappe. Brünhild fordert überraschend einen neuen Beweis seiner Stärke. Der Ringkampf im Ehebett endet erwartungsgemäß damit, dass der König den Rest der Nacht am Kleiderhaken in der Kemenate zubringen darf. Erneut muss Siegfried helfen: Versteckt unter dem Tarnmantel, ringt er in der folgenden Nacht die launische Gemahlin Gunthers nieder, wahrt aber ihre Keuschheit und nimmt bloß ihren Gürtel als Trophäe mit.

Die prekäre Kemenatenszene, die den unmittelbaren Anlass für den späteren Streit der Königinnen Brünhild und Kriemhild (Gudrun) bietet, findet sich auch in der skandinavischen Sage des 13. Jahrhunderts. In der *Thidrekssaga* raubt Sigurd der Jungfrau tatsächlich ihre Unschuld sowie einen nicht näher bezeichneten Ring, während ihr Gemahl Gunnar draußen in Sigurds Kleidern Wache steht. Im *Wölsungenepos* kommt es zu keinen sexuellen Übergriffen, jedoch

Johann Heinrich Füssli, Brunhild betrachtet den von ihr gefesselt an der Decke aufgehängten Gunther, *1807*.

stiehlt Sigurd in der Kemenate jenen mächtigen Ring Andwaranaut aus dem Schatz Fafnirs, den er Brünhild einst selbst geschenkt hatte. Mit der Erwähnung des Rings des Zwergs Andwari kommt das Epos dem alten Sagenkern am nächsten.

Der sexuelle Verlauf der Hochzeitsnacht ist für mittelalterliche Hörer dieser Lieder übrigens eine durchaus relevante Information. Nach damaliger Vorstellung galt eine zuvor geschlossene Ehe erst mit dem geschlechtlichen Verkehr als vollzogen. Gerade bei wichtigen Herrscher- oder Fürstenhochzeiten, die in der Regel aus rein politischen oder dynastischen Erwägungen geschlossen wurden, hielten die Festtagsgäste in der Hochzeitsnacht vor dem Schlafgemach des Brautpaares Wache, um den Vollzug zu kontrollieren.

Als fraglich darf gelten, ob die Kemenatenszene bereits zu den alten Motiven der Nibelungensage zählt. Auch die ironische Überzeichnung der Frauenrolle, die im Bild des am Kleiderhaken befestigten Königs gipfelt, passt am besten in den Kontext der höfischen Romane aus der Zeit zwischen 1150 und 1200.

SIGURDS TOD

Zum Kernbestand der alten Sage gehören unzweifelhaft der Streit der Königinnen und das daraus folgende Mordkomplott gegen Sigurd. Das Bruchstück des »Älteren Sigurdlieds« aus der Zeit um 900 setzt mit dem Plan Gunnars und Högnis ein, Sigurd in eine Falle zu locken. Brünhild erscheint als die treibende Kraft im Hintergrund. Bei

der Nachricht von Sigurds Ermordung bricht sie in lautes Gelächter aus, »die Burg rings erscholl«.

Das auslösende Streitgespräch mit Gudrun fehlt im Bruchstück. Es kann aber durch die Versionen der späteren Lieder und Epen erschlossen werden. Nach der *Prosa-Edda* des Skalden Snorri Sturluson beginnt der Frauenzank beim Wäschewaschen im Fluss, eine für zwei Königinnen überraschende Szene. Brünhild wechselt die Waschstelle mit der Begründung, sie wolle nicht dasselbe Wasser benutzen wie Gudrun, da sie deren Mann hochmütig finde. Gudrun kontert, ihr Mann übertreffe Gunnar, den Gemahl Brünhilds, bei Weitem an Kühnheit. Sie entdeckt ihrer Konkurrentin das Geheimnis des doppelten betrügerischen Gestaltentauschs der beiden Männer: beim Durchreiten des Flammenwalls und in der Hochzeitsnacht. Zum Beweis zeigt Gudrun jenen Ring vor, den Sigurd aus der nächtlichen Kemenate mitnahm. »Da schwieg Brünhild und ging heim. Sie reizte Gunnar und Högni, Sigurd zu töten.« Die beiden Brüder schrecken vor der Tat zurück, da sie durch Eide an ihren Schwager gebunden sind. Doch sie stiften ihren Stiefbruder Guthorm zum Mord an. Das Bruchstück des »Älteren Sigurdlieds« inszeniert als Rahmen einen gemeinsamen Ausritt, von dem der Held nicht zurückkehrt.

Der eigentliche Mord hat die dichterische Fantasie besonders beflügelt. Es liegen mindestens fünf verschiedene Versionen darüber vor, wie der strahlende Held sein Leben verliert. Das zweite »Gudrunlied« erzählt von einem Thing (Gerichtstag), zu dem Sigurd gemeinsam mit den Burgunderkönigen auf-

bricht. Am Ende kehrt nur der blutbefleck-
te Hengst Grani zu Gudrun zurück. Die
spätere *Prosa-Edda* lässt Sigurd hingegen
gemeinsam mit seinem Sohn Siegmund
im Bett sterben.

Das jüngere dritte »Sigurdlied« verzichtet gänzlich auf das Motiv des Königinnenstreits. Psychologisch einfühlsam lässt der
Dichter die Situation am Burgunderhof
schleichend eskalieren. Brünhild erlebt tagtäglich die Liebe zwischen Gudrun und
Sigurd. Des Nachts muss sie mit ansehen,
wie die beiden Verliebten in die Kemenate
gehen: »Dass er und Gudrun zu Bette gin-
gen / Und Sigurd die Braut in die Decken
barg.« Das Lied spielt hier auf die alte Beziehung zwischen Brünhild und Sigurd an.
Aus Liebe wird jetzt unversöhnlicher Hass.
Die verschmähte Walküre verweigert ihrem
Gemahl Gunnar das gemeinsame Bett. »Da
will ich sitzen, verschlafen mein Leben /
So du den Sigurd nicht sterben lässest.«
Gunnar reagiert zunächst ablehnend auf
diesen unfrommen Wunsch. Immerhin ist
er selbst der Nutznießer und Mitwisser des
Betrugs an seiner Gemahlin. Doch Brünhilds
Eheboykott und die drohende Trennung
führen zum Stimmungsumschwung. Seinem
Bruder Högni gegenüber gesteht er ein:
»Mir ist Brynhild, Budlis Tochter / Lieber
als alle.« Högni rät freilich von der Tat ab
und spielt damit dieselbe mäßigende Rolle
wie im »Alten Sigurdlied«. In einer bemer-
kenswerten Vision zeigt er seinem Bruder
die Vorteile einer gemeinsamen Herrschaft
mit Sigurd auf: »Wir wissen auf der Welt
nicht so Glückliche wohnen / Solange wir
viere das Volk beherrschen ... Wir stürzten
die Götter von den Herrscherstühlen.« Doch

Gunnar hat sich entschieden. Der Mörder
Guthorm erwischt Sigurd in der Trinkhalle.
Der Sterbende wird in Gudruns Kemenate
gebracht, wo er nicht ihre Brüder, sondern
Brünhild beschuldigt: »All des Unheils
Ursach ist Brynhild.« In den Armen seiner
untröstlichen Gattin stirbt der Held.

Das deutsche *Nibelungenlied* kennt eine
originäre Variante des Königinnenstreits.
Verfasst in der Zeit um 1200, konnte man
sich im höfischen Publikum der Stauferzeit
kaum mehr eine Herrscherin beim Wäschewaschen vorstellen. Der Ort des Zanks
wird auf die Stufen vor dem Wormser Dom
verlegt, wo die Königsfamilie sonntags zur
Messe geht. Übrigens ist diese Stelle zugleich einer der wenigen Versuche, den
alten heidnischen Stoff christlich einzufär-
ben. Von großer Frömmigkeit ist freilich
auch im Schatten der Kathedrale nichts zu
spüren.

Die beiden Königinnen beginnen um
den Vortritt zu rangeln. Brünhild macht gel-
tend, Siegfried sei der Lehnsmann Gunthers
und ihm daher untergeordnet. Kriemhild
weist dies entschieden zurück und deckt
damit einen Teil des Schauspiels auf, das
Gunther und Siegfried anlässlich der Brautwerbung auf Island aufgeführt hatten. Endgültig unter die Gürtellinie zielt Kriemhilds
Bemerkung, Brünhild sei eine Kebse, also
im germanischen Sinne eine uneheliche
Geliebte. Denn nicht Gunther, sondern
Siegfried habe sie in der Hochzeitsnacht zur
Frau gemacht. Zum Beweis zeigt sie einen

Anfang des Nibelungenlieds *mit Initiale.*
Handschrift B, zweites Drittel 13. Jahrhundert.

In Burgonden ein vil edel
magedin. daz in allen lan
den niht schoners mohte sin.
Chriemhilt geheizen si wart.
si wart ein scone wip. dar vmbe
muosen degene vil verliesen den lip.

Ir pflagen drie kvnege edel vn rich. Gunther vnde Gernot di rechen lobelich. vn Giselher der iunge ein uz erwelter degen. dirre
frowe was ir swester. di fursten hetens in ir
pflegen. Di herren waren milte. von
arde hohe erborn. mit chraft vnmazen chne. di rechen uz erchorn. da zen Burgon
den so was ir lant genant. si frumten star-
chiu wunder sit in Etzelan lant. Ze Worm-
ze bi dem Rine si wonten mit ir
chraft. in diente von ir landen. vil stolziu
ritterscaft. mit lobelichen eren. vnz an ir
endes zit. si ersturben sit iamerliche. von
zweier edelen frowen nit. Ein riche
kvneginne fro Vta ir muter hiez. ir vater
der hiez Danchrat. der in diu erbe liez. sit
nach sime labene ein ellens richer man. der
ouch in siner iugende grozer eren vil gewan. Diu drie kvnege waren als ich
gesaget han. von vil hohem ellen in waren
vntertan. ouch di besten rechen von den
man hat gesaget. starch vn vil chune vnkampfen striten vnuerzaget. Daz was
von Tronege Hagene vn ouch der bruder sin.
Danchwart der vil snelle. von Metzen Orte-
win. di zwene marcgrauen Gere vn Eke-
wart. Volker von Alzeye mit ganzem
ellen wol bewart. Rumolt der chuche-
ne meister ein uzerwelter degen. Sindolt
vn Hunolt dise herren muosen pflegen. des
houes vnt der eren der drier kvnege. man ei
heten noch manegen rechen des ich genennen niene chan. Danchwart der was
marscalch do was der neue sin. truhtseze des
kvnages. von Metzen Ortwin. Sindolt der
was schenche. ein uz erwelter degen. Hunolt was chamerere. si chunden hoher eren
pflegen. Von des houes chrefte vn von
ir witen chraft. von ir vil hohen werdecheit
vnt von ir ritterscaft. der di herren pflaggen mit vreden all ir leben. des enchunde iu
ze ware niemen gar ein ende geben.

In disen hohen eren troumte Chriemhil-
de. wie si zuge einen valchan. starch
scon vn wilde. den ir zwene aren er-

ergriffen daz si daz muose sehen. ir en
chunde in dirre werlde leider nimmer geschehen. Den troum si do sagte ir muoter
Uoten. si enchundes niht bescheiden baz der gte
der ir solde den valchen. daz ist ein edel
man. ine welle got behuoten. du muost in
schiere vloren han. Waz saget ir
mir von manne. vil liebiu muter min. ane
recken minne so wil ich immer sin. sus scon wil
ich beliben. vnz an minen tot. daz
ich von mannes minne. sol gewinnen nimmer
not. Die rede la sprach
ir muoter. verred ez niht gesin so an eli
chem manne. so wurdes wolde mine rede geswen. herzenliche. wan wiltu weizgot genesen. so wirdestu merken daz von mannes minne ir wirst
ein schöne wip. ob dir noch got gefüget
eines rehten guoten ritters lip. Die rede lat
beliben. sprach si frowe mein. ez ist an manegen wiben. vil diche worden scein. wie liebe
mit leide. ze iungest lonen chan. ich sol si
miden baide. sone chan mir nimmer missegan.

Chriemhilt in ir muote. sich minne gar be-
wach. si lebta der vil guote. vil manegen
lieben tach. daz sine wiste niemanni den si
minnen wolte ir lip. sit wart si mit eren
eines vil chunen recken wip. Der was
der selbe valche. den si in ir troume sach.
den ir beschiet ir muoter. wie sere si daz rarach. an ir nehsten magen. die in schluogen
sint. durch sin eines sterben starp vil mani-
ger muter kint.

Do wuohs in Niderlanden. eines vil edelen
fürsten kint. des vater hiez Sigemunt. sin muter Sigelint. in einer richen burge
witen wol bekant. nidene bi dem Rine.
diu was ze Santen genant. Sivrit
was gehaizen der snelle degen guot. er ver-
suochte vil der riche durch ellenthaften muot.
durch sines libes sterche er reit in menegiu
lant. hey waz er sneller degene sit en
Burgonden vant. In sinen besten ziten.
bi sinen iungen tagen. man mohte michel
wunder von Sivride sagen. waz eren an
im wehse vn wi scöne was sin lip. sit hetten in ze minne diu vil waetlichen wip.
Man zoch in mit dem vlize als im daz wol
gezam. von sin selbe muote waz tugende
er an sich nam. des wurden sit gezieret
sines vater lant. daz man in ze allen dingen
so rehte herlichen vant. Er was nu so
gewahsen daz er ze hove reit. di luite
in sahen gerne manech frowe vn manech

Gürtel und einen Goldring vor, die einst im Besitz ihrer Konkurrentin waren. Insbesondere das Motiv des gestohlenen Rings dürfte zum Kernbestand der Sage zählen. Da König Gunther in dieser Sache – aus nachvollziehbaren Gründen – zurückhaltend mit Kritik ist, wendet sich Brünhild in ihrer Seelenqual schließlich an Hagen. Dieser macht sich zum Fürsprecher für Siegfrieds Ermordung und spielt damit einen ganz anderen Part als der nordische Högni. Die Tat selbst wird schließ-

Kriemhild trauert an Siegfrieds Bahre.
Szene aus dem Film Die Nibelungen *(Regie:*
Fritz Lang), 1924.

lich mehr schlecht als recht als Jagdunfall getarnt. Hagen offenbart sich der Witwe in dem Moment als Mörder, in dem er an die Bahre tritt und die Wunden des Ermordeten erneut zu bluten beginnen.

Die altnordischen Lieder zeigen die fatalen Folgen der Bluttat und des damit verbundenen Meineids in schonungsloser Weise auf. Diese treffen die unschuldige Witwe genauso wie die Anstifterin und die Ausführenden. Das älteste Lied zu diesem Thema, das »Alte Sigurdlied«, gibt zwei Hinweise: Zum einen prophezeit ein Rabe den Verschwörern ihren von Atli herbeigeführten Untergang. Zum anderen hat Brünhild in der Nacht einen

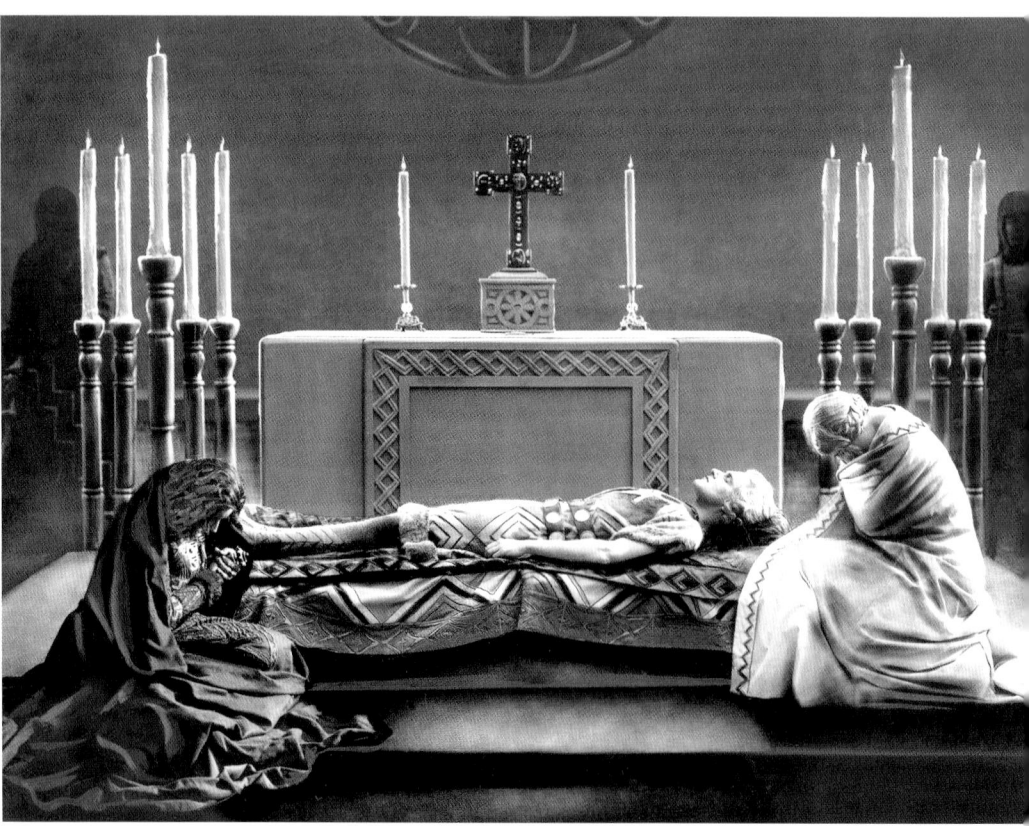

schlechten Traum, der ebenfalls vom Ende der Nibelungen handelt. Träume haben in der mittelalterlichen Heldenliteratur – den griechischen Orakeln nicht unähnlich – eine visionäre Funktion. So träumt Kriemhild bereits zu Beginn des *Nibelungenlieds* von einem prächtigen Falken, der vor ihren Augen von zwei starken Adlern zerfleischt wird (Str. 13), ein erster Warnhinweis auf das Schicksal ihres späteren Gatten.

Das alte Motiv von Brünhilds Schlaflosigkeit wird in jüngeren skandinavischen Liedern drastisch gesteigert. Hier begeht Brünhild kurz nach der Tat Selbstmord, um mit Sigurd gemeinsam verbrannt zu werden. Das kurze Lied von »Brünhilds Todesfahrt« ist der Psychologie ihres komplizierten Verhältnisses zum Helden gewidmet. Auf dem Helweg (dem Weg ins Totenreich) wird sie von einer Riesin zur Rede gestellt. Diese lastet ihr nicht nur den Tod Sigurds, sondern auch den Untergang des Nibelungengeschlechtes an. Brünhild gibt die Betrogene und unglücklich Liebende. Im Tod sei sie jetzt wieder mit Sigurd vereint, den ihr zuvor die Nibelungen – also die Familie Gunnars und Gudruns – abspenstig gemacht hätten.

Das weitere Schicksal Gudruns wird in der *Lieder-Edda* in drei kürzeren »Gudrunliedern« besungen. Das erste und früheste Lied zeigt Gudruns Trauer. Frauen am Hof versuchen, sie mit Geschichten über eigenes großes Leid zu trösten. Doch Gudrun bleibt untröstlich, und es kommt der Moment, in dem die Trauer in Zorn umschlägt. Ihrem Bruder Gunnar schleudert sie an den Kopf, er werde das Gold aus dem Nibelungenschatz nicht lange genießen können. »Dir rauben

die roten Ringe das Leben / Weil du Sigurden Eide schwurst.« Ihre Kontrahentin Brünhild wird als Unheil der Könige und Völker geschmäht. Gudrun verlässt schließlich den Königshof ihrer Brüder und wählt ein mehrjähriges Exil. Im *Nibelungenlied* nimmt der Vater Siegfrieds seine trauernde Schwiegertochter mit in die Xantener Heimat.

Im zweiten »Gudrunlied« gelangt die Witwe an den Hof Atlis, des Hunnenfürsten und – nach der isländischen Tradition – Brünhilds Bruder. Staunend erfährt der Hörer dieses Lieds, dass Gudrun dort als Gattin Atlis mit Gold überhäuft wird. Wie kann die Untröstliche den Bruder ihrer Todfeindin heiraten? Man ahnt die Antwort. Wieder ist ein Vergessenstrank im Spiel, den diesmal Gudruns Mutter Grimhild ihrer Tochter zubereitet.

Eine merkwürdige Rolle spielt am Hunnenhof der fremde Held Dietrich, der sofort Gudruns Vertrauen gewinnt. In einer ähnlichen Rolle tritt er auch in der deutschen Dichtung auf. Dagegen löscht das *Nibelungenlied* die Verwandtschaft Brünhilds und Atlis (Etzels) aus dem literarischen Gedächtnis. Hier kann Etzel nach den sieben Trauerjahren völlig unbescholten als Brautwerber vor die Witwe treten. Nicht so in der älteren skandinavischen Fassung.

Atli hegt von Beginn an böse Absichten. Die Begründung liefert die kurze Prosa-Erzählung mit dem Titel »Drâp Niflunga« – »Tod der Nibelungen« nach. Nach Sigurds Ermordung bemächtigen sich Gunnar und Högni des großen Nibelungenschatzes. Atli wirft ihnen vor, für Brünhilds Selbstmord verantwortlich zu sein. Als Entschädigung geben die Königsbrüder ihre Schwester

Gudrun als Atlis Gemahlin an den Hunnenhof. Zur Hochzeit lädt Atli die Brüder Gunnar und Högni in sein Land. Gudrun ahnt
die wahren Absichten ihres Bräutigams und
versucht, die Brüder zu warnen.

An dieser Stelle setzt das »Alte Atlilied«
aus dem 9. Jahrhundert ein. Es beschreibt,
wie Högni die Falle durchschaut und dennoch zur Fahrt rät, wie Atli von seinen
Gästen die Auslieferung des Nibelungenschatzes erpressen will, wie die Burgunderkönige ihre Weigerung mit dem Leben
bezahlen und wie schließlich Gudrun den
Tod der Brüder an den eigenen Kindern,
ihrem Gemahl und ihrer hunnischen Umgebung rächt. Das Gold hat auch den neuen
Besitzern Tod und Verderben gebracht. Die
alte Prophezeiung des Raben, Atli werde
den meineidigen Verrat an Sigurd rächen und
die Mörder zu Fall bringen, bewahrheitet
sich auf schreckliche Weise.

Die Erzählung über Atli und den Tod
der burgundischen Nibelungen ist ein sehr
altes und zugleich das letzte Glied in der

abenteuerlichen Verkettung von Intrigen
und Katastrophen, die man insgesamt als
Nibelungensage kennt. Zwar wird in vielen
Liedern bereits die nächste Generation eingeführt: Sigurd zeugt mit Gudrun vor seinem
Tod noch einen Sohn Siegmund und eine
Tochter Swanahild; auch Gunnar und Högni
kümmern sich vor ihrem schicksalhaften
Ritt in das Hunnenland noch um Nachwuchs.
Doch in der Heldensage spielen diese Kinder
keine bedeutende Rolle mehr. Die Nibelungen gehen am Hunnenhof unter – und damit
auch der große Erzählkreis, der einst mit den
Göttern Odin, Loki und Hönir sowie einem
erlegten Otter begann.

Auffällig bleibt, dass dieser Sagenkreis
seine frühesten und ausführlichsten Aus-
formungen in der altnordischen Literatur
erhielt. Die skandinavische Vorliebe für den
Stoff bedarf einer Erklärung, die nur die
Geschichte und Kultur dieses Teils Europas
im frühen Mittelalter geben kann.

Max Slevogt, Siegfrieds Tod, *1924*.

DIE SKANDINAVISCHE WELT IM FRÜHEN MITTELALTER

Der ältere Plinius (um 23–79) spricht in seiner *Naturgeschichte* erstmals von »Scatinavia«, worunter er das südliche Schweden verstand. Als »Scandia« oder »Scandinavia« wurde in Spätantike und Mittelalter dann die nordeuropäische Welt im Ganzen bezeichnet: Mittelalterlichen Zeitgenossen ist nicht entgangen, dass die ursprüngliche Heimat vieler germanischer Völker aus der Völkerwanderungszeit im Norden lag, so der Goten oder Burgunder. Der gotische Chronist Jordanes nennt die »Scandia« aus diesem Grund im 6. Jahrhundert in einer berühmten Stelle »eine Inselwelt, die wie die Werkstatt der Völker oder besser wie die Vagina der Nationen ist«.

Politisch umfasste die skandinavische Welt im Mittelalter insbesondere die Reiche der Dänen, Schweden und Norweger, aber auch kleinere und politisch unter wechselnden Herrschaften stehende Inseln wie Gotland, Öland oder Bornholm. Seit dem 8. Jahrhundert wurden Island, die FaröerInseln, die Hebriden und Grönland sowie teilweise die Britischen Inseln, die Normandie und das Baltikum von Skandinaviern besiedelt, sodass sich der skandinavische Kulturkreis im Mittelalter auch auf diese Bereiche erstreckt.

In ihrer kriegerisch-expansiven Phase – und zwar nur in dieser Phase – bezeichnet man die skandinavische Geschichte als Wikingerzeit. Vermutlich geht das in altnordischen und altenglischen Texten gebräuchliche »viking« auf das altnordische Verb »vigja« – schlagen, zerstören – und nicht auf »vic« – Dorf – zurück (Wikinger sind also Schläger und keine Dorfleute). Die wikingische Epoche beginnt mit der Eroberung des Klosters Lindisfarne an der schottischen Ostküste im Jahr 793 und endet mit der Eroberung Englands durch die Normannen unter Wilhelm I. im Jahr 1066. Umstritten ist in der Forschung, aus welchen Gründen sich eine bis dahin vorwiegend agrarisch geprägte Siedlergemeinschaft mehr und mehr zu einer kriegerischen und maritimen Gesellschaft entwickelte, die im kontinentalen Europa ungeahnte Schrecken vor den Nordleuten verbreitete.

Durch die Festigung und Verbreitung des christlichen Glaubens spielte sich im 11. und 12. Jahrhundert der für Nordeuropa entscheidende Prozess des Übergangs von der Wikingerzeit zu christlichen Königreichen nach kontinentalem Vorbild ab.

Für die Kultur dieses Raums ist die Frage nach der Religion entscheidend. Die ersten Ansätze für die Einführung des Christentums in Skandinavien liegen in der karolingischen Epoche, mithin etwa zeitgleich zu den ersten überlieferten Liedern aus der Nibelungensage. Es wäre aber ein grobes Missverständnis, wollte man etwa die frühen Missionare für die Verbreitung und Verschriftlichung der südgermanischen Sagenstoffe verantwortlich machen. Zum einen konnte die Kirche den heidnischen Mythen vermutlich wenig abgewinnen, auch wenn es später durchaus daran interessierte Kirchenleute gab. Zum anderen aber war der Mission des Nordens in der Karolingerzeit kein Erfolg beschieden. Es dauerte bis zum 11. Jahrhundert, bis sich die nordeuropäischen Herrscher bekehren ließen, und noch viel länger, bis sich die neue Religion allgemein durchgesetzt hatte.

Den Grund für diese Anlaufschwierigkeiten hat man in der im frühen Mittelalter üblichen ›Mission von oben‹ zu sehen. Die mit päpstlichen Schutzbriefen ausgestatteten Missionare zogen nicht über Land und predigten auf den Dorfplätzen. Sie suchten gezielt nur die Könige, Fürsten und führenden Adligen des Landes auf und stellten ihnen mit der Taufe politische und wirtschaftliche Vorteile in Aussicht. Die Frage des Christentums war in den nördlichen Ländern von Beginn an mit der politischen Option verbunden, sich stärker an den schon lange christianisierten Süden Europas zu binden. Immerhin gestatten die Quellen die Aussage, dass nicht nur Missionare, sondern auch Politiker und Kaufleute schon in der Karolingerzeit den Weg über die Ostsee in die Länder der Wikinger fanden.

Dem oben angedeuteten kriegerischen Charakter der Wikinger gemäß wurde die politische und religiöse Einmischung von fränkisch-deutscher Seite nicht sonderlich gut aufgenommen. Der erste Missionar war ein deutscher Mönch namens Ansgar, der trotz guter Beziehungen zu Kaiser Ludwig dem Frommen (778–840) in Schweden und Dänemark um sein Leben fürchten musste. Ansgar hielt sich immerhin für kurze Zeit in der südostschwedischen Hafenstadt Birka auf, dem Handelsknotenpunkt zwischen Skandinavien und dem kontinentalen Europa. In Birka gab es sogar eine kleine christliche Gemeinde, vermutlich bestehend aus Kaufmannsfamilien, die schon seit Generationen mit den christlichen Franken in Kontakt standen und im Alltag eher eine Mischung aus alten und neuen Glaubensformen lebten. Dies legen zumindest Grabfunde aus Birka und Umgebung aus dem 7. Jahrhundert nahe, wo in ein und demselben Grab der heidnische Thorshammer und das christliche Kreuz gelegen haben.

Erst der dänische König Harald Blauzahn (910–986) entschied sich für die Annahme des Christentums. Der Grund lag im politischen Bündnis mit den christlichen Herrschern in Deutschland, den Ottonen, mit deren Unterstützung die Dänen ihr Reich bald bis nach England und Südschweden ausdehnen konnten. Die norwegischen Könige und die norwegische Exklave Island traten unter diesen Vorzeichen ebenfalls zum Christentum über, das jedoch im Norden auf eine äußerst vitale heidnische Kultur und Religion traf.

Sprachlich verbinden sich die Kerngebiete Skandinaviens einschließlich Islands und Grönlands durch die Dialekte des Altnordischen. In hoher kultureller Blüte stand im 11. Jahrhundert besonders die altisländische Kunst und Literatur. Zwei längere isländische Handschriften aus dem 13. Jahrhundert gestatten einen tiefen Einblick in die altnordische Mythologie, Religion und Kultur. Beide tragen den Namen »Edda«: Die frühere, die sogenannte *Prosa-Edda*, entstand um 1220 als Lehrbuch. Ihr Verfasser, der bekannte Skalde Snorri Sturluson, war als fahrender Lieddichter an verschiedenen skandinavischen Adelshöfen tätig. Sein Skaldenhandbuch sollte dem Dichternachwuchs die Kunst des Lieddichtens, des Reims, der bildhaften Ausdrücke sowie die Kenntnis der alten Mythen und Sagenstoffe vermitteln. Gerade die Kunst der treffenden Metapher (der sogenannten Kenning) ist für die Skaldenstrophe kennzeichnend. Episo-

den über Sigurd, Brynhild, Atli, Gunnar und Högni finden sich bei Snorri ebenso wie Geschichten über Thor, Odin, Freya und Loki oder über den Schmied Wieland.

Für die Frage nach den Nibelungen ist die zweite *Edda*-Handschrift, bekannt als *Lieder-Edda*, von etwa 1260 sogar noch wichtiger. Sie enthält eine Sammlung von über 40 Götter- und Heldenliedern aus der langen Zeitspanne vom 9. bis zum 13. Jahrhundert. Dies ermöglicht uns heute, verschiedene Varianten der Bearbeitung und die Entwicklung des Nibelungenstoffs in vielen Einzelheiten zu kennen. Die *Lieder-Edda* liegt inzwischen wieder im Reichsmuseum von Reykjavik, wohin sie im Jahr 1971 aus Kopenhagen zurückgebracht wurde.

In zeitlicher und räumlicher Nähe zur *Lieder-Edda* entstanden außerdem zwei längere Erzählungen: die isländische *Wölsungensage* und die norwegische *Thidrekssaga*. Beide enthalten weitere Fassungen und Varianten des Nibelungenstoffs.

Kehren wir noch einmal zur Ausgangsfrage dieses Kapitels zurück: Wie ist die offenkundige Vorliebe im frühmittelalterlichen Skandinavien für den Nibelungenstoff zu erklären? Der Blick hat sich zur Beantwortung auf die vorchristliche Zeit zu richten, da das Christentum im Norden erst spät und in einem langsamen Verdrängungsprozess zur Geltung kam. Göttermythen und Heldensagen gehörten einer Zeit an, die im Gegensatz zu den christlichen Zentren Süd- und Westeuropas noch ganz dem Heidentum verschrieben war.

Heidnische Bräuche lassen sich vor allem an den frühmittelalterlichen Bestattungen rekonstruieren. Was Archäologen heute darüber wissen, eröffnet einen eigenen religiös-kulturellen Kosmos. In Grabhügeln setzten die Skandinavier ihre vornehmen Toten bei. Diese waren als Brand- oder Körpergräber angelegt. Verschiedene Gräberfelder in Norwegen und Schweden werden von Steinen umgeben, die als Spitzoval einen Schiffsbug andeuten: Man stellte sich die Fahrt ins Jenseits als Seereise vor. Manche Adlige wurden zu diesem Zweck in ihren Booten oder Schiffen beigesetzt.

Die Grabkammern waren – je nach sozialem Status des Verstorbenen – mit reichen Beigaben ausgestattet. Reichen gab man ihr Reitpferd, Waffen, Schmuck, Münzen und reichlich Verpflegung mit auf den Weg nach Walhall. Manchmal wurden Sklaven oder gar die Witwen verstorbener Fürsten mit bestattet. Viele Gräber auf Gotland und dem schwedischen Festland weisen die bereits besprochenen Bildsteine auf, deren Runeninschriften die Namen der Verstorbenen und ihrer lebenden Angehörigen nennen, manchmal aber auch weitergehend von deren Taten und einzelnen Episoden ihres Lebens berichten.

Religiöse Symbole können als Bildmotiv aus den bekannten Göttermythen in den Stein geritzt oder auf beigelegte Goldmünzen geprägt sein. In anderen Gräbern hat man kleine Thorshämmer oder Schmuckgegenstände mit Odinmotiven gefunden. Interessant ist die Beobachtung, dass die nordgermanische Runenschrift ganz vorwiegend in kultischen Zusammenhängen gebraucht wurde. Die vorchristliche Gesellschaft Skandinaviens war in hohem Maße eine »oral society«. Dazu zählt wesentlich auch die mündliche Weitergabe der Mythen

und Lieder von einer Generation zur nächsten. Damit dieser kulturelle Wissensvorrat nicht verloren ging, genossen die Skalden als Dichter und Gelehrte besonderes Ansehen. Im Erzählen der alten Überlieferungen über Götter, Ahnen und Helden lag ein Schlüssel zur eigenen Identität.

Die Erzählungen über die Nibelungen kamen nicht nur dem Bedürfnis der Adelshöfe nach Unterhaltung entgegen, sie vermittelten überdies Werte, die gerade in der kriegerischen Wikingerzeit zentral waren: Werte wie körperliche Kraft und militärische Macht, der Drang nach Beute und Abenteuern (aus dem heraus Sigurd den Drachen aufsucht), die Treue im Kampf, die Gefahren von Zwist und Neid zwischen den Adelssippen oder der innerfamiliäre Zusammenhalt (wie ihn Gudrun im »Alten Atlilied« demonstriert). Die Nibelungen durchwandern die skandinavische Welt zugleich als Abenteurer, Vorbilder und Negativbeispiele.

Zwei Fragen, die oben bereits gestellt wurden, können nun besser beantwortet werden: Die Frage nach dem späten Zeitpunkt der Verschriftlichung und der Rolle des Christentums wurde bereits zu einem Teil geklärt. Über Jahrhunderte lebten die Mythen und Sagen durch mündliche Tradierung fort. Dennoch bleibt eine überraschende Feststellung: Sieht man sich die Textproduktion an, stehen die nibelungischen Erzählungen um 1250 – und damit zweieinhalb Jahrhunderte nach der offiziellen Einführung des Christentums – auf ihrem Höhepunkt.

Einige Forscher haben darin ein Zeichen des Niedergangs der alten Mythen unter christlichem Einfluss sehen wollen. Dies

SKANDINAVIEN IM MITTELALTER

- ● Städte um 1200
- ▲ Handelsplätze um 850
- Siedlungszentren während der Wikingerzeit

NORWEGEN

FINNLAND

Trondheim (Nidaros)

SCHWEDEN

Bergen

Hamar

Oslo

Sigtuna

Stavanger

Tønsberg

Sarpsborg

Birka

Kaupang (Sciringesheal)

Skara

Lödöse

Kungahälla

Visby

Paviken

Älborg

Viborg

Köpingsvik

Århus

DÄNEMARK

Skuldevig

Helsingborg

Kopenhagen

Slangerup

Ribe

Odense

Lund

Slagelse

Roskilde

Ringsted

Næstved

Flensburg

Schleswig

Haithabu

würde voraussetzen, dass mit dem Aufschrei-
ben zugleich die vitale mündliche Tradition
aufgegeben wurde. Dafür gibt es jedoch,
zumindest für das 13. Jahrhundert, keinen
Beweis. Im Gegenteil, das Skaldenhandbuch
Snorri Sturlusons deutet noch auf ein Fort-
leben der alten Sangeskultur hin.

Die bessere Antwort dürfte lauten, dass
sich die skandinavische Gesellschaft und
Kultur im 13. Jahrhundert noch immer im
Übergang befand. Auch wenn in der neuen
Hochreligion die alten Götter keinen Platz
mehr hatten, so bewahrte man doch in den
traditionellen Erzählungen wichtige Bau-
steine der eigenen Herkunft, Kultur und
Identität. Die vorsichtigen Versuche späte-
rer Dichter, auch christliche Motive in die
Heldensage einzuweben, könnten der Versuch sein, die neue Religion mit der eigenen Kultur zu versöhnen, ohne alles Wissen
und alle Werte der Vorfahren beiseitezu-
legen.

Die zweite noch offene Frage betrifft die
Herkunft der Nibelungensage. So offenkundig die Vorliebe der Skandinavier für nibelungische Erzählungen hervortritt, so un-
strittig ist deren Herkunft vom europäischen
Festland. Der Beweis ist leicht zu führen:
In den Heldensagen wird im Unterschied
zu Göttermythen auf historische Orte und
Persönlichkeiten angespielt. Und diese sind
durchgängig nicht im Norden angesiedelt.
Bereits in den beiden ältesten heute bekannten Nibelungenüberlieferungen, den altnordischen Liedern von Atli und Sigurd, weisen
diese historischen Bezüge in den südgermanischen Raum.

Im »Alten Atlilied« versenken Gunnar
und Högni den Nibelungenschatz im Rhein,
bevor sie sich zu den Hunnen aufmachen.
Deren Land (die »Hunnenmark«) wird zu
Pferd und nicht mit dem Schiff erreicht. Die
Hunnen werden auch als »Südervolk« angesprochen (Str. 14). Nimmt man hinzu, dass
dem Atli der Sage der historische Hunnenfürst Attila (gest. 453) Pate stand, dessen
Kriegszüge vom heutigen Ungarn aus tief ins
westliche Europa führten, dürfte klar sein:
Die Handlung im »Alten Atlilied« spielte
sich ungefähr in demselben geografischen
Rahmen ab wie das 300 Jahre spätere *Nibelungenlied*: zwischen dem Niederrhein im
Nordwesten und den ungarischen Donaugebieten im Südosten.

Rhein und Atli finden ebenfalls im
»Alten Sigurdlied« Erwähnung: Dort wird der
Tatort für Sigurds Ermordung mit der etwas
kryptischen Angabe »südlich am Rhein«
(Str. 5) versehen. In späteren nordischen
Nibelungendichtungen werden weitere
Orte genannt (beispielsweise Soest oder
Münster in der *Thidrekssaga*), die allesamt
nach Deutschland verweisen.

Die Feststellung, dass der Nibelungenstoff ursprünglich auf dem germanischen
Festland zwischen Rhein und Donau behei-
matet war, stellt keinen Widerspruch zur
skandinavischen Vorliebe für diesen Stoff
dar. Da die religiösen Vorstellungen, die
Lebensverhältnisse und Gemeinschaftswerte
in verschiedenen germanischen Regionen –
sei es in Skandinavien, England oder auf
dem Festland – bis zur Einführung des Christentums recht ähnlich waren, konnten Erzählstoffe von einer Gemeinschaft zur anderen,
von einer Region zur nächsten wechseln.

Dieser Transfer von kulturellen Gütern
wurde im frühen Mittelalter beflügelt durch

Handelsbeziehungen, Kriegszüge und politische Bündnisse. Einen ersten kräftigen Impuls erhielt dieser kulturelle Austausch durch die sogenannte Völkerwanderung. Zwischen dem 2. und 6. Jahrhundert verließen viele germanische Siedel- und Heeresverbände ihre angestammten Herkunftsgebiete im Norden und Osten Europas, teilweise auf der Suche nach klimatisch und agrarisch besseren Bedingungen im Süden und Westen, teilweise als Bündnispartner (Föderaten) der römischen Weltmacht oder auf der Flucht vor der hunnischen Expansion.

Einleuchtend ist, dass die durch die gemeinsame Migrationserfahrung verbundenen germanischen Gemeinschaften ein lebhaftes Interesse an der Beibehaltung ihrer Mythen- und Sagenkultur hegten. Als reicher Fundus standen dafür Erinnerungen aus der alten Heimat wie auch jüngere Lieder aus der Wanderungszeit (etwa über die Kämpfe gegen die Hunnen) oder das Liedgut benachbarter Gemeinschaften zur Verfügung.

III. UNS IST IN ALTEN MÆREN — DAS MITTELHOCHDEUTSCHE NIBELUNGENLIED

den Nibelungen.

Uns ist in alten maeren wunders vil geseit.
von heleden lobebaeren. von
grozer arebeit. von fröude vn hochgeciten
von weinen vnd von klagen. von kvner rec
ken striten. mvget ir nv wnder horen sa
gen. Ez wuhs in Burgonden. ein vil edel
magedin. daz in allen landen. niht schöns
mohte sin. Kriemhilt geheizen. div wart
ein schöne wip dar vmbe mvsin degene
vil verliesen den lip. Ir pflagen dri kuni
ge edel vn rich. Gunther vn Gernot. die
recken lobelich. vnd Giselher der iunge. ein
wetlicher degen. div frowe was ir swe
ster. die helde hetens in ir pflegen. Die
herren waren milte. von arde hoh erborn
mit kraft vnmazen kvne. die recken vz
erkorn da zen Burgonden. so was ir lant
genant. si frvmten starkiv wunder. sit in
Etzelen lant. ze wormz bi dem Rine. si
wonten mit ir kraft. in diende von ir lan
den. vil stolzia riterschaft. mit lobeliche
ren eren. vnz an ir endes zit. sit sturben
si iamerliche. von zweier edelen frowen nit.

MITTEL-ALTERLICHE HELDEN UND HÖFISCHE DICHTER

ARTUS UND DIE NIBELUNGEN – LITERATUR IM HOHEN MITTELALTER

Das Lateinische spielte im Mittelalter etwa dieselbe Rolle wie das Englische im post-kolonialen Ostafrika. Es war internationale Verkehrssprache, Verwaltungssprache der Eliten und allgemeine Schriftsprache. Die gesprochene ›Volkssprache‹, die germa-nischen und romanischen Dialekte Europas, hinterließ in der Schriftüberlieferung bis zur Karolingerzeit nur wenige Spuren, obwohl sie von sehr viel mehr Menschen benutzt wurde als das Lateinische.

Die Techniken des Schreibens und Lesens blieben für lange Jahrhunderte auf die Mit-glieder des Klerus und Mönchtums konzen-triert. Erst im 9. Jahrhundert begann dieses starre Schema zu erodieren. Auch weltliche Lieder im gesprochenen Dialekt fanden nun den Weg aufs Pergament. Die Helden-dichtungen der Karolingerzeit, das althoch-deutsche *Hildebrandslied* und das altnordische »Atlilied«, repräsentieren also zugleich die früheste Stufe volkssprachlicher Literatur in Europa. Als gesungene und mündlich weiter-gegebene Lieder hatten solche Dichtungen eine sehr lange Tradition.

Doch erst nach ihrer Verschriftlichung und Sammlung (wie in der *Lieder-Edda*) ent-wickelte sich ein eigener Literaturtyp (von lat. »littera« – Buchstabe), der sich langsam von den Gesetzmäßigkeiten der mündlichen Tradierung löste. Die älteren Lieder zeigen deutlich, dass ihre Vermittlung auf Singen, Hören und Auswendiglernen angelegt war.

Die Kürze der Erzählung, die verbindende Vers- und Reimstruktur und die immer wiederkehrenden Sprachmuster und Metaphern erleichterten den auswendigen Vortrag und das Wiedererkennen von Bekanntem. Erst die höfischen Romane des 12. und 13. Jahrhunderts lösten sich von diesen Vorgaben und gestalteten sich so ausführlich, detail- und variantenreich wie die lateinische Literatur.

Das *Nibelungenlied* steht in dieser Hinsicht auf einer Grenze: Einerseits fallen die eintönige Formelhaftigkeit vieler Wendungen und der starre Strophenaufbau ins Auge, andererseits übertrifft die Erzählmenge bei Weitem das, was ein Sänger auswendig vortragen konnte.

Das Bedürfnis nach heroischen Erzählungen aus grauer Vorzeit konkurrierte im Mittelalter mit der Lust auf exotische, unterhaltende, ›moderne‹ Stoffe. Dabei konnte es durchaus Überschneidungen geben. Als ›modern‹ galt ab dem 12. Jahrhundert die französische und provenzalische Literatur mit ihren höfischen Minneliedern und Artusromanen. Doch sprach nichts dagegen, im eleganten Gewand des neuen Stils auch historische oder mythische Helden aus der eigenen Vorzeit auftreten zu lassen. So kamen in dieser Epoche neben der Kunstfigur Artus und den Rittern der Tafelrunde durchaus auch Karl der Große, dessen Graf Roland, Herzog Ernst von Schwaben und sogar der berühmte Sarazenenfürst Saladin zu literarischen Ehren.

Ausgehend von Aquitanien und dem Poitou, wo ab der Mitte des 12. Jahrhunderts aufgrund einer Eheverbindung die englischen Könige herrschten, stieg vor allem

Artus schnell zum neuen Star der europäischen Literatur auf. Gegründet auf einen alten englischen Mythos, der Artus nach Abzug der römischen Besatzungsmacht zum ersten König von Britannien stilisiert, verliert die Erzählung im 12. Jahrhundert jeglichen historischen und heroischen Anspruch.

Insbesondere der französische Dichter Chrétien de Troyes verstand es, durch geschliffene Verse, prächtige Beschreibungen des Hoflebens und eine vollkommen fiktive Handlung ohne geschichtliche Bezüge eine höfische Idealwelt entstehen zu lassen. Tafelrunde und Artushof werden zum Symbol einer vorbildlichen, moralisch intakten Adelsgemeinschaft, in der König Artus nur als Erster unter Gleichen herrscht. Die Ritter der Tafelrunde und jene, die neu an den Artushof gelangen, werden Bewährungsproben (Aventiuren) ausgesetzt, durch die sie begangenes Unrecht büßen und wahres Rittertum erwerben können. Zentral ist dieser Literatur der Begriff der ritterlichen Ehre. Als vorbildlich gelten die Tugenden der »minne« (höfischen Liebe), der »mâze« (des Maßhaltens) und der »milte« (der Großzügigkeit).

Die Aventiuren der Artusritter nehmen häufig märchenhafte Züge an. Sie spielen sich in keiner konkreten Zeit und Geografie ab. Die Helden treffen auf Monster, Riesen oder böse Landesherren, auf arme Witwen und Waisen, geraubte Prinzessinnen und verwunschene Orte. Von ihren Abenteuern heimkehrend, begrüßt sie das pralle höfische Leben – Feste, Turniere und Dichtungen – am Artushof.

Deutsche Übersetzungen und Bearbeitungen des Artusstoffs durch die Dichter

Hartmann von Aue, Wolfram von Eschenbach und Gottfried von Straßburg wurden seit dem ausgehenden 12. Jahrhundert zu großen Erfolgen. Die Helden dieser Literatur heißen Iwein, Erec, Gawein oder Parzival. Auch sie haben es dank vielfältiger Nachahmer seit dem späten Mittelalter, dank Richard Wagner und nicht zuletzt dank heute populärer Romane über Avalon in unser kollektives Kulturgedächtnis geschafft.

Sehr eindrücklich spiegelt das mittelhochdeutsche *Nibelungenlied* jene höfische Mode in der Literatur wider. Auf der Grundlage der alten germanischen Motive aus der Nibelungensage komponierte ein unbekannter Zeitgenosse Hartmanns und Wolframs in den Jahren um 1200 ein langes Epos im Stil der neuen Mode. Große Feste, prächtige Turniere, ritterliche Tugenden, die Wonnen und Qualen der Minne, dazu geschliffene Langverse und eine anspruchsvolle Reimstruktur – all diese Zutaten der ›modernen‹ Romane finden sich über weite Strecken auch im *Nibelungenlied*.

Gleichwohl besitzt diese Dichtung eine unverwechselbare Gestalt in ihrer Zeit. Der Grundton des Heldenepos ist dunkler. Agieren die Helden im Artusroman in unbeschwerter Ritterlichkeit, so unterliegt den Ereignissen im *Nibelungenlied* ein heroischer, tragischer, ja fatalistischer Zug. Kommt es am Artushof nach allen Irrungen und Wirrungen notwendig zum Happy End, enden die Nibelungen in der Katastrophe – einer Katastrophe von solchen Ausmaßen, dass man dem Text des *Nibelungenlieds* schon im frühen 13. Jahrhundert eine *Klage* zur Seite stellte, in der die schlimmen Ereignisse reflektiert und verarbeitet werden.

Weitere Unterschiede sind mit den Händen zu greifen, wenn man die skandinavischen Lieder mit in die Betrachtung einbezieht. Die Heldenliteratur wird in Raum und Zeit eingebunden. Mal geschieht etwas am Rhein, mal im Frankenland, mal in Dänemark oder bei den Hunnen. Viele der Hauptfiguren sind durch die historische Überlieferung bekannt und bleiben im Lied als solche erkennbar: der Burgunderkönig Gunther, der Hunnenherrscher Attila oder Theoderich der Große, der als Dietrich von Bern in die Sage einging. Die Heldenliteratur verankert das gesamte Geschehen in der Geschichte einer Gemeinschaft. Sie verbindet die alten Götter, Vorfahren und Helden zu einer historischen Identität für die Nachlebenden, während die Artusromane bewusst eine fiktive Idealwelt konstruieren, die den Zeitgenossen auf zugleich unterhaltsame und pädagogische Weise ritterliche Werte nahebringt.

Die Nibelungen waren in diesem Sinne nicht die einzigen literarischen Träger einer historischen Identität. Weitere Helden und Heldensagen kursierten im germanischen Raum des frühen und hohen Mittelalters. Es sollte aber noch einmal betont werden, dass die Heldendichtung historische Ereignisse nicht einfach nacherzählt. Sie balanciert vielmehr auf der Grenze zwischen Realität und Fiktion, indem sie historische Figuren aus unterschiedlichen Epochen, Ereignisse aus verschiedenen Regionen, Göttermythen und frei Erfundenes miteinander kombiniert.

Der Dichter Hartmann von Aue. Illustration im Codex Manesse, 14. Jahrhundert.

Gerade die narrative Verknüpfung von Helden und Heldentaten aus unterschiedlichen Stoffkreisen und Zeiten ist zu einem Kennzeichen dieser Literatur geworden.

Dieser Verknüpfung lag die Vorstellung eines geschlossenen Heldenzeitalters zugrunde. So treten, wie bereits erwähnt, Dietrich von Bern und sein Waffenmeister Hildebrand im *Nibelungenlied* auf. Hagen und Gunther machen wiederum einen Ausflug in die Walthersage, und auch Attila dürfte – obgleich er bereits in den ältesten Nibelungentexten aus dem 9. Jahrhundert auftaucht – ursprünglich in einem eigenständigen Sagenkreis besungen worden sein. Da die Verwandtschaft der Heldenlieder und -erzählungen untereinander wichtig ist, sei ein Blick auf die gängigsten Erzählstoffe des heroischen Genres geworfen.

HERRSCHER UND HEROEN – HELDENSAGEN ALS MULTIKULTURELLES EREIGNIS

Eine der bedeutendsten historischen Persönlichkeiten aus der Epoche der Völkerwanderung ist der Ostgotenkönig Theoderich (um 454–526). Seine Verwandten aus der Familie der Amelungen übten schon in der Mitte des 5. Jahrhunderts die Herrschaft über die Ostgoten in Pannonien aus, dem Gebiet zwischen der kroatischen Adriaküste und dem westlichen Ungarn. Theoderich selbst verbrachte einige Jahre als Geisel am Kaiserhof in Konstantinopel. Durch Grenzverträge und Bündnisse sicherten sich zu diesem Zeitpunkt die oströmischen Kaiser gegen weitere germanische Invasionen ab.

Theoderich stieg auf diesem Wege zum Verbündeten und hochrangigen Offizier Ostroms auf. Kaiser Zenon schickte ihn mit ostgotischen Truppen im Jahr 488 nach Italien, wo er als römischer Heermeister die germanischen Eindringlinge um Odoaker verdrängen sollte. Nach dem gewaltsamen Tod Odoakers löste sich Theoderich von Ostrom, indem er in Italien eine eigenständige ostgotische Militärherrschaft errichtete. Seine Hauptstadt legte er nicht nach Rom, wo der alte senatorische Adel eine starke Konkurrenz darstellte, sondern in den Norden nach Ravenna und Verona. Von Verona leitet sich gemäß dem bereits bekannten Wechsel von /w/ und /b/ der Sagenname Dietrich von Bern ab, in dem die Erinnerung an Theoderich im Mittelalter weiterlebte.

In Deutschland und Skandinavien verbreiteten sich Erzählungen über Dietrichs Anfänge, Abenteuer und Ende. Mindestens ein Dutzend Lieder über ihn kursierten allein im deutschen Sprachraum während des 13. Jahrhunderts. Einige haben den Konflikt mit seinem Onkel Ermenrich zum Thema, der Dietrich aus seiner italischen Herrschaft vertreibt. Vom Exil beim Hunnenkönig Etzel aus unternimmt er mehrere vergebliche Versuche, sein Reich zurückzuerobern, bis er nach über 30 Jahren schließlich zurückkehren kann.

Das *Nibelungenlied* stellt Dietrich gemeinsam mit seinem alten Waffenmeister Hildebrand am Hof Etzels dar, geht aber nicht näher auf ihre Geschichte ein. Die historische Grundlage der Ermenrich-Erzählung verbindet drei unterschiedliche Epochen und

Ereigniskomplexe: Hinter Ermenrich steht der ostgotische König Ermanrich, der um 375 bei der Verteidigung gegen die hunnische Invasion starb. Die Eroberungen und Raubzüge der Hunnen sind als ein Auslöser der Wanderung verschiedener germanischer Siedlungsverbände anzusehen. Die traumatische Erfahrung der Verdrängung, Niederlage und Flucht hat sich in der mittelalterlichen Heldensage, nicht zuletzt im *Nibelungenlied*, an vielen Stellen erhalten.

Eine Generation nach Ermenrich übernahm der hunnische Fürst Attila die Alleinherrschaft über die Hunnen. Durch die Züge nach Germanien, Gallien und Italien markierte seine Regierungszeit den Höhepunkt der hunnischen Expansion nach Westen. Wiederum mehr als eine Generation später führte Theoderich die Ostgoten aus Pannonien und vom Schwarzen Meer nach Italien.

Die Dietrichlieder machten die drei historischen Könige aus verschiedenen Epochen zu Zeitgenossen und bewahrten somit nur eine allgemeine Erinnerung an die Kontakte von Ostgoten, Hunnen und Römern während der frühen Völkerwanderungszeit.

Im mittelhochdeutschen Epos *Rabenschlacht* wird Dietrichs letzte Schlacht gegen seinen Onkel Ermenrich beschrieben. Der Sieg geht an Dietrich, doch sterben sein Bruder Diether und viele Gefolgsleute. Als unglücklicher Sieger kehrt Dietrich schließlich wieder zum Etzelhof zurück. Weitere Lieder und Erzählungen über Dietrich sind seinen Abenteuern gewidmet. Diese erinnern in Form und Inhalt an die Aventiuren der Artusritter, können in mündlicher Fassung jedoch älteren Ursprungs sein. Der Held trifft auf starke Zwerge, böse Riesen und

gefährliche Monster. Manche von Dietrichs Gefährten, wie der junge Alphart, finden dabei den Tod.

Besonders wichtig ist an Dietrichs Seite der Waffenmeister Hildebrand. Ihm widmet sich die älteste überlieferte Heldendichtung in deutscher Sprache. Das althochdeutsche *Hildebrandslied* aus dem 9. Jahrhundert beschreibt einen tragischen Zweikampf zwischen Vater und Sohn. Als Gefolgsmann Theoderichs führt Hildebrand das ostgotische Heer, das in Italien auf ein feindliches germanisches Heer trifft. Dessen Anführer ist der junge Hadubrand, der seinen Vater nicht erkennt und zum Zweikampf herausfordert. Wenn man das fehlende Ende in der deut-

Das Mausoleum des Ostgotenkönigs Theoderich in Ravenna.

schen Version durch skandinavische Lieder
ergänzt, tötet Hildebrand schließlich seinen
eigenen Sohn, der ihm als Feind entgegen-
getreten ist. Der fast starrköpfige Gerechtig-
keitssinn des alten Waffenmeisters äußert
sich im *Nibelungenlied* darin, dass er schließlich dem ungerechten Wüten Kriemhilds
ein Ende bereitet. Das *Hildebrandslied* nimmt
konkret die Konstellation der Jahre 489 bis
493 in Italien auf, in denen die germanischen Verbände Theoderichs und Odoakers
einen blutigen Bruderkrieg ausfochten.

Im Allgemeinen spiegeln sich in solchen
Erzählungen die Erfahrung der Entwur-
zelung und die Erinnerung an die Anstren-
gungen und Nöte, die mit der Suche nach
Neuanfängen verbunden sind. Dass dabei durchaus auch unterschiedliche Bewertungen der Ereignisse einfließen konnten,

zeigen jene Lieder über Dietrichs Ende, die
den Helden als Strafe für ungerechtfertigte
Hinrichtungen auf einem Teufelsross in der
Hölle oder in einem Vulkan verschwinden
lassen.

Für das deutsche *Nibelungenlied* hat Dietrich nur eine untergeordnete Bedeutung.
Er hält sich freundschaftlich am Hof Etzels
auf und greift halbherzig in die ausbrechenden Kämpfe zwischen Burgundern und
Hunnen ein, nachdem keine Möglichkeit
der Vermittlung mehr offensteht. Möglicherweise stellt Attila, der mit beiden
Erzählkreisen über Dietrich und über die
Nibelungen eng verschränkt ist, sogar das
ursprüngliche Bindeglied zwischen ihnen
dar. Stärkere Bande zwischen den Helden
Sigurd und Dietrich erfindet hingegen
die norwegische *Thidrekssaga*, der wir auch

sonst einige sehr eigentümliche Auslegungen des Nibelungenstoffs verdanken.

Ein weiterer Held der germanischen Sage tritt uns – ungewöhnlich genug – zuerst in einem lateinischen Epos aus dem 9. oder 10. Jahrhundert entgegen: im *Waltharius* oder Walther. Da die heroische Dichtung, wie angedeutet, keine kirchlichen Inhalte hatte, sondern weit in die heidnische Vergangenheit der germanischen Gemeinschaften zurückreichte, haben wir es hier möglicherweise mit einem deutschen Mönch oder Kleriker zu tun, der sich für die alten Lieder interessierte und sie in ›seine‹ Sprache, das Lateinische, übersetzte. Dafür spricht nicht zuletzt, dass aus England eine andere Walther-Dichtung in der germanischen Volkssprache überliefert ist *(Waldere)*. Der Held ist der Sohn des Königs von Aquitanien. Als Geisel hält er sich wiederum am Hof Attilas auf. Allein diese Parallele zur Dietrich- und Nibelungensage macht anschaulich, wie tief sich die Hunnen in das kollektive Gedächtnis der Germanen während und nach der Völkerwanderungsepoche eingraviert haben.

Die Verbindungen mit den Nibelungen gehen jedoch noch viel weiter. Walther ist mit Hildegund, der Tochter des Burgunderkönigs, verlobt. Außerdem befindet sich noch Hagen in Stellvertretung für den fränkischen Königssohn Gunther als Geisel bei Attila. Nach dem Tod seines Vaters übernimmt Gunther die Herrschaft über das Frankenreich und bricht den Vertrag mit Attila. Die vom Tode bedrohten Geiseln können vom Hunnenhof fliehen und dabei einen Teil von Attilas Schatz mitnehmen. Seine Reichtümer hat der Hunnenfürst als Tribut von den eroberten Völkern erpresst.

Um sich in den Besitz des Schatzes zu bringen, überfällt König Gunther – gegen den Rat Hagens – mit zwölf Gefährten die fliehenden Walther und Hildegund. Es beginnt eine Reihe von Zweikämpfen, in denen Walther gegen die fränkischen Ritter in gerechter Sache einen Sieg auf den anderen folgen lässt. Im letzten Kampf trifft er auf Gunther und dessen Ratgeber Hagen. Alle drei Helden werden verstümmelt: Walther verliert eine Hand, Gunther ein Bein und Hagen ein Auge. Hildegund verbindet die Schwerverletzten, die am Ende in bester Laune den Schatz unter sich aufteilen.

Die englische Version des *Waldere* liegt nur in Bruchstücken vor, belegt jedoch, dass die germanischen Sagenstoffe auch im angelsächsischen England in Umlauf waren. Dieser Sachverhalt wird noch besser durch das große altenglische Epos *Beowulf* veranschaulicht. Die mythologischen Motive weisen den Inhalt in die skandinavische Welt. Der alte Dänenkönig Hrodgar errichtet eine neue Königshalle, die jedoch jede Nacht von einem menschenfressenden Dämon heimgesucht wird. Hilfe bringt der junge Held Beowulf, Neffe des Gautenkönigs Hygelac, der in dramatischen Kämpfen, die teilweise unter Wasser stattfinden, den Dämon und dessen riesenhafte Mutter töten kann. Reich beschenkt kehrt Beowulf zu seinem Onkel nach Schweden zurück, wo er bald zum König aufsteigt. Aventiurehafte Episoden, so der Schwimmwettkampf gegen die Walküre Breca oder seine wundertätige Rüstung vom Schmied Wieland, unterbrechen des Öfteren die zeitliche Abfolge.

Der zweite Teil des Epos setzt 50 Jahre später ein. Beowulf herrscht schon seit langer Zeit als König über die Gauten (in Vestergötland?). Sein Land wird von einem mord- und schatzgierigen Drachen bedroht, dem sich der alte König persönlich im Zweikampf entgegenstellt. Gemeinsam mit seinem Neffen Wiglaf gelingt es unter großen Gefahren, das Monster zu töten und den Schatz zu den Gauten zu bringen. Doch der König kehrt verletzt zurück und stirbt. Auf die Nibelungen wird an einer Stelle im Epos angespielt, wo ein dänischer Sänger den siegreichen Helden Beowulf mit dem Drachentöter Siegmund, dem Vater Sigurds, vergleicht. Weitere Analogien führen in die germanische Götterwelt.

Die Erzählung stammt vermutlich bereits aus dem 8. Jahrhundert, auch wenn die älteste heute bekannte Handschrift ungefähr um die Jahrtausendwende angelegt wurde. Historische Bezüge ergeben sich aus dem Bericht, wie König Hygelac die zum Frankenreich gehörenden Friesen mit seiner Flotte überfiel und dabei selbst den Tod fand. Dieses Ereignis wird von dem fränkischen Geschichtsschreiber Gregor von Tours bestätigt und auf die Zeit um 520 datiert. Selbst wenn damit der historische Sagenkern identifiziert sein sollte, muss ein längerer Prozess der literarischen Umformung des Stoffs angenommen werden, in dessen Verlauf weitere Erzählungen und Motive an die ursprüngliche Geschichte angelagert wurden. Auf diese Weise fanden beliebte Sagengestalten, so der Schmied Wieland, die Göttin Freya oder der Nibelunge Siegmund, und Sagenmotive, etwa der mythische Schatz, der Drachenkampf

oder wundertätige Waffen, ihren Weg ins *Beowulfepos*.

Für die Erzählung heroischer Taten und die Kreation neuer Heldenfiguren lag offenbar die Notwendigkeit vor, sie mit bereits bekannten und bewährten Erzählstoffen zu verknüpfen. Die reiche Vielfalt solcher Verknüpfungen spricht für die blühende Fantasie mittelalterlicher Lieddichter und nicht zuletzt für ein ausgeprägtes Unterhaltungsbedürfnis ihres Publikums. Doch darf man die historischen Anspielungen auf die Erfahrungen der Völkerwanderung und auf das Bedürfnis, die eigene Identität zu bewahren, nicht als Nebensache abtun.

Unterhaltung und Belehrung, Fiktion, Mythos und Geschichte, heroische Erhabenheit und höfische Kunstfertigkeit – in der mittelalterlichen Heldendichtung wie im deutschen *Nibelungenlied* verschmelzen diese Ebenen zu literarischen Konstrukten von beeindruckender erzählerischer Kraft.

LIED ODER LIEDER? ZUR ENTSTEHUNG DES *NIBELUNGENLIEDS*

Zu den Kennzeichen heroischer Literatur gehört ihre Anonymität. Ob *Beowulf*, *Waltharius*, die norwegische *Thidrekssaga* oder das deutsche *Nibelungenlied*, in keinem Fall ist uns der Name des Dichters überliefert. Dasselbe trifft auf die skandinavischen *Edda*-Lieder und die deutschen Dietrichdichtun-

Nibelungenlied-Handschrift A, letztes Viertel 13. Jahrhundert.

Uns ist in alten mæren wunders vil geseit
von helden lobebærn von grozer chvnheit
von fröiden hoch geziten von weinen vn von klagen
von chvner recken striten muget ir nu wnder horn sagen

Ez wuhs in bvrgonden ein schöne magedin
daz in allen landen nihte schöners mohte sin
Chriemhilt was si geheizen vnde was ein schöne wip
dar vmbe mvsen degene vil werliesen den lip

ir minnechlichen meide triten wol gezam
in mvte lvhner recken niemen was ir gram
ane mazen schöne so was ir edel lip
der ivnchvrowen tvgende zierten andriv wip

Ir pflagen dri kvnige edel vnde rich
Gunther vnde Gernot die recken lobelich
vnde Giselher der ivnge ein uz erwelter degen
div frowe was ir swester die fvrsten hetens in ir pflegen

Die herren warn milte von arte hoh erborn
mit craft vnmazen kvhne die recken uz erkorn
da zen bvrgonden so was ir lant genant
si frvmten starchiv wunder sit in Etzelen lant

Ze wormz bi dem rine si wonden mit ir kraft
in diende von ir landen vil stolziv riterschaft
mit stoltlichen eren vnz an ir endes zit
sit starben si iamerliche von zweier edelen frowen nit

Ein richiv kvniginne frov Vte ir mvter hiez
ir vater der hiez danchrat der in div erbe liez
sit nach sime lebene ein ellens richer man
der ovch in siner iugende grozer eren vil gewan

Die dri kvnige warn als ich gesaget han
von vil hohem ellen in warn vndertan
ovch die besten recken von den man hat gesaget
starch vnde vil chvne in allen striten vnverzaget

Daz was von tronje Hagene vnd ovch der bruder sin
Dancwart der vil snelle von metzen Ortwin
die zwene marcgrauen Gere vnde Echewart
Volcher von Alzeie mit ganzen ellen wol bewart

Rvmolt der kvchen meister ein uz erwelter degen
Sindolt vnd Hvnolt dise herren musen pflegen
des hoves vnd der eren der drier kvnige man
si heten noch manigen recken des ich genennen niht kan

Dancwart der was marschalch do was dar neue
Ortwin truhsæze des kvniges von metzen ein
si in dise der vns schenke an si erwelte degen
Sindolt was kamerær si vuolt was kamerære
vnd ouch Hunolt kvnste si von ir ampten pflegen
von ir hofes crefte vnd von ir witen kraft

Von ir vil hohen werdecheit vnde von ir riterschaft
der die herren pflagen mit fröiden al ir leben
des enchvnde in ze ware niemen gar ein ende geben

Ze tiutsche ein edel maget in tugenden des si pflach
daz si einen uf dem willen mit tugen maniges tach

---

en in zwene ein erchimmen dar do mide scher
er an dirne in dirre werlde nimmer leider sin geschehen
en trovm si do sagete ir mvter Vten
in kvnde in bai bescheiden niht der gvten

er walde den dri zvhet fran ist ein edel man
in welle got behüten dv müst in schiere verlorn han
waz sagst ir mir von manne vil liebiv mvter min
ane recken minne wil ich immer sin

uf schöne wil ich beliben vnz an minen tot
daz ich sol von manne nimmer gewinnen deheine not
dv widerspriche es niht ze sere sprach aber ir mvter
sol dv immer herzenliche zer werlde werden fro

daz geschiht von mannes minne dv wirst ein schöne wip
ob dir got noch gefüget eins rehten gvtes ritters lip
dv redest daz lebe diu sprach si frowe vin
ez ist an manigem wibe vil dicke war den schin

Wie herzen liebe er umgelt lonen kan
ich sol ir beiden beidiv son kan mir nimmer mit gelegen
er mir al selbe wilde daz si in mir te sende sich
en ir beschiten ir mitte wiser si an mich

in ir nehsten magen die in sigen star
vrech sin einst sterben starp vil maniger mvter kint
an ir vil hohen tvgenden der si schöne pflach
aber div maget edel vil manigen lieben tach

daz si wesse niemen den minnen wolte ir lip
sit wart si mit eren eins vil gvter ritters wip

O Aventiure von Sifride

Do wuhs in niderlanden eins richen kvniges kint
des vater hiez Sigmunt sin müter Sigelint
in einer bvrge riche witen wol bekant
niden bi dem rine diu was ze santen genant

Ich sagte iv von dem degene wie schöne er wart
sin lip vor allen schanden was vil wol bewart
starch vnde mare wart sit der kvne man
hey waz er grozer eren ze diser werlde gewan

Sifrit was geheizen der selbe degen gvt
er versvhte vil der riche durch ellenthaften mvt
durch sinen ellens sterke reit er in menigiv lant
hey waz er sneller degene ze den bvrgonden vant

In sinen besten ziten bi sinen ivngen tagen
man mohte michel wunder von Sifride sagen
waz eren an im wuhse vnd wie rote schone was sin lip
sit heten in ce minnen diu vil wætlichen wip

man zoch in mit dem flize als im daz wol gezam
von sin selbes müte was tvgent er an sich nam
des wrden sit gezieret sines vater lant
daz man in ze allen dingen so rehte tvgende vant

er wol nu so gewahssen daz er ze hove reit
die lute in gerne sahen manich frowe vnd manich meit
im wunschten daz sin wille in immer trüge dar

gen zu. Als typisch mittelalterlich darf man die Anonymität jedoch nicht abtun, da die Verfasser der zur gleichen Zeit populären Artusromane und Minnelieder durchaus bekannt und allgemein geschätzt waren. Eine mögliche Erklärung für die Anonymität gerade der heroischen Literatur läuft darauf hinaus, dass die Dichter aus einer vorhandenen, von alters her überlieferten Liedtradition schöpften und sich daher nicht als »Schöpfer« ihrer Werke betrachteten.

Die Frage nach dem Dichter (auch nach den Dichtern wurde schon gefragt) bleibt übrigens nicht der einzige dunkle Fleck in der Entstehungsgeschichte des mittelhochdeutschen Nibelungenepos. Nicht weniger umstritten sind Ort, Zeit, Vorlage und Auftraggeber der ursprünglichen Niederschrift. Aufgrund der außerordentlichen Stellung des *Nibelungenlieds* in der mittelalterlichen deutschen Literatur gibt es unzählige Vorschläge und Vermutungen. Man könnte die Geschichte der Altgermanistik in den vergangenen 200 Jahren zu einem guten Teil an der Diskussion um die Nibelungen rekonstruieren. In dem dichten Gewirr von Forschungsmeinungen gibt es freilich gangbare Pfade und helle Lichtungen.

Der breiteste Pfad führt zur handschriftlichen Überlieferung. Dabei handelt es sich um einen Pfad ohne Anfang. Wie bei der großen Mehrzahl mittelalterlicher Texte ist das originale Manuskript des *Nibelungenlieds* verloren. Was wir heute besitzen, sind insgesamt 36 mittelalterliche Abschriften des Textes oder Bruchstücke davon, die in klösterlichen Skriptorien oder Schulen angefertigt wurden und sich in vielen Einzelheiten

unterscheiden. Man muss davon ausgehen, dass seit dem 13. Jahrhundert ein Vielfaches dieser Zahl an Abschriften in Umlauf war.

Einen dem modernen Copyright vergleichbaren Begriff kannte das Mittelalter dabei nicht. Die Schreiber in den Skriptorien waren oft selbst Gelehrte, die gegen Entgelt oder Vergünstigungen für ihr Kloster Auftragskopien für den Adel übernahmen. Viele dieser Kopisten hatten keinerlei Scheu davor, als nötig empfundene ›Verbesserungen‹, sprachliche Anpassungen des Dialekts, eigene Deutungen oder neuere Informationen in ihre Abschrift einzufügen.

Die ältesten Handschriften des *Nibelungenlieds* hat der Germanist Karl Lachmann in seiner kritischen Ausgabe von 1826 mit den Buchstaben A, B und C bezeichnet. Alle drei Manuskripte wurden noch während des 13. Jahrhunderts im süddeutschen Raum angelegt, genauer am Bodensee, im Salzburger Raum und in Südtirol. Lachmann ging davon aus, dass die aus Hohenems stammende Handschrift A dem verlorenen Original am nächsten stand. Mittlerweile gelten die in Sankt Gallen aufbewahrte Handschrift B und die heute in Karlsruhe liegende Handschrift C als ältere Fassungen. Als sicher darf angenommen werden, dass den Schreibern von A und B ein anderer Grundtext zur Verfügung stand als dem Bearbeiter der C-Version, der viele Änderungen und die Glättung von Widersprüchen vornahm. Als ursprünglichen Titel des Werks geben die Handschriften A und B nach dem letzten Vers an: »Daz

Nibelungenlied-*Handschrift C, zweites Viertel 13. Jahrhundert.*

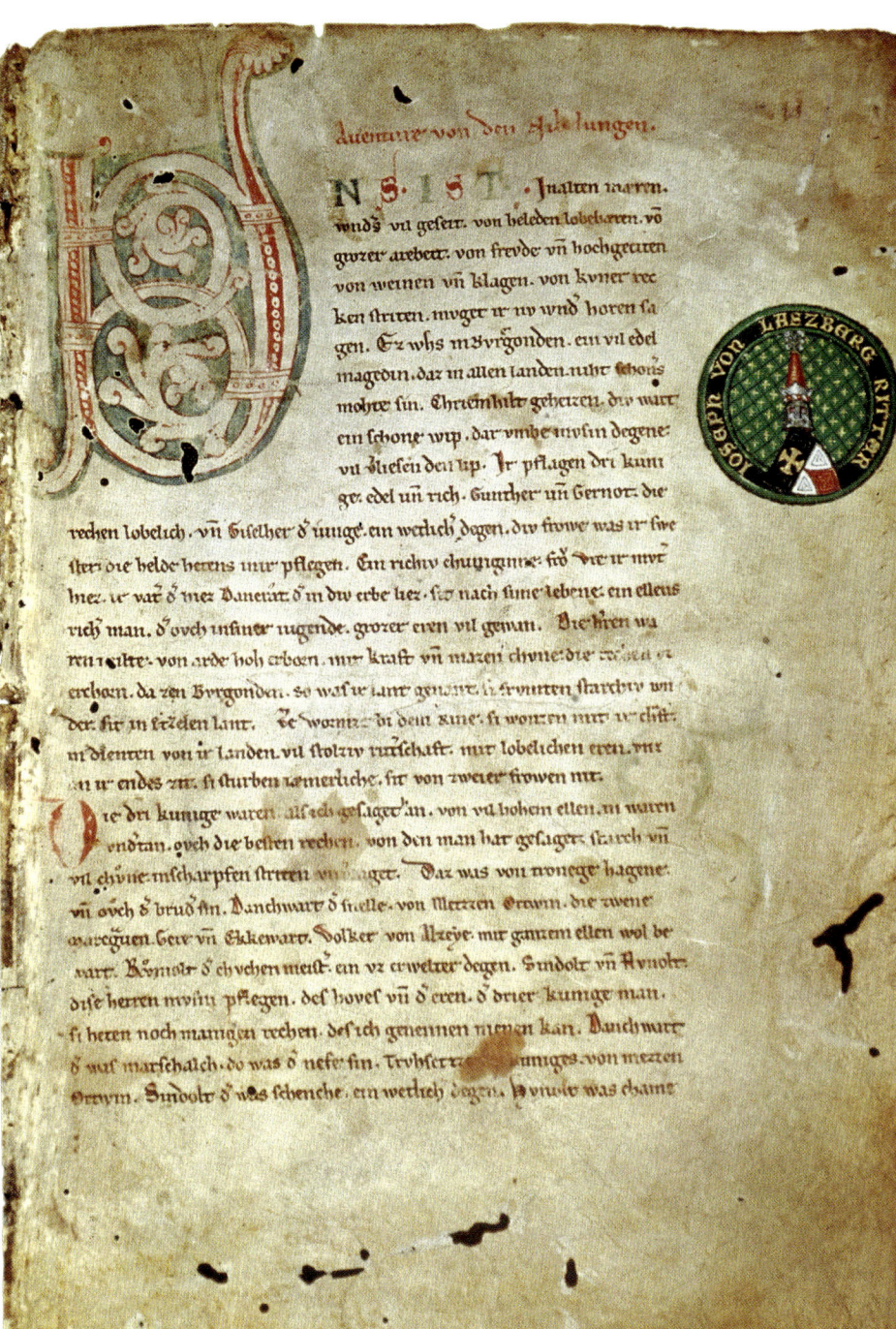

N S IST. Jn alten maren.
wnders vil geseit. von helede lobebaren. vo
grozer arebeit. von frevde vn hochgeriten
von weinen vn klagen. von kvner rec
ken striten. muget ir nv wnd horen sa
gen. Ez whs in Bvrgonden. ein vil edel
magedin. daz in allen landen. niht schons
mohte sin. Chriemhilt geheizen. siu wart
ein schone wip. dar vmbe mvsin degene
vil vliesen den lip. Ir pflagen dri kvn
ge. edel vn rich. Gunther vn Gernot. die
rechen lobelich. vn Giselher d iunge. ein wetlich degen. div frowe was ir swe
ster. die helde heten mir pflegen. Ein richiv chuniginne. fro die ir mvt
Inez. ir vat d hiez Danerat d in div erbe liez. siu nach sine lebene. ein ellens
rich man. d ovch in siner iugende. grozer eren vil gewan. Die kiben wa
ren milte. von arde hoh erborn. mir kraft vn mazen chune. die recken oz
erchorn. da zen Bvrgonden. so was ir lant genant in frunten starchiv vn
der sir in sticlen lant. Ze wormz. bi dem rine. si wonten mir ir crist.
ni dienten von ir landen. vil stolziv ritschaft. mir lobelichen eren. vn
an ir endes zit. si sturben iæmerliche. sit von zweier frowen mit.

D ie dri kunige waren. als ich gesaget an. von vil hohem ellen. in waren
 vndtan. ovch die besten rechen. von den man hat gesaget starch vn
vil chune. in scharpfen striten an bejagt. Daz was von Tronege hagene.
vn ovch d bruder sin. Danchwart d snelle. von Mezzen Orwin. die zwene
waregen. Gere vn Ekkewart. Volker von Alzeye. mir ganzem ellen wol be
wart. Rvmolt d chvchen meist. ein vz erwelter degen. Sindolt vn Arnolt
dise herren mvsin pflegen. des hoves vn d eren. d drier kunige man.
si heten noch mangen rechen. des ich genennen nien kan. Danchwart
d was marschalch. do was d nefe sin. Trvhsetze des kuniges von mezzen
Orwin. Sindolt d was schenche. ein wetlich degen. Rvmolt was chamt

ist der nibelunge nôt«, während die aus der Schlossbibliothek in Hohenems stammende Handschrift C abwandelt: »Daz ist der nibelunge liet« (daher auch der Werktitel *Nibelungenlied*).

Eine schwierige, aber nicht unlösbare Aufgabe besteht für die Forschung darin, die vorhandenen Fassungen inhaltlich und sprachlich miteinander zu vergleichen, um Aufschlüsse über die ursprüngliche Form zu gewinnen. Die Sankt Gallener Handschrift B führt in das erste Drittel, die C-Version sogar in das erste Viertel des 13. Jahrhunderts zurück. Damit verfügt man über einen Ausgangspunkt für die Frage nach der Datierung. Nähere Aufschlüsse über den Zeitpunkt der Niederschrift (und damit möglicherweise über den Auftraggeber) geben einige Stellen im Lied selbst und im Werk des Dichters Wolfram von Eschenbach.

Wolfram zitiert in seinem bekanntesten Roman, dem *Parzival*, aus dem *Nibelungenlied*: »Ich verhielte mich wie Rumold, der König Gunther vor seiner Fahrt von Worms zu den Hunnen beim Abschied einen Rat erteilte ...« (Buch VIII). Auch von Nibelungen und Siegfrieds Ermordung wissen die Figuren im *Parzival* zu berichten. Da man Wolframs achtes Buch recht genau auf die Jahre 1203/05 datieren kann, muss bis zu diesem Zeitpunkt eine Fassung des *Nibelungenlieds* bereits vorhanden und in Umlauf gewesen sein.

Die meisten Literaturhistoriker halten es heute für wahrscheinlich, dass beide Werke, das *Nibelungenlied* und Wolframs *Parzival*, in enger zeitlicher Nachbarschaft verfasst wurden. Ob sich die Dichter persönlich begegnet sind, ist schwer zu entscheiden. Wir

besitzen immerhin einige schöne Beschreibungen des ›Literaturbetriebs‹ aus der Zeit um 1200, etwa den berühmten Sängerkrieg auf der thüringischen Wartburg, die eine enge Vernetzung von höfischen Dichtern untereinander und mit adligen Mäzenen nahelegen.

Für die Frage nach dem Dichter und einem möglichen Auftraggeber des *Nibelungenlieds* spielt seine Lokalisierung im deutschen Sprachraum eine zentrale Rolle. Jede Region hatte im Mittelalter ihren eigenen und unverwechselbaren Dialekt. Die regionalen Sprachfärbungen sind uns bis heute genauso geläufig wie die Erfahrung, dass Tagesschausprecher eine von allen Dialekten freie (und damit eine für alle gleich verständliche) ›Reinform‹ des Deutschen artikulieren. Im Mittelalter kannte man allerdings weder Rechtschreibregeln noch Tagesschausprecher. Eine einheitliche deutsche ›Hochsprache‹ gab es nicht, sondern es existierte in gesprochenem wie in geschriebenem Deutsch ausschließlich die dialektale Form. Mittelalterliche deutsche Texte lassen sich demnach in den meisten Fällen eindeutig bestimmten Landschaften zuordnen.

Für die 36 erhaltenen Abschriften des *Nibelungenlieds* hat die Forschung auf diesem Wege bayerische, alemannische, fränkische und norddeutsche Fassungen identifiziert. Doch sagen diese Ergebnisse nur etwas über die Herkunft des Kopisten, nicht aber des *Nibelungenlied*-Dichters aus, dessen Manuskript verloren gegangen ist. Eine erste Idee besteht darin, sich bei der Untersuchung der Dialekte auf die Reimendungen zu konzentrieren. Da die Reime die sprachlich anspruchsvollste Herausforderung an den

Dichter darstellen, haben spätere Abschreiber die Endungen weniger als andere Textstellen verändert. Im Ergebnis erkennt man in vielen Abschriften Reste von bayerischen Reimen.

Dieses sprachliche Verfahren wird bestätigt durch ein einfaches inhaltliches Argument: Der Dichter kannte sich offenbar am besten im bayerisch-österreichischen Raum aus. Ein Teil der Handlung im *Nibelungenlied* spielt am Nieder- und Mittelrhein. Erst auf dem Zug der Burgunder an den Hunnenhof passiert man entlang der Donau auch Bayern und Österreich. Vergleicht man aber die Wegbeschreibungen miteinander, springt ins Auge, um wie viel genauer und detailreicher die Ortskenntnisse des Dichters im Donauraum ausfallen.

Am vertrautesten scheint ihm das Gebiet um die Bischofsstadt Passau zu sein. Hier werden nicht nur kleinere Orte der Umgebung der Stadt und das städtische Kloster Niedernburg aufgezählt, er betont auch, dass bei Passau der Inn »mit starker Strömung« in die Donau mündet (1295). Überdies wird der im Lied genannte Bischof Pilgrim von Passau zum Onkel der Burgunderherrscher gemacht und somit stärker in die epische Handlung mit einbezogen. Pilgrim lässt sich als historische Persönlichkeit identifizieren: Als Bischof von Passau in den Jahren 971 bis 991 trug er wesentlich zur Stärkung des Bistums und zum Ausbau der Stadt bei.

Man hat sich gefragt, warum der Dichter ohne Rücksicht auf die Chronologie (man ist ja auf dem Weg zu Etzel/Attila, der 500 Jahre früher lebte) einen prominenten Passauer Bischof mit in sein Epos einbaute. Bei der Antwort sollte zuerst in Erinnerung gerufen

werden, dass eine genaue Chronologie ohnedies nicht in der Absicht mittelalterlicher Heldendichtung lag. Dennoch ist die ›Passau-Connection‹ offenbar mehr als nur die übliche Zusammenfügung unterschiedlicher Erzählstränge und Figuren. In ihr liegt vielleicht ein Schlüssel für die ungeklärte Entstehung des *Nibelungenlieds*.

Kehren wir für einen Moment zur Frage der Datierung zurück, so ergibt sich aus Passauer Sicht eine spannende Personalie: Um 1200 besetzte in Passau ein Adliger namens Wolfger von Erla den Bischofsstuhl (1191–1204). Was historisch über diesen Bischof bekannt ist, macht ihn für die Frage nach dem *Nibelungenlied* äußerst interessant. Er verfügte als Bischof über blendende Kontakte zum deutschen Königshof, zu den in Wien residierenden Herzögen von Österreich und zum Papsttum. Diese Verbindungen trugen ihm nach 1204 den Aufstieg zum Patriarchen von Aquileja ein, eines der höchsten Kirchenämter in Italien. Als Kreuzzugsteilnehmer lernte er in den 1190er-Jahren unter anderem den englischen König Richard Löwenherz kennen. Große Energie verwendete er zudem auf die Verbesserung der Bistumsverwaltung.

Das bischöfliche Rechnungsbuch aus den Jahren nach 1200 ist bis heute erhalten geblieben. Ein Posten verdient besondere Aufmerksamkeit: Im Jahr 1203 erhielt der Dichter Walther von der Vogelweide (um 1170 – um 1230) als Gegenleistung für sängerische Dienste einen kostbaren Mantel. Bischof Wolfger gehörte mithin zu jenen adligen Mäzenen, die professionelle Lieddichter an ihren Hof holten und für ihre Dienste bezahlten. Von Walther wissen wir, dass er auch für die Herzöge von Österreich, die Staufer Philipp von Schwaben und Friedrich II. sowie für Kaiser Otto IV. gedichtet und gesungen hat.

Als Literaturzentren galten in diesen Jahren vor allem die Höfe in Wien und auf der Wartburg. Die Nähe zum Wiener Herzogshof und seine weitreichenden Kontakte lassen es als durchaus denkbar erscheinen, dass der ambitionierte Bischof den Auftrag erteilte, das seit Langem besungene Schicksal der Nibelungen in einem großen Epos und im neuen Stil der Zeit zu Pergament zu bringen. Diese These wird noch erhärtet durch eine Bemerkung in der *Klage*, jenem zeitgenössischen ›Anhang‹ an das *Nibelungenlied*, der in vielen Handschriften gemeinsam mit diesem überliefert wird. Der Verfasser der *Klage*, ein gewisser Meister Konrad, behauptet, Bischof Pilgrim von Passau habe einst ein lateinisches Epos über die Nibelungen in Auftrag gegeben.

Auch wenn man der Aussage keinen allzu großen Wahrheitsgehalt einräumen sollte (Pilgrim hat ja mehr als 200 Jahre vor der Niederschrift der *Klage* gelebt), könnte man darin einen verschlüsselten Hinweis auf die Rolle Bischof Wolfgers als Mäzen und Auftraggeber des deutschen *Nibelungenlieds* sehen. In diesem Fall müsste man den Dichter entweder im unmittelbaren Passauer Umfeld des Bischofs oder im Kreis der fahrenden Spielleute und professionellen Dichter an den deutschen Adelshöfen suchen.

Überdies hat die Forschung belegt, dass man kurz vor 1200 in Passau an der Förderung des Heiligenkultes für Pilgrim interessiert war und die Erwähnung im Lied daher sehr materiellen Zwecken dienen mochte

(J. Heinzle). Nicht auszuschließen ist freilich, dass in Passau nicht das Original, sondern nur eine frühe Bearbeitung des *Nibelungenlieds* entstanden ist, da nicht alle Abschriften die Passauer Rolle gleich stark hervorheben. Der Germanist Joachim Heinzle geht in jedem Fall von einer Passauer »Nibelungenwerkstatt« in den Jahren um 1200 aus.

Eine letzte Überlegung zur Entstehung des *Nibelungenlieds* gilt den Vorbildern und Vorlagen. Was hat auf dem Schreibpult oder im Bücherregal des Dichters gelegen, als er sein großes Epos verfasste? Woher bezog er seine Informationen und Inspiration? Es sei daran erinnert, dass der Nibelungenstoff alte Wurzeln besitzt und lange vor der Niederschrift des *Nibelungenlieds* zumindest in Skandinavien in vielfältigen mündlichen, schriftlichen und bildlichen Bearbeitungen vorgelegen hat. Angesichts der Länge des mittelhochdeutschen Textes, der fast 10 000 Verse umfasst, können sich viele Forscher nicht vorstellen, der deutsche Dichter habe sich um 1200 allein auf mündlich überlieferte Lieder und Traditionen gestützt.

Als Erster stellte in der ersten Hälfte des 19. Jahrhunderts der Philologe Karl Lachmann (1793 – 1851) die Theorie auf, das *Nibelungenlied* sei aus einer Folge von Einzelliedern zusammengesetzt worden. Damit übertrug Lachmann Erkenntnisse aus der griechischen Homer-Forschung auf die germanische Heldenepik. Was zunächst für diese These spricht, sind zum einen die aus Skandinavien bekannten Einzellieder über Sigurds Jugend, seine Ermordung, das Schicksal der Burgunder und den Hunnen Attila. Es kann nicht bezweifelt werden, dass die ältere Nibelungentradition viele der im *Nibelun-*

genlied besungenen Ereignisse zuvor in getrennten Liedern und Erzählungen abhandelte.

Zum anderen weist das *Nibelungenlied* manche logischen oder formalen Brüche auf, die sich am besten erklären lassen, wenn man von unterschiedlichen Quellen und Vorlagen ausgeht. Der Dichter als ›Sammler‹ und Vermittler des alten Liedguts – die ›Sammeltheorie‹ erntet bis heute Zustimmung und Widerspruch. Lachmann hatte in seinen Analysen einst 20 Liedvorlagen für das Nibelungenepos unterscheiden wollen. Spätere Verfechter der Theorie reduzierten diese Zahl auf sechs bis acht.

Die bedeutendste Kritik an der Sammeltheorie kam im frühen 20. Jahrhundert von Andreas Heusler (1865–1940). Durch die Untersuchung von Sprache und Stil gelangte er zu dem klaren Resultat, das *Nibelungenlied* sei seiner Gattung nach ein Epos und keineswegs ein Lied oder eine Reihung von Liedern. Der »liedhaften Knappheit« und dem Hang zur Reduktion stellte er die »epische Breite« und die Fabulierlust entgegen. Am Beispiel der älteren *Edda*-Lieder lässt sich diese wichtige Unterscheidung am besten verstehen.

Lieder wurden mündlich vor- und weitergetragen. Sie hatten kurz und griffig zu sein; ihre Sprache tendierte zur Formelhaftigkeit, um dem Vortragenden das Auswendiglernen und dem Zuhörer das Wiedererkennen zu erleichtern. Epen waren hingegen fest an die schriftliche Form gebunden. Sie konnten ihren Stoff für ihre Leser mit langen Beschreibungen, Exkursen und zeitlichen Sprüngen ausbreiten.

Nach Heusler verhielt sich das Epos zum Lied »wie der erwachsene Mensch zum Embryo«. Gleichwohl glaubte auch er nicht an einen einmaligen gestalterischen Akt des Nibelungendichters. Für die beiden klar unterscheidbaren Teile des Epos – die Aventiuren 1 bis 19 über Siegfrieds Taten und Tod am Burgunderhof sowie die Aventiuren 20 bis 39 über Kriemhilds Rache – nahm er jeweils eigenständige deutschsprachige Vorlagen an. Am bekanntesten wurde die Annahme eines österreichischen Epos über den Burgunderuntergang um die Mitte des 12. Jahrhunderts, der sogenannten *Älteren Not*.

Die Diskussion über die Vorlagen des *Nibelungenlieds* hat mit Heuslers Thesen keineswegs geendet. Allerdings interessiert sich die neuere Forschung weit mehr für die literarische Gestalt des vorhandenen Textes und weniger für seine verlorenen Vorlagen und Quellen.

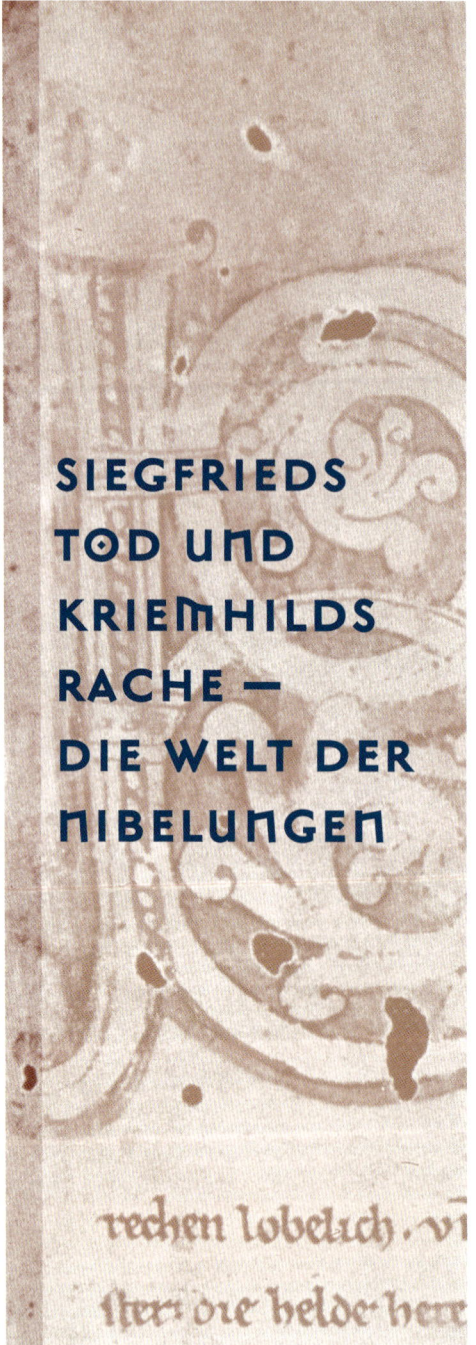

SIEGFRIEDS
TOD UND
KRIEMHILDS
RACHE —
DIE WELT DER
NIBELUNGEN

MÄCHTIGE ALLIANZEN — PRACHTVOLLE HOCHZEITEN: DIE AVENTIUREN I BIS 10

Der Vorhang öffnet sich, und zuerst tritt der Dichter selbst vor das Publikum. Das *Nibelungenlied* beginnt mit einem Bekenntnis zu seinen alten Quellen: »Uns ist in alten mæren wunders vil geseit« (»In alten Geschichten wird uns viel Wunderbares erzählt«). Ganz im Gegensatz zur aktuellen Buchform spielt der Dichter auf die vorherrschende mündliche Kommunikation in der Heldensage an: Wunderbares wird »erzählt«; Zuhörer lassen sich »vom Kampf tapferer Recken« und »von ruhmreichen Helden« etwas vorsingen oder sagen (»muget ir nu wunder hœren sagen«). Offenbar galt die Erinnerung an die alte germanische Liedtradition, von der schon Tacitus weiß, in der Zeit des *Nibelungenlieds* als Gewähr für die historische Verbindlichkeit des Geschehens, an die man glauben wollte.

Die eigentliche Handlung setzt in der zweiten Strophe ein (in Handschrift B ist dies die erste Strophe). Sie führt an den Hof der Burgunderkönige nach Worms. Als Hauptfigur, die beide Teile der langen Erzählung wie eine Klammer zusammenhalten wird, stellt uns der Dichter die Königstochter Kriemhild vor: »Im Land der Burgunder wuchs ein edles Mädchen heran, das war so schön, dass in keinem Land der Welt ein schöneres hätte sein können. Ihr Name war Kriemhild.« Ihre Klammerfunktion wird bereits am Ende der zweiten Strophe eigens hervorgehoben: »Um ihretwillen mussten viele Helden ihr Leben verlieren.«

Mit dieser Ankündigung durchbricht das *Nibelungenlied* schon an seinem Beginn das einfache chronologische Erzählschema. Vorausdeutungen, Rückblicke und Exkurse dienen immer wieder dazu, die vielschichtige und langwierige Handlung des Epos für den Leser zu strukturieren. Der bereits im achten Vers vorweggenommene Untergang der Burgunder – der Tod vieler Helden um Kriemhilds willen – lässt die gesamte Erzählung schicksalhaft auf die große Schluss-

katastrophe zulaufen, mit welcher der Dichter mehr als 9000 Verse später sein Epos beenden wird: »Hier endet die Geschichte. Das ist der Untergang der Nibelungen« (Str. 2379).

Die versteckte Kritik an Kriemhild, der die Verantwortung für das sich anbahnende Drama zugeschoben wird, hat übrigens einen berühmten Vorläufer: Homer klagt im zweiten Buch seiner *Ilias* über die schöne Helena, »um welche so viele Achaier umgekommen vor Troja«. Die Kenntnis der klassischen Stoffe des Altertums ist einem gelehrten Dichter

Der romanische Dom zu Worms.

des hohen Mittelalters durchaus zuzutrauen. Der deutsche Heinrich von Veldeke etwa übersetzte einige Jahre vor dem *Nibelungenlied* eine französische Version des römischen Epos *Aeneas*.

Kriemhild als »femme fatale« – über lange Strophen hinweg macht das *Nibelungenlied* diesen ersten Eindruck bald wieder vergessen. Die Prinzessin ist überaus reizvoll, lieblich, unvergleichlich schön, dazu gebildet, vornehm, gut erzogen und von allen geliebt. Das Reich der Burgunder stellt sich geradezu als Insel der Glückseligen dar, eine Oase mit edlen Königen, weisen Ratgebern, kühnen Rittern und schönen Frauen.

Von armen Bauern, die es natürlich auch gab, wollte das höfische Publikum hingegen nichts hören. Man sollte im Gedächtnis behalten, dass die schönen Künste, die Gelehrsamkeit und das Schriftwesen für lange Jahrhunderte Monopole des weltlichen und kirchlichen Adels waren. Dichtungen des hohen Mittelalters richteten sich ausschließlich nach den Bedürfnissen, Vorlieben und Horizonten der Aristokratie.

Größere Aufmerksamkeit schenkt das *Nibelungenlied* den drei älteren Brüdern Kriemhilds: Gunther, Gernot und Giselher, die gemeinsam als Nachfolger ihres verstorbenen Vaters Dankrat über die Burgunder herrschen und die Erziehung ihrer Schwester in die Hand nehmen. Die brüderliche Samtherrschaft ist Kennzeichen aller älteren germanischen Gesellschaften; das Erbteilungsprinzip wurde erst unter den sächsischen Ottonen zu Beginn des 10. Jahrhunderts zugunsten der Einzelnachfolge des ältesten Sohns aufgegeben. Das höfische Publikum des 13. Jahrhunderts erlebte beim Wormser Burgunderhof mithin die für die germanische Frühzeit charakteristische Regierungsform.

Die erste Aventiure fährt mit der Aufzählung der wichtigsten Hofämter und Berater fort. Hagen von Tronje, der Verwandte der Könige, steht an der Spitze der Hierarchie der Höflinge, gefolgt von seinem Bruder Dankwart, dem Truchsess Ortwin von Metz und den Markgrafen Gere und Eckewart. Die letzten Strophen gehören wieder Kriemhild. Im Traum erscheint ihr ein edler Falke, den sie aufzieht, bis er von zwei Adlern zerrissen wird. Mutter Ute spielt die Traumdeuterin und bereitet Kriemhild – wenig schonend – auf das gewaltsame Ableben ihres künftigen Gemahls vor.

Der Vorhang fällt zum ersten Mal. Neue Szene. Xanten. Wer sich zuvor am burgundischen Glück hat begeistern können, findet am Niederrhein noch eine Steigerung des Wohlergehens und der Perfektion vor. In trauter Kleinfamilie herrscht König Siegmund mit Ehefrau Sieglinde und Sohn Siegfried, ihrem ganzen Stolz. Dass der junge Königssohn einen eher unsteten Lebenswandel führt (»Er durchstreifte viele Reiche, um sich kämpferisch zu erproben. Um seine Kraft zu beweisen, ritt er in viele Länder« – Str. 21), hält man angesichts seines Alters und Herkommens für völlig normal. Um ihn auf seine künftige Rolle als Landesvater vorzubereiten, plant König Siegmund ein großes Fest, bei dem der Sohn gemeinsam mit 400 Knappen zum Ritter geschlagen werden soll.

Große und runde Zahlen dienen in mittelalterlichen Texten immer dazu, unermessliche Macht und Pracht zu suggerieren. So holt Siegfried später 1000 nibelungische

Recken an seine Seite; ebenso viele Ritter begleiten Kriemhild als Leibwache nach Xanten
und König Gunther auf die Schicksalsfahrt
ins Hunnenland.

Viele Strophen lang erfreut sich (und
uns) der Dichter am höfischen Festtreiben
in Xanten, an goldbestickten Gewändern,
übertriebenen Gastgeschenken, stürmischen
Turnieren, reich gedeckten Tafeln, ausgie-
bigen Trinkgelagen, exotischen Speisen und
feierlichen Zeremonien. Man kann es kaum
erwarten, bis der in jeder zweiten Strophe
für seine Stärke gerühmte Siegfried auf die
mindestens gleich häufig für ihre Schönheit
bewunderte Kriemhild trifft.

Szenenwechsel. Der Wormser Burgunderhof. Siegfried reitet in den Innenhof der
Burg. Angelockt durch den herausfordern-
den Ruf Kriemhilds, gut aussehend und un-
nahbar zu sein, ist der junge Held diesmal
nicht nur auf Waffenabenteuer aus. In um-
gekehrter Perspektive ist es um den Ruf
Siegfrieds nicht ganz so gut bestellt. Obwohl
Xanten nur ein paar gemächliche Tagesritte
rheinabwärts liegt, haben die Burgunderkönige nicht die geringste Ahnung, wer dort
in ihrem Innenhof steht.

Nur der alte Hagen, dessen Aufgabe es ist,
immer alles zu wissen, kann einige Schwän-
ke aus Siegfrieds Jugend beitragen. Vor allem
über den sagenhaften Nibelungenhort zeigt
er sich bestens informiert. Er erzählt den
staunenden Königen die Geschichte von
Schilbung und Nibelung, von der missglück-
ten Schatzteilung, Siegfrieds Blutrausch
(»700 Recken aus dem Nibelungenland«),
dem Kampf gegen den Zwerg Alberich und
erwähnt zum Schluss noch den Drachenkampf.

Alles in allem sind Gunther und seine
Brüder nach der Schilderung Hagens milde
beeindruckt und nicht abgeneigt, ihren
Gast etwas näher kennenzulernen. Dieser
lässt aber erst einmal seine Muskeln spielen,
womit er beinahe ein weiteres Blutbad
heraufbeschwört. Nur dem höflichen Gernot
gelingt es, die Situation zu entschärfen und
Siegfried in das Hofleben einzuführen. Bevor
er dort endlich auf Kriemhild stößt, muss er
sich für seine Gastgeber im Krieg gegen die
benachbarten Sachsen in die Bresche werfen.

Der Sachsenkrieg ist dem Dichter volle
130 Strophen wert. Doch wer die endlosen
Aufzählungen von Kampfszenen, Verhandlungen, taktischen Spielchen und logistischen
Details ertragen hat, wird in Aventiure 5 mit
der ersten erotischen Szene belohnt: »Wie
Sifrit Kriemhilde aller erste ersach« – »Wie
Siegfried Kriemhild zum ersten Mal erblick-
te«. Natürlich wird zunächst der Triumph
gegen die bösen Sachsen ordentlich gefeiert.
Nicht unerwähnt bleiben sollen die Kriegs-
versehrten, die »in den Fensternischen lagen
und an ihren schweren Wunden litten«, aber
angesichts des rauschenden Fests alle Sorgen
vergessen (Str. 269).

Siegfried stromert derweil in festlichem
Gewand durch den Palast, in Gedanken bei
der schönen Prinzessin, die sich bislang
ziemlich rar gemacht hat. Dann – in den
Worten des Nibelungendichters: »Wie das
Morgenrot aus den trüben Wolken hervortritt, so schritt das liebliche Mädchen nun
einher, und alsbald lösten sich in Siegfried,
der ihr Bild heimlich im Herzen trug und
nun schon lange getragen hatte, alle Liebes-
qualen. In allem Glanz sah er das liebliche
Mädchen vor sich stehen« (Str. 281). Bevor

bald neue, trübe Wolken über dem Helden aufziehen, verbringt er einige anregende Wochen bei den Burgundern. Die Treffen mit Kriemhild werden nicht im Detail geschildert, immerhin gehen sie Hand in Hand durch die Gärten und tauschen heimliche Blicke.

Die Liebe macht Siegfried erpressbar. Und so hat er keine Wahl, als König Gunther ihn bittet, ihm bei einer schwierigen Brautwerbung behilflich zu sein. Der Handel ist schnell abgeschlossen: Siegfried hilft dem König, die starke Jungfrau Brünhild auf Island zu erobern (was man in diesem Fall durchaus militärisch zu verstehen hat), und erhält zum Lohn Kriemhilds Hand. Der schlaue Hagen scheint etwas von Siegfrieds früheren Beziehungen zu Brünhild zu ahnen, als er mit Gunther die Reisepläne schmiedet. Die Reisegruppe wird mit den kostbarsten Kleidern und Gastgeschenken ausgestattet; von arabischen Tuchen, Seide aus Marokko und Libyen, schwarzem Brokat und Unterfutter aus Fischhaut ist die Rede. Außerdem gehört jener Tarnmantel zu Siegfrieds Reisegepäck, den er einst dem Zwerg Alberich gemeinsam mit dem Nibelungenschatz abnahm.

Beide Motive, die Affäre zwischen Siegfried und Brünhild und die Wunderwaffe der Nibelungen, sind Anleihen aus den älteren Liedern über die Jugendtaten des Helden, von denen der Nibelungendichter mithin Kenntnis hatte, ohne sie jedoch in seinem Epos ausführlicher zu würdigen. Am Rande erfährt der verwunderte Hörer, dass der Tarnmantel nicht nur unsichtbar, sondern auch besonders stark macht (»die Stärke von zwölf Männern kam zu seiner eigenen Kraft noch hinzu«). Als sich Gunther und

der verborgene Siegfried schließlich der isländischen Prinzessin zum Zweikampf stellen, steht es somit immerhin vierzehn zu eins.

Zuvor ist die Landung im Hafen von Island bemerkenswert, da hier ein weiterer Hinweis auf die alte Liebesgeschichte am Hindarfiall versteckt ist. Siegfried ist der Einzige, der Brünhild erkennt und Gunther auf sie aufmerksam macht. Das höfische Publikum des 13. Jahrhunderts, das mit den Spielregeln der adligen Brautwerbung und Minne vertraut war, dürfte das gewaltsame und intrigante Schauspiel, das im *Nibelungenlied* an dieser Stelle geboten wird, als Parodie auf den höfischen und höflichen Umgang zwischen den Geschlechtern amüsant gefunden haben.

Bereits bei der Begrüßung kommt es zum ersten Betrug. Um keinen Verdacht zu erwecken, gibt sich Siegfried als Lehnsmann Gunthers aus, indem er ihm beim Besteigen des Pferdes den Steigbügel hält. Der Stratordienst galt im Mittelalter als Verpflichtung eines Lehnsmanns gegenüber seinem Herrn. Beim verhängnisvollen Streit der Königinnen soll sich Brünhild später dieser Geste erinnern, wenn sie Kriemhild als Gattin eines Lehnsmanns abkanzelt. Als Brünhild von Gunthers Werbung erfährt, macht sie noch einmal die Bedingungen klar. Sollte der König in den Kampfspielen siegreich bleiben, werde sie seine Frau. »Wenn aber ich gewinne, dann geht es euch allen an das Leben« (Str. 423).

Steigbügeldienst (zweite Reihe von oben, rechts). Bilderhandschrift des Sachsenspiegels, 14. Jahrhundert.

vo dz ſtet deme mäne od der Alexi.
mä deme hern zu lenrechte entwen
legunner des erſtē tages od des anderē od
des dritē vn das lenrecht mit orteile ge
taget wirt ſwelchir ir da mehr en kvnt
dis gewinne in der ſchule od he hat verlorn
das gut vn ieu behelt is dē da kunnt
welches tages dē mä ſine hern den lxxi.
ſtegereif helt od orteil vmr od diner mit
gut od mit anden dingē des tages en is he
meß phlichtig ſine hir zu lenrechte zu ſten
de doch muß dē hre wol ſcheiden zweier
ſin mäne anſprache an em gut alleine
ſi ir em tuſume dmſte od ſi irrde Surme
dē hre gut vreilt vn hes us zwer vn kunit
zweine tage da ein geredinger is inde
hof en muß he imäde brengē he en ſi des
hre mä brenger he dar in lute di des hre
mä nicht en ſin he muß dar vme wer
ten vor idichen ſynduchen. lxxi.
Er he ode vor den hre kvme he ſal
ſwert meſſ ſporn hirt hulen hane
ſchen kappe vn alle wafe võ in tun abd
mä an diſen dingē ſich vor ſynem he wer
tet dar vme od ty he võ im vngeilm
vorſpan vn alle yſerin ringe vn gurtile
vn ſpange durch tvmm lute van Siie
ware en ſal nimät half ane dē deme dē hre
dar geredinger hat vme ſine ſchuldegige
Swo ab dar mä den hir anſpriche wirt
ym dar vme geredinger he en is dem hre

Über den Ernst der Lage sind sich die Burgunder hinreichend bewusst, als der Zweikampf in drei Disziplinen beginnt. Der Kampfverlauf hätte, bedenkt man Siegfrieds eigene Stärke und die seiner wundersamen Tarnkappe, eigentlich eindeutiger ausfallen müssen. Doch Brünhild schafft es, ihre sichtbaren und unsichtbaren Gegner in allen Disziplinen in arge Bedrängnis zu bringen (Kapitel »Die skandinavische Welt im frühen Mittelalter«). Am Ende gelingt nur mit Mühe die Zähmung der Widerspenstigen. Einige Forscher haben den einleitenden Lanzenkampf als Phallussymbol gedeutet. In diesem Fall würde der ungleiche Zweikampf auf Island bereits auf den Kampf im Ehebett zu Worms vorausdeuten, bei dem Brünhild erneut betrogen und endgültig besiegt wird.

Wie wenig ihr die Burgunder nach Gunthers Sieg trauen, zeigt sich an Siegfrieds Reaktion, der nur mit 1000 Bewaffneten aus dem Nibelungenland die Heimreise anzutreten wagt. Zum ersten und einzigen Mal wechselt die Handlung des *Nibelungenlieds* in die geografische Zone von Siegfrieds Jugendabenteuern. Sein Ausflug ins Nibelungenland, den der Dichter auf 100 Seemeilen von Island aus taxiert, führt nach diversen Verwicklungen und Kämpfen zum gewünschten Resultat.

Die Burgunder nehmen die unerwartete Verstärkung dankbar an und schicken Siegfried nach Worms voraus, um die bevorstehende Ankunft von Gunther und seiner Braut zu verkünden. Doch ist es möglicherweise gerade die schnelle Mobilisierung der kampftüchtigen Nibelungen, die Hagen von der Gefährlichkeit Siegfrieds überzeugt. Darauf könnte man zumindest aus Hagens

schlechter Laune schließen, die ihn noch auf Island mit seiner neuen Königin aneinandergeraten lässt.

Viele Strophen lang freut sich hingegen der Wormser Hof über Siegfrieds Neuigkeiten. Es sind gerade die für heutige Ohren unerträglich förmlichen Dialoge, welche die alles beherrschende höfische Etikette am besten vermitteln. Das Höfische kann man als die jüngste literarische Schicht des *Nibelungenlieds* ansehen, als Zugeständnis an den ›modernen‹, von Frankreich geprägten Geschmack des adligen Publikums im 12. und 13. Jahrhundert.

Entsprechend prunkvoll ist der Empfang Brünhilds in ihrer neuen Heimat ausgestaltet. Es gibt erneut viele Höflichkeitsfloskeln sowie Umarmungen und – vielleicht etwas überraschend – Mundküsse: »Immer wieder küssten sie [Kriemhild und ihre Mutter] Brünhild auf den Mund« (Str. 589). Was heute als erotische Geste missverstanden würde, galt im Mittelalter als durchaus übliches Zeichen der Annäherung zwischen adligen Frauen. Über wahre Emotionen wird in solchen Situationen ohnedies geschwiegen. Brünhild steht noch immer unter Schock ob des verlorenen Zweikampfes. Bei der ersten, nicht unbedingt der besten Gelegenheit offenbart sie ihren düsteren Gemütszustand.

Der Burgunderhof beeilt sich, die anstehende Doppelhochzeit vorzubereiten. Die Männer raufen sich im Turnier, um beim anschließenden Trinkgelage auch genügend Durst zu haben, während die Frauen in schattigen Festzelten gepflegte Unterhaltung bevorzugen und Tischschmuck aufstellen. So schreiten die beiden Brautpaare schließlich mit großem Gefolge zur abendlichen Festtafel.

Doch schon bald wird der Frohsinn durch Brünhilds Tränen weggespült. Gunther, der vermutlich wenig Zeit hatte, seine neue Gattin besser kennenzulernen, erkundigt sich höflich nach dem Grund: »Liebe Frau, was fehlt Euch, dass sich der Glanz Eurer strahlenden Augen so sehr trübt?« Darauf die liebe Frau: »Ich habe allen Grund, sehr heftig zu weinen. Über deine Schwester bin ich tief bekümmert, denn die sehe ich neben einem deiner Lehnsleute sitzen« (Str. 620).

Diese Antwort erweist sich als ziemlich doppelbödig. Sie beweist zunächst, dass es sich mit den Tränen ähnlich verhält wie mit den Mundküssen. Öffentliches Weinen hatte im Mittelalter nichts mit wirklichen Emotionen zu tun, sondern verwies auf die Verletzung von Etikette und Ehre oder – in anderen Fällen – auf demonstratives Mitleid. Als ehrverletzend empfindet die neue Burgunderkönigin in dieser Szene, dass ihre Schwägerin offenbar nicht standesgemäß verheiratet wird.

Damit legt Brünhild, ohne sich dessen bewusst zu sein, den Finger in eine offene Wunde. Bei der betrügerischen Brautwerbung auf Island hatte sich Siegfried als Gunthers Lehnsmann ausgegeben. Aber wie soll er diese Lüge am Burgunderhof, wo ihn jeder – einschließlich Kriemhilds – als mächtigen König von Xanten kennt, aufrechterhalten?

Mitverschwörer Gunther hat nur ein ziemlich flaches Ablenkungsmanöver auf diese prekäre Frage parat: Phase I: »Redet jetzt nicht davon« (Str. 621). Phase II: Wollen wir nicht nach oben gehen? Oder in der

Sprache des Dichters: »Der König wünschte, mit seiner Gemahlin das Lager aufzusuchen« (Str. 626).

Hätte der Burgunderkönig geahnt, was ihn oben erwartet, er wäre bei seinen Trinkgenossen geblieben. Um sein erwartungsfrohes Publikum nicht ganz zu enttäuschen, konzipiert das *Nibelungenlied* die Hochzeitsnacht als Doppelakt. Die Szene wechselt zwischen der Kemenate Brünhilds und Kriemhilds. Hier prüde Tristesse, die sogar in Gewalttätigkeit mündet. Dort zärtliches Liebesspiel. Für Siegfried und seine junge Gemahlin malt der Nibelungendichter poetische Bilder: »Da wurden die beiden ein Leib« (Str. 629). Während er bei Gunther seine Ironie kaum zügeln kann: »Bei anderen Frauen hatte er vorher allerdings schon bequemer gelegen« (Str. 630). Der grobe Ablauf des Kemenatenfiaskos ist aus den skandinavischen Liedern bekannt (Kapitel »Die skandinavische Welt im frühen Mittelalter«).

Im *Nibelungenlied* wird die Schmach Gunthers fast liebevoll ausgekostet. Der verlangende Gatte dämpft das Licht, sieht seine Gattin im hauchdünnen Nachthemd zu sich kommen: »Sein Herz klopfte vor Freude« (Str. 633). Brünhild aber reagiert bei der ersten Berührung mit einem hysterischen Wutausbruch; statt heißer Umarmungen »fand [er] nur kalte Feindschaft« (Str. 634). Um den Rest der Nacht unbehelligt verbringen zu können, bindet die Noch-immer-Jungfrau dem König Füße und Hände zusammen und hängt ihn an den Wandhaken der Kemenate. Morgens quält sie ihn überdies mit der Aussicht, die Ankunft des Dienstpersonals abzuwarten und somit den Klatsch über die misslungene Hochzeitsnacht in alle Winkel der Burg zu tragen.

Neben aller persönlichen Demütigung hat Gunther das Problem zu bewältigen, dass die Ehe mit Brünhild erst mit dem vollzogenen Verkehr rechtskräftig wird. Er bittet folglich für die nächste Nacht erneut seinen Schwager Siegfried um Unterstützung. Anders als in den altnordischen Fassungen, in denen Sigurd der unwilligen Brünhild gleich selbst ihre Jungfräulichkeit raubt, legt sich der treue Siegfried unter seinem Tarnmantel zwischen die unglücklichen Eheleute. Der König der Burgunder hat zuvor für diese Nacht eine interessante Bedingung gestellt: Du darfst nicht mit ihr schlafen, aber sie notfalls umbringen (Str. 655). Zu solch drastischen Mitteln braucht freilich nicht gegriffen zu werden.

Diesmal herrscht vollständige Dunkelheit. Obwohl er schwere Schläge einstecken muss, darf Siegfried keinen Laut von sich geben, »um sich nicht an der Stimme zu verraten«. Zu Beginn läuft der Kampf für ihn ziemlich schlecht. Immerhin findet er noch Zeit für den Gedanken, dass er nicht »von der Hand eines Mädchens« sterben dürfe, um die Männerwelt nicht auf ewig zu blamieren. An seinen eigenen Heldenmut erinnert, kämpft sich Siegfried am Ende frei, schleudert Brünhild gegen diverse Möbel, schnürt ihr die Luft ab und zwingt sie zur Kapitulation. Als sie sich Gunther, ihrem vermeintlichen Bezwinger, ergibt und hingibt, nimmt Siegfried unbemerkt ihren Ring und Gürtel und verlässt still die Kammer.

Einer Nebenbemerkung in Strophe 681 zufolge verliert Brünhild mit ihrer Jungfräulichkeit auch »ihre früheren magischen Kräfte«. Dies ist einer der seltenen Hinweise auf die Vorgeschichte jener Walküre, die einst der Gott Odin mit dem Schlafdorn gestochen und hinter einer Feuerwand isoliert hatte. Ihre Unschuld war ihr Schutz und ihre Identität. Die mythische Brünhild stirbt mithin bereits in jener betrügerischen Hochzeitsnacht. Doch sie verlässt die Bühne nicht, bevor nicht auch Siegfried, Kriemhild und Gunther mit allen Burgundern ein schreckliches Schicksal bereitet ist.

VERHÄNGNISVOLLE LÜGEN: DIE AVENTIUREN 11 BIS 19

Lügen, die den Keim des Bösen in sich tragen, vergiften schon in den ersten Aventiuren die ausgelassene Stimmung. Der doppelte Ehebetrug an Brünhild wirft Schatten auf die moralische Konstitution der Helden und ihrer Höflinge. Zum Verhängnis für alle Beteiligten steigert sich aber jener Verrat, der zu Siegfrieds Ermordung führt. Schon im frühesten Nibelungentext, dem Bruchstück des »Alten Sigurdlieds« aus dem 9. Jahrhundert, ruft der weise Rabe den Verschwörern zu: »An euch wird Atli Schwertschneiden röten. / Der Meineid wird die Mörder fällen.«

Meineid ist mehr als einfache Lüge. Er bedeutet den Bruch heiliger Schwüre und damit der religiösen Ordnung. Als Sakrileg ruft er den gerechten Zorn der Götter hervor. Die Mörder sind die Blutsbrüder und Verwandten des Helden – dieses Motiv gehört zum ältesten Kern der Sage. Es wird auch im *Nibelungenlied* beibehalten.

Zunächst deutet nichts auf dieses Schicksal hin. Nach den zweifelhaften Ereignissen in der Kemenate kehren Siegfried und Kriemhild mit allen Ehren in das Xantener Reich zurück. Gunther und Siegfried sind zu diesem Zeitpunkt die Einzigen, welche die volle Wahrheit kennen, während sich Kriemhild und Brünhild auf die dekorative Rolle der ›First Lady‹ in ihren neuen Reichen einstellen. Jedoch unterschätzt man Brünhilds Argwohn, wenn man ihr diese Rolle über längere Zeit zutrauen würde. Die symbolischen Tränen bei der Hochzeitsfeier sind noch nicht versiegt. Das Geheimnis um die angebliche Lehnsmannschaft Siegfrieds treibt sie dazu, ihre Xantener Verwandtschaft erneut nach Worms einzuladen. Dass sowohl Gunther als auch Siegfried zögern und – etwas fadenscheinig – auf die weite Entfernung zwischen den Königshöfen pochen, dürfte auf ihr schlechtes Gewissen und ihre begründete Angst vor Brünhilds Spürsinn zurückzuführen sein.

Aber das Wormser Sommerfest ist beschlossene Sache. Wieder einmal trumpft der Dichter mit endlosen Beschreibungen des höfischen Treibens auf: Hochrangige Boten, die mit züchtigen Worten kommen und mit reichen Geschenken entlassen werden, reiten hin und her; der Küchenmeister zaubert die erlesensten Speisen; die Frauen am Hof übertreffen sich in der Stick- und Nähkunst. Als der Tross vom Niederrhein schließlich bei den Burgundern eintrifft, wollen Gelage, Turniere, Empfänge und Festreden nicht enden.

Unterdessen sitzen Brünhild und Kriemhild beim Plausch zusammen. Wiederum geht es nur um die Männer. Kriemhild genervt: »Nun glaub es doch, Brünhild: Siegfried ist Gunther vollkommen ebenbürtig« (Str. 819). Darauf Brünhild hinter-

Carl Otto Czeschka,
Der Streit der Königinnen, *1908.*

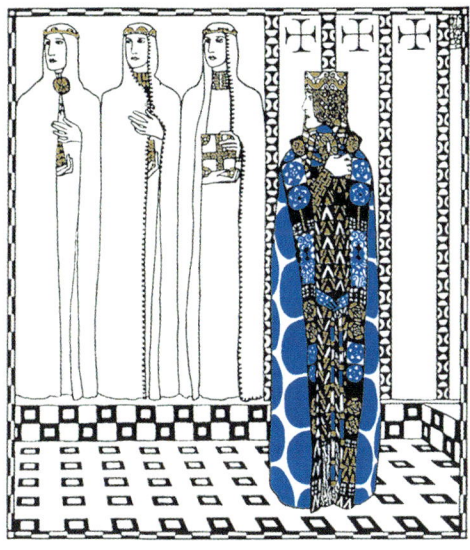

listig: »Kriemhild, du darfst mir meine Worte wirklich nicht übel nehmen… Ich habe es von Gunther und Siegfried selbst gehört, dass Siegfried sein Lehnsmann ist.« Schließlich Kriemhild wütend: »Siegfried ist sogar von höherem Rang als mein Bruder Gunther. Verschone mich mit deinen Anspielungen« (Str. 824).

Ihren misstrauischen und missmutigen Ehefrauen können die Geheimnisträger Gunther und Siegfried nicht länger standhalten. Der gemeinsame Kirchgang wird zur Stunde der bitteren Wahrheiten. Beide Frauen blicken mittlerweile mit »unversöhnlichem Hass« aufeinander. Brünhild fordert Kriemhild lautstark auf, ihr den Vortritt zu lassen, da sie nur die Frau eines Lehnsmanns sei. Die Lautstärke ist wichtig, denn sie spielt auf die höfische Öffentlichkeit an. Der Skandal ist nicht mehr zu vermeiden, wenn der Hof mithört. Kriemhild schreit ihrer Konkurrentin ins Gesicht, sie sei eine Kebse, also nicht die rechtmäßige Gattin Gunthers, sondern die unrechtmäßige Frau Siegfrieds: »Es war nicht mein Bruder Gunther, der dich zur Frau gemacht hat« (Str. 840).

Dieser für Brünhild höchst irritierende Vorwurf zeigt zunächst, dass Kriemhild in der Zwischenzeit von Siegfried alle Einzelheiten des Betrugs erfahren hat. Mehr noch, sie hält auch die Beweisstücke, den von Siegfried in der Kemenate entwendeten Schmuck ihrer Konkurrentin, in Händen. Wäre Brünhild mit Fafnir verwandt gewesen, hätte sie gewiss Feuer gespuckt, als ihr von Kriemhild ihr Ring und Gürtel in aller Schadenfreude präsentiert werden. So reagiert sie mit einer Mischung aus – diesmal gewiss echten – Tränen und wildem Zorn (Siegfried »soll dafür mit seinem Leben büßen« – Str. 845).

Die anschließenden Beschwichtigungen der Ehemänner müssen ins Leere laufen. Es spielt auch keine Rolle mehr, dass Kriemhilds Vorwurf, Siegfried habe Brünhild »zur Frau gemacht«, also als Erster den Verkehr mit ihr vollzogen, gar nicht zutrifft. Siegfried legt sogar einen öffentlichen Eid darauf ab, nicht mit Brünhild geschlafen zu haben. Brünhilds Zorn ist dadurch nicht zu mildern. Der Ehebetrug an ihr ist nicht mehr zu leugnen und fordert Rache.

Wer aber steht für die Rache der betrogenen und ihrer früheren Macht beraubten Heldin ein? Ihr Ehemann zeigt sich wenig geneigt, ihre Mordlust zu unterstützen. Psychologisch schwer zu verstehen ist dabei die Frage, warum sich der Hass Brünhilds ausschließlich auf Siegfried richtet. Immerhin dürfte ihr mittlerweile klar geworden sein, dass Gunthers Anteil an dem Verrat nicht nur ebenbürtig, sondern ausschlaggebend gewesen ist. Sein brennendes Eheverlangen und zugleich die eigene Schwäche, dieses Verlangen zu realisieren, haben alle Verwicklungen ausgelöst. In der auf Stärke und Ehre aufgebauten Welt der Nibelungen wären dies beste Argumente für Brünhild, eher über das vorzeitige Ableben ihres Gatten nachzudenken. Dass sie dennoch vor allem Siegfried anklagt, dürfte erneut als Anspielung auf ihre gemeinsame Vorgeschichte zu verstehen sein. Denn lange bevor Gunther das Spielfeld betritt, hat der junge Siegfried die Walküre einst heroisch erlöst, heiß geliebt und schmählich wieder verlassen.

Die Hauptfiguren im *Nibelungenlied*, selbst Siegfried und Brünhild, sind sich dieser Vorgeschichte nicht voll bewusst, aber der Nibelungendichter durfte die Kenntnis der Jugendabenteuer Siegfrieds oder Sigurds bei seinem adligen Publikum voraussetzen, wie die gelegentlichen Anspielungen im Epos zeigen. Interessant ist, wie der blamierte Gunther seine Gemahlin von der Rache an Siegfried abbringen will: Er pocht nicht nur auf seine Freundschaft und Verwandtschaft mit dem König von Xanten, sondern auch auf dessen Stärke, Reichtum und Macht. Ein Hauch von Feigheit weht durch den Raum, als sich Hagen in das Gespräch einschaltet.

Der Schluss der 14. Aventiure ist eine der bedeutenden Zäsuren in dem großen Epos. Es folgt – bis zu Aventiure 19 – der große Auftritt Hagens. Bis dahin hat Hagen eine eher blasse Vorstellung geliefert. Immer präsent, meist schlecht gelaunt und gut informiert gibt er seine Kommentare, wenn sie von ihm erwartet werden. Man ahnt, dass er nicht immer sagt, was er wirklich denkt. So ist ihm etwa die anfängliche Ablehnung Siegfrieds und Brünhilds deutlich anzumerken. Beider Macht und Kraft scheint ihm als Bedrohung der burgundischen Position. Gewiss ist er sich ihrer Überlegenheit gegenüber Gunther, dem eigenen König, schmerzlich bewusst.

Seine abwartende und hintergründige Rolle ändert sich in genau jenem Moment, da er sich in den Disput zwischen Gunther und Brünhild einschaltet. Er rät seinem König zu Siegfrieds Ermordung. Was zuvor als blindwütiger Racheakt einer verletzten Ehefrau gelten konnte, wird nun durch den weisen Berater zur Staatsräson erhoben. Erneut lassen sich Gunthers moralische Qualitäten in Zweifel ziehen. Ohne erkennbare Skrupel macht er sich, Verwandtschaft und Freundschaft vergessend, Hagens Rat zu eigen. Seine einzige Sorge ist, wie die verräterischen Pläne geheim gehalten werden können.

Möglicherweise sorgte sich der Nibelungendichter selbst über die schwächliche Rolle des Königs. Jedenfalls schob er die Verantwortung für das Mordkomplott ausdrücklich dem bösen Ratgeber zu. Damit verwendete er das im Mittelalter übliche Erklärungsmodell der politischen Geschichtsschreibung für Missgriffe von Herrschern, die man nicht offen kritisieren durfte.

Hagens Motiv liegt auf der Hand. Er möchte den gefährlichen Konkurrenten um die Macht am Rhein beseitigen. So wie er nach Siegfried auch den Nibelungenschatz verschwinden lässt, steht sein Handeln stets unter der Prämisse des burgundischen Machterhalts: »Wenn Siegfried nicht mehr am Leben wäre, würde Gunther über viele Königreiche die Herrschaft erlangen« (Str. 870). Gunthers Brüder und Mitherrscher Giselher und Gernot lassen mehr Sympathie für ihren Schwager erkennen, setzen sich jedoch nicht durch.

Hagens Mordpläne beruhen auf zwei Voraussetzungen: Zum einen darf Siegfried keinen Verdacht schöpfen; zum anderen muss er Kriemhild das Geheimnis entlocken, an welcher Körperstelle ihr Gemahl verwundbar ist. Er selbst hat den Burgunderkönigen von Siegfrieds Bad im Drachenblut erzählt. Er kennt aber offenbar auch das Geheimnis, dass eine einzige Stelle von dem magischen Blut unberührt und daher verwundbar geblieben ist.

Der Plan offenbart Hagens Geschick zur Intrige: Er täuscht eine Kriegserklärung der benachbarten Sachsen vor. In der allgemeinen Mobilmachung der Burgunder bietet, was vorauszusehen war, auch der Held aus Xanten seine Hilfe an. Hagen tritt zur besorgten Kriemhild und macht sich erbötig, Siegfried zu beschützen. Dafür müsse er allerdings wissen, auf welche Körperstelle er besonders zu achten habe. Über Kriemhilds Motive hätte man schon beim Streit der Königinnen nachdenken können, da sie mit ihrem Verhalten ja vor allem ihren geliebten Ehemann kompromittierte. Eine große Portion Naivität kann man ihr jedenfalls nicht absprechen, als sie dem Todfeind freudig anbietet, die Stelle auf dem Gewand des Gemahls mit einem Kreuz zu markieren.

Für Siegfried beginnt der letzte Akt: Der Krieg wird kurzfristig abgesagt; die kriegsmäßig Gerüsteten sind stattdessen zur Jagd im nahen Odenwald eingeladen. Kriemhild warnt Siegfried intuitiv vor der Teilnahme, doch der will seine Gastgeber nicht enttäuschen. Wieder einmal stellt Siegfried seine Überlegenheit unter Beweis: »Denn sein Pferd konnte so schnell laufen, dass ihm kein Tier entwischte. So trug er bei der Jagd vor allen anderen den Ruhm davon« (Str. 934). Seine Ausbeute ist so gewaltig, dass ihn die mit jagenden Burgunder bitten müssen, noch ein paar Tiere am Leben zu lassen. Die Jagdgesellschaft lässt sich schließlich auf einer Lichtung zur Rast nieder. Siegfried muss aber erst noch einen Bären zu Fuß und mit eigener Hand erlegen.

Bei aller Begeisterung für den heroischen Jäger stiftet der Dichter an dieser Stelle ein wenig Verwirrung. Anschaulich wird Siegfrieds kostbares Jagdgewand beschrieben: »Niemals habe ich von einem besseren Jagdgewand erzählen hören« (Str. 952). Das Problem besteht darin, dass Kriemhild das verräterische Kreuz zuvor auf das Kriegsgewand genäht hatte, das der Held zur Jagd gar nicht trug.

Abgesehen von dieser erzähltechnischen Panne erweist sich Hagens Mordplan als ziemlich trickreich. Die durstigen Jäger warten ungeduldig auf ihre Getränke. Hagen entschuldigt sich, er habe den Wein versehentlich in den Spessart geschickt, wisse aber ganz in der Nähe eine Quelle mit gutem Wasser. Da das Lebensprinzip des Helden

Siegfried badet im Drachenblut. Szene aus dem Film Die Nibelungen *(Regie: Fritz Lang), 1924.*

darin besteht, in allem immer der Beste, Stärkste und Mutigste zu sein, ist es höchst berechnend, wenn Hagen im Folgenden vorschlägt, einen Wettlauf zur Quelle zu veranstalten. Natürlich kann Siegfried der erneuten Herausforderung nicht widerstehen. Um die Sache spannender zu machen, will er in voller Ausrüstung laufen und Hagen dazu einen Vorsprung lassen. Wer das Rennen gewinnt, muss nicht eigens betont werden.

Ein letztes Mal ist Siegfried strahlender Held und perfekter Gentleman: Er lässt beim Trinken König Gunther den Vortritt.

Als er sich selbst über die Quelle beugt, stößt Hagen ihm die Lanze durch die Markierung auf dem Gewand, die nicht dort hätte sein dürfen, mitten zwischen die Schulterblätter. Tödlich verwundet, stürzt sich der Held auf seinen Mörder, den er mit dem Schild niederstreckt. Mit einem Fluch gegen die verräterischen Burgunder auf den Lippen stirbt er auf der Blumenwiese: »Mit Schande sollt Ihr aus der Reihe der trefflichen Recken ausgestoßen sein« (Str. 990).

Das alte Motiv des Fluchs, der die Meineidigen trifft, wird im *Nibelungenlied* höfisiert. Es geht nicht um die Rache der alten Götter,

Siegfrieds Tod. Szene aus dem Film Die Nibelungen *(Regie: Fritz Lang), 1924.*

sondern um die Wahrung höfischer Ehre und Reputation. Ein weiterer Unterschied zu den älteren Liedern über Sigurds Tod liegt in der Person des Mörders: Im Bruchstück des »Alten Sigurdlieds« und in anderen Fassungen ist Högni (Hagen) Gunnars (Gunthers) Bruder und derjenige, der vom Mord abrät. Er spielt damit die Rolle Giselhers im *Nibelungenlied*. Da die Brüder durch Eide an Sigurd gebunden sind, stiften Gunnar und Högni am Ende ihren Stiefbruder Guthorm (Gernot?) zu der Bluttat an.

Formal gesehen haben sie dadurch gar keinen Meineid begangen. Doch die Götter können eins und eins zusammenzählen und lassen sich nicht durch billige Tricks täuschen. Das Verhängnis bricht im »Alten Atlilied« mit voller Wucht über die verräterischen Brüder herein. Im *Nibelungenlied* ist die Schuld nicht weniger klar verteilt: Hagen ist die treibende Kraft; die Könige tragen zumindest einen Teil der Verantwortung. Sie alle trifft daher der Fluch des sterbenden Siegfrieds nicht unbillig. Während die Könige um ihren Schwager weinen, triumphiert Hagen: »Mit all unseren Ängsten und all unserer Schmach ist es jetzt vorbei. Es gibt jetzt keinen mehr, der gegen uns zu kämpfen wagt« (Str. 993).

Die letzten drei Aventiuren des ersten Teils verzeichnen die erschütternde Trauer Kriemhilds, die Ruchlosigkeit ihrer mörderischen Verwandtschaft und – immer wieder – die unausweichlichen Schicksalsfolgen der bösen Tat. Düstere Vorahnungen befallen den Nibelungendichter schon in den ersten Versen: »Hört nun erzählen von wildem Frevel und grausamer Rache.« Den Mördern fällt nichts Besseres ein, als die blutüberströmte Leiche direkt vor Kriemhilds Kemenate abzuladen. Woher die Grausamkeit gegen die eigene Schwester und Verwandte kommt, ist nicht ganz nachvollziehbar, zumal der sterbende Siegfried den bereits reumütigen Gunther um Kriemhilds Schutz gebeten hat. Die Witwe erfasst die Situation sofort: »Brünhild hat es geraten, Hagen hat es getan.« Sie gelobt, sich an den Mördern zu rächen, insbesondere an Hagen, der durch die Bahrprobe als wahrer Täter überführt wird.

Als König Siegmund mit seinen Rittern einen Krieg beginnen will, tritt sie allerdings dazwischen. Sie fürchte die Übermacht der Burgunder, man wolle auf eine bessere Gelegenheit warten. Unter Strömen von Tränen tragen die Xantener ihren Helden zu Grabe. Wiederum schwer zu begreifen ist die Entscheidung Kriemhilds, nach dem Begräbnis am Burgunderhof bleiben zu wollen, obwohl sich ihr kleiner Sohn, von dem im Epos überhaupt nur ganz am Rande die Rede ist, in Xanten aufhält und obwohl die Mörder ihres Mannes in Worms regieren.

Die Witwe lebt isoliert außerhalb des Palasts. Umgang pflegt sie nur mit ihrer Mutter Ute und den jüngeren Brüdern Giselher und Gernot. Seinen vorerst letzten Betrug plant Hagen gerade mithilfe dieser beiden. Er überzeugt König Gunther von der Notwendigkeit, sich des Nibelungenschatzes zu bemächtigen, der jetzt das Erbe Kriemhilds ist. Mit diesem Hintergedanken versteht sich Gunther zur Versöhnung mit seiner Schwester. Gemeinsam schaffen es die drei Brüder, Kriemhild zu überreden, den Schatz zu sich nach Worms zu holen. Diese ignoriert erneut die ihr gestellte Falle.

Giselher und Gernot erhalten den Auftrag, ins Nibelungenland zu reisen und den Auftrag der Erbin zu vollstrecken. Zwölf riesige Wagen brauchen vier Tage und vier Nächte, um den ganzen Hort aus dem Bergverlies in die wartenden Schiffe zu laden. Keiner der Burgunder hatte sich zuvor eine Vorstellung von der Größe der dort liegenden Reichtümer gemacht. »Hätte man allen Menschen davon abgegeben, wäre der Wert des Schatzes kaum um eine Mark gemindert worden«, prahlt der Dichter.

Schon bald wird klar, welche Ziele Kriemhild verfolgt. Sie verteilt ihr Gut an »Arme und Mächtige« (Str. 1128). Almosen sind in solch einer Situation ein Gebot der Kirche; sie stimmen zu der vorher gegebenen Information, dass die Witwe einen großen Teil ihrer Zeit im Gottesdienst zubringt. Ihre Bestimmung sieht sie im christlichen Totengedenken. Viele mittelalterliche Herrscherinnen haben sich nach dem Tod ihres Gatten zu diesem Zweck in ein Kloster zurückgezogen. Kriemhild wählt die innere Einkehr und zieht sich vom höfischen Leben zurück.

Was den misstrauischen Hagen alarmiert, ist die Verteilung ihres Gutes auch an Mächtige, das heißt an adlige Gefolgsleute: »Sie könnte mit ihrem Gold so viele Männer in ihren Dienst nehmen, dass sie uns gefährlich würde.« Hagen fürchtet die Rache Kriemhilds und sieht in dem Nibelungenschatz das geeignete Instrument dazu.

Die militärische Macht mittelalterlicher Fürsten beruhte auf der Größe ihrer Gefolgschaft. Und diese ließ sich nur durch die Verleihung von Land oder vergleichbare materielle Anreize auf Dauer an den Fürsten binden. Warum Hagen freilich diese Gefahr nicht schon vorher gesehen hat, bleibt eine offene Frage. Aber jetzt reagiert er gewohnt schnell und rücksichtslos.

Gegen den Einspruch der jüngeren Könige, die ihrer Schwester zuvor den Schutz ihrer Güter versprochen haben, nimmt er den Schlüssel in Besitz und versenkt den Schatz »ze Lôche« im Rhein. Sollte damit der später bezeugte Ort Lochheim gemeint sein? Dem Geheimnis des im Rhein versunkenen Schatzes wird ein späteres Kapitel nachgehen (Kapitel »Die mittelrheinischen Schauplätze«). Die erheblichen logistischen Probleme angesichts der Größe des Nibelungenhorts werden diesmal vollständig übergangen. Hagen zieht wegen dieser Eigenmächtigkeit nur milden Zorn der Könige auf sich, während Kriemhild unbarmherzig ihrer Verzweiflung überlassen wird.

KRIEMHILDS KOMPLOTT: DIE AVENTIUREN 20 BIS 27

Neuer Aufzug. Der Palast des Hunnenfürsten Etzel. Dreizehn Jahre später. Wie im Märchen wird der neue Schauplatz eingeführt: »Zu einer Zeit, da Frau Helche gestorben war und der König Etzel um eine andere Gemahlin werben wollte, geschah dies …« (Str. 1143). Unter Etzels Ratgebern befindet sich der Markgraf Rüdiger von Bechelaren, der die Burgunder »seit ihrer Kindheit« kennt. Er bringt die schöne Witwe Kriemhild ins Spiel und bricht bald mit dem Auftrag der Brautwerbung nach Worms auf. In seiner Funktion als Chefberater steht er dem

Burgunder Hagen gegenüber. Vergleicht man die an beiden Beratern hervorgehobenen Eigenschaften, erkennt man schon früh, dass hier ein wichtiger Gegensatz aufgebaut wird: der grimme dunkle, hartherzige und starrköpfige Hagen gegen den lichten, stets freundlichen, mitfühlenden und edelmütigen Rüdiger. Hat das Epos mit Siegfried seine zentrale Lichtgestalt verloren, so bemüht sich sein Dichter schon früh um Ersatz.

Rüdigers diplomatische Fähigkeiten werden in Worms einer schwierigen Probe unterzogen. Als Erster leistet Hagen dem hunnischen Ansinnen Widerstand. Während sich der gesamte Burgunderhof über die Ankunft der hochrangigen Boten übermäßig freut – fast hat es den Anschein, als sei das höfische Leben nach Siegfrieds Ermordung zum Erliegen gekommen –, warnt Hagen hartnäckig vor der geplanten Eheverbindung: »Wenn Kriemhild Etzel heiraten wird, habt ihr allen Grund, Euch vor Gefahren zu fürchten« (Str. 1205). Wieder sorgt sich der Mörder Siegfrieds über den Machtzuwachs der Witwe. Deren Brüder hingegen sind nicht mehr geneigt, der harten Politik ihres Beraters zu folgen. Sie befürworten die Ehe mit Etzel.

Allerdings hat man die Rechnung ohne Kriemhild gemacht. Geht man vom üblichen Heiratsalter für adlige Mädchen aus, das etwa bei 14 lag, ist sie noch nicht einmal 30 Jahre alt. Die vergangenen 13 Jahre haben nichts an ihrer seelischen Verfassung geändert: Ihre Trauer, übertriebene Frömmigkeit und Demoralisierung lässt sie die hunnischen Boten offen spüren. Mehrfach betont sie, dass niemand ihr den verstorbenen Gemahl ersetzen könne.

Derart abgewiesen, kehrt Rüdiger am Tag der geplanten Abreise noch ein letztes Mal zur Witwe zurück. Seine Argumente sind zunächst die bereits bekannten: Etzel verspricht »glückliche Minne und beständige Ehegemeinschaft«, darüber hinaus »die Macht über zwölf Kronen«, »die Herrschaft über viele edle Männer« und unermessliche Reichtümer. Ihr tristes Leben solle wieder in Ruhm und Freude erstrahlen. Wenig beeindruckt von diesen Aussichten, lautet die Antwort: »Der Tod des einen hat mir so heftigen Schmerz bereitet, dass ich bis an mein Ende Trauer tragen muss« (Str. 1238).

Erst sein letzter Vorstoß führt Rüdiger doch noch zum gewünschten Resultat. Im vertraulichen Gespräch bietet er Kriemhild an, »er wolle sie für alles entschädigen, was ihr je geschehen war«. Nun wird deutlich, dass auch der Hass und die Rachegefühle der Witwe in den langen Jahren nicht kleiner geworden sind. Sie nimmt Rüdiger und seinen Gefolgsleuten den Eid ab, »die Kränkungen meiner Person zu rächen«. In einer für mittelalterliche Literatur seltenen Innenperspektive fährt das Epos fort: »Da dachte sie: Vielleicht wird die Ermordung meines lieben Mannes doch noch gerächt« (Str. 1259). Unter solch freudlosen Vorzeichen willigt sie in die Ehe mit Etzel ein.

Die Motivation Kriemhilds ist somit über alle Zweifel erhaben. Als dunkle Wolke schwebt dieses Wissen um ihre Rachepläne über dem ausgelassenen höfischen Treiben, das in den folgenden Aventiuren sowohl den

König Etzel. Szene aus dem Film Die Nibelungen *(Regie: Fritz Lang), 1924.*

Burgunder- als auch den Hunnenhof erfasst. Hagen ist der Einzige, dem diese Motivation deutlich vor Augen steht. In ähnlich dunkler Gemütsverfassung werden die beiden Todfeinde Kriemhild und Hagen vom Dichter bewusst parallelisiert. Keine Erinnerung bleibt mehr an das »vil edel magedin« aus der ersten Aventiure. Beide stehen durch ihr Verhalten und – mehr noch – durch ihre Mentalität außerhalb des höfischen und ritterlichen Rahmens. Diese Rolle hatte zuvor vor allem Brünhild zu spielen.

Bei weiterer Lektüre fällt dem Leser auf, dass mit dem Ende des ersten Teils nicht nur der strahlende Siegfried aus der Darstellerliste gestrichen wurde. Auch Brünhild

Albin Egger-Lienz, Einzug König Etzels in Wien, *1909/10*.

ist nach den tragischen Ereignissen im Odenwald sang- und klanglos aus dem Epos verschwunden. In der nordischen Überlieferung begeht sie Selbstmord; im *Nibelungenlied* wird sie mit der »damnatio memoriae«, dem Urteil des Vergessens, bestraft.

Das Zeremoniell des Aufbruchs aus Worms, insbesondere die Fragen der Gastgeschenke und der Begleitung, der Ausrüstung und der Wegstrecke, sind dem Nibelungendichter viele Strophen wert. »Hundert edle Jungfrauen« stehen ihrer Herrin auf der Reise an die Donau zur Seite. Und natürlich 1000 Bewaffnete. Bayern wird passiert; in Passau macht man bei Bischof Pilgrim, einem Onkel der Burgunderherrscher, Station. Die Passauer Strophen (1295 ff.) unterscheiden sich von allen übrigen durch genaue Orts- und Wegangaben, woraus die Forschung,

wie oben erwähnt, auf die Herkunft des Dichters schließt.

Gleichwohl findet das zentrale Ereignis der Reise ins Hunnenland nicht in Passau, sondern am Hof in Bechelaren, dem Sitz Markgraf Rüdigers, statt. Der Gastgeber und seine Gemahlin Gotelind bieten hier eine perfekte Inszenierung höfischer Ehre und Ritterlichkeit, die auch Kriemhild nicht unbeeindruckt lässt: »Von Kriemhild aber wurde die junge, schöne Gotelind zärtlich liebkost.« Bechelaren wird zum höfischen Idyll zwischen den beiden durch Gewalt und Intrige kompromittierten Hauptorten der Handlung, dem Burgunder- und dem Hunnenhof.

Empfang, Abschied und neuer Empfang. Der Tross der erwählten Hunnenkönigin zieht langsam und unter Beachtung aller

Etikette seinem Bestimmungsort, der Etzelburg, entgegen. Etzel wird als heidnischer Herrscher vorgeführt, der einem christlichen Ritter in Ehre, Freigebigkeit und Höflichkeit in nichts nachsteht. Kein Wort fällt über die Hunnen als Schrecken Europas und »Geißel Gottes«. Mächtig herrschen und leben sie im östlichen Donauraum. Damit sind sie eher den im 11. Jahrhundert christlich gewordenen Ungarn als dem nomadischen Reitervolk der Hunnen im 5. Jahrhundert nachgestaltet. Eine Erinnerung an alte Größe und Gefährlichkeit steckt in der Erwähnung von Gefolgsleuten aus Russland, Griechenland, Polen, Kiew und Bulgarien.

Etzel selbst will seine Braut in Österreich treffen, eine endlose Reihe von Fürsten stellt sich zum Empfang in Tulln und zur Hochzeit in Wien ein. Es sind so viele, dass Kriemhild nur die allermächtigsten, darunter den Helden Dietrich, mit einem Kuss begrüßen kann. Als sie ihren künftigen Gemahl trifft, werden höfliche Worte und Gesten ausgetauscht. Der Tag endet mit Turnier und Gelage, bevor die Gesellschaft am nächsten Tag nach Wien zur Hochzeitsfeier weiterzieht. Wieder bricht das Fest alle Rekorde. Die Zahl der Gefolgsleute und der Reichtum Etzels sollen größer sein als selbst Siegfrieds Macht und Mittel in seinen besten Tagen. Kriemhild legt eine stolze und freundliche Haltung an den Tag. Ihre wahren Gefühle überwältigen sie nur kurz beim Gedanken an Siegfried und die glücklichen Tage in Xanten. Achtzehn Tage währen die Feierlichkeiten in Wien, dann geht es weiter zum Sitz ihres Gemahls.

Die Etzelburg. Noch einmal 13 Jahre später. Kriemhild und Etzel haben mittlerweile einen Sohn. Die Königin, jetzt um die 40, hat die Zeit genutzt, Ansehen und Gefolgschaft unter den Hunnen zu vergrößern. Nachts quälen sie Träume aus der Wormser Heimat: Heimweh nach Giselher, ihrem Lieblingsbruder, und unversöhnlicher Hass auf Hagen, den Mörder Siegfrieds. Ein Plan reift, der ihr die Rache und ihrem Erzfeind den Tod bringen soll. Sogar beim nächtlichen Liebesspiel mit dem König »dachte die herrliche Frau an ihre Feinde« (Str. 1401). Durch die Situation wehr- und arglos gemacht, erhört Etzel endlich Kriemhilds Wunsch, ihre burgundische Verwandtschaft in die Etzelburg einzuladen: »Mein Gemahl, wenn Ihr mir eine Gunst erweisen wollt, so sollt Ihr nach Worms über den Rhein Boten schicken« (Str. 1405). Man beschließt, die beiden Spielleute Wärbel und Swemmel zu den Burgundern zu entsenden.

Über den sozialen Rang von mittelalterlichen Spielleuten liegen einige spannende Erkenntnisse vor. Als königliche Boten sind Wärbel und Swemmel hoch in der adligen Hierarchie am Hunnenhof anzusiedeln. Einen ähnlich hervorgehobenen Rang nimmt im *Nibelungenlied* der Spielmann Volker von Alzey am Burgunderhof ein. Dichtende Ritter und Fürsten werden nicht nur in der Literatur des 12. und 13. Jahrhunderts thematisiert, auch unter den historischen Herrschern dieser Epoche haben sich einige diesen Ruf erworben, so etwa Herzog Wilhelm IX. von Aquitanien (1071–1126), Kaiser Heinrich VI. (1165–1197) oder Markgraf Heinrich III. der Erlauchte von Meißen (um 1215–1288).

Davon deutlich zu trennen sind die ritterlich-ministerialischen ›Berufsdichter‹ vom Schlage eines Walther von der Vogelweide oder Hartmann von Aue. Diese genossen an den Adelshöfen durchaus Ansehen, gehörten jedoch nicht dem Hochadel an und wechselten ihre Mäzene oft nach kurzer Zeit.

Die dritte und größte Gruppe bestand aus den fahrenden Sängern und Spielleuten, die bei höfischen Festen und städtischen Spektakeln auftraten. Diese Gruppe zählte zu den Außenseitern der Gesellschaft. Im Elsass formierte sich im späten Mittelalter die Institution des »Pfeiferkönigs«, eine Art Berufsgenossenschaft der europäischen Spielleute, die ihnen Rechtsschutz gewähren sollte. Das *Nibelungenlied* wertet mithin – möglicherweise in eigener Sache – den Rang und die Bedeutung der Spielleute erheblich auf.

Die Boten Etzels werden in Worms ehrenvoll empfangen. Selbst Brünhild wird für eine Strophe aus ihrer symbolischen Verdammung entlassen. Die Situation erinnert bis in viele Einzelheiten an Rüdigers Brautwerbung 13 Jahre zuvor. Die Könige, besonders Giselher und Gernot, sehen einem Wiedersehen mit ihrer Schwester freudig entgegen. Gunther befragt seine Gefolgsleute, von denen ebenfalls viele zur Annahme der hunnischen Einladung raten. Allein Hagen widersetzt sich der sorglosen Stimmung. In düsterer Vorahnung mahnt er: »Ihr wisst doch ganz genau, was wir getan haben. Wie können wir es wagen, in Etzels Land zu reiten?« (Str. 1459) Deutlich sieht er den Untergang der Burgunder voraus: »Ihr rennt in Euer eigenes Verderben!« Erstaunlich leichtfertig wischt König Gunther die Einwände seines klugen Beraters vom Tisch. Seine eigene Beteiligung am Mordkomplott gegen Siegfried vollkommen ignorierend, wirft er Hagen an den Kopf: »Weil Ihr mit

Recht in den hunnischen Reichen den Tod fürchtet, deshalb sollten wir es uns versagen, unsere Schwester zu besuchen?« Gunther verkennt, dass sich Kriemhilds Rache nicht nur gegen den Mörder, sondern auch gegen die Hintermänner und damit gegen den burgundischen Hof als Ganzes richtet. Als auch die besorgten Einwände des Küchenmeisters Rumold nicht fruchten, gibt Hagen seinen Widerstand auf, verlangt jedoch, dass die Burgunder »in voller Wehr und Waffen zu den Hunnen fahren« (Str. 1471).

Mehr als 1000 Ritter und 9000 Knappen werden schließlich für die Fahrt zur Sommersonnenwende aufgeboten. Kriemhild frohlockt, als ihr die Boten von der erfolgreichen Ladung berichten. Genau lässt sie sich Hagens Reaktion schildern. Als »todgeweiht« (»zem tode genant«) beschreiben die Spielleute ihn. Damit erfassen sie präzise die Stimmung Hagens, in der er die Burgunder zur Etzelburg führt, während Letztere dort ein rauschendes Fest erwarten.

Fatalismus, blinder Gehorsam oder Hoffnung wider besseres Wissen? Welche Motive treiben Hagen an, als er mit der Blüte des burgundischen Adels den Donauweg nach Ungarn einschlägt?

Einfache Schicksalsergebenheit kann man ihm kaum vorwerfen. Dazu sind seine Warnungen an die Könige zu energisch. Als er vorzeiten den Nibelungenschatz im Rhein versenkte, trieb ihn bereits die Sorge vor dem Burgunderuntergang, doch hoffte er damals darauf, den Hort einst wieder zu bergen, wenn die Zeiten besser sein würden (Str. 1137).

Ob Hagen diese Hoffnung freilich mit ins Hunnenland nimmt, darf bezweifelt werden.

Die Lage hat sich seit Kriemhilds Heirat dramatisch verändert. Mit Etzel steht den Burgundern nicht nur ein gleichwertiger, sondern ein überlegener Kriegsherr gegenüber. Worauf können Gunther und seine Leute hoffen, wenn sie in Etzels eigenem Land zum Kampf gezwungen werden?

Hagen zählt eins und eins zusammen. Als ihm ein paar badende Meerjungfrauen in der Donau den Tod aller Burgunder prophezeien, nur der Kaplan werde überleben, nimmt er diese Information grimmig, aber unerschrocken auf. Bei der Überfahrt über die Donau wirft Hagen den Kaplan eigenhändig in die Fluten und sorgt auf diese Weise dafür, dass die Meerjungfrauen recht behalten.

Was bleibt, ist das Argument des Gehorsams, der Treue und Loyalität gegenüber den Königen. Nach ihrer Entscheidung, die Einladung der Schwester anzunehmen, zögert Hagen nicht, diesen Entschluss tatkräftig zu verfechten. Als bei ihrer Verabschiedung die Königsmutter Ute ihre Söhne zurückhalten will, weil sie von ihrem Tod geträumt hat, ist es Hagen, der zum schnellen Aufbruch rät: »Wenn Ihr Helden es gebietet«, spricht er zu den Königen, »dann reite ich freudig mit Euch in das Land Etzels« (Str. 1513).

Die Burgunder werden an dieser Stelle zu Nibelungen. Zuerst hatte der Dichter noch differenziert: Zusätzlich zu den burgundischen Rittern und Knappen seien 1000 Recken aus dem Nibelungenland, vielleicht die alte Leibgarde Kriemhilds, mit auf die Reise gegangen. Doch schon bald ist nur noch von Nibelungen die Rede, wenn das gesamte Heer einschließlich seiner Könige gemeint ist. Der mythische Name scheint, wie erwähnt, an den Besitz des Schatzes geknüpft zu sein.

Wenn aber im letzten Vers der Dichter klagt: »Hier endet die Geschichte. Das ist der Untergang der Nibelungen«, schwingt vielleicht noch eine weitere Bedeutung des Namens mit: Mit der ultimativen Katastrophe am Etzelhof endet alle Heldendichtung – die heroischen Nibelungen verbrennen in der Königshalle. Die kläglichen Überreste der Burgunder und anderer Völker eignen sich nicht mehr für Heldentaten und -erzählungen. Der Name Nibelungen wäre dann ein Synonym für die Heroen der alten Überlieferung.

Vor dem dramatischen Finale passieren die neuen Nibelungen verschiedene Orte an der Donau. Die Bayern kommen im Urteil des Dichters besonders schlecht weg. Beim Überfall auf die Reisenden verliert ein hochgestellter Adliger das Leben; die restlichen Bayern fliehen. Die alte Donauhauptstadt Regensburg, der Sitz der Bayernherzöge, wird mit keiner Silbe erwähnt. Stattdessen wird erneut Passau mit freundlichen Worten bedacht. Die Steigerung des Passauer Wohlwollens erfährt der Zug schließlich in Bechelaren. Als Gäste Rüdigers und Gotelinds treten sie, wie zuvor Kriemhild, in das höfische Idyll des Markgrafen ein. Fast 70 Strophen ergehen sich über das Zeremoniell der Begrüßung, das Austauschen von Gastgeschenken, die festliche Bewirtung und die höfliche Konversation. Selbst der grimmige Hagen wird für einen Moment milde und freundlich (Str. 1677). Auf dem Höhepunkt des kurzen Glücks verlobt sich König

Karl Philipp Fohr, Überfahrt der Burgunder über die Donau, *um 1814*.

Giselher mit der jungen Gotelind. Als Gastgeschenk nehmen die Burgunderherrscher
kostbare Waffen mit auf ihre Weiterreise,
die sie jetzt ohne weitere Verzögerung in das
Hunnenland und an den Etzelhof führt.

DAS ENDE DER NIBELUNGEN: DIE AVENTIUREN 28 BIS 39

Der letzte Akt beginnt. Die Etzelburg. Auch
hier geht der Haupthandlung ein höfisches
Vorspiel voraus. Zur Begrüßung der Gäste
erscheinen hochgestellte Hunnen und fremde Helden, so Dietrich von Bern und sein
Waffenmeister Hildebrand. Mit Dietrichs
Warnung vor Kriemhilds ungebrochenem

Zorn wird Gunther willkommen geheißen.
Dieser beruft sich auf die freundliche Einladung Etzels und damit auf das Versprechen
des Burgfriedens. Hagens Bruder Dankwart
übernimmt die Unterbringung der Knappen, während Kriemhild die Bühne betritt.
Giselher wird freudig begrüßt, dann steht
sie zum ersten Mal seit 26 Jahren vor Hagen:
Dieser bindet vorsorglich seinen Helm fester.
Unvermittelt verlangt die Witwe Siegfrieds
Auskunft über den Nibelungenschatz: »Wohin habt Ihr den Hort gebracht? Der war
doch mein Eigentum!« Hagen verweigert
die Antwort, und den Königen wird langsam
ungemütlich.

Die Frage muss überraschen, denn in
Kriemhilds Rachegedanken, denen das *Nibe-*

Etzels Hauptquartier. Die Veste von Hainburg.

lungenlied viele Strophen widmet, hat der Schatz bislang nur einen untergeordneten Platz eingenommen. Die Klage um den verlorenen Gemahl ist das alles beherrschende Motiv in den betreffenden Szenen. Außerdem betont das Lied mehrere Male, dass der Reichtum Etzels sogar den Nibelungenschatz übertreffe. Kriemhild wäre also in keiner Weise auf eigene Mittel angewiesen.

Unmissverständlich eröffnen die Todfeinde jetzt die verbalen Kampfhandlungen. Die Hunnenkönigin fordert ihre Gäste auf, die Waffen abzulegen. Hagen spottet, er wolle lieber sein eigener Kämmerer sein und die Waffen verwahren. Als man auseinandergeht, stellt sich Dietrich von Bern demonstrativ auf die Seite Hagens.

Vergleicht man die Begrüßung der Burgunder mit dem prunkvollen höfischen Empfangszeremoniell, das man aus Worms oder Bechelaren gewohnt ist, sticht der Kontrast klar ins Auge. Die gelegentlichen Höflichkeiten Etzels und seiner Leute wirken vollkommen fehl am Platz; die Stimmung ist von Beginn an zum Zerreißen gespannt.

Hagen provoziert umgehend den zweiten Eklat, als er gemeinsam mit Volker in voller Rüstung in der Trinkhalle der Hunnen erscheint. Kriemhild bricht in Tränen aus und sammelt 400 Bewaffnete um sich. Indem der Burgunder sitzen bleibt, als sich die Königin nähert, bricht er für alle sichtbar die höfische Etikette. Mehr noch, er legt Siegfrieds Schwert Balmung über seine Knie, das er seinem Mordopfer am Tatort abgenommen hatte. Damit bekennt er sich ein zweites Mal zur verräterischen Bluttat und raubt der Witwe in dieser bedrohlichen Situation ihre Selbstsicherheit. Erst jetzt stellt sie Hagen

wegen der Ermordung ihres Gemahls zur Rede. Dieser gesteht die Tat offen ein und bietet den Hunnen damit jede Rechtfertigung, zum Angriff überzugehen. Just in diesem Moment befällt diese jedoch ernste Zweifel, ob sie sich auf den Kampf 400 gegen zwei einlassen sollen. Die Königin tobt vergebens. Die erste Runde geht an Hagen.

Etzel betritt in bester Laune den Schauplatz. Höflich begrüßt er Gunther und sein Gefolge. Der schreckliche Hunnenfürst gibt sich naiver als ein 13-jähriges Burgfräulein. Noch immer glaubt er an das Heimweh seiner Gattin und daran, ein großes Fest stehe bevor. Nach gastlicher Bewirtung durch den Hausherrn bitten die Burgunder, sich zum Schlafen legen zu dürfen. Nur Hagen und sein Freund Volker halten die Schildwache. Diese beiden führen am nächsten Morgen auch die burgundischen Ritter in die Kirche. Etzel wundert sich milde über die schwere Bewaffnung der Kirchgänger, lässt sich aber von Hagen erneut verladen.

Inzwischen treffen weitere Könige und Helden am Hof ein. Ein großes Turnier beginnt, und für einen kurzen Augenblick fühlt man sich an den Anfang des Epos zurückversetzt, zu Siegfrieds Schwertleite in Xanten oder zur fröhlichen Doppelhochzeit in Worms. Zuerst fließt nur der Schweiß in Strömen, dann fließt das erste Blut. Volker ersticht einen hunnischen Ritter in voller Absicht mit der Turnierlanze. Da Etzel zwar nicht klug, aber sehr stark ist, schafft er es, den Aufruhr im Keim zu ersticken.

Kriemhild ist mittlerweile dem Wahnsinn nahe, weil alle Intrigen zu scheitern drohen. Am Ende schafft sie es, ihren Schwager Blödel mit der Aussicht auf Geld und Sex zu bestechen (»Ich gebe dir Silber und Gold und ein schönes Mädchen« – Str. 1906). Mit seinen Rittern überfällt er die burgundischen Knappen, die in einem Nebengebäude speisen. Blödel selbst wird durch Hagens Bruder Dankwart erschlagen, die Hunnen kennen nun kein Halten mehr. Alle 9000 Knappen sowie etliche Ritter der Burgunder verlieren in dieser ersten Schlacht das Leben. Als einziger Überlebender kämpft sich Dankwart ruhmreich gegen eine hundertfache Übermacht durch mehrere Strophen.

Als Dankwart schwer verwundet die Königshalle erreicht und den Tod der Knappen meldet, bricht der allgemeine Tumult los. Das erste Opfer ist Etzels und Kriemhilds Sohn Ortlieb, den Hagen erschlägt. Sein Kopf hüpft über den Tisch in Kriemhilds Schoß. Man kann sich fragen, warum Hagen sich gerade an dem unschuldigen Knaben rächt, obwohl an kampftüchtigen Hunnen in seiner Nähe kein Mangel ist. Nach mittelalterlichem Brauch dürften viele der getöteten Knappen nicht älter als 12 oder 13 Jahre gewesen sein. Mit ihnen starb die Zukunft des burgundischen Adels, daher erscheint Hagen der Tod des Königssohns und Erben als angemessene Antwort.

Bereits in diesen ersten Gewaltszenen verlässt das *Nibelungenlied* die üblichen Pfade der heroischen und erst recht der höfischen Literatur. Im *Waltharius*, in den Dietrichsliedern und in den meisten Artusromanen beschränken sich die Kampfhandlungen in der Regel auf heroische Zweikämpfe. Diese können durchaus blutig und brutal geführt werden, aber die prinzipielle Ausgewogenheit des Kampfes ist entscheidend. Für den höfischen Helden trägt nur ein ebenbürtiger Gegner zum Erwerb von Ruhm und Ehre bei.

Die Tötung von Kindern ist überdies ein biblisches Tabu. Sein Bruch signalisiert die Aufhebung des höfischen Ordnungsrahmens und die vollständige Enthemmung der Gewalt. Alle zuvor für ihre Ehre und Ritterlichkeit gerühmten Helden, sogar der untadelige Rüdiger, werden in den Sog dieser Enthemmung gezogen. Die letzten Aventiuren des *Nibelungenlieds* stechen nicht nur radikal von den höfischen Romanen ab, sie sprengen auch die Maßstäbe anderer Heldendichtungen. Traumatische Wirkungen dieser Gewaltexzesse sind deutlich in der wenig späteren *Klage* zu verspüren, dem literarischen ›Bewältigungsversuch‹ der Katastrophe.

Angesichts der Ereignisse treten auch die Könige aus ihrer zuvor eher mäßigenden und vermittelnden Rolle heraus. Gunther, Gernot und Giselher stürzen sich in den Kampf und töten viele Hunnen. Lediglich Dietrich von Bern erreicht einen friedlichen Abzug für seine Leute und das Königspaar Etzel und Kriemhild. Besonders bedrohlich tritt der Spielmann Volker in Erscheinung: Spielend und singend erschlägt er mehr Hunnen als jeder andere Burgunder. Nach dem Abzug ihres Königs sinkt die Kampfmoral der hunnischen Ritter, von denen bald in der Königshalle niemand mehr am Leben ist. Kaum ist die Saalschlacht vorbei, ruft Giselher seine Mitstreiter auf, die Gefallenen aus der Halle zu bringen und dort ihr Lager einzurichten: »Da befolgten sie seinen Rat und warfen 7000 Tote aus dem Haus« (Str. 2013). Nebenbei bemerkt der Dichter, dass bei diesem Fenstersturz auch viele Verletzte umkamen.

Die Zahlenangabe lässt erneut bewusst jeden realistischen Bezug vermissen. Neuntausend Knappen, siebentausend tote Feinde in der ersten Schlacht – Heldendichtung tendiert zur Übertreibung, weil Helden per se übertriebene Figuren sind. Reichtum und Macht der Könige sind unermesslich, die Größe der Gefolgschaft übersteigt jede Vorstellungskraft. Runde Zahlen – die symbolischen 1000 Ritter – suggerieren darüber hinaus eine perfekte Harmonie und Ordnung.

Mittelalterliche Armeen waren in der Realität eher klein. Vor dem erfolgreichen Angriff auf die Normandie im Jahr 1204 konnte der französische König Philipp II. nicht mehr als etwa 700 Ritter bei einer Gesamtstärke des Heeres von etwa 7500 Männern aufbieten. Bei Adelsfehden stand ein Bruchteil solcher Stärken zur Verfügung. Die Grundausstattung eines Ritters, sein Schlachtross, vollständige Panzerungen für Reiter und Pferd, mehrere Waffen, Ersatzpferd und Knappen, war so teuer, dass sie nicht einmal von allen Landadligen, geschweige denn von ihrem Gefolge aufgebracht werden konnte.

Inzwischen ist Etzel im Burghof vor der Halle erschienen. Hagen provoziert ihn mit der Frage, wieso er es nicht wage, »in vorderster Reihe zu kämpfen«. Nur mit Mühe kann Kriemhild ihren Gemahl davon abhalten, auf Hagen loszustürmen. Stattdessen greifen auswärtige Lehnsleute Etzels in die Schlacht ein: Iring von Dänemark und Irnfried von Thüringen. Lehnstreue und Familienbande sind die beiden zentralen Motivationen für die am Kampf beteiligten Großen. So fragt Hagen Etzel allen Ernstes, wieso er sich überhaupt am Kampf beteilige, er sei doch nicht mit Siegfried, um dessen Rache es hier gehe, verwandt gewesen. Dass er gerade den Sohn des Königs vor dessen Augen abgeschlachtet hat, hält er offenbar für keinen triftigen Grund.

Dänen und Thüringer greifen die im Saal verschanzten Burgunder einmal mehr mit 1000 Recken an. Eine höfische Unterbrechung des Kampfgetöses bieten die Zweikämpfe des Dänen Irings, der nacheinander Hagen, Volker, Gunther, Gernot und Giselher herausfordert. Die Szene erinnert an die Duelle des Helden Walther in den Vogesen, doch ist der Ausgang ein anderer. Denn zum Schluss wird der dänische Held von Hagen unter Schwerthieben und mit dem Schild über dem Kopf durch die Treppenhäuser des Palasts gehetzt. Ein gut gezielter Speerwurf Hagens beendet dann die dänische Intervention.

Nicht besser ergeht es in der jetzt ausbrechenden Saalschlacht dem Landgrafen von Thüringen und den meisten seiner Gefolgsleute. Es folgt eine Kampfpause: Blut fließt von den Wänden in die Rinnsteine des Palasts. Erstaunlich ist, dass alle prominenten Burgunder zu diesem Zeitpunkt noch bei guter Gesundheit sind.

Nach der Vorhut der Auswärtigen bietet Etzel gegen Abend die hunnische Hauptstreitmacht auf. Nicht weniger als 20 000 Ritter stürmen die Königshalle. Erst die Dunkelheit bringt »die furchtbare Schlacht« zum Erliegen, die in den Morgenstunden und während des ganzen heißen Sommertages wieder aufgenommen wird. Noch immer halten die Burgunder durch, während sich die toten Feinde

Ernst Barlach, Ortliebs Tod II, 1922.

in der Halle auftürmen. Viel zu spät suchen Gunther und seine Brüder um Verhandlung nach. Etzel lehnt aus verständlichen Gründen jeden Frieden ab; das Geschehen an seinem Hof hat ihn tief verbittert: »So kam es, dass der König Etzel nie wieder glücklich wurde« (Str. 2086).

Als Giselher seine Schwester um Vermittlung anfleht, wird das ganze Ausmaß des Familiendramas deutlich: Niemand, auch ihr Lieblingsbruder nicht, habe nach dem Mord an Siegfried den Täter zur Rechenschaft gezogen. Damit hat die ganze Familie ihr Leben verwirkt. Die Forderung, Hagen auszuliefern, muss ins Leere laufen, da die verwandtschaftlichen Bande, die für Kriemhild zerrissen sind, zwischen den Männern noch Geltung besitzen. Gernot spricht den Satz, der in der Moderne oft missbraucht wurde: »Eher lägen wir alle tot, als dass wir einen einzigen Mann als Geisel übergäben« (Str. 2105).

Die sprichwörtliche »Nibelungentreue« verhindert jeden Kompromiss. Den Tod vor Augen, kehren die Burgunder in die Halle zurück, während auf Kriemhilds Befehl hin im Palast Feuer gelegt wird. Ihren Durst löschen die Eingeschlossenen mit dem Blut der Gefallenen. Die ganze Nacht hindurch dauert der Kampf gegen die sich ausbreitenden Flammen. Morgens leben immerhin noch 600 Burgunder, unter ihnen alle Hauptfiguren.

Mit Rüdiger von Bechelaren kommt an diesem Morgen eine tragische Figur am Königshof Etzels an. Er ist Lehnsmann des Hunnen, aber seit ihrem letzten Aufenthalt in Bechelaren auch Schwiegervater Giselhers und enger Freund der Burgunderkönige.

Der offene Kriegszustand führt ihn sogleich in einen schweren Loyalitätskonflikt zwischen verwandtschaftlichen und lehnsrechtlichen Pflichten. Außerdem wird er sich an den einst in Worms geleisteten Eid erinnern, jedes Unrecht an Kriemhild persönlich rächen zu wollen.

Der Markgraf bemüht sich demnach zunächst eifrig um Vermittlung. Er muss jedoch schnell die Aussichtslosigkeit von Verhandlungen einsehen. Mit einem juristischen Argument versucht er dann, zumindest seine Neutralität zu wahren, ohne als Feigling dazustehen. Er erklärt den Hunnen, er habe die Gäste aus Burgund an den Hof Etzels gebracht und ihnen sicheres Geleit zugesichert. Der Hunnenkönig pocht gleichwohl auf sein Recht als Lehnsherr, die Königin erinnert ihn zudem unsanft an sein Wormser Versprechen: »Niemals habe ich arme Frau diesen Dienst nötiger gebraucht als jetzt« (Str. 2149). Zu guter Letzt wirft sich das Königspaar sogar zum Entsetzen des ganzen Hofes dem zögerlichen Lehnsmann vor die Füße.

Diese Szene hat ein berühmtes historisches Vorbild. Im Februar 1176 traf Kaiser Friedrich I. Barbarossa (um 1122–1190) im oberitalienischen Chiavenna mit Herzog Heinrich dem Löwen (1129–1195), seinem Vetter und wichtigsten Lehnsmann, zu einer Krisensitzung zusammen. Der Kaiser befand sich in einer politischen und militärischen Zwangslage. Seit Jahren versuchte er vergebens, die unbotmäßigen Städte in der Lombardei wieder unter die kaiserliche Herrschaft zu bringen. Nun stand eine entscheidende Schlacht gegen die Lombardische Liga unter Führung Mailands bevor, und der mächtige Herzog von Sachsen und Bayern verweigerte seinem Lehnsherrn die fällige Hilfe. Nicht einmal ein Fußfall des Kaisers konnte den Welfen umstimmen.

Für Barbarossa bedeutete Chiavenna nicht nur eine persönliche Demütigung, die Haltung seines Lehnsmanns führte ihn auch direkt in die militärische Katastrophe, die das kaiserliche Heer im Mai 1176 vor den Toren von Mailand bei Legnano ereilte. Freilich blieb das Verhalten Heinrichs nicht ungesühnt. Im berühmtesten Lehnsprozess des Mittelalters entzog einige Jahre später ein Fürstengericht dem Löwen beide Herzogtümer und verbannte ihn aus Deutschland.

Das Treffen von Chiavenna hatte mithin weitreichende Folgen für das mittelalterliche Reich. Der Name blieb aber vor allem wegen des unerhörten Fußfalls eines Kaisers vor seinem Lehnsmann berüchtigt.

Das adlige Publikum des *Nibelungenlieds* wusste nun, wie sich Rüdiger von Bechelaren entscheiden würde. Der Fußfall des Königspaares lässt keinen Ausweg mehr, aber er versetzt den treuen Markgrafen zugleich in die bittersten Gewissensqualen: »Weh über mich gottverlassenen Menschen, dass ich dies erleben muss … Unterlasse ich das eine und tue das andere – immer habe ich falsch und ehrlos gehandelt« (Str. 2153 f.).

Einen letzten Ausweg sucht er darin, freiwillig die Strafe Heinrichs des Löwen auf sich zu nehmen, auf alle Titel und Territorien zu verzichten und in die Verbannung zu gehen. Als Etzel und Kriemhild auf ihrem Recht bestehen, gibt er seinen Widerstand – und zugleich allen Lebenswillen – auf: »Ich, Rüdiger, muss heute für das einstehen,

was Ihr mir Gutes getan habt. Deshalb muss ich sterben« (Str. 2163).

Unterdessen ist den Burgundern in der rauchgeschwängerten Königshalle die ›Chiavenna-Szene‹ im Burghof entgangen. Giselher erliegt dem Missverständnis, sein Schwiegervater komme zu ihrer Rettung. Nur der grimmige Spielmann Volker ahnt die wahren Absichten Rüdigers, als sich dieser mit 500 Rittern und wölf besonderen Leibwächtern der Halle nähert. Mit kurzen Worten entschuldigt sich der Markgraf dafür, dass er zum Kampf gezwungen sei.

Damit kommt es zum ersten Mal zum Aufeinandertreffen moralisch gleichwertiger Gegner. Gemäß der Logik heroischer Dichtungen, in denen wahre Helden nur durch andere Helden sterben dürfen, ahnt man, dass nun auch die Zeit für burgundische Königsopfer nahe ist.

Die Entscheidung Rüdigers bewegt die Burgunder und den Nibelungendichter. Viele Strophen lang diskutieren die Könige mit ihrem vormaligen Freund und Verwandten. Selbst der zum Fatalismus neigende Hagen bittet den Markgrafen darum, seine Position noch einmal zu überdenken. Als nichts mehr zu bereden ist, folgt noch eine rührende Geste, die alle Umstehenden in Tränen ausbrechen lässt. Hagen entschuldigt sich bei Rüdiger dafür, dass sein Schild, den er als Gastgeschenk in Bechelaren erhalten hatte, zerstört worden sei. Der Markgraf schenkt ihm daraufhin seinen eigenen kostbaren Schild, bevor er seine Männer zum Angriff sammelt.

Vergleicht man die folgenden Szenen mit Siegfrieds Tod und der anschließenden Trauer, drängt sich eine überraschende

Feststellung auf: Der eigentliche Held des Epos ist nicht Siegfried, auch nicht der hochberühmte Dietrich und erst recht nicht Gunther, Hagen oder Etzel. Es ist Rüdiger von Bechelaren, den der Dichter mit den Worten in den Kampf schickt: »Der Vater aller höfischen Vorbildlichkeit sank mit Rüdiger dahin« (Str. 2202).

Als Erster stürmt Rüdiger in den Saal, dann folgen ihm seine Leute. Auf beiden Seiten kämpft man »tapfer und ruhmvoll«, aber auch »so grimmig, wie man niemals wieder kämpfen wird«. Dass gerade König Gernot den Markgrafen im Zweikampf stellt, hat man aufgrund eines dramatischen Details voraussehen können. Gernot trägt jenes besondere Schwert, das ihm Rüdiger als Gastgeschenk in Bechelaren selbst vermacht hatte und das nun seinen früheren Besitzer umbringt. Das tragische Duell endet mit dem Tod beider Helden. Während sich im Burghof unbeschreibliche Trauerszenen um den gefallenen Rüdiger abspielen, ereilt die anderen Leute aus Bechelaren dasselbe Schicksal.

Das Ende rückt näher. Die vorletzte Aventiure gehört Dietrich von Bern, der seinen Ruf als germanischer Hauptheld bislang nicht verteidigen konnte. Die Amelungen trifft die Nachricht von Rüdigers Tod unerwartet hart. Der Waffenmeister Hildebrand klagt: »Mit ihm ist unser ganzes Glück dahingesunken« (Str. 2262), lässt aber offen, worin dieses Glück bestanden hat. Erst später erfährt man, dass Rüdigers Frau Gotelind die Tochter von Dietrichs Tante war. Ob dies dem Publikum des Nibelungendichters freilich als Erklärung ausreichte, darf man bei allem Familienbewusstsein des mittelalterlichen Adels doch

bezweifeln. Gleichwohl wollen die Helden in Dietrichs Gefolge den Leichnam des Markgrafen bergen und begraben, werden jedoch vom hochmütigen Volker zurückgewiesen.

Es kommt erneut zu einer wilden Schlacht, deren Funktion darin besteht, die nächste Riege der Burgunder heldengemäß abtreten zu lassen. Dazu wird eine Reihe von heroischen Zweikämpfen inszeniert: Hildebrand gegen Hagen, Wolfhart gegen Volker, Volker erschlägt Sigehart, Hildebrand daraufhin Volker, Helfrich tötet Hagens Bruder Dankwart, König Giselher und Helfrich töten sich anschließend gegenseitig. Lediglich der alte Hildebrand kann dem Gemetzel entfliehen und Dietrich Bericht erstatten.

Damit ist die Schlusskonstellation hergestellt: Von den Helden und Hauptfiguren leben noch jeweils zwei – die burgundischen Nibelungen Gunther und Hagen, die Hunnen Etzel und Kriemhild sowie die Amelungen Dietrich und Hildebrand. Die Einzigen, die noch über militärische Reserven verfügen, sind die gastgebenden Hunnen.

Die letzte Szene. Dietrich legt die Rüstung an. Im Dialog zwischen Nibelungen und Amelungen lässt Hildebrand noch einmal eine Erinnerung aus der Walthersage fallen. Dem höfischen Publikum des 13. Jahrhunderts müssen solche Reminiszenzen Freude bereitet haben. Erst jetzt lässt Dietrich Anzeichen des früher erworbenen Heldenruhms bei sich erkennen. In den Zweikampf mit Hagen geht er mit einer ehrenvollen Taktik: Er will den Burgunder nicht töten, sondern überwinden und zu seiner Geisel machen.

Das Geiselnehmen war in mittelalterlichen Adelskämpfen eine durchaus verbreitete Form, einen Kampf zu beenden. Dabei folgte man zwei Erwägungen: Zum einen verhinderte die Geiselnahme einen allzu großen Blutzoll in der kleinen und verwandtschaftlich eng verbundenen Adelselite. Zum anderen war das fällige Lösegeld für die Freilassung einer adligen Geisel ein überaus einträgliches Geschäft. Das staufische Kaiserhaus profitierte noch in den Jahren des *Nibelungenlieds* von immensen englischen Lösegeldzahlungen, die für die Freilassung von König Richard Löwenherz aus österreichischer Gefangenschaft im Jahr 1194 gezahlt wurden.

Den Helden Dietrich bewegen freilich andere als monetäre Interessen. In edler Gesinnung hofft er, das Leben der beiden Burgunder schützen zu können, wenn er sie zu Geiseln macht. Sein Status als Ikone der germanischen Heldendichtung erlaubt es ihm, zuerst Hagen und dann Gunther – nach natürlich heroischem Kampf – mit bloßen Händen zu entwaffnen und zu fesseln.

Kriemhild spinnt unterdessen ihre letzte Intrige. Sie gesteht Dietrich die Schonung der Geiseln zu, stellt aber eine Bedingung. Hagen muss das Geheimnis des Nibelungenschatzes lüften. Da Kriemhild so gut wie jeder Leser des Epos die psychische Konstitution Hagens kennt, ist die Bedingung leicht als Vorwand zu entlarven. Anders wäre kaum zu erklären, warum die Witwe Siegfrieds den Mörder ihres Mannes für Reichtümer laufen lassen will, die sie an Etzels Hof gar nicht benötigt.

Ihr grimmiger Onkel rührt erwartungsgemäß keinen Finger, um Gunthers und sein eigenes Leben zu retten. Er beruft sich im Gegenteil auf einen alten Schwur, niemals das Geheimnis zu verraten, solange noch

einer der Burgunderkönige am Leben sei. Ohne zu zögern, lässt Kriemhild daraufhin ihren ältesten Bruder köpfen. Für Hagen ist es der Moment eines bitteren Triumphs: »Jetzt weiß niemand außer Gott und mir, wo der Schatz liegt. Der wird dir, du Teufelin, für immer verborgen bleiben« (Str. 2371). Ein weiteres Mal von Hagen gedemütigt, zieht Kriemhild Balmung aus der Scheide und schlägt dem Gefesselten den Kopf ab.

Diese blutige Szene lehnt sich an das alte norwegische »Atlilied« an, jedoch unter umgedrehten Vorzeichen. In der skandinavischen Dichtung lässt Etzel die Brüder Högni und Gunnar wegen des Nibelungenschatzes brutal hinrichten. In diesem Fall ist es Gunnar, der Högni zuerst ans Messer liefert und anschließend seinem Peiniger ins Gesicht lacht, nun werde das Geheimnis niemals verraten. Gudrun (die nordische Kriemhild) rächt am Ende den Tod ihrer Brüder auf fürchterliche Weise.

Die deutsche Kriemhild hat dagegen zu viele Helden auf dem Gewissen, um ungeschoren davonzukommen. Der alte Waffenmeister Hildebrand richtet sie an Ort und Stelle. Etzel steht tatenlos daneben. Alle halten dies für einen Akt der Gerechtigkeit. Der Vorhang fällt. Der Dichter tritt – wie zu Beginn – vor sein Publikum, diesmal, wie es scheint, am Rande des Nervenzusammenbruchs: »Ich kann Euch nicht sagen, was danach geschah. Nur so viel kann ich berichten, dass Ritter, Frauen und edle Knappen den Tod ihrer teuren Freunde beweinten. Hier ist die Erzählung zu Ende. Das ist der Untergang der Nibelungen – *daz ist der Nibelunge nôt*.« Kein Schlussapplaus, nur Grabesstille.

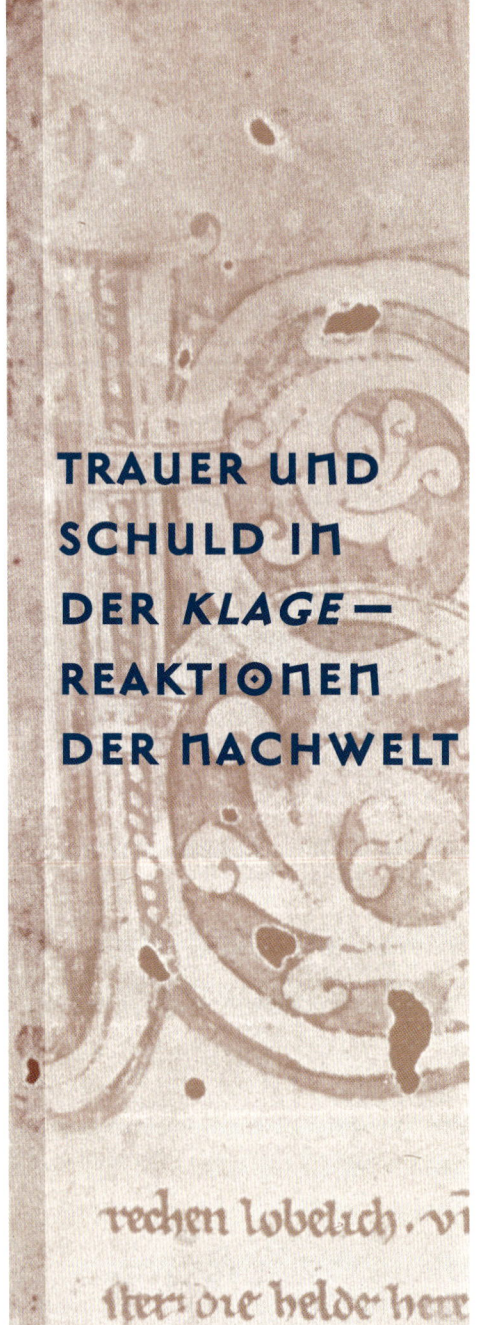

TRAUER UND SCHULD IN DER *KLAGE* — REAKTIONEN DER NACHWELT

Nur wenige Jahre nach dem *Nibelungenlied* fertigte ein Passauer Kleriker, der sich Meister Konrad nannte, eine Fortsetzung des Lieds an: die *Klage*. Der Text wurde ein großer Erfolg: Fast alle späteren Abschriften bringen die *Klage* im Anschluss an das Epos. Die wichtige Handschrift C aus dem 13. Jahrhundert behandelt die *Klage* sogar wie einen Bestandteil des ursprünglichen Epos, gewissermaßen als 40. Aventiure.

Im Titel des Werks drückt sich ein offenbar tief empfundenes Bedürfnis der Nachwelt aus. Die bestürzenden Ereignisse der Saalschlacht, der Tod fast aller Helden und Hauptfiguren, die Tragik einzelner Schicksale wie Rüdigers von Bechelaren, der Verlust aller höfischen Normen und ritterlichen Werte – das *Nibelungenlied* hinterließ eine Spur der Zerstörung.

In der *Klage* wird der Versuch einer Bewältigung unternommen. Die Vorrede fordert den Hörer zur Trauer über das als bekannt vorausgesetzte Geschehen im *Nibelungenlied* auf: »Swer ez zeinem mâl vernimt, der muoz ez jaemerlîche klagen« (»Wer dies zum ersten Mal hört, der wird darüber jämmerlich klagen«). Die nächsten 500 Verse dienen einer Zusammenfassung des *Nibelungenlieds*, bei welcher der Verfasser der *Klage* durchaus eigene Akzente setzt. So überwindet Dietrich kurz vor dem Ende zuerst Gunther, dann Hagen. Im *Nibelungenlied* bezwingt der Held aus Bern zuerst Hagen.

In der Heldendichtung galt dem Prinzip der Steigerung gemäß dem Schlusskampf die größte Aufmerksamkeit. Somit wertete der Dichter der *Klage* den König der Burgunder gegenüber seinem Berater Hagen ab.

Der zweite Teil der *Klage* schließt direkt an die letzten Ereignisse in Etzels Königsburg an. Die große Halle und der Burghof sind mit Leichen übersät. Etzel, Dietrich und Hildebrand stehen erstarrt auf dem Schlachtfeld. Langsam betreten weitere Überlebende die Szene. Man sucht nach bekannten Gesichtern und beginnt mit der Totenklage. Während die Toten einzeln aufgebahrt, beweint und bestattet werden, denken die Trauernden über die Rolle, über Beteiligung, Verhalten und Schuld jedes Einzelnen nach.

Eine wesentliche Änderung gegenüber dem *Nibelungenlied* stellt die christliche Einfärbung der Dialoge und Reflexionen dar. Die Erwähnung des Christentums hatte im Epos in den meisten Fällen nur ›dekorativen‹ Wert; die Personen handelten aus heroischen oder ritterlich-höfischen Antrieben, nie aus religiösen Motiven. In der *Klage* spielt sich hingegen die Beurteilung der Ereignisse im typisch christlichen Maßstab von Himmel, Hölle und Fegefeuer ab: »Gott hat uns einen Trost gegeben: Wer sein Leben in Ehren verliert, dem ist das Himmelreich gewiss« (V., 554 f.).

Als Erstes wendet sich der Dichter der Rolle Kriemhilds zu: Er erinnert daran, dass das »schoene wîp« erst durch die brutale Ermordung ihres Mannes Siegfried zur erbarmungslosen Rächerin geworden ist. Niemand dürfe sie deshalb vorab verurteilen; das Urteil stehe allein dem Endgericht Gottes zu. Diese Aussage übt Kritik vor allem an Hagen und Hildebrand. Ersterer hatte Kriemhild in der letzten Szene als »valandinne« – »Teufelin« beschimpft; Letzterer ahndete die mitleidlose Haltung Kriemhilds gegenüber ihrem Bruder und ihrem Onkel mit dem Schwert. Das herbeiströmende Landvolk macht sich unterdessen weniger christliche Gedanken. So wundert man sich, wie der hochberühmte Hagen, der so viele Wunderdinge vollbracht hat, von der Hand einer Frau sterben konnte.

Lange Monologe von Dietrich und Etzel schildern die hoffnungslose Lage, in der sich nach der großen Schlacht alle überlebenden Helden befinden. Dietrich betrauert die schöne Kriemhild, der er während seiner Zeit am Hunnenhof nie einen Dienst abgeschlagen hat. Etzel klagt über den Verlust von Frau, Kind und Bruder. In großer Seelenqual wendet sich der frühere Heide nun an den Christengott: »Nun verlasse ich meinen Abgott, da der Allmächtige seinen Zorn so sehr gezeigt hat« (V., 981 f.).

So wie der alte heidnische Nibelungenstoff im *Nibelungenlied* nach der ritterlichen Mode der Zeit um 1200 höfisiert wurde, so hat ihn der geistliche Dichter des 13. Jahrhunderts ›verkirchlicht‹.

Auf der Suche nach Gründen für die Katastrophe stößt der Dichter an entscheidenden Stellen auf »übermuot« – menschlichen Hochmut. Aus diesem Motiv handelten Siegfried, als er die arme Brünhild betrog, Hagen, als er Siegfried hinterrücks ermordete, Kriemhild, als sie ihre Brüder und Verwandten in die Falle lockte. Insbesondere Hagen wird als Inbegriff des Hochmütigen vorgeführt. In ihm sieht der Dichter der *Klage* den Hauptschuldigen des Geschehens. Hildebrand findet die klarsten Worte: »Es war der Teufel, auf dessen Betreiben alles geschah. Aber Hagen trägt die Schuld daran, dass man sich nicht gütlich einigen konnte. Er verhielt sich sehr hochmütig und nahm Kriemhild ihren gesamten Besitz« (V., 1310 ff.). In der Sicht des alten Waffenmeisters hat erst die Versenkung des Nibelungenhorts das Fass zum Überlaufen gebracht: »Er versenkte alles in den Rhein. Das wäre besser unterblieben. Kriemhild hasste ihn dafür so

sehr, dass sie ihn gerne früher erschlagen hätte« (Str. 1335 f.).

Im christlichen Wertekanon des hohen Mittelalters stand der Hochmut (lat. »superbia«) an der Spitze aller Todsünden. Er galt als Steigerung und Mutter aller anderen

Sünden. Gottes Zorn trifft im *Nibelungenlied* – nach der Lesart der *Klage* – mit aller Kraft alle Hochmütigen, die ihr eigenes Urteil über die Weisheit Gottes stellen.

Über einzelne Hauptfiguren erfährt man erst jetzt Näheres aus ihrer Biografie. So berichtet Hildebrand über den Spielmann Volker, der an den zurückliegenden Kämpfen einen großen Anteil hatte, dass er als Lehnsmann König Gunthers Herrschaft am Rhein

Carl Otto Czeschka, Die Saalschlacht, *1908*.

ausübte und aus Alzey stammte. Ein eigenes Kapitel ist der Gefolgschaft Dietrichs gewidmet, die ebenfalls in der Königshalle gegen die Burgunder vernichtet wurde. Dietrich und Hildebrand erinnern an ihre Heldentaten, hohe Herkunft und Verwandtschaft mit den Amelungen. Dem Herzog Wolfhart muss man unter vielen Tränen das Schwert mit Zangen aus der Hand brechen, so fest hält er die Waffe noch im Tod. Noch in 1000 Jahren soll man um diesen treuen Ritter trauern.

Dietrich weist darauf hin, dass durch den Tod so vieler junger Adliger ganze Länder und Ländereien ohne Erben seien. Das Geschehen am Hunnenhof hat damit nicht nur Gottes Gebote missachtet, sondern auch die weltliche Ordnung umgestoßen. Diese allgemeine Erkenntnis trifft nicht nur auf Dietrichs Leute, sondern auf alle Beteiligten gleichermaßen zu.

Nicht weniger als die Amelungen werden anschließend die Burgunderkönige und Markgraf Rüdiger betrauert. Insbesondere das Schicksal Rüdigers, des tragischen Helden im zweiten Teil des *Nibelungenlieds*, rührt alle Umstehenden immer wieder zu Tränen. Etzel gesteht, wenn sein Lehnsmann überlebt hätte, wäre er sein Nachfolger im Hunnenreich geworden. Dietrich erinnert daran, dass er nur durch Rüdigers Hilfe und Vermittlung am Hunnenhof aufgenommen wurde, um von dort seine Rückkehr zu den Goten vorzubereiten. Die *Klage* dehnt die Handlung mithin nicht nur weiter aus; sie schließt durch Rückblicke und Exkurse auch Wissenslücken für diejenigen, die mit der älteren Heldendichtung nicht so vertraut waren.

Aus der Dietrichssage stammt auch die Nachricht über Dietrichs neue Gemahlin Herrat. Die Nichte von Etzels erster Ehefrau Helche steht an der Spitze der Frauen, die sich am Hunnenhof zur Trauer um ihre gefallenen Männer einfinden. Die hierarchische Aufzählung verrät die internationale Vernetzung des europäischen Hochadels, die schon im frühen Mittelalter üblich war. Da Könige standesgleich heiraten mussten, war es üblich, die Gemahlin aus den Nachbarreichen zu gewinnen. So trauern in der Etzelburg Frauen aus dem Frankenreich, von den Normannen, Griechen, aus der Ostmark und aus Ungarn nebeneinander.

Das anschließende Begräbnis folgt ebenfalls hierarchischen Gesichtspunkten: Nur die Könige und ihre engste Verwandtschaft legt man in eigene Särge. Für alle anderen heben die Landleute eine große Grube aus, die als Massengrab dient.

Die Frauen bleiben die tragenden Säulen des folgenden Kapitels, in dem die Trauer auf die auswärtigen Höfe ausgeweitet wird. Ein Bote wird vom Hunnenhof ausgesandt, um die schlimmen Nachrichten zu verbreiten. Bechelaren, Passau und Worms sind die Stationen. Viele Strophen sind der Markgräfin Gotelind und ihrer Tochter gewidmet. Beide verlieren beim Bericht des Spielmanns Swemmel die Besinnung. Keiner der Umstehenden kann glauben und verstehen, dass Rüdiger durch sein eigenes Gastgeschenk an Gernot erschlagen wurde.

In Passau kümmert sich Bischof Pilgrim, der Onkel des burgundischen Königshauses, um das christliche Totengedenken für die Herrscher und ihre Ritter. Der Königsmutter Ute, seiner Schwester, schickt Pilgrim die wenig sensible Aufforderung, nicht um ihre Söhne und ihre Tochter zu trauern, da sie alle durch »übermuot« Schuld auf sich geladen hätten. Für einen ungewohnten Zwischenton in der *Klage* sorgen die Bayern, welche die Nachricht von Hagens Tod bejubeln. In Worms erkundigt sich Brünhild noch in bester Laune, wann ihr Gemahl zurückkehre. Der ängstliche Bote nimmt ihr zuerst das Versprechen ab, unbehelligt wieder wegreiten zu dürfen, bevor er die vielfache Todesbotschaft überbringt.

Brünhilds Trauer ist wie diejenige Gotelinds »âne mâze – maßlos«. Niemand erinnert an dieser Stelle an ihre eigene Verstrickung in den Untergang, an ihr liebloses Verhältnis zu Gunther und an ihren Anteil an Siegfrieds Ermordung. Die frühere Heldenjungfrau wird eingereiht in die Gruppe der fürstlichen Witwen, die das Grundgerüst der *Klage* bilden.

Am schlimmsten trifft die Botschaft die Königsmutter Ute, die an den Folgen stirbt. Sie wird im Kloster Lorsch begraben, »wo sie noch heute liegt«, wie der Dichter des 13. Jahrhunderts betont. An anderer Stelle erfährt man, dass sie dort neben Siegfried

begraben wurde, den Kriemhild vor langer Zeit von Worms nach Lorsch hatte bringen lassen. In dem bedeutenden Reichskloster unweit von Speyer hatte das Publikum des 13. Jahrhunderts mithin einen geografischen Fluchtpunkt für die Bewältigung des Gehörten.

Es sei noch einmal daran erinnert: Man glaubte im Mittelalter fest an die Geschichtlichkeit des in der Heldendichtung überlieferten Geschehens. Die Zeitreise in eine graue Vorzeit verhinderte nicht die Identifikation mit den Figuren und ihren Schicksalen. Die Nibelungen, Hunnen und Amelungen gehörten in das kulturelle Gedächtnis der mittelalterlichen Deutschen wie die Merowinger und Karolinger, die historischen Königsgeschlechter der Franken im frühen Mittelalter.

Die Boten kehren zurück an den Etzelhof, wo sie gerade noch Dietrich begegnen. Der Gotenfürst hat sich entschieden, mit Herrat und Hildebrand in sein Land zurückzukehren. Mit dem Aufbruch des großen Helden der germanischen Sage endet die *Klage* und damit die unmittelbar zeitgenössische Überlieferung des Nibelungenepos.

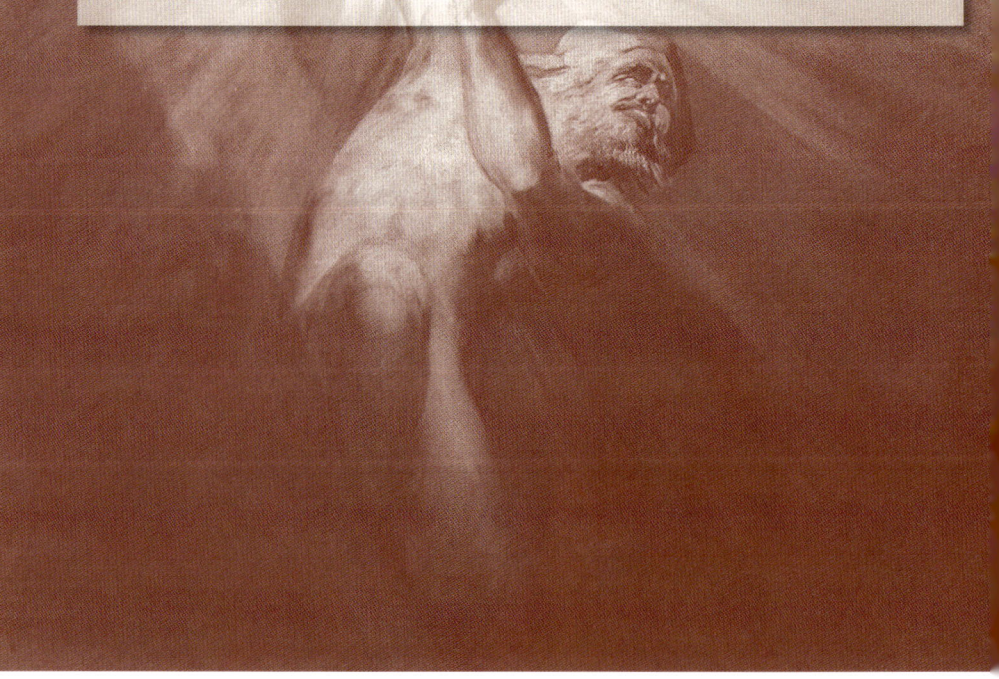

IV. DRACHENSCHÄTZE UND VÖLKERSCHLACHTEN — MYTHOS UND GESCHICHTE IN DER NIBELUNGENSAGE

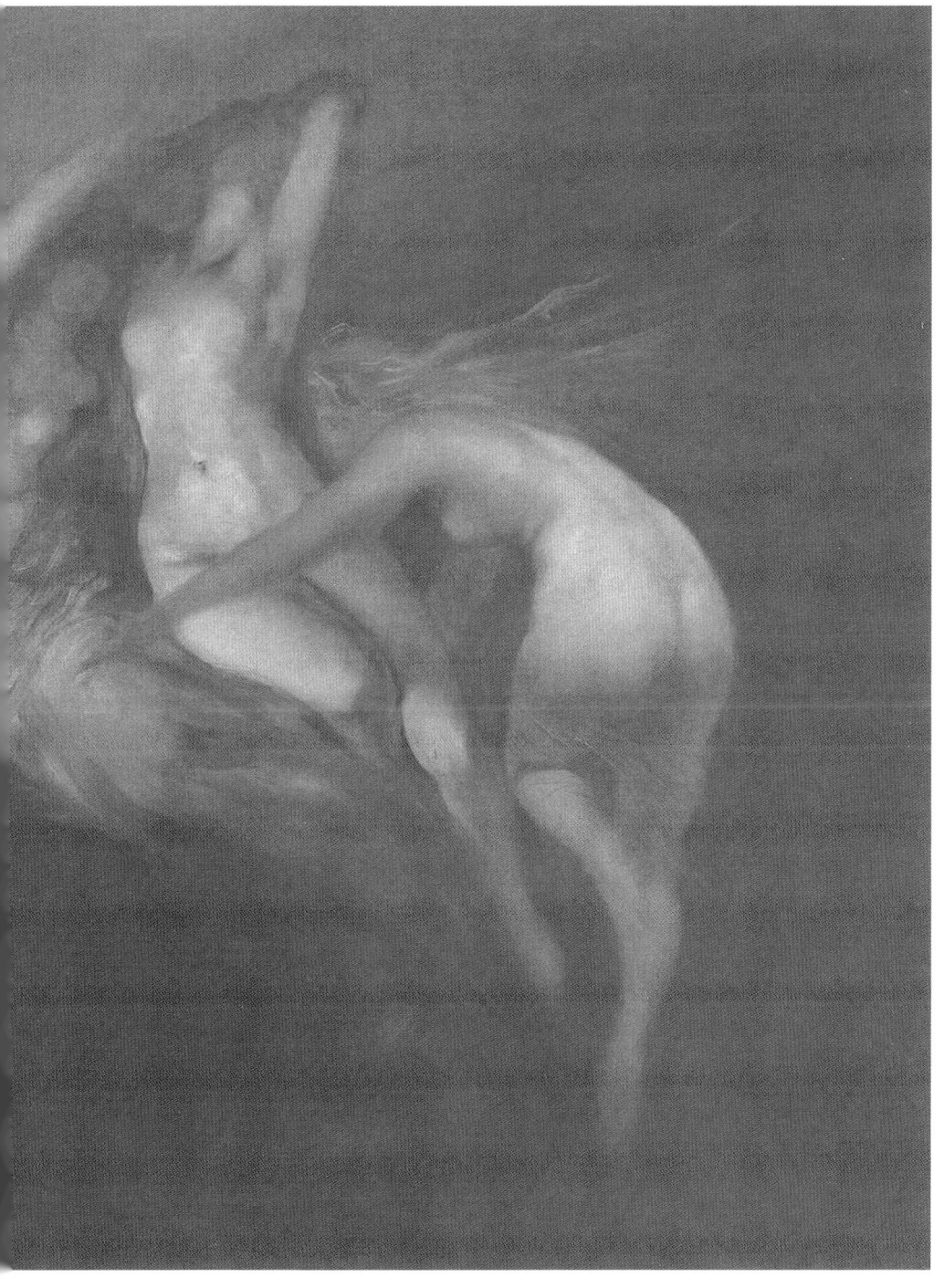

MYTHEN UND
MÄRCHEN

ZAUBERSCHÄTZE

Die Nibelungensage ist selbst ein Schatz,
der kaum vollständig gehoben werden kann.
Die heute bekannten literarischen und bildlichen Überlieferungen sind vielschichtig
und verschlüsselt. Viele sind zu Meilen-
steinen der mittelalterlichen Kunst geworden. Zugleich handelt es sich um geschichtliche Dokumente von hohem Wert. In die
Texte und Bilder haben sich kulturelle Erinnerungen an ganz unterschiedliche Zeiten,
Länder und Erzählstoffe eingeschrieben.
Die alten Mythen haben darin ebenso ihre
Spuren hinterlassen wie historische Ereignisse und künstlerische Fantasien.

Riesen, Zwerge, Zauberschätze – in solchen mythologischen Motiven haben sich
Götterglaube und Vorstellungswelten der
germanischen Frühzeit bewahrt. Attila,
Theoderich, Burgunderuntergang – bestimmte Namen und Ereignisse steuert dagegen
die geschichtliche Erinnerung bei. Sie gemah-
nen an konkrete historische Persönlichkeiten
und einschneidende kollektive Erfahrungen. Wieder anderes kommt als spätere Mode
oder dichterische Fantasie daher.

Was an Altem durch die Oberfläche
scheint, war in jedem Fall einem langen
kulturellen Prozess ausgesetzt. In kreativer
Weise fügten fahrende Skalden, begabte
Bildhauer oder höfische Dichter ihren Erzähl-
vorlagen eigene Deutungen, Gestaltungs-
ideen und Fantasieprodukte hinzu. Sie
schufen somit neue Kunstwerke, die in
keiner Weise zum verbreiteten Bild vom
»dunklen« oder statischen Mittelalter
passen wollen.

Gleichwohl bleibt ihre Interpretation ein schwieriges Geschäft. Wer unter der Oberfläche nach älteren Spuren gräbt, wer versucht, den angesprochenen kulturellen Prozess rückwärts zu vollziehen, wird nie auf vollständige Gewissheiten stoßen und leicht die gefundenen Fragmente missverstehen. Die Texte und Bilder, auf denen alle Überlegungen beruhen, wurden bislang ausführlich vorgestellt. Die folgenden Abschnitte widmen sich nun den mythischen Motiven und historischen Spuren unter der Oberfläche.

Beide Teile des *Nibelungenlieds* enden mit dem Schatzmotiv. Aventiure 19 erzählt, »Wie der Hort der Nibelungen nach Worms gebracht wurde«. Die letzten Strophen von Aventiure 39 sind von Kriemhilds Hortfrage geprägt und der Weigerung Hagens, darauf einzugehen. Der Nibelungenschatz ist das Amalgam der Handlung, Antrieb vieler Figuren, Ursache für ihre Hoffnungen, Ängste, Begierden und Fantasien. Für Siegfried bedeutet der ferne Schatz im ersten Teil des *Nibelungenlieds* die Grundlage seiner heroischen Spitzenposition. Aus dem Inventar des Nibelungenhorts stammt nicht zuletzt die Tarnkappe, mit deren Hilfe er Gunthers Wünsche erfüllen und auf diesem Weg dessen Schwester Kriemhild gewinnen kann.

Für den misstrauischen Hagen ist der Hort Inbegriff irdischer Allmacht. Genau diese Metapher verwendet der Nibelungendichter in Strophe 1124: »Als schönstes Stück befand sich eine goldene Wünschelrute unter dem Hort. Wer die ausprobiert hätte, wäre Herr über alle Menschen geworden.« Das macht verständlich, warum Hagen den Schatz in den Händen von Fremden fürchtet

und ihn vorerst im sichersten Versteck des burgundischen Hauses – in den Fluten des Rheins – verbirgt. Für Kriemhild schließlich ist der Schatz nach Siegfrieds Ermordung das Instrument zur Rache. Sie kauft sich Anhang und Stärke, bis ihr der Schatz durch Intrige entwendet wird. Die Heirat mit dem kriegserfahrenen Hunnen Etzel stellt nur die Ersatzlösung für den verlorenen Hort und die verhinderte Rache dar.

Der Nibelungenschatz bleibt bis zum Ende rätselhaft. Keine der Hauptfiguren, der schlaue Hagen und auch der heroische Siegfried nicht, kennen seine wahre Macht und alle in ihm verborgenen Geheimnisse. Andernfalls hätte der machtbewusste Hagen die goldene Wünschelrute, mit der er über alle Menschen hätte herrschen können, kaum in den Rhein geworfen und hätte Kriemhild ihre Rache gleich an Ort und Stelle in Worms ausleben können.

König über alle Menschen zu sein, unsichtbar unter der Tarnkappe zu gehen – die Zauberkräfte des Horts sind Überreste jener germanischen Götterwelt, von der in alten Mythen erzählt wird und deren Motive in viele populäre Geschichten, Lieder und schließlich Märchen eingeflossen sind. Es ist kein Zufall, dass die Brüder Grimm als Sammler deutscher Märchen zugleich bedeutende Erforscher der germanischen Mythologie waren. Die auf dem Hindarfjall schlafende Walküre Brünhild etwa hat in Dornröschen fortgelebt und als solche große Berühmtheit erlangt. Das skandinavische »Sigurdlied« erklärt die mythische Herkunft

Seiten 130/131: Hans Markart, Der Raub des Rheingoldes, *1883.*

des Nibelungenhorts und die Beteiligung der Götter an seiner Auffindung (Kapitel »Die skandinavische Welt im frühen Mittelalter«). Doch auch außerhalb der Nibelungensage leben die Zauberschätze fort, die in ihrer Gesamtheit jenen mythologischen Rahmen formen, in dem wir die Nibelungendichtungen lesen und verstehen können.

Im mittelalterlichen Sprachgebrauch ist das Wort »hort« weiter verbreitet als »scaz«. Schätze sind nicht nur Anhäufungen von Reichtum; sie sind zugleich gefährlich, gefährdet und deshalb stets verborgen. Darauf verweist das mittelhochdeutsche »hort« (altnord. »hodd«), dessen Grundform »verbergen« bedeutet. In den antiken und mittelalterlichen Erzählungen werden Schätze oft mit zauberischen Mitteln vor Raub geschützt; nur Menschen mit besonderen Fähigkeiten, mit Zauberkräften, oder übernatürliche Wesen können sie finden und an sich nehmen. Diese Erfahrung teilt der übermäßig starke Sigurd mit dem Gott Loki, der dem Zwerg Andwari den Nibelungenhort abnimmt. Andwari sendet den neuen Besitzern seines Schatzes einen Fluch hinterher.

Der Fluch des Goldes spielt auch im Erzählkreis der Nibelungen eine herausragende Rolle – alle künftigen Besitzer des Goldes von Schilbung und Nibelung über Siegfried und Kriemhild bis zu den Burgunderkönigen und Hagen sind dem Untergang geweiht.

Wie archäologische Funde bestätigen, wurden in der sozialen Realität der von Kriegen und Vertreibungen geprägten Epoche der Spätantike und des frühen Mittelalters Schätze häufig aus Sicherungsgründen vergraben. Diese Konnotation von Not und ver-

borgenem Reichtum hat sich bis in die Volkserzählungen erhalten. Der von einem Zwerg bewachte Schatz kommt auch im Märchen *Die Mädchen und der Bär* vor. Die Brüder Grimm haben eine eigene Sammlung mit Schatzerzählungen angelegt, in denen als Motive der »Schatz des armen Bruders«, der »Schatz des Blinden« und der »Traum vom Schatz auf der Brücke« besonders wichtig sind. Auch im orientalischen Märchen *Ali Baba und die vierzig Räuber* geht es um die Auffindung eines Schatzes mittels Zaubertricks. In ähnlicher Absicht betritt Aladin vor Auffindung seiner Wunderlampe eine Höhle und eine ausgedehnte unterirdische Seenlandschaft, in der ein versunkener Schatz liegt. In fast allen Erzählungen besitzen nicht nur die Schatzsucher, sondern auch die Schatzhüter übernatürliche Kräfte. Besonders beliebt sind als Hüter Zwerge, Riesen, Drachen oder Feen.

Natürlich unterscheiden sich die mittelalterlichen Vorstellungen, was in einen Schatz hineingehört, beträchtlich von dem, was heutzutage in Bankschließfächern deponiert wird (und gewiss keine Versenkung im Rhein überleben würde). Alte Schätze, die wir aus der Literatur oder der Archäologie kennen, bestehen aus Gold, Silber und Edelsteinen. Das *Nibelungenlied* hebt an vielen Stellen das rot schimmernde Gold besonders hervor. Edelsteine steigern sogar den Wert goldener Schmuckstücke; ihnen werden in verschiedenen Kulturkreisen magische und medizinische Fähigkeiten zuerkannt. In Märchen gelten Edelsteine oft mehr als Gold,

Jean-Théodore Fantin-Latour, Das Rheingold. Erste Szene, *1876*.

wie der undankbare Zwerg aus *Schneeweißchen und Rosenrot* zu spüren bekommt. Häufig erwähnt werden zudem besonderer Schmuck wie der Gürtel, den Sigurd der Walküre Brünhild aus dem Nibelungenhort vermacht, seltene Waffen und Zaubergegenstände wie Siegfrieds Tarnkappe oder die machtvolle Wünschelrute.

Solche Zauberutensilien stammen aus dem Bestand der germanischen Göttermythen: Thors Hammer Mjöllnir, Odins Speer Gungnir, der nie sein Ziel verfehlt, der Seherinnenstab der Göttin Frigg, das von allen zu hörende Gjallarhorn des Gottes Heimdall – die Gerätschaften der Götter verleihen übernatürliche Kräfte und beflügeln die heroischen Fantasien.

Archäologisch gesicherte Schätze wie der kürzlich bei Neupotz aus dem Rhein gehobene »Barbarenschatz« aus dem 3. Jahrhundert n. Chr. (Kapitel »Die mittelrheinischen Schauplätze«) enthalten überdies häufig weitere Edelmetalle, Münzen, kostbare Gebrauchsgegenstände wie Becher, Besteck, Werkzeuge oder liturgisches Gerät sowie Spuren von weniger resistenten Luxusartikeln wie Kleidungsstücken und Stoffen.

Wegen seiner Seltenheit, hervorragenden Verarbeitungseigenschaften und seiner äußeren Gestalt steht das Gold an der Spitze der schatzwürdigen Edelmetalle. Bereits in vor- und frühgeschichtlicher Zeit wurde Gold im Bergbau gewonnen und verarbeitet. Aus der germanischen Frühzeit liegen aufgrund der geologischen Vorkommen kaum Goldfunde vor. Die vorhandenen Bestände (etwa das Königsgrab in Sutton Hoo oder die Götterbilder in Sievern) lassen darauf schließen, dass es primär zur Herrschaftsrepräsentation

und zu kultischen Zwecken eingesetzt wurde. Dazu passt die Beobachtung, dass an germanischen und slawischen Heiligtümern, so an der sächsischen Irminsul, durch die Praxis der Kultopfer große Schätze und Schatzkammern entstanden. Nur in den alten römisch-germanischen Provinzen und ihren Grenzgebieten ist eine höhere Dichte von Goldfunden zu verzeichnen. Die von den Römern importierten Goldmünzen und -gegenstände aus dem griechischen, afrikanischen und orientalischen Bereich dienten zur Entlohnung der Truppen, zur Ausstattung des Provinzadels oder zur Bestechung benachbarter Fürsten.

Diese archäologischen Informationen machen deutlich, dass Gold bei den Germanen mit Herrschaft, Fremdherrschaft und Religion konnotiert war. Es hat mithin nachvollziehbare kulturgeschichtliche Gründe, wenn der literarische Nibelungenhort die ökonomische und politische Macht mit den magischen Fähigkeiten der germanischen Götter kombiniert. Mit diesen Zutaten ließen sich göttergleiche Helden und tragische Schicksale ganzer Völker konstruieren.

DRACHEN UND DRACHENTÖTER

Zu den bevorzugten Schatzhütern zählen die Drachen. Im kulturgeschichtlichen Vergleich erfüllen die geflügelten, gepanzerten und Feuer speienden Monster jedoch weit mehr Funktionen. Kaum ein anderes Motiv ist von den frühen Hochkulturen bis in die europäische Neuzeit hinein häufiger zur Gestaltung von Mythen, Sagen, Liedern und Bildern genutzt worden. Der Drache ist das Urmonster aller Zivilisationen, der Drachentöter mithin die rettende Lichtgestalt der Menschheit. Dafür gibt es Beispiele im jüdischen, christlichen, islamischen und heidnischen Glauben, in Sagen aus Ägypten, dem Fernen Orient, Griechenland, Rom, Mitteleuropa und Skandinavien. Dieses Wissen ist entscheidend, um die Siegfriedsage richtig einordnen zu können.

Der älteste Drachenmythos stammt aus dem altorientalischen Raum: Der sumerische Gott Marduk kämpft gegen das Meerungeheuer Tiamat, das als Urdrache über das Chaos herrscht. Nur wenn es stirbt, kann die Welt erschaffen und eine menschliche Ordnung errichtet werden. Auch die alten Babylonier, Hethiter und Perser kannten solche Mythen über die Erschaffung der Welt und über Urmonster, die dagegen etwas haben. In der ägyptischen Hochkultur erzählt ein Mythos, wie der Gott Re den Drachen Apophis bezwang. Ähnliche Erlebnisse hat auch die griechisch-römische Götterwelt zu verzeichnen: Herakles kämpft gegen die Schlange Hydra, Apollo gegen den Schlangendrachen Pythia, Kronos gegen das Monster Ophioneus. Die mächtige Stadt Theben wird gegründet, weil der Held Kadmos zuvor den Drachen des Kriegsgottes Ares erlegt.

Nicht zuletzt treiben Drachen in der jüdisch-christlichen Überlieferung ihr gewalttätiges Geschäft. Am bekanntesten ist die Geschichte von Daniel und den Babyloniern (Dan. 14,23 ff.): Die sündigen Bewohner von Babel bringen ausgerechnet einem Drachen heiligmäßige Verehrung entgegen. Der schlaue Daniel, der auf Be

fehl des dortigen Königs vor das Monster gebracht wird, um es anzubeten, hat als Gastgeschenk einen »Kuchen« dabei. Darin ist eine ziemliche Menge an Pech, Fett und Haaren verarbeitet, die dem Drachen zuerst Verstopfung und schließlich einen üblen Tod durch Zerbersten bereiten. Die List des Drachentöters hat sich auch in den nordischen »Sigurdliedern« bewahrt, nur dass sie dort nicht in kulinarischer Fantasie, sondern in einer simplen Grube besteht.

Das Alte Testament hat überdies einiges zum Bild des Drachen beigetragen. In der Figur des Feuer und Gift speienden Leviathan kann man ohne Weiteres ein Vorbild für spätere Monster und ihre Eigenschaften entdecken (Hiob 40,25 ff.). Einen Auftritt hat der Drache auch in der Apokalypse. Hier erscheint er mit sieben Köpfen und zehn Hörnern als Allegorie des Teufels höchstpersönlich. Er bedroht das Christuskind und seine Mutter Maria und kann nur mithilfe des Erzengels Michael schließlich bezwungen und aus dem Himmel geworfen werden (Apok. 12, 7–9). Die mittelalterliche und neuzeitliche Kunst hat sich durch diese Szene vielfach inspirieren lassen.

Der Erzengel Michael wurde überdies zum Vorbild für viele mittelalterliche Heilige. Über 60 Drachentöterlegenden hat die Forschung gezählt. Bekannt ist das Schicksal der heiligen Marina von Antiochien, der in einem Kerker ein furchtbarer Drache erscheint. Seine Kennzeichen sind Flammen aus den Nüstern und eine schwertförmige Zunge. Die Jungfrau fällt ins Gebet, wird vom Drachen verspeist, dessen Eingeweide jedoch durch das Kreuzzeichen der Heiligen zerrissen werden. Zu noch größerer

Berühmtheit hat es der heilige Georg von Kappadokien gebracht. Als heroischer Ritter, der dem bösen Drachen im offenen Zweikampf gegenübertritt, eignete er sich besser für spannende Erzählungen und populäre Abbildungen. Sein Drachenkampf erinnert eher an höfische Abenteuer als an christliche Wundertaten.

Auch wenn das Wort »Drachen« aus dem griechisch-lateinischen Bereich stammt (lat. »draco«), besaß man im germanischen Raum durchaus eigene Vorstellungen von diesen Kreaturen. Als einheimische Begriffe waren Wurm oder Lindwurm gebräuchlich (altnord. »ormr«). Die kriegerischen Wikinger nannten ihre Schiffe im frühen Mittelalter

Dracheninitiale, Missale aus Straßburg, 15. Jahrhundert.

»draken« und zierten sie am Toppmast mit Drachenköpfen. Wenn die Drachenboote im 9. Jahrhundert auf den europäischen Flüssen, etwa auf der Seine vor Paris oder der Elbe vor Hamburg, auftauchten, standen Plünderung, Vergewaltigung und Krieg bevor.

Die Skandinavier bewahrten in vielen Erzählungen ihre Erfahrungen mit Drachen und Monstern. Im altenglischen Epos *Beowulf* begegnet uns ein Drache, der über 50 Fuß hoch und durch Hornschuppen geschützt ist. Nur am Unterleib ist die Panzerung schwächer. So besiegt schließlich Siegmund im *Beowulf* das Ungeheuer durch einen Lanzenstich von unten. In den altnordischen Liedern über Fafnir gräbt Sigurd in derselben Absicht eine Grube, über die der Drache kriecht und dadurch ungewollt seine Unterseite präsentiert. Auf dem Stein von Ramsundberg wird Fafnir im Moment seines Todes als riesige, den gesamten Stein umfassende Schlange dargestellt. Dem kriechenden Fafnir steht im *Beowulf* und in einer Schnitzerei aus dem schwedischen Osebergfund der Feuer und Gift speiende Flugdrache gegenüber. Allerdings beschränkt sich das Fliegenkönnen im *Beowulf* auf die Nacht. Der germanische Urmythos für die Vorstellung des nächtlichen Fliegens besteht in dem Drachen Nidhögg, der an den Wurzeln der Weltesche Yggdrasil nagt und erst beim Untergang der Sonne zu einem Flugdrachen mutiert.

Bezüglich des Wohnortes von Drachen herrschen unterschiedliche Vorstellungen vor. Der Urdrache Nidhögg gräbt sich durch das Weltinnere; in Erdstößen, vulkanischen Aktivitäten und Erdbeben macht er sich bemerkbar. Gerade die Geologie Islands bot reichlich Gelegenheiten, um an das Wirken des Urdrachens zu glauben. Viele der germanischen Drachen leben in Höhlen, im *Beowulf* bewohnt der Drache gar einen Grabhügel. Andere Ungeheuer bevölkern die Meere und sind dort für die unzähmbaren Naturgewalten verantwortlich. Das Vorbild für diesen Typus liefert die riesige Midgardschlange, die im Weltmeer lebt und mit ihrem Körper den ganzen Erdkreis umspannt. In anderen Kulturkreisen erinnern die Drachenbeschreibungen an riesige, geflügelte Krokodile, die mit ihrem Schwanz ihre Gegner vernichten und Überschwemmungen auslösen. Durch die Schriften des afrikanischen Bischofs Augustinus haben sich solche Vorstellungen im Mittelalter in allen Teilen der christlichen Welt verbreitet.

Erde und Wasser, Feuer und Luft – Drachen sind als Urmonster in allen vier Elementen zu Hause und stellen deshalb für die Menschen eine stetige und allgegenwärtige Bedrohung dar. Die magischen Eigenschaften dieser Wesen beschränken sich dabei nicht nur auf den Kampf und die Zerstörung. Durch ihr Alter sind sie weise, sie herrschen über die Tiere und können es, wie der Kampf der Midgardschlange gegen Thor zeigt, mit den Göttern aufnehmen. Die Berührung mit ihnen verleiht auch den Menschen besondere Fähigkeiten. Das Bad im Drachenblut macht Siegfried unverwundbar. Der nordische Sigurd brät das Drachenherz und kann die Sprache der Vögel verstehen. Ähnliche Motive lassen sich bereits in spätantiken Tierfabeln entdecken.

Der Schatz hütende Drache wird erstmals in der antiken Fabel des Phädrus vom Fuchs und dem Drachen erwähnt. Im *Beowulf* wird es als Lebensaufgabe des Drachen beschrieben, auf dem Gold zu liegen. Die isländischen Berufsdichter, die Skalden, kennen für Schätze die Metapher »Wurmlager« oder »Fafnirs Bett«. Die Erzählung über Fafnir hebt die Bedeutung des Schatzes noch klarer hervor: Fafnir war der Sohn des Riesen Hreidmar. Erst durch das unrechtmäßig erworbene Göttergold mutiert er zum Schatzdrachen auf der Gnitaheide. Das Motiv des durch Mord und Meineid gewonnenen und von daher verfluchten Schatzes taucht ebenfalls in den verschiedenen Dichtungen des Nibelungenerzählkreises immer wieder auf.

Eng verbunden mit dem Schatzmotiv ist das Bild des heroischen Drachentöters. In der Nibelungensage gewinnt Sigurd beziehungsweise Siegfried durch den Drachenkampf jenen sagenumwobenen Nibelungenschatz, der ihm bei künftigen Abenteuern helfen wird. Ähnliche Bewährungsproben durchlaufen fast alle anderen Helden der mittelalterlichen Dichtung: Im *Wunderer* muss Dietrich von Bern tagtäglich in der Wüste gegen Drachen kämpfen. Auch die Artusritter Wigalois, Lanzelot, Tristan und Iwein stellen ihren Heldenmut in Drachenkämpfen unter Beweis. Dasselbe gilt für Hagen im mittelhochdeutschen Epos *Kudrun*. Wie sehr das 12. und 13. Jahrhundert das literarische Heldenbild davon geprägt war, mindestens einen Drachen erlegt zu haben, lässt sich an der Nacherzählung antiker Stoffe ablesen. In der Fassung hochmittelalterlicher Dichter wurden somit auch der trojanische Held Achilles und Alexander der Große zu Drachentötern.

Die Flucht des apokalyptischen Weibes vor dem Drachen, 11. Jahrhundert.

SCHMIEDE UND SCHWERTER

In der skandinavischen Nibelungensage wächst Sigurd ohne Vater auf. Die Erziehung übernimmt ein zauberkundiger Schmied, der nach den älteren Liedern Regin, nach der Dietrichssage Mimir heißt. Aus der Werkstatt seines Ziehvaters stammt auch die Wunderwaffe, das Schwert Gramr, das bei der Tötung des Drachens und bei der Befreiung der Walküre Brünhild eingesetzt wird. Die Abbildungen auf dem Ramsundberg und an der Stabkirche von Hylestad interessieren sich in auffälliger Weise für den Vorgang des Schmiedens und die Instrumente des kunstfertigen Handwerkers.

Dieses Interesse liegt im kulturellen Selbstverständnis begründet. Alle germanischen Kulturen des frühen Mittelalters beherrschen und verehren die Kunst der Metallgewinnung und -verarbeitung. Bereits Tacitus erwähnt respektvoll die Eisenschwerter der Germanen. Prunkvolle Waffen und fein gearbeiteter Schmuck sind bis heute die unbestrittenen Höhepunkte jeder Ausstellung zur Epoche der Völkerwanderung. Grabbeilagen und Schatzfunde sprechen eine deutliche Sprache: Dem Edelmetall kam nicht nur eine funktionale, sondern auch eine hohe symbolische Bedeutung zu. Es ist kein Zufall, dass der Held Sigurd gerade bei einem Schmied in die Lehre geht.

In der altnordischen Mythologie sind Schmiede diejenigen, die technische Neuerungen, wertvolle Kunst und ganze Welten erschaffen. Das Wort »smidr« kann bei den Skalden auch die Götter bezeichnen, die aus dem Chaos die irdische Ordnung schöpfen. Zu den alten Schmieden der Mythologie gehören Götter, Riesen, Zwerge und besonders begabte Menschen. Das älteste Götterlied der *Edda*, die »Völuspâ«, beschreibt die mythische Urbevölkerung und ihre Tätigkeiten: die Götterfamilie der Asen, die Riesen und Zwerge, den weisen Mimir, mächtige Walküren und Seherinnen, Drachen und Wölfe. Odin und seine Brüder treten als Urschöpfer auf, indem sie den Urriesen Ymir töten und aus dessen Körper die Welt formen. Der Schöpfungsakt erinnert dabei an die Tätigkeit von Schmieden: »Sie setzten Herde / hämmerten Erz / schlugen Zangen / schufen Gerät.«

Später werden die ersten Menschen von den Göttern geschaffen: Sie erhalten ihre Seele von Odin, ihren Verstand von Hönir und ihr Blut von Lodur. Selbst nach Einführung des Christentums im 11. Jahrhundert erhielt sich in Skandinavien die alte Terminologie. In einem isländischen Gedicht aus der Zeit um 1200 wird Christus als Himmelsschmied angesprochen. In ähnlicher Weise betiteln die heidnischen *Edda*-Lieder verschiedene Riesen und Zwerge. Der Windriese Hræsvelgr wird als »Wetterschmied«, der Meerriese Aegir als »Bierschmied« bewundert. Waffen, Schmuck und Arbeitsgerät, Wetter und Bier – Wertvolles und für den Lebensalltag der Menschen Wichtiges wird in der germanischen Mythologie verarbeitet und symbolisch umgedeutet.

Der bekannteste Schmied der germanischen Sage ist Wieland (altnord. »Wölund«). Sein Vater, der Meeresriese Wade, gibt den jungen Wieland beim Urschmied Mimir, dem Hüter aller Weisheit, in die Lehre. Nach der *Thidrekssaga* aus dem 13. Jahrhundert trifft Wieland dort in der Werkstatt Mimirs auf den jungen Siegfried. Zwischen den beiden Lehrlingen bricht Konkurrenz und Streit aus, sodass sich Wieland schließlich zu einem Zwergenvolk auf dem Felsen Ballova zurückzieht, um dort die Kunst des Schmiedens in Ruhe zu erlernen. Nach seiner profunden Ausbildung macht er sich gemeinsam mit seinen Brüdern Eigil und Schlagfidr selbstständig. Die drei Brüder verheiraten sich mit schönen Schwanen-jungfrauen, die allerdings nach sieben Jahren die Nase voll haben vom irdischen Hand-werkeralltag und davonfliegen, um sich als Walküren ins Schlachtengetümmel zu werfen.

Ein zweiter Schicksalsschlag ereilt Wie-land, als er durch den König Nidung gefan-gen genommen wird. Zuerst dient er dem König als Mundschenk, dann verliert er beim Geschirrwaschen ein Messer, das er heimlich nachschmiedet. Als Nidung beim Frühstück damit nicht nur sein Brot, sondern auch Teller und Tisch zersägt, kommt das Talent seines Gefangenen ans Licht. Wieland muss sich dem alten Hofschmied Ämilias im Zweikampf stellen, dessen Rüstung dem neuen Schwert des jungen Fremden nicht gewachsen ist. Der König befördert Wieland zum Hofschmied, lässt ihm allerdings die Kniesehnen durchtrennen, um ihn an der Flucht zu hindern. Berüchtigt ist die Rache des jungen Schmieds, der die beiden Königs-söhne zu teuren Silberschalen verarbeitet und anschließend die Königstochter Badhild vergewaltigt. Als Brautgeschenk sendet er ihr

Sigurd und Regin mit dem Schwert.
Schnitzung am Portal der Stabkirche Hylestad
(Norwegen), um 1200 (vgl. Abb. S. 37).

ein Halsband aus den Zähnen ihrer ermordeten Brüder. Die Grausamkeit des Rachemotivs hat sich in der Nibelungensage auf die Figur Kriemhilds übertragen. Mithilfe eines selbst gefertigten Federkleids entflieht Wieland zu guter Letzt seinem Gefängnis: »Lachend hob sich in die Luft Wölund / Traurig Nidung schaut ihm nach.« Nicht zu verkennen sind Ähnlichkeiten mit den antiken Erzählungen vom Atreusmahl sowie von Dädalus und Ikarus.

In der germanischen Mythologie verstehen sich besonders die Zwerge, die in der Snorri-*Edda* Schwarzalben heißen, auf die Schmiedekunst. Wölund wird im »Alten Wölundlied« in der *Edda* an einer Stelle als »König der Alfen« betitelt, da er es in der Schmiedekunst weiter als alle Zwerge gebracht hat. In ihren Werkstätten entstehen unter ihrem Anführer Durin – Tolkien lässt grüßen – die größten Kostbarkeiten der Götterwelt: Draupnir, der goldene Armreif Odins, aus dem in jeder neunten Nacht neue Ringe hervorgehen; Mjöllnir, der Hammer Thors, die gefürchtete Waffe; Gungnir, der Speer Odins; Skidbladnir, das Zauberschiff Freyrs; das Haar der Sif und das Geschmeide Freyas. Als Gegenleistung für den besonders prächtigen Halsschmuck Freyas fordern die vier Zwerg-Goldschmiede jeweils eine Nacht mit der schönen Göttin.

Nicht zuletzt gehören Schwerter zur Spezialität der Schwarzalben. In einer Erzählung des 12. Jahrhunderts bringt sich der mächtige König Sigrlami in den Besitz des Schwertes Tyrfingr, das ungewöhnlich scharf ist und nur zur Tötung des Gegners eingesetzt werden kann. Die erste Silbe im Namen des Königs (»Sig« – »Sieg«) spricht dem

Träger einer solchen Wunderwaffe die Eigenschaft der Sieghaftigkeit zu. Wenn Sigurd/Siegfried und sein Vater Siegmund in der Nibelungensage große Heldentaten begehen, liegt dem dieselbe Logik der Namensgebung zugrunde. Sigurds Schwert stammt ebenfalls aus einer zwergischen Schmiede. Als Regin ihm das Schwert Gramr überreicht, zerschlägt der jugendliche Held zuerst den eisernen Amboss, um seine Stärke unter Beweis zu stellen. Die wunderhafte Schärfe von Gramr erprobt Sigurd im Rhein, indem er eine Wolfslocke zerteilt, die der Strom gegen die Klinge drückt.

Aus der mittelalterlichen Wielandsage erfahren wir sogar Details über die Herstellung solcher Wunderschwerter. Wielands Schwert Mimung ist nach seinem Lehrer Mimir benannt. Insgesamt schmiedet er die Klinge dreimal neu. Die ungewöhnliche Schärfe der Waffe wird dem König im Wasser eines Baches demonstriert, wo die Klinge problemlos durch die Fasern treibender Stofffetzen schneidet. Trotz der durchaus gelungenen Proben zerfeilt Wieland die ersten beiden Klingen wieder zu feinen Spänen, die er mit Weizenmehl mischt. Das gewiss schwer verdauliche Produkt bekommen ausgehungerte Gänse zu fressen. Der Gänsekot wird erhitzt, das ausgeschiedene Eisen vom Rest getrennt und daraus ein neues Schwert geschmiedet. Wieland versteckt die Wunderwaffe vor König Nidung, der nur ein zweitklassiges Duplikat bekommt. Die Sage erzählt Wunderdinge über die Schärfe und Härte dieser Waffe. In diesem Fall gibt es dafür eine moderne naturwissenschaftliche Erklärung, die das Vorgehen Wielands bestätigt. Das Eisen hat den im

Gänsekot produzierten Stickstoff aufgenommen und war so im Vorgang des Nitrierens zu einem erstklassigen Stahl geworden.

Die Archäologie bestätigt, dass bereits in der römischen Kaiserzeit in Germanien

Nibelungenmotive am romanischen Portal der Kathedrale von Sangüesa, Navarra, 12. Jahrhundert (Ausschnitt).

und Gallien Stahlwaffen von außergewöhnlicher Qualität und Produktionsstätten auf hohem technischem Niveau zu finden waren. Für die Eisengewinnung und Metallverarbeitung waren Spanien und Mittelgallien sowie in der Limesregion der bayerisch-österreichische und der Eifelraum bekannt.

Beeindruckendes Anschauungsmaterial besitzt man aus der Epoche der Völker-

wanderung, da Langschwerter im 6. und
7. Jahrhundert zu den wichtigsten Grabbeilagen für germanische Adlige zählten.
Die reichen Verzierungen an Klinge, Griff
und Scheide zeigen den hohen sozialen
und symbolischen Wert solcher Waffen
an. Tiermotive, insbesondere Schlangen
und Drachen, verweisen dabei auf mythologische Hintergründe. Überdies beweisen
die Inschriften, dass in der historischen
Realität wie in der Sage die Krieger ihre
Schwerter mit Namen versahen.

Arthur Rackham, So schneidet Siegfrieds
Schwert, *1911.*

ZWERGE UND RIESEN

Unter den übernatürlichen Wesen nehmen
in der germanischen Mythologie Zwerge
und Riesen einen hervorgehobenen Platz
ein. Dass der Zwerg Regin gemäß der Nibelungensage ein Sohn des Riesen Hreidmar
ist, mag angesichts der unterschiedlichen
Physiognomien erstaunlich anmuten. Um
einen mythologischen Irrtum handelt es sich
aber nicht. Zwerge und Riesen besitzen
dieselbe mythische Herkunft und dieselben
Zauberkräfte. Dabei sind sie durchaus
nicht immer verträgliche Zeitgenossen und
mischen sich ständig in göttliche und heroische Angelegenheiten ein.

Beachtlich ist zunächst ihr Alter. Die
Riesen gehen bis an den Anfang der Welt
zurück und sogar darüber hinaus, denn
die Vorstellung vom Urriesen Ymir, aus
dessen Körper die Götter die Welt formten,
weist ihnen eine vorirdische Existenz zu.
An dieser Vorstellung lässt sich im Übrigen
die Funktion von mythischen Erzählungen gut ablesen.

Mythen erklären auffällige Naturerscheinungen und geben Antworten auf
grundlegende Fragen etwa zur Herkunft
der Menschen, zur Entstehung von Kosmos
und Welt oder zum Weiterleben nach dem
Tod. Das Fehlen exakter naturwissenschaft-
licher Erkenntnisse wird durch den Glauben an übernatürliche Kräfte und Mächte
kompensiert. Die Mythologie stellt somit
einen großen übergeordneten Erklärungs-
zusammenhang her, in dem der Einzelne
mit der Geschichte und den Wertmaßstäben
seiner Gemeinschaft wie mit den religiösen,

sozialen und psychologischen Grundfragen konfrontiert wird. Die in der *Edda* gesammelten Lieder drücken das Weltverständnis der damaligen Menschen aus.

Um den Zusammenhang zwischen natürlicher und übernatürlicher Welt, zwischen Menschen, Göttern, Zwergen und Riesen zu veranschaulichen, basiert die germanische Mythologie auf dem Prinzip des Weltenbaums Yggdrasil. Er repräsentiert den Gesamtkosmos; an seinem Stamm und seinen Ästen und Wurzeln gliedern sich die neun Weltreiche an. In der höchsten Krone der riesigen Esche liegen Asgard und Walhall, die mythische Heimstätte der Götterfamilie der Asen mit ihrem Oberhaupt Odin (Wotan). Tiefer in der Krone siedeln die Lichtelfen, sie bevölkern den Himmel und die Wolken. Ihren Gegenpart haben sie in den zwergischen Schwarzalben, die unter der Erde in Höhlen und Bergwerken zu Hause sind.

Licht und Finsternis – die gesamte Welt von Yggdrasil ist streng dual aufgebaut. Dem überirdischen Götterhain in Asgard mit dem paradiesähnlichen Walhall, das für gefallene Helden reserviert ist, steht tief unten in der Erde das Totenreich Hel mit seinem Hauptort Niflheim gegenüber. In der mittelalterlichen Geografie entsprach Asgard dem Weltall und den leuchtenden Gestirnen, das Totenreich Hel aber dem dunklen Erdinneren und den zerstörerischen vulkanischen Kräften.

Die mittleren Zonen der Weltesche werden von Riesen und Menschen bewohnt. Das Zentrum am unteren Stamm bildet Midgard (Mittelerde), die Heimat der Menschen. Diese Region besitzt als Einzige in Yggdrasil keinen direkten Gegenpart. Philosophisch könnte man sagen: Die Menschen sind weder zum Guten noch zum Bösen bestimmt; sie sind mit Vernunft begabt und können frei entscheiden, in welche Richtung sie sich orientieren. Doch finden sich nur wenige Menschen in den Liedern der *Edda*, die mit den übernatürlichen Kräften mithalten können – dies sind die Helden und Heldinnen, denen am Ende ein Platz im göttlichen Walhall winkt.

Midgard wird von der monströsen Midgardschlange bedroht, die man in den die Erdränder umspülenden Ozeanen fürchtete. Unten an den Wurzeln von Yggdrasil nagt überdies der Urdrache Nidhögg. Und zu allem Unglück müssen sich die Menschen in allen vier Himmelsrichtungen über ihre Nachbarschaft Sorgen machen: Im Norden von Midgard wohnen die Eisriesen, im Westen die rätselhaften Wanen, im Süden die Feuerriesen und im Osten die Bergriesen. Den Riesen werden damit zerstörerische Naturerscheinungen wie Hitze, Frost, Erd- oder Seebeben, Stürme und Vulkanausbrüche zugeordnet.

Nur die Wanen stehen als Götter der Kunst und Fruchtbarkeit, der Dichtkunst und Gelehrsamkeit für das Gute in Midgard ein. In den »Götterliedern« der *Edda* wird erzählt, wie zwischen Asen und Wanen der erste Krieg ausbrach. Erneut wird der ganze Ärger durch böse Schätze ausgelöst. Die wanische Schatzhüterin Gullweig gerät in die Fänge von Asen, die ihr das Geheimnis des Goldes entlocken wollen. Dreimal verweigert Gullweig die Antwort; dreimal versuchen die Götter, sie zu foltern und zu verbrennen. Darauf bricht Krieg zwischen den beiden Stämmen aus, den Odin durch einen Speerwurf eröffnet. Als man endlich Frieden

schließt, werden Geiseln ausgetauscht. So
kommen die Geschwister Freyr und Freya
zu den Asen; Odins Bruder Hönir und der
zauberkundige Riese Mimir werden als
Geiseln den Wanen übergeben. Bei einem
Streit mit seinen Gastgebern wird Mimir

Johann Heinrich Füssli, Siegfried überwältigt
Alberich, *1805*.

geköpft; sein Kopf behält allerdings seine
seherischen Fähigkeiten bei und steht seither wieder in Odins Diensten.

In der Gestalt Mimirs deutet sich an, dass Riesen keineswegs die tumben Rohlinge sind, zu denen sie im Märchen gerne herabgestuft werden. Man denke nur an Hagrids Riesenbruder Grawp, der in genau dieser Rolle durch die Abenteuer Harry Potters trampelt.

Der weise Mimir hat drei weibliche Gegenstücke: Die greisen Nornen gehören ebenfalls zum Riesengeschlecht. Sie hüten nach dem Götterkrieg der Urzeit die Schicksalstafeln. Ihren Wohnort haben sie im Zentrum des Wurzelreiches von Yggdrasil. Als Spinnerinnen der menschlichen Lebensfäden lenken sie die Geschicke Midgards und verfügen über das Menschenschicksal. Die Norne Urd spinnt den Faden der Vergangenheit; ihre Schwester Verdandi (die »Werdende«) misst die Länge des Lebensfadens, während Skulda (die »Schuld«) den Faden abschneidet.

In das Gefolge der Götter reihen sich weitere übernatürliche Kreaturen ein. Die Walküren stellen dem Windgott ihre enormen militärischen Kräfte zur Verfügung. Als berittene Schildjungfern sind sie auf den Schlachtfeldern der Götter, Riesen, Zwerge und Menschen zu finden. Ihnen fällt die Aufgabe zu, die Taten der Gefallenen zu

bewerten und die Helden für Walhall zu bestimmen. Walküren gelten deshalb als Vorboten des Todes. Ihr Name setzt sich aus den Bestandteilen »Wal« für »Schlachtentod« und »küre« im Sinne von »auswählen« zusammen.

Wenn Sigurd lebendig auf die Walküre Brünhild trifft, ist dies mithin eine Auszeichnung des außergewöhnlichen Helden. Die Nibelungen kommen in den alten Göttermythen nicht vor.

Doch am Rande ihrer Abenteuer tauchen mythische Wesen und übernatürliche Kräfte auf, deren Existenz sich nur durch den mythologischen Kosmos erklären lässt. Siegfrieds Tarnkappe, sein Drachenkampf, der Fluch des Nibelungenschatzes, der Zwerg Alberich, die Walküre Brünhild – all diese Motive verbinden die Heldentaten der Nibelungen mit der mythischen Götterwelt der Germanen. Ohne Bezug zu dieser übergeordneten Welt wäre außerdem kaum richtig zu verstehen, was eigentlich Helden sind. Siegfried, Hagen, Rüdiger, Etzel oder Dietrich sind die Elite Midgards, die Menschen, die mit den übernatürlichen Gewalten mithalten und sie zuweilen sogar überwinden können. Ihnen ist ein Platz in Walhall sicher.

GERMANEN
UND RÖMER

WER SIND DIE GERMANEN?

Die Nibelungen sind ein urgermanischer Mythos. Seine Wurzeln liegen im Zeitalter vor der allgemeinen Verbreitung des christlichen Glaubens, wie die Bezüge zur heidnischen Götterwelt anschaulich machen. Wer aber sind die »Germanen«? Durch sprachliche, kulturelle und religiöse Gemeinsamkeiten lässt sich im Altertum eine größere Zahl von ›Stämmen‹, Ethnien oder Siedelverbänden in Mittel-, Ost- und Nordeuropa miteinander verknüpfen. Im Osten grenzen sich diese Ethnien gegen baltisch-slawische, im Westen gegen keltisch-gallische und im Süden gegen italisch-ligurische Sprachen und Kulturen ab.

Die bekanntesten dieser Gemeinschaften, etwa die Goten, Burgunder, Vandalen, Cherusker, Teutonen, Sachsen, Angeln, Kimbern oder Jüten, treten in den Kämpfen gegen die Römer und in der sogenannten Völkerwanderung deutlicher in Erscheinung. Die Sachsen, Bajuwaren (Bayern), Sueben (Schwaben), Franken, Thüringer und Friesen verleihen später ganzen Regionen und den dort ansässigen Menschen dauerhaft ihren Namen. Viele andere germanische Ethnien sind nur aus der römischen Literatur bekannt; sie haben keine eigenen archäologischen oder schriftlichen Zeugnisse hinterlassen.

Traditionell sind die germanischen Gesellschaftsordnungen agrarisch geprägt. Der Militäradel ist zugleich größter Landbesitzer; einen höheren Stellenwert nehmen zudem die freien Bauern ein. Abhängige Landarbeiter und Kriegssklaven stehen am Ende der sozialen Skala. Die Konkurrenz zwischen Adelssippen, Fehden mit benachbarten Ethnien und regionale Kleinkönigtümer kennzeichnen die Herrschaftsordnung. Weitgehende Schriftlosigkeit, fortschrittliche Techniken in der Metallverarbeitung und lokal unterschiedliche Götterkulte prägen die germanischen Kulturen.

Die Herkunft des Begriffs »Germanen« ist umstritten. Der römische Schriftsteller Cornelius Tacitus (um 55 – um 120 n. Chr.), dessen Schrift *Germania* unsere wichtigste Erkenntnisquelle darstellt, übersetzt den Namen in »Lanzenträger« (germ. »gêr« – Lanze, Speer). Allerdings wird diese Herleitung heute eher bezweifelt.

Geografisch erstreckt sich der germanische Siedlungsraum in römischer Zeit etwa zwischen Rhein und Weichsel sowie zwischen Donau und dem skandinavischen Ostseegebiet. Seit dem 3. Jahrhundert n. Chr. sind immer wieder Vorstöße in die römisch beherrschte Welt nach Westen und Süden zu verzeichnen, die seit dem 4. Jahrhundert solche Ausmaße annehmen, dass man in der Forschung von Völkerwanderung spricht.

Da die Römer ein ausgefeiltes Schriftwesen kannten, ist es nicht erstaunlich, dass sämtliche frühen Berichte über die Germanen aus römischen Quellen stammen. Vereinzelt taucht der Begriff »Germanen« in lateinischen Texten bereits im 3. vorchristlichen Jahrhundert auf. Dort wird er jedoch ohne genauere Kenntnis der germanischen Kulturen auch auf Gallier oder als Synonym für »Barbaren« allgemein auf die Angehörigen fremder Völker angewendet. Zu engeren Kontakten mit Germanen haben erst die

römischen Eroberungen im nordgallischen und westgermanischen Raum geführt. Der Historiker, Politiker und Schriftsteller Tacitus hat sich in seinen Schriften besonders für die germanischen Ethnien interessiert. Bereits sein erstes Werk, die Biografie seines berühmten Schwiegervaters Iulius Agricola aus den Jahren um 100 n. Chr., berichtet über germanische Hilfstruppen bei der Eroberung von Kaledonien (Schottland). Eine Kohorte von Usipiern soll dabei ganz Britannien umsegelt haben.

Kurz nach der Biografie erschien die *Germania*, die bei den Römern auf großes Interesse stieß, weil man bis zu diesem Zeitpunkt nur wenig über die nordöstlichen Völker wusste. Nach der verheerenden Niederlage des Statthalters Varus im Jahr 9 n. Chr. gegen die germanischen Cherusker war die römische Eroberung rechts des Rheins zum Erliegen gekommen. Seitdem hat es an der römisch-germanischen Grenze, dem Limes, immer wieder Konflikte und Plünderungszüge gegeben.

Nach Tacitus ist das Klima in Germanien rau und das Meer gefährlich, die Menschen haben »wild blickende blaue Augen, rötliches Haar und hohe, zum Angriff kräftige Gestalten« (*Germ.*, 5). Dunkle Wälder und »scheußliche Sümpfe« prägen das Bild der Landschaft. Viehzucht und Kornanbau sind die Haupttätigkeiten der Bewohner, wenn sie nicht gerade Krieg führen.

Über das germanische Kriegswesen weiß der römische Historiker zu berichten, dass in vielen Gebieten ein Mangel an

Taufe König Chlodwigs. Französische Buchmalerei, 15. Jahrhundert.

Enups est dit de remi
ge: qui vault autat
a dire come gouuer
neut de nef. Ou il
est dit de remisauuons. par la
quelle la nes est menee et de gr

USIPIER

Nimwegen
Xanten
Haltern
Anreppen
Holsterhausen
Oberaden
Neuss
SUGAMBRER
CHATTEN
Köln
TENKTERER
Nauheim
Rödgen
Friedberg
Höchst
HERMUNDUREN
TREVERER
Mainz
SUEBEN
Main
Mosel
WANGIONEN
NEMETER
SUEBEN
TRIBOKER
Donau
Augsburg
VINDELIKER
Rhein
Dangstetten
Lech

RÖMER UND GERMANEN
ZUR AUGUSTUS-ZEIT
Römische Militärlager im Rheinland,
um 15 v.–16 n. Chr.

Legionslager
Römischer Stützpunkt

0   100 km

Eisen herrscht, sodass Schwerter und größere Lanzen eher eine Seltenheit sind. Wurfgeschosse und Holzspeere bilden die normale Ausrüstung des einfachen Kriegers; der Adel ist beritten und mit Schilden bewaffnet. Rüstungen sind völlig unbekannt; man kämpft »nackt oder mit einem kleinen Mantel leicht bekleidet« (*Germ.*, 6). Besonders beeindruckt zeigt sich der Römer davon, dass bei einigen Ethnien auch Frauen in der Schlachtordnung stehen.

Ferner staunt er über Volksversammlungen unter dem Vollmond, Könige, die vom Heer auf den Schild gehoben werden, Priester, die als Einzige die Todesstrafe verhängen dürfen, und über das Leben in primitiven Holzhütten. Aus eigener Anschauung scheint der Schriftsteller die mittelrheinischen Chatten zu kennen. Ihnen widmet er die längsten Passagen in seiner Aufzählung der germanischen Stämme.

Mehrfach kommt Tacitus auf die germanische Mythologie zu sprechen. Bereits zu Beginn seines Werks weist er auf einen auffälligen Unterschied zum römischen Literaturbetrieb hin: »Die Germanen feiern in alten Liedern, was bei ihnen die einzige Art von Überlieferung und Jahrbüchern ist, ihre Götter, Stammväter und Gründer ihres Volkes« (*Germ.*, 2). Götter, Vorfahren und Helden nehmen im kulturellen Gedächtnis der Germanen eine herausgehobene Stellung ein. Dies verschafft den späteren Erzählungen über die Nibelungen einen Platz neben den alten Götterliedern und Gründungsmythen. Götterkulte und Opfer sind den Priestern vorbehalten, denen auch die Deutung von Wahrzeichen und Orakeln obliegt.

Eine besondere Bedeutung haben heilige weiße Pferde bei der Vorausschau in die Zukunft. Das mythologische Motiv des heiligen Pferdes trifft man auch in den Bildern und Texten der germanischen Überlieferung an. Man denke an den achtbeinigen Hengst Sleipnir des Gottes Odin oder an die wundertätigen Rösser der Helden in den germanischen Liedern. So kann Sigurd den gesamten Nibelungenschatz auf dem Rücken seines Pferdes Grani abtransportieren.

An anderen Stellen seiner *Annales* (»Jahrbücher«) wird deutlich, dass die Germanen zudem neue Lieder erfanden, wenn es große Siege oder tragische Todesfälle zu besingen gab.

Tacitus ist gewiss der wichtigste, jedoch nicht der erste römische Schriftsteller, der etwas über Germanen niedergeschrieben hat. Bereits in den Werken Caesars, des großen römischen Feldherrn und Staatsmanns (100 bis 44 v. Chr.), gelten längere Abschnitte den verschiedenen regionalen Bevölkerungsgruppen im gallisch-germanischen Raum. Caesar hält die Belgier und Helvetier für die tapfersten der gallischen Völker, weil sie sich tagtäglich mit den benachbarten Germanen Kämpfe und Scharmützel liefern.

Überhaupt betrachtet Caesar die Germanen zumeist aus dem Blickwinkel des Soldaten. So eignen sich seiner Meinung nach ihre Krieger bestens als Söldner. Zu seinen Zeiten sollen 120 000 Germanen in den Diensten gallischer Fürsten gestanden haben. Prophetisch sieht er größere Probleme auf seine Landsleute zukommen: »Es ist eine Gefahr für das römische Volk, wenn sich die Germanen allmählich daran gewöhnen, über den Rhein zu ziehen und ihre gewaltigen

Scharen nach Gallien kämen« (*Gall. Krieg* I, 33). Mit Unbehagen denkt er an die ersten Eroberungszüge von Kimbern und Teutonen in den römischen Provinzen zurück. Doch scheint er zu ahnen, dass die große Zeit der Germaneneinfälle noch bevorsteht.

Ausführlich beschreibt Caesar seinen Krieg gegen den germanischen Stammesfürsten Ariovist, der sowohl die gallischen Nachbarn als auch die römischen Legionen in Angst und Schrecken versetzt. Größten Respekt bringt er zudem den Sueben am Oberrhein entgegen: »Der Stamm der Sueben ist der weitaus größte und kriegerischste von allen Germanen« (*Gall. Krieg* IV, 1). Aus ihren 100 Gauen sollten jährlich jeweils 1000 Bewaffnete zu Kriegszügen außer Landes geschickt werden. Auch wenn die Zahl von 100 000 Kriegern weit übertrieben sein dürfte, erfasst der Staatsmann weitsichtig das ungeheure militärische Potenzial der Germanen, das die Römer in den folgenden Jahrhunderten vor immer größere Probleme stellen sollte. Eine der wenigen Expeditionen rechts des Rheins brach Caesar im suebisch-cheruskischen Grenzgebiet nach wenigen Tagen ab, da er den Überfall verbündeter germanischer Stämme fürchtete.

Über die germanische Religion schreibt Caesar eher respektlos, man glaube dort nur an solche Götter, die man mit Augen sehen könne: die Sonne, den Vulkan und den Mond. Über die kultische Verehrung von natürlichen Erscheinungen wie Quellen, besonderen Bäumen oder Bergen wird noch im frühen Mittelalter berichtet. Christliche Missionare bei Friesen, Thüringern oder Sachsen machten sich teilweise dadurch unbeliebt, dass sie – unter militärischem Schutz – die heili-

gen Bäume der Dorfgemeinschaften fällten und aus dem Holz erste Kirchen bauten. Caesars unvollständige Beobachtungen zur germanischen Religion zeigen allerdings, dass er, wie gesagt, vor allem an militärischen Fragen Interesse hegte und über den mythologischen Kosmos seiner Gegner kaum etwas in Erfahrung brachte.

Wenig besser sieht es mit seinen Kenntnissen über das politische und soziale Leben der Germanen aus. Aus der überheblichen urbanen Sicht eines römischen Aristokraten war ihm die rechtsrheinische Welt der Inbegriff barbarischer Kulturlosigkeit. Über den Vergleich mit den Galliern schreibt er: »Die Germanen sind bei ihrer alten Armut, Dürftigkeit und Entbehrung geblieben. Sie bewahren noch ihre frühere Lebensweise und Körperpflege; den Galliern hingegen verschaffte die Nähe der römischen Provinzen reichen Wohlstand und größere Bequemlichkeit« (*Gall. Krieg* VI, 24). Immerhin räumt der Feldherr ein, dass die Gallier durch ihren Wohlstand weicher geworden und die Germanen diejenigen Gegner seien, die man auf Dauer fürchten müsse.

Bei seinem eigenen Triumph über die Gallier, dem Sieg gegen den Keltenfürsten Vercingetorix bei Alesia im Jahr 52 v. Chr., hatte Caesar Gelegenheit, die germanische Kampfkraft aus nächster Nähe zu studieren. Da ihm vor der Schlacht die gallische Reiterei überlegen erschienen war, warb er germanische Hilfstruppen an, die nach seiner eigenen Einschätzung in den Gefechten bei Alesia die Entscheidung zugunsten Roms herbeiführten.

Für die Geschichte der germanischen Ethnien war der Kontakt mit den Römern in vielfacher Hinsicht prägend. Es gab große militärische Konflikte, reiche Beutezüge in die westlichen Provinzen, verlockende Angebote als Bündnispartner der führenden Weltmacht und kulturelle Berührungen mit einer völlig fremdartigen Zivilisation. Viele der germanischen Mythen hielten die Erfahrungen, Umbrüche und Ungewissheiten in der Auseinandersetzung mit den mächtigen Nachbarn fest.

Einige Indizien sprechen dafür, dass auch der Nibelungenmythos in seinem Kern eine Erinnerung an die Römerzeit bewahren könnte. Jedenfalls befindet man sich mit den Nibelungenorten Xanten, Worms und den Donaugebieten exakt in jenem Berührungsraum zwischen Germanen und Römern, der über Jahrhunderte umstritten und zugleich kulturell und wirtschaftlich hoch lebendig war.

ARMINIUS UND VARUS — DIE RÖMISCHE WELTMACHT IN GERMANIEN

Viele römische Historiker der Kaiserzeit schreiben der Niederlage des kaiserlichen Statthalters in Germanien, Publius Quinctilius Varus, gegen ein germanisches Bündnis im Jahr 9 n. Chr. eine traumatische Wirkung auf die erfolgsverwöhnten Römer zu. In Germanien stießen die kaiserlichen Legionen an ihre Grenzen; von hier aus schlug das Pendel der Eroberungspolitik in der späteren Kaiserzeit gegen Rom zurück. Die Ausgangslage für die römische Germanienpolitik lässt sich am besten an den beiden germanischen Provinzen aufzeigen

Die römische Provinz Germania Inferior (Niedergermanien) umfasste die linksrheinischen Gebiete im Bereich der heutigen Beneluxstaaten und Nordwestdeutschlands mit dem Zentrum in Köln. Die Voraussetzungen für die spätere Provinz lagen in den Eroberungen Caesars um 50 v. Chr. und in der unter Augustus begonnenen Errichtung fester Stützpunkte: Am wichtigsten waren die Legionslager in Nimwegen südlich des römisch beherrschten Batavergebietes, Vetera (Xanten) gegenüber der Lippemündung, Neuss, Köln und Bonn.

Als Stützpunkte der Provinz Obergermanien schlossen sich im Mittel- und Oberrheingebiet die Lager in Mainz, Koblenz, Straßburg und Windisch (bei Basel) an. Römische Siedlungsspuren findet man beispielsweise auch in Worms und Alzey, zwei weiteren Orten der Nibelungensage.

Das freie Germanien rechts des Rheins und nördlich der Donau stellte für die siegesgewohnten Römer eine Verlockung dar. Auch wenn das Land von den Schriftstellern stets als rau und karg beschrieben wird, ging es für die Weltmacht um eine stetige Erweiterung ihrer Grenzen. Rom hatte einen kaum zu stillenden Hunger auf Rohstoffe wie Eisen oder Kupfer, neue Soldaten und Land für die Entlohnung von Veteranen. Millionen von ehemaligen Legionären und Offizieren erwarteten nach ihrer Dienstzeit, die in der Regel 16 Jahre betrug, die Ausstattung mit einem Landgut.

Bereits im Jahr 15 v. Chr. begannen die Stiefsöhne von Kaiser Augustus, Drusus und Tiberius, mit einer groß angelegten Militäroffensive im germanischen Gebiet. Drusus stieß dabei bis zur Elb-Saale-Linie vor, ohne jedoch Fuß fassen zu können. Zur Absicherung der künftigen Eroberungen legten die beiden Stiefbrüder feste Legionslager im Rhein-Donau-Raum an. Ferner verhandelte man mit regionalen germanischen Fürsten über die Anerkennung der römischen Oberhoheit.

Nach dem Tod des Drusus im Jahr 9 v. Chr. übernahm Tiberius das Kommando über die neu geschaffenen Rheinlegionen. In den ersten Jahren nach der christlichen Zeitenwende gelang ihm die Niederschlagung eines Aufstandes im Cheruskergebiet, bei dem möglicherweise bereits Kontakte zum einheimischen Adel hergestellt wurden. Als der Kaisersohn im Jahr 7 wegen neuerlicher Unruhen auf den Balkan gerufen wurde, übernahm der römische Senator Publius Quinctilius Varus die rheinischen Legionen.

Der neue Statthalter gehörte zur politischen Elite Roms, war durch seine Ehe mit einer Großnichte des Augustus mit dem Kaiserhaus verschwägert und hatte bereits höchste politische und militärische Ämter innegehabt, als er mit über 50 Jahren an den Rhein versetzt wurde. Angesichts der Kriegshandlungen auf dem Balkan und in Ungarn dürfte sein Auftrag zu diesem Zeitpunkt eher in der Stabilisierung der germanischen Grenze als in der aggressiven Expansion gelegen haben.

Das Mittel für eine stabilisierende Politik waren Verhandlungen mit den lokalen Führungsgruppen, die aufgrund interner Konkurrenzen und Nachbarschaftsfehden einer Zusammenarbeit mit dem mächtigen Rom durchaus nicht immer abgeneigt waren. So ist bekannt, dass sich bei den rechtsrheinischen Cheruskern eine prorömische

Adelspartei mit inneren Gegnern auseinandersetzen musste. Mit dieser Politik hatten die Römer bereits in vielen Regionen ihres Weltreiches gute Erfahrungen gemacht.

Konkrete Angebote lockten die Nachbarvölker sogar als Hilfstruppen in die römische Legion. Diese basierte in der Zeit des Varus auf einer Kombination aus schwer bewaffneten Infanteristen, die das römische Bürgerrecht besaßen, und leichter bewaffneten Hilfstruppen, die man in der Regel aus der einheimischen Bevölkerung der Grenzregion gewann. Zahlenmäßig hielten sich beide Gruppen ungefähr die Waage; die Sollstärke einer Legion betrug einschließlich Tross in etwa 11000 Mann, davon etwa 5500 römische Legionäre.

Varus befehligte im Jahr 9 n. Chr. drei Legionen, mithin etwa 30000 Soldaten, davon mindestens 15000 Römer und mehr als 10000 Germanen. Zusätzliche Reiter- und Spezialeinheiten verstärkten jede Legion. Die germanischen Hilfstruppen wurden von einheimischen Offizieren geführt, unter denen Arminius aus einer prorömisch eingestellten Familie des cheruskischen Adels die höchste Stellung einnahm.

Der römische Historiker Cassius Dio (155 – nach 235) beschreibt die Ausgangslage bei der Amtsübernahme des Varus in Germanien:

»Die Römer besaßen zwar einige Teile dieses Landes, doch kein zusammenhängendes Gebiet, sondern wie sie es gerade zufällig erobert hatten. Ihre Soldaten bezogen

Grabstein des in der Varusschlacht gefallenen Zenturios M. Caelius mit zwei Freigelassenen, 9 n. Chr.

Publius
Quinctilius Varus. Münzbild des römischen
Statthalters in Germanien, 7–9 n. Chr.

hier ihre Winterquartiere, Städte wurden gegründet, und die Barbaren passten sich der römischen Lebensweise an, besuchten die Märkte und hielten friedliche Zusammenkünfte ab. Freilich hatten sie auch nicht die Sitten ihrer Väter, ihre angeborene Wesensart, ihre unabhängige Lebensweise und die Macht ihrer Waffen vergessen. Solange sie allmählich und behutsam umlernten, fiel ihnen der Wechsel ihrer Lebensweise nicht schwer – sie fühlten die Veränderung nicht einmal. Als aber Quinctilius Varus den Oberbefehl über Germanien übernahm und sie zu rasch umformen wollte, indem er ihre Verhältnisse kraft seiner Amtsgewalt regelte, ihnen auch sonst wie Unterworfenen Vorschriften machte und insbesondere von ihnen wie von Untertanen Tribut eintrieb, da hatte ihre Geduld ein Ende« (*Röm. Geschichte*, 56).

Der genaue Zweck der Operation im Sommer des Jahres 9 n. Chr., bei der Varus

drei römische Legionen einschließlich der Verwaltungs- und Versorgungseinheiten tief in das rechtsrheinische Germanien führte, ist in der Forschung umstritten. Möglicherweise wollte er den fälligen Tribut eintreiben. Oder seine Verhandlungen mit dem lokalen Adel waren so vielversprechend verlaufen, dass er an die Gründung weiterer Legionslager im Landesinneren dachte. Gewiss ist, dass er sich im Herbst mit voller Stärke wieder auf dem Rückweg zur Rheingrenze befand, um dort ein gesichertes Winterquartier aufzuschlagen.

Der Geschichtsschreiber Tacitus berichtet davon, dass der mächtige Statthalter während des Rückwegs vor einem Hinterhalt gewarnt wurde, diese Information jedoch nicht ernst nahm: Die Warnung besagte, dass sein eigener Offizier Arminius die Cherusker und benachbarte germanische Stämme zum Widerstand aufgewiegelt habe. Sie stammte von Segestes, einem cheruskischen Adligen und Verwandten des Arminius, sodass Varus eine familiäre Intrige vermuten konnte.

Warum aber schenkte der Statthalter dem Germanenfürsten in römischen Diensten sein volles Vertrauen? Die Antwort dürfte in der Vergangenheit des Arminius zu suchen sein. Bereits als Kind wurde er den Römern als Geisel übergeben und von diesen aristokratisch erzogen. Der junge Cherusker schlug eine Militärlaufbahn in der Legion ein. Wie hoch man seine Loyalität und Fähigkeit einschätzte, beweisen der Erwerb des römischen Bürgerrechts und seine Erhebung in den Ritterstand. Ohnedies galten die rechtsrheinischen Stämme als miteinander verfeindet, sodass man keinen geschlossenen Widerstand erwartete.

Beide Annahmen des Varus sollten sich als Irrtum erweisen: Arminius war keineswegs ein loyaler Soldat der römischen Weltmacht. Er nutzte im Gegenteil seine herausgehobene Position dazu, um die Cherusker mit den Marsern, Chatten, Chauken, Brukterern und anderen zu vereinigen. Dank seiner Kenntnis der römischen Militärstrategie konnte er den germanischen Adel offenbar von den Erfolgsaussichten eines Überraschungsangriffs auf die als unbesiegbar geltenden Legionen überzeugen. Ein wichtiger Faktor dürften auch die germanischen Hilfstruppen unter dem Befehl des Arminius gewesen sein, die im Fall des Angriffs mehrheitlich die Seiten wechseln würden.

Die Falle schnappte im Cheruskergebiet zwischen Weser und Niederrhein an einem bis heute unbekannten Ort zu. Verschiedene Gemeinden im Teutoburger Wald beanspruchen den Tatort für sich. Vieles spricht mittlerweile für das Örtchen Kalkriese im Osnabrücker Land, wo Archäologen römi-

Peter Janssen, Der Untergang der römischen Legionen, *um 1872.*

sche Waffen und Wurfgeschosse sowie menschliche Knochen mit Kampfspuren ausgegraben haben.

Erste Hinweise verdanken die niedersächsischen Forscher dem britischen Major Tony Clunn, der mithilfe von Kartenstudien und einem Metalldetektor seit den 1980er-Jahren auf der Suche nach dem Ort des Geschehens war. Im Umfeld von Kalkriese stieß Clunn schließlich auf römische Münzen der Augustus-Zeit, auf Rüstungsteile und auf Bleigeschosse, die von römischen Katapulten stammten.

Auch die Geländebeschreibungen der römischen Historiker passten in das Osnabrücker Land. Cassius Dio berichtet über unwegsames Gelände, Sümpfe und dichte Wälder, welche die römische Formation weit in die Länge zogen. Außerdem schränkte starker Regen die Beweglichkeit der Legionen ein. Offenbar befand man sich auf unbekanntem Territorium, in dem man auf germanische Führer angewiesen war. Nach den Plänen des Arminius war Varus kurz zuvor über eine regionale Revolte im Kernland der Cherusker unterrichtet worden. Angesichts seiner Überlegenheit – und vermutlich auf Rat seiner germanischen Offiziere – entschied sich der Statthalter zum direkten Eingreifen. Dieser Umweg kostete ihn seine Legionen und sein Leben.

Cassius Dio schreibt von einer Schlacht, die vier Tage und drei Nächte tobte. In schwierigem Gelände schanzten sich die Römer in der ersten Nacht ein, während sie über Tag versuchten, kämpfend weiter nach Westen in bekannte Gebiete vorzudringen. Die Topografie des Schlachtfeldes spielte den Germanen in die Hände. Durch Hügel

und Sümpfe behindert, kamen weder die Reiterei noch die bewährten Angriffstaktiken der römischen Legion zur Geltung. Bereits nach dem zweiten Kampftag waren die Truppenteile voneinander getrennt und stark zusammengeschmolzen. Noch einmal versuchte Varus, durch eilends angelegte Befestigungen und Wälle die Situation über Nacht zu stabilisieren. Als dies misslang und die verlustreichen Kämpfe den ganzen nächsten Tag anhielten, mussten die überlebenden Legionäre in der dritten Nacht durchmarschieren.

Erschöpft erreichte man am Morgen jenes letzte Schlachtfeld, wo nach dem Bericht des römischen Historikers Velleius Paterculus die gesamte Armee des Varus »zwischen Wäldern und Sümpfen in einem Hinterhalt unterging«. Die Reiterei floh, wurde jedoch eingeholt und niedergemacht. Varus und einige seiner höchsten Offiziere begingen Selbstmord. Von überlebenden Römern ist nichts bekannt, jedoch müssen nach modernen Schätzungen auch die germanischen Verluste enorm gewesen sein. Gefangene Offiziere und Legionäre wurden nach dem Bericht des Tacitus von den Germanen an speziellen Baumaltären hingerichtet.

Mit der Vernichtung der Rheinlegionen fielen in der Varusschlacht auch die kultisch verehrten Feldzeichen und die gesamte Kriegskasse des Statthalters in die Hände des Arminius. Für die Weltmacht Rom stellte die Niederlage im Jahr 9 einen der schwersten militärischen Rückschläge ihrer Geschichte dar.

Die Niederlage des Varus war das Startsignal für einen großen Flächenbrand im römisch-germanischen Grenzgebiet, dem eine Reihe von römischen Befestigungen, Straßen und Lagern zum Opfer fiel. In aller Eile beorderte Augustus seinen Adoptivsohn Tiberius wieder nach Germanien zurück. Zu diesem Zeitpunkt richtete sich die Hauptsorge auf die Sicherheit der gallischen Provinzen. Die Gesamtzahl der Rheinlegionen wurde von sechs auf acht erhöht. Damit war Germanien der wichtigste Militäreinsatz im gesamten römischen Weltreich geworden.

Aus Pannonien hatte Tiberius seinen Adoptivsohn Germanicus mit nach Germanien gebracht. Da sich die römische Elite nicht auf ihre biologische Nachkommenschaft verlassen wollte, hatte sich bereits unter Augustus die Adoption von fähigen Mitgliedern aus den höchsten Familien zur Regelung der Nachfolge eingespielt. Germanicus übernahm im Jahr 12 den Oberbefehl über die rheinischen Legionen. Als zwei Jahre später Augustus starb, revoltierten die in Germanien stationierten Truppen. Der Sprössling aus dem Kaiserhaus soll nach dem Bericht des Tacitus den meuternden Soldaten und Veteranen seinen Selbstmord angeboten und sie dadurch zur Räson gebracht haben.

Um die Truppen zu disziplinieren, begann Germanicus noch im Jahr 14 mit einer erneuten Expedition ins rechtsrheinische Gebiet. Sie führte ihn ein Jahr später an den Ort der Varusschlacht, wo er die gefallenen Römer begraben und vergeblich nach den verlorenen Feldzeichen suchen ließ. In mehreren Gefechten gegen Arminius konnte sich Germanicus nicht entscheidend durchsetzen, obwohl er mit acht Legionen eine der größ-

ten Armeen der römischen Geschichte zur Verfügung hatte.

Seinen wichtigsten Erfolg erzielte Germanicus auf diplomatischem Parkett, da Segestes, der Schwiegervater des Arminius, den Römern seine Tochter Thusnelda, die Gattin des Arminius, auslieferte. Das Schicksal Thusneldas und ihres im italischen Exil geborenen Sohnes Thumelicus bewegte die römischen Historiker und Dichter.

Arminius, den Tacitus mit dem Titel »Befreier Germaniens« ehrt, stand trotz der Entzweiung mit seiner Familie auf dem Höhepunkt seiner Macht. Den sich an den Rhein zurückziehenden Legionen brachte er weitere schwere Verluste bei; den Krieg gegen den konkurrierenden Markomannenkönig Marbod entschied er für sich. Die Krönung seiner militärischen Leistungen ermöglichte ihm der neue Kaiser Tiberius, der seinem Adoptivsohn Germanicus im Jahr 17 die Weiterführung des Germanenkrieges untersagte und die Erhaltung des Status quo anordnete. Damit zerfielen die Träume von einer rechtsrheinischen Provinz Roms, und es entstand in den folgenden Jahrzehnten jener schwer bewachte ›eiserne Vorhang‹ an Rhein und Donau, der Limes, der die römische Welt im Westen und Süden vom freien Germanien trennte.

Die Varusschlacht wurde im 19. Jahrhundert zum Wahrzeichen der nationalen Befreiung, Arminius zum Begründer eines ›deutschen‹ Volkes. Die römischen Grenzwälle und Kontrollpunkte verloren erst im Zeitalter der Völkerwanderung und des Niedergangs Roms zwischen dem 4. und 7. Jahrhundert ihre ursprüngliche Funktion. In den schwer befestigten Römerkastellen ließen sich neue Machthaber nieder, so in Regensburg die bajuwarischen Herzöge. Das römische Germanien blieb damit auch dem Mittelalter in Erinnerung. Die baulichen Überreste, die Schriften der römischen Geschichtsschreiber und die Heldenlieder, mit denen die siegreichen Germanen nach Auskunft des Römers Tacitus einst ihren »Befreier« Arminius ehrten, haben das Ihre dazu beigetragen. Im Schicksal des Arminius liegt eine mögliche Verbindung zum Nibelungenmythos begründet.

ARMINIUS – SIEGFRIED?

Mittelalterliche Heldensagen wurzeln in der Geschichte. Aber es sei noch einmal daran erinnert: Sie erzählen den historischen Hergang nicht wahrheitsgetreu, sie halten sich nicht an Chronologie und Hintergründe, vermischen Geschehenes und Erfundenes, fügen Ungleichzeitiges zusammen. Allein die Fabel stiftet einen neuen Zusammenhang, der daher keineswegs mit Geschichtsschreibung verwechselt werden darf. Namen und Orte sind oft die einzigen historischen Wegmarken in der Heldendichtung: Die Burgunderkönige Gunther, Gernot und Giselher, der Ostgotenkönig Dietrich von Bern, sein Waffenmeister Hildebrand und der Hunnenfürst Etzel – sie alle haben klar erkennbare historische Vorbilder im Zeitalter der germanischen Völkerwanderung.

Doch wie steht es um Siegfried, die Hauptfigur vieler nordischer Dichtungen und des ersten Teils des *Nibelungenlieds*? Ist der Königssohn aus Xanten eine literarische Fiktion, eine mythische Heldengestalt oder eine geschichtlich verbürgte Persönlichkeit? Die Antworten auf diese Fragen fallen seit mehr als 200 Jahren sehr unterschiedlich aus. Es könnte sein, dass eine klare Entscheidung in dieser Frage gar nicht mehr möglich ist, dass sich Fiktion, Mythos und Geschichte zu einem neuen Ganzen zusammengefügt haben, das nicht mehr in seine Einzelteile zerlegt werden kann.

Ein Teil der älteren Forschung suchte im germanischen Walhall nach der Lösung: Siegfried sollte Odin, Thor oder Freyr darstellen. Andere Vorschläge machten ihn zum »Gott der zweiten Generation« (F. Schröder), zu einem göttergleichen mythischen Helden der Vorzeit. In der Tat weisen die Helden der germanischen Dichtung götterähnliche Züge auf. Durch ihre heroischen Taten, Wunderwaffen und Zauberkräfte sind sie das Bindeglied zwischen den Menschen und der übernatürlichen Welt der Götter, Riesen und Alben. In dieser Funktion sind sie den mittelalterlichen Heiligen nicht unähnlich, die als Auserwählte Gottes durch ihre Wunder und ihre Taten von der göttlichen Herrlichkeit und deren wahrhafter Existenz künden. Die germanischen Heroen lassen sich ursprünglich als heidnische Gegenstücke der Heiligen verstehen: Dietrich, Hildebrand oder Walther, Siegfried, Sigurd oder Helgi – sie alle verfügen über übermenschliche Kräfte und kommen früher oder später mit der ›anderen‹ Welt höherer Wesen in Berührung.

Andere Forscher, so vor allem der Germanist Friedrich Panzer (1870–1956), haben

Hermannsdenkmal im Teutoburger Wald. Einweihung 1875.

auf frappierende Ähnlichkeiten zwischen der Siegfriedgeschichte und französischen Volkserzählungen des hohen Mittelalters aufmerksam gemacht – die Nibelungen als erfolgreiche Märchenfiguren, die den literarischen Geschmack des höfischen Publikums trafen.

Gewiss haben beide Forschungsrichtungen mit viel Scharfsinn unser Verständnis der mittelalterlichen Texte verbessert. Man darf sich jedoch zugleich fragen, ob die Beobachtungen zu Mythen und Märchen wirklich ausschließen, dass in der Siegfriedgestalt ein geschichtlicher Kern verborgen ist. Eine Antwort ist schnell bei der Hand: Man blicke nur auf die märchenhaften Abenteuer Dietrichs von Bern, der ganze Bataillone von Drachen zu erlegen und Jungfrauen zu befreien hat. Gleichwohl und gleichzeitig erhält sich in ihm das Andenken an den Ostgotenherrscher Theoderich (um 454–526). Mythos und Geschichte schließen sich von jeher nicht aus. Im Genre mittelalterlicher Dichtungen verbinden sie sich vielmehr zu Kunstprodukten von hoher literarischer Qualität.

Was aber geschieht, wenn man diese Überlegung auf den mythisch-märchenhaften Siegfried überträgt? Die Suche nach möglichen historischen Wurzeln hat tatsächlich zwei interessante Vorschläge hervorgebracht: Die eine These platziert Siegfried in der merowingischen Geschichte des 6. Jahrhunderts. Um 566 vermählte sich der fränkische Teilkönig Sigibert I. mit der westgotischen Prinzessin Brunichildis. Die Namen der Beteiligten und einige Grundzüge ihrer späteren traumatischen Erlebnisse stimmen mit der Nibelungensage durchaus über-

ein (Kapitel »Das Zeitalter der Völkerwanderung«).

Die andere These geht hingegen bis zum römischen Germanien zurück. Sie setzt den heroischen Drachentöter Siegfried mit ebenjenem Cheruskerfürsten Arminius gleich, der als Sieger gegen die römische Weltmacht und »Befreier Germaniens« von seinen Stammesgenossen verehrt und besungen wurde. Siegfried als Arminius, Arminius als Siegfried – kann diese Gleichung heute noch aufrechterhalten werden? Ernste Bedenken werden von vielen Fachleuten geäußert. Doch ist ihnen eine schlüssige Widerlegung ebenso wenig gelungen wie den Verfechtern der Arminiusthese ein positiver Beweis.

Der erste dieser Verfechter war der deutsche Germanist Adolf Giesebrecht, dessen Buch *Über den Ursprung der Siegfriedsage* im Jahr 1837 erschien. Das zeitgleich erwachte Interesse an alten Mythen und moderner Politik stand am Beginn dieser These: Die Jahrzehnte nach den Befreiungskriegen gegen Napoleon (1813–1815) waren in Deutschland von nationaler Euphorie geprägt. Arminius – oder in volkstümlicher Verballhornung: Hermann der Cherusker – genoss in dieser Epoche als vermeintlicher Gründer der deutschen Nation und Befreier gegen die fremde Besatzungsmacht größte Popularität. Caspar David Friedrich malte im Jahr 1812 das *Grab des Arminius* an einer einsamen Felsschlucht; Heinrich von Kleist brachte 1840 das Drama *Die Hermannsschlacht* auf die deutschen Bühnen.

Mehr als ein Jahrhundert nach Giesebrechts Buch kam sein germanistischer Kollege Otto Höfler (1901–1987) mit ganz unterschiedlichen Methoden und Argumenten zu derselben Aussage: Das historische Vorbild für Siegfried ist Arminius. Höfler hat die Arminiusthese aus ihren nationalen und politischen Zusammenhängen gelöst und stattdessen literarischen Mustern nachgespürt. Einen faktischen Orientierungspunkt für die historische Spurensuche bieten die in der Sage auftauchenden Personen- und Ortsnamen: Siegfried und Xanten. Diese sprechen freilich nur auf den ersten Blick gegen die Gleichsetzung mit Arminius. Immerhin ist das niederrheinische Xanten derjenige Legionsstützpunkt, der unmittelbar an das Stammesgebiet der Cherusker grenzte und für die innergermanischen Expeditionen der Römer ein zentraler Ausgangspunkt war. Möglicherweise war Arminius hier sogar eine Zeit lang stationiert (Kapitel »Nibelungen am Niederrhein«).

Noch wichtiger für die Argumentation Höflers sind freilich die Überlegungen zu den Personennamen. Der von den römischen Historikern Tacitus, Cassius Dio und Velleius Paterculus (19 v. Chr. – um 31 n. Chr.) überlieferte Name Arminius ist ein römischer Eigenname. Es darf jedoch als unwahrscheinlich angesehen werden, dass der cheruskische Stammesfürst von Beginn an einen Namen aus dem Kulturkreis der Besatzungsmacht trug.

Aus der Biografie des Arminius ist bekannt, dass er bereits in jungen Jahren als Geisel nach Italien kam und dort eine Karriere in der römischen Legion begann. Spätestens mit seinem Aufstieg zum Ritter mit römischem Bürgerrecht dürfte er einen lateinischen Namen angenommen haben. Der Name Arminius könnte sich dabei auf körperliche Eigenschaften oder auf militä-

rische Dienste im armenischen Raum beziehen (»der Armenier«). Auch Kaiser und hohe Offiziere haben sich nach erfolgreichen Feldzügen als Ehrentitel die Namen ihrer Feinde zugelegt: Germanicus als Besieger der Germanen, Parthicus als Besieger der Parther.

Es stellt sich die Frage, wie der cheruskische Name des Arminius gelautet haben könnte. Da keinerlei germanische Quellen existieren, bleibt man auf Indizien angewiesen: Tacitus überliefert die cheruskischen Namen einiger naher Verwandter des Arminius: Sein Vater hieß Siegmar (Segimerus), sein Schwiegervater Sieggast (Segestes) und dessen Sohn Siegmund (Segimundus). In germanischen Adelssippen war es wie erwähnt üblich, Verwandtschaft durch gleich anlautende Namen auszudrücken: Die burgundischen Könige Gibich, Gunther, Gernot und Giselher zeigen diese Form des Stabreims genauso wie der ostgotische Waffenmeister Hildebrand und sein Sohn Hadubrand. Mit einer gewissen Logik könnte man daher vermuten, dass Arminius ursprünglich einen einheimischen Sieg-Namen trug – warum nicht Siegfried (germ. Segifrit)?

In der Nibelungensage ist Siegfrieds Schicksal in auffälliger Weise mit dem Schatz verbunden. Er verleiht ihm Macht, weckt die Angst und Begierde der Verwandten und lässt seine Besitzer schließlich zugrunde gehen. Das Schatzmotiv gehört eindeutig zum Kernbestand der Sage. Überträgt man es auf Arminius, wird eine weitere Parallele deutlich. Die Cherusker haben in der Varusschlacht große Reichtümer erbeutet. Ihre Anführer müssen die Beute unter sich aufgeteilt haben, denn Tacitus berichtet, Segestes habe im Jahr 15 den Römern seinen Anteil am Varusschatz zurückgeben wollen.

Vor 140 Jahren fand man im Hildesheimer Galgenberg einen großen Silberschatz. Die Inschriften der Stücke lassen die Forscher darauf schließen, dass es sich um einen geteilten römischen Schatz aus der Augustus-Zeit handelt. War dies der Anteil des Arminius? Auch wenn die Antwort offenbleiben muss, so ist gewiss, dass die Reichtümer des Varus sowie die erbeuteten Waffen, Rüstungen und Feldzeichen der römischen Legionen für die Germanen einen Hort mit mythischen Dimensionen darstellten.

Weitere Indizien ergeben sich aus motivgeschichtlichen Vergleichen: Höfler trägt eine Reihe von Beispielen zusammen, in denen Drachenkämpfe als Metapher oder gar als kultische Überhöhung für einen wichtigen Sieg verwendet werden. Viele der christlichen Drachentöter, so der Erzengel Michael oder der heilige Georg, stehen symbolisch für den Kampf des Guten gegen das Böse. Ähnliche Muster sind auch der heidnischen germanischen Mythologie bekannt, in der die Midgardschlange das den Menschen bedrohende Übel am Weltenrand repräsentiert. Konnte aus germanischer Sicht ein Sieg gegen die als unüberwindbar geltenden Legionen Roms, die als fremde Besatzungsmacht an den Grenzen standen, nicht ebenfalls eine symbolische Überhöhung erfahren?

Rom als der böse, Schätze hortende und vermeintlich unbesiegbare Drache? Zu dieser Vorstellung passen immerhin einige Details der römischen Legionsgeschichte: Unter den ältesten bildlich überlieferten Feldzeichen,

denen die Legionen eine beinahe religiöse Verehrung entgegenbrachten, sind Drachensymbole zu finden. Die Berichte über die Varusschlacht könnten zudem die Vorstellung vom schatzbewehrten Lindwurm genährt haben: Tacitus und seine Kollegen beschreiben anschaulich, wie die römischen Legionen und ihr Tross im unwegsamen Gelände hintereinandermarschieren mussten – ein langer, waffenstarrender, von Gold und Silber funkelnder Zug durch die germanischen Wälder.

Auch wenn dieses Bild ein bloßes Fantasieprodukt ist, bleibt die Möglichkeit, dass der Drachenkampf Siegfrieds vor dem Hintergrund der germanischen Tiersymbolik durchaus metaphorisch verstanden werden konnte.

Die nordischen Dichtungen nennen sogar einen Ort für den heroischen Drachenkampf: die Gnitaheide. Höfler machte auf der deutschen Landkarte tatsächlich einen Ort namens »Knetterheide« ausfindig, der in der Nähe Paderborns zwischen Schötmar und Bad Salzuflen liegt. Dieses Gebiet zählt nicht nur zum alten cheruskischen Siedelgebiet, es ist überdies dem Teutoburger Wald, den Tacitus als Ort der Varusschlacht überliefert, unmittelbar benachbart. Dass die moderne Archäologie freilich in eine andere Richtung weist und das weiter nördlich gelegene Kalkriese bevorzugt, widerspricht der allgemeinen Feststellung nicht: Der mit Siegfried verbundene Teil des Nibelungenmythos lässt sich in auffälliger Weise mit cheruskischen Erinnerungen unterlegen.

Der heilige Georg besiegt den Drachen. Ikonenmalerei des 15. Jahrhunderts.

In dieselbe Richtung weisen nicht zuletzt zwei andere Erzählmotive der nordischen Nibelungensage: der »hunische Sigurd« und »Sigurd Hjörtr«. In der *Lieder-Edda* wird der Held an mehreren Stellen als »hunischer« Sigurd bezeichnet. Auch die norwegische *Wölsungensaga* berichtet, Siegfrieds Ahn Wölsung sei König über das Hunaland gewesen. Bei der Lokalisierung hilft der angelsächsische Geschichtsschreiber Beda Venerabilis (um 673–735), nach dessen Bericht »Hunaland« der alte Name für Westfalen war, das hauptsächliche Siedlungsgebiet der Cherusker. Im späteren Mittelalter war diese Bezeichnung nicht jedem Schreiber mehr geläufig. So verwechselte der Verfasser der norwegischen *Thidrekssaga* die Hunen mit den Hunnen und verlegte den Sitz des Hunnenfürsten Attila nach Soest in westfälisches Stammland.

Im Skaldenhandbuch des Isländers Snorri Sturluson begegnet uns darüber hinaus eine Erzählung über »Sigurd Hjörtr« – Sigurd den Hirsch. Als Sohn Sigurds des Drachentöters erlebt er eigene Abenteuer, die mit der Nibelungensage keinerlei Verbindung mehr aufweisen. Dennoch ist der Beiname »Hirsch« hier von Interesse. Das Hirschmotiv ist im Umfeld Sigurds/Siegfrieds auffällig oft zu finden. Im *Nibelungenlied* wird Siegfrieds Tod als Jagd auf ein edles Tier stilisiert (1002). In der *Wölsungensaga* taucht ausdrücklich ein Traum Brünhilds auf, in dem Sigurd als Hirsch gejagt und von wilden Tieren getötet wird. Die *Thidrekssaga* erzählt über Sigurds Herkunft, er sei von seiner Mutter ausgesetzt und von einer Hirschkuh gesäugt worden. In der germanischen Tiersymbolik spielen Hirsche eine bedeutende Rolle. Ein germa-

nischer Stamm bezeichnet sich gar nach dem althochdeutschen Wort »hiruz« als »Hirschleute«: die Cherusker.

In der Nibelungensage, deren älteste Zeugnisse, wie ausgeführt, aus dem Norden stammen, hat sich mithin die Erinnerung an eine ursprüngliche Beziehung Siegfrieds zu den Cheruskern bewahrt. Auch wenn die Spuren, die zum historischen Arminius führen, bei allem Scharfsinn vage bleiben müssen, liegt ein letztes interessantes Indiz im allgemeinen Lebensschicksal der beiden Gestalten.

Über die Biografie des Arminius sind einige Details aus den Schriften römischer Historiker bekannt. Im Kindesalter der Heimat und den Eltern entrissen, hat der junge Cherusker im mächtigen römischen Reich Karriere gemacht. Seine führende Stellung bei den germanischen Hilfstruppen des Varus wurde bereits hervorgehoben. Ebenso berichtet Tacitus über die Missgunst seines Schwiegervaters Segestes, der wohl der Eheverbindung mit seiner Tochter Thusnelda ablehnend gegenüberstand. Segestes soll wie gesagt die hinterhältigen Pläne des Arminius sogar an Varus verraten, jedoch kein Gehör gefunden haben. Zweifellos war Arminius eine charismatische Persönlichkeit mit erwiesenen militärischen Qualitäten. Als er sich nach dem Sieg gegen Varus auch gegen die Rachepläne des Germanicus erfolgreich behaupten konnte, stand er unzweifelhaft auf dem Höhepunkt seiner Macht und seines Ansehens.

Umso tragischer mutet der Bericht über seinen baldigen Tod an: Segestes verriet seine eigene Tochter an die Römer, die kurz nach ihrer Ankunft im Zwangsexil von

Ravenna einen Sohn von Arminius gebar. Doch damit war die Intrige des Segestes noch nicht vollendet. Arminius blieb im Jahr 19 noch der Sieg über die Markomannen vergönnt. Bald darauf, so schildert Tacitus, »strebte er nach der Königsmacht und brachte so den Freiheitssinn seiner Landsleute gegen sich auf. Er fiel durch die Hinterlist seiner Verwandten« (*Ann.* II, 88). Sein Schwiegervater soll die Ermordung initiiert haben, da ihm der Schwiegersohn zu mächtig geworden ist.

Bei aller Unterschiedlichkeit stechen zwei Parallelen zur Siegfriedsage ins Auge: Auch Siegfried wächst nicht bei seinen Eltern in der Heimat, sondern bei mächtigen Fremden auf. Und dem jungen Helden wird schließlich seine Verwandtschaft, genauer die Familie seiner Gemahlin, zum Verhängnis, die seine Triumphe und Reichtümer als Bedrohung der eigenen Machtposition empfindet. Das Bruchstück des »Alten Sigurdlieds« und das *Nibelungenlied* inszenieren den Verwandtenmord an dem Helden in all seiner Ungerechtigkeit und Tragik. Es sei daran erinnert, dass auch das Schicksal des Arminius »noch jetzt bei den barbarischen Stämmen besungen wird«, wie Tacitus um das Jahr 100 hervorhebt. Wo sind diese Lieder geblieben?

Eine eindeutige Identifizierung Siegfrieds mit Arminius wird dennoch nicht gelingen. Sie kann nicht gelingen: Mythische Helden und historische Persönlichkeiten sind Darsteller auf zwei unterschiedlichen Bühnen, deren Rollen ganz eigenen Regieanweisungen folgen. Der mythische Held muss eingebunden werden in den Kosmos der Gottheiten und übernatürlichen Wesen. Seine Geschichte verbindet sich im Laufe von Jahrhunderten mit anderen Helden und anderen Schicksalen. Oben wurde bereits gezeigt: Die mittelalterliche Siegfriedsage macht vielfältige Anleihen bei populären Märchen, Mythen und Erzählungen. Dass sie auch Anleihen in der Historie macht, ist nach den Gattungsgesetzen der Heldendichtung überaus wahrscheinlich. Ob eine solche Anleihe freilich im Schicksal des Cheruskerfürsten Arminius zu suchen ist, darf zumindest als spannende Möglichkeit nicht ausgeschlossen werden.

DAS ZEITALTER DER VÖLKER- WANDERUNG

WER SIND DIE BURGUNDER?

Der Argwohn moderner Historiker, der sich intuitiv gegen die unbeweisbare Arminiusthese regt, verblasst bei einer zweiten Gruppe von Persönlichkeiten der Nibelungensage, die eindeutiger in geschichtliche Zusammenhänge einzuordnen ist. Die »Burgonden« des *Nibelungenlieds*, insbesondere die Könige Gunther, Giselher und Gernot, sind aus einer der Verfälschung unverdächtigen Quelle bestens bekannt. Die *Lex Burgundionum*, die schriftliche Aufzeichnung des burgundischen Rechts, stammt vermutlich aus der Amtszeit des Königs Gundobad (gest. 516). Sie regelt, darin den anderen germanischen Rechtsaufzeichnungen etwa der Franken, Bayern oder Alemannen ähnlich, vor allem die Vorschriften für Heiraten, Erbfolge, Freiheit oder Strafen für verschiedene Verbrechen.

Unter den Vorgängern Gundobads, die im Prolog der *Lex Burgundionum* stolz aufgezählt werden, erscheinen die Brüder Gundahar, Gislahar und Gundomar als Söhne König Gibicas. Die gemeinsame Herrschaft von Brüdern mit gewissen Vorrechten für den Ältesten war nach den Erbgesetzen vieler germanischer Völker im frühen Mittelalter weit verbreitet. Die Konstellation des *Nibelungenlieds* findet sich hier exakt wieder: Gunther steht neben und vor seinen Brüdern Giselher und Gernot. In nordischen Liedern wird zudem der Königsvater Gibich erwähnt.

Die Herrschaft Gundahars und seiner Brüder schlägt sich überdies in historischen Berichten nieder. Von ihrem mittelrheinischen Kerngebiet aus sollen die Burgunderkönige gemeinsam mit den befreundeten Alanen im Jahr 411 die Erhebung eines neuen römischen Kaisers in den westlichen Provinzen betrieben haben. Zum burgundischen Siedlungsgebiet des frühen 5. Jahrhunderts gehörte auch die ehemalige Keltenstadt Borbetomagus – Worms. Die Parallelen zur Nibelungensage gipfeln in den Kämpfen König Gundahars gegen hunnische Hilfstruppen des römischen Feldherrn Aetius.

Gleichwohl werfen die Burgunder für Archäologen und Historiker viele Fragen auf: Woher stammten sie? Welche kulturellen Eigenheiten hatten sie? Was brachte sie an den Rhein?

Die Herkunft der Burgunder liegt im Dunkeln. Die sprachliche Ableitung der Insel Bornholm von »Burgundarholm« und damit die Beheimatung der Burgunder im südskandinavischen Raum wird mittlerweile aus guten Gründen angezweifelt. Wie bereits erwähnt, sahen frühmittelalterliche Gelehrte Skandinavien als »Werkstatt der Völker« und »Vagina der Nationen« an, aus der unterschiedslos alle germanischen Ethnien der Völkerwanderungszeit hervorgegangen seien.

Die ersten sicheren Zeugnisse stammen von dem Römer Plinius dem Älteren (um 24–79) und dem Griechen Ptolemaios (80–160). Sie lokalisieren das Stammesgebiet der Burgunder in Osteuropa zwischen Weichsel und Oder. Kulturell wird die Abstammung der Burgunder demnach eher der Lebus-Lausitz-Kultur im heutigen Westpolen, in der Niederlausitz und in Brandenburg zugerechnet. Diesen Raum verließen sie spätestens im Laufe des 3. Jahrhunderts in Richtung Südwesten. Ähnlich wie bei Goten

und Vandalen kann über die Gründe dieser Migration an die Grenzen des Römischen Reiches nur spekuliert werden.

Mit den Römern stießen burgundische Verbände unter Kaiser Probus (276–282) erstmals zusammen, der sie gemeinsam mit anderen Germanen aus der Provinz Rätien (im heutigen Bayern) vertreiben ließ. Im Jahr 286 drangen Burgunder gemeinsam mit Alemannen und Herulern weit in das linksrheinische Gallien ein, ohne sich jedoch dauerhaft halten zu können. In den folgenden Jahrzehnten verstärkte sich der Konflikt mit den Alemannen, in dessen Verlauf sich die Burgunder als Föderaten Roms zu etablieren versuchten.

An der Grenze zu den Alemannen, im Dorf Osterburken, haben Archäologen einen der seltenen burgundischen Schatzfunde aus dem späten 4. Jahrhundert gemacht. Der Fund wird von Fachleuten als Beleg für die Niederlassung freier, bewaffneter Hofleute bewertet, da neben geschmiedeten und durch die Technik der Damaszierung veredelten Schwertklingen auch ein Pflugmesser und weitere handwerkliche Gegenstände zum Vorschein kamen. Diese Stücke verdienen besondere Aufmerksamkeit, weil sie einen Blick auf die für Wirtschaft und Militär wichtige ›Mittelschicht‹ der freien germanischen Bauern zulassen, während der Großteil der erzählenden Quellen und archäologischen Informationen nur die kleine Oberschicht des Adels erfasst.

In den germanischen Kulten kam dem Begräbnis und den Grabbeilagen eine besondere Bedeutung zu. Somit stellen Adelsgräber die wichtigste Grundlage unserer Kenntnisse über die germanischen Kulturen der Völker-

Germanische Waffen und Werkzeuge. Der Hortfund von Osterburken, zweite Hälfte 4. Jahrhundert.

wanderungszeit dar. Als burgundisch werden die Gräber in Wolfsheim (bei Mainz), Altlußheim (bei Speyer) und Dossenheim aus dem 5. Jahrhundert eingestuft. Adligen Männern und Frauen wurde neben Tongefäßen mit Nahrungsmitteln kostbarer Goldschmuck mit ins Grab gelegt. Teilweise kam dieser Schmuck aus entfernten Gegenden, so ein persischer Goldanhänger im Grabfund von Wolfsheim, der auf einen begrenzten Fernhandel mit Luxusartikeln schließen lässt. Aus dem Grab in Altlußheim ist überdies ein Prunkschwert mit auffälligen Tiersymbolen am Tragebügel und gleichfalls aus Asien stammenden Edelsteinen bekannt. Kontakte zu den asiatischen Hunnen bezeugt das Grab von Dossenheim mit dem Schädel einer

älteren Germanin, der nach hunnischem Vorbild künstlich deformiert wurde.

Über die Gesellschaftsordnung der frühen Burgunder sind nur wenige Einzelheiten bekannt. Der römische Historiker Ammianus aus dem 4. Jahrhundert berichtet, der König bei den Burgundern werde »hendinos« genannt. Er müsse nach altem Brauch zurücktreten, wenn unter seiner Herrschaft Niederlagen im Krieg oder schlechte Ernten einträten. Damit wird die germanische Vorstellung vom »Königsheil« bestätigt, die sich bis ins Mittelalter erhalten hat und die das Schicksal des Volkes von der Glückhaftigkeit ihres Herrschers abhängig macht. Ihren höchsten Priester (»sinistus«) verehrten die Burgunder hingegen ein Leben lang. Die priesterliche Gewalt stand damit über der königlichen.

Das 5. Jahrhundert wurde zur Schicksalszeit der Burgunder. Dem politischen und militärischen Höhenflug folgte die schwerste Niederlage ihrer Geschichte, in deren Folge ein Großteil des Adels vernichtet und die restlichen Burgunder zwangsumgesiedelt wurden. Im Kampf um das Kaisertum suchte zunächst der römische Usurpator Konstantin das Bündnis mit dem Burgunderkönig Gundahar, dem er im Jahr 407 ein größeres Gebiet an Main und Mittelrhein überließ. Die römischen Limeskastelle Mainz, Worms und Speyer zählten ebenso zum Burgundischen Reich wie größere Gebiete rechts und links des Rheins. Einige Forscher plädieren allerdings dafür, das Burgunderreich am Niederrhein zu suchen und in der Nennung der Hauptstadt Worms eine Erfindung der Heldendichtung zu sehen. Gewiss ist, dass um 400 das Römische Reich den Großteil seiner Rheinlegionen zurückgezogen hatte und dass die Burgunder zu den Nutznießern der neuen Situation zählten.

Im Jahr 413 bestätigte der römische Kaiser den Burgundern die Ansiedlung in der römischen Provinz Germania Prima. Als römische Föderaten trugen die Burgunder noch bis zum Jahr 435/436 zur Sicherung der alten Rheingrenze bei.

All diese Vorgänge lassen sich nur verstehen, wenn man die allgemeine Krise des römischen Weltreiches in Betracht zieht. Bereits im 3. Jahrhundert hatten sich dort die wirtschaftlichen, militärischen und politischen Verhältnisse verschlechtert. Da das Riesenreich zwischen England und Nordafrika, Spanien und dem Mittleren Osten

faktisch unregierbar war, teilte Kaiser Diokletian seine Herrschaft zu Beginn des 4. Jahrhunderts in vier Amtsbereiche auf. Neben Rom wurde Nikomedien und wenig später Konstantinopel zur neuen Reichshauptstadt im Osten bestimmt. Die westlichen Provinzen gerieten immer stärker in den Sog der sogenannten Völkerwanderung.

Germanische Heeres- und Siedlungsverbände drängten seit der Mitte des 3. Jahrhunderts in die römische Welt. Im Osten des kulturell und administrativ geteilten Reiches traten vor allem Goten, Vandalen und Heruler in Erscheinung. In den germanischen und gallischen Westprovinzen kam es um 255 zu einem ersten großen Frankeneinfall, dessen Ausläufer bis nach Spanien reichten. Durch Föderatenverträge unternahmen die Kaiser zwar den Versuch der Einbindung ihrer germanischen Gegner, doch leistete diese zeitweise Anerkennung auf Dauer der Bildung eigenständiger Germanenreiche auf römischem Boden eher Vorschub.

Insbesondere im Westen zeigte sich die römische Militärverwaltung dem anhaltenden Invasionsdruck nicht gewachsen. Im Jahr 410 musste sich die Reichshauptstadt Rom dem Westgotenkönig Alarich (um 370–410) unterwerfen, 45 Jahre später wiederholte sich diese Demütigung gegenüber den Vandalen. Endgültig brach die westliche Kaiserherrschaft im Jahr 476 mit der Absetzung des Kaisers Romulus durch den germanischen Heerführer Odoaker zusammen. Um das weströmische Erbe konkurrierten um 500 die Königtümer der Ostgoten (Italien und Provence), Westgoten (Südwestgallien, Spanien), Franken (Nord-

und Mittelgallien), Burgunder (Südostgallien) und Vandalen (Nordafrika). Der Franke Chlodwig (466–511) und der Ostgote Theoderich (um 454–526) waren die neuen Machthaber im westlichen Europa.

In den Jahrzehnten vor dem Zusammenbruch von 476 stemmten sich römische Politiker und Offiziere dem rasanten Verfall der früheren Macht Roms entgegen. Im Westen übernahm der Heermeister Flavius Aetius (um 390–454) zeitweilig die Herrschaft. Wie viele namhafte Offiziere dieser Zeit stammte er nicht aus Rom, sondern aus Illyrien (Balkan). Seine Militärlaufbahn wurde um 405 unterbrochen, als er zunächst den Westgoten und wenig später den Hunnen als Geisel übergeben wurde. Der Austausch von angesehenen Geiseln diente zur Absicherung von Verträgen und Bündnissen.

Am hunnischen Hof hielt sich Aetius immerhin bis zum Jahr 423 auf, als Kaiser Honorius starb und er mit hunnischer Unterstützung in die hohe römische Politik eingriff. Wegen seiner militärischen Fähigkeiten und seiner guten Kontakte zu den schlagkräftigen Hunnen gewann er auch unter den Nachfolgern des verstorbenen Kaisers schnell an Einfluss.

In dem uns interessierenden Jahr 435 war Aetius damit beschäftigt, die römische Herrschaft über Gallien zu stabilisieren. Aus nicht näher bekannten Gründen kündigte in diesem Jahr der Burgunderkönig Gundahar sein Bündnis mit den Römern auf, indem er Eroberungszüge in das nördliche Gallien unternahm. Möglicherweise wurden die Burgunder in ihrem rechtsrheinischen Territorium zu diesem Zeitpunkt von Hunnen bedrängt, die ihre Eroberungen immer weiter westwärts ausweiteten.

Die Burgunder wurden hingegen in Belgien von Aetius zurückgeschlagen und ein Jahr später erneut von Hunnen im Mittelrheingebiet angegriffen. Wahrscheinlich handelte es sich dabei um hunnische Hilfstruppen des Aetius. Zumindest schreiben die lateinischen Historiker Hydatius und Prosper von Aquitanien dem römischen Heermeister, der die Burgunder für ihren Vertragsbruch bestrafen und ihnen den wichtigen Grenzabschnitt nach Germanien entziehen wollte, die Initiative zu.

Die Schlacht des Jahres 437 muss biblische Ausmaße angenommen haben. Die gesamte burgundische Königsfamilie um Gundahar sowie angeblich 20 000 Krieger verloren dabei ihr Leben. Die Überlebenden gerieten in Gefangenschaft des Aetius, der ihnen im Südosten Galliens ein neues Siedlungsgebiet und wieder Aufgaben als Föderaten zuwies. Um das Jahr 443 ließen sich die restlichen Burgunder in jener Region zwischen Genfer See und Rhône nieder, die seither den Namen Burgund trägt.

In dieser Zeit trifft der aus Lyon stammende gallorömische Schriftsteller Apollinaris Sidonius auf die neuen germanischen Nachbarn. Im Spott des gebildeten Adligen drückt sich viel von der allgemein verbreiteten Sichtweise der Römer auf die germanischen Kulturen und damit ein typisches Problem der Völkerwanderungszeit aus:

»Noch zwar bin ich gesund, allein wie kannst du heitren Liebesgesang von mir verlangen, der ich, des langhaarigen Volkes Tischgenosse, hab germanische Worte aus-

zuhalten. Muss auch wieder und wieder
ernsthaft loben, was da der burgundische
Vielfraß vorsingt, der sich mit ranziger
Butter den Kopf salbt. Willst du, Freund,
dass ich dir sage, was mir das Dichten ab-
tötet? Ich werde von barbarischer Sanges-
kunst vertrieben. Du darfst Augen und
Ohren glücklich preisen, glücklich dir auch
die Nase preisen, der nicht schon früh am
Morgen zehn Portionen Knoblauch und
Zwiebeln entgegenrülpsen. Da schweigt alle
Muse…« (übers. nach G. Baesecke). Trotz
der anfänglichen Anpassungsprobleme
hatten die Burgunder das Ende ihrer langen
Wanderung von der Weichsel erreicht.

Der Untergang ihres mittelrheinischen
Reiches und ihrer Könige im Kampf gegen
die Hunnen blieb im kollektiven Gedächtnis
haften. Bereits das altnordische »Atlilied« aus
dem 9. Jahrhundert verbindet – wie später
das *Nibelungenlied* – den hunnischen Sieg
unter Aetius mit dem Namen des bekanntesten Hunnenherrschers, der nur wenige Jahre
nach der Schlacht von 437 den Schauplatz
im Westen betrat: Attila. Für den Heermeister
Aetius bedeutete das offensive Auftreten
Attilas das Ende seiner guten Beziehungen
zu den Hunnen. Nach römischen Quellen
gab die hunnische Einnahme und Brand-
schatzung der Stadt Metz zu Ostern 451 den
Ausschlag dafür, dass Aetius ein römisch-
germanisches Heer gegen seine früheren
Verbündeten sammelte. Als römische Föderaten waren an dem Aufmarsch neben
Westgoten, Alanen und Franken auch Burgunder beteiligt. Das Schlachtfeld auf
den »Katalaunischen Feldern« wird heute
in der Champagne in der Nähe der Stadt
Châlons sur Marne vermutet.

Der gotische Historiker Jordanes berich-
tet im 6. Jahrhundert von ungeheuren
Strapazen und Verlusten auf beiden Seiten.
Attilas Hunnen hätten sich mit ihren Verbündeten verschanzt und so den anstürmenden
Truppen des Aetius schwere Verluste zugefügt. Jordanes spricht von 180 000 Gefallenen, eine Zahl, die gewiss übertrieben ist.
Erneut beklagten die Burgunder viele Tote.
Die Schlacht selbst endete ohne eindeutigen
Sieger. Die Burgunder richteten sich in
ihrem neuen Territorium mit Hauptorten in
Genf und Lyon ein. Sie wurden kurz nach
500 von den Franken unterworfen und in
das aufstrebende fränkische Großreich ein-
gegliedert.

Aetius verließ nach der Schlacht auf den
Katalaunischen Feldern Gallien und übernahm zum vierten Mal das römische Spitzen-
amt des Konsuls. Seine Machtfülle erschien
dem Kaiser Valentinian so bedrohlich, dass
dieser seinen wichtigsten Feldherrn bei einer
Audienz im Jahr 454 eigenhändig erstochen
haben soll. Auch Attila überlebte die Schlacht
von 451 nur um zwei Jahre. Seinen Namen
behielten die Historiker und Dichter allerdings noch lange im Gedächtnis.

»GEISSEL GOTTES« – DIE HUNNEN IM ZEITALTER ATTILAS

Hunnische Reiter tauchten im 4. Jahrhundert erstmals im Dunstkreis germanischer
und römischer Kulturen auf. Um 370 über-
querten sie die Wolga. In den folgenden
Kämpfen gegen germanische Alanen und
Ostgoten stellten sie ihre überlegene Kriegs-

technik unter Beweis. Als nomadisches Reitervolk aus den weiten Steppen zwischen Ural und Mongolei verfügten sie über eine hohe Mobilität und flexible Kampftaktik. Sie traten als vorzügliche Reiter und Bogenschützen hervor. Eine Neuerung stellten in Europa stabile Sättel mit Steigbügeln dar, die ihnen das Kämpfen mit beiden Händen ermöglichten. Als Wahrzeichen hunnischer Würdenträger waren goldene oder mit Goldblech verzierte Bögen in Gebrauch, die man in Adelsgräbern gefunden hat. Goldene Totenmasken gehörten ebenfalls zur Ausstattung hunnischer Adelsgräber. Die nomadische Lebensweise hatte ihre Existenzgrundlage in großen Viehherden. Das Wort »Nomade« leitet sich vom griechischen

Goldene Totenmaske eines hunnischen Adligen. Grabfund aus Kirgistan, 5. Jahrhundert.

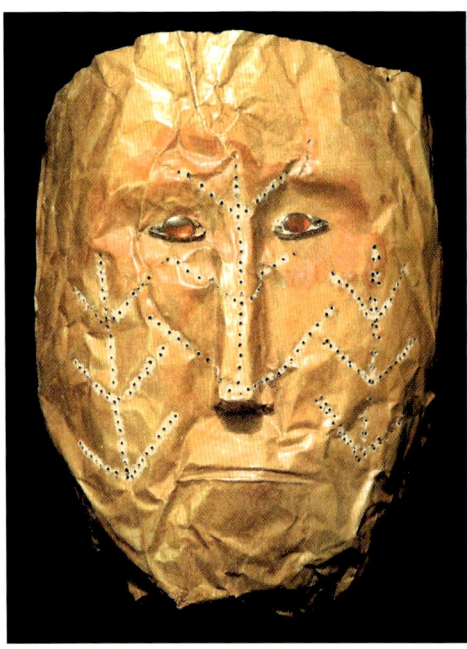

»nomas« (Weideplatz) ab. Möglicherweise waren klimatische Gründe, am ehesten eine lang anhaltende Dürreperiode, dafür ausschlaggebend, dass die Hunnen ihre Siedelgebiete östlich des Urals verließen und nach Europa vordrangen.

Die aus Osten vor ihnen fliehenden Goten, Vandalen, Burgunder und Alanen werden für die erste dynamische Phase der sogenannten Völkerwanderung verantwortlich gemacht. Um 400 errichteten die Hunnen in Osteuropa ein Herrschaftssystem, das ihnen hohe Schutzgelder seitens der einheimischen Bevölkerung sicherte. Am Schwarzen Meer drangen sie in römisches Territorium ein, das zeitweise ebenfalls unter die Tributpflicht fiel. Römische Historiker wie Ammianus Marcellinus (um 330 – 393) und Priskos (um 415 – 472) zeichnen ein übertrieben negatives Bild von den Hunnen, denen Primitivität, Wildheit, Rohheit und Brutalität vorgeworfen werden.

»Sie kleiden sich in linnene Gewänder oder solche, die aus Fellen von Waldmäusen zusammengenäht sind. Man möchte sie [...] die furchtbarsten aller Krieger nennen. Wie Tiere, die keinen Verstand haben, kennen sie keinen Begriff von Ehre und Ehrlosigkeit, führen zweideutige und dunkle Reden und unterliegen keinem Einfluss einer Religion oder auch nur eines Aberglaubens. Doch sie brennen vor unmäßiger Begierde nach Gold« (Ammianus Marcellinus, *Römische Geschichte*).

Da von den Hunnen keine eigenen Schriftquellen existieren, geben nur die verstreuten archäologischen Funde einen beschränkten Einblick in ihre Lebensweise und Kultur. Im adligen Frauengrab von Zelenokumsk im nördlichen Kaukasus fand man neben bronzenen Gürtelschnallen, einem Goldring sowie wertvollen Kettenanhängern aus Edelstein auch Pferdeknochen, was darauf hinweist, dass die verstorbenen Hunnen für ihr Nachleben auch ihre Pferde mit ins Grab nahmen. Aus kaukasischen und russischen Gräberfeldern kennt man die hunnische Sitte, die Schädel bereits im Kleinkindalter künstlich in die Länge zu ziehen.

Um 400 ergab sich die erste politische Annäherung zwischen Römern und Hunnen. Der Hunnenfürst Uldin half den oströmischen Behörden beim Vorgehen gegen aufständische Goten. Wenig später findet man sie bereits als Föderaten des römischen Feldherrn Stilicho an der unteren Donau und in den Karpaten. Nach dem römischen Historiker Orosius traten die Hunnen nicht als geschlossener Verband auf, sondern zerfielen in konkurrierende Gruppen. In den Jahren bis 423 hielt sich der junge Aetius als Geisel bei ihnen auf. Die Herrschaft teilten sich zu dieser Zeit die Brüder Mundschuk, Oktar und Ruga. Durch Aetius erhielten sie die Herrschaft über die Provinz Pannonien (Ungarn) und wenig später den Zugang an den Rhein und nach Gallien. Wie beschrieben, unterstützten starke hunnische Verbände den römischen Heermeister in seinem Krieg gegen Westgoten und Burgunder.

Als mit Ruga der letzte der drei Herrscher im Jahr 434 starb, ging das Königsamt auf die volljährigen Söhne Mundschuks über: Attila und Bleda. Den beiden Brüdern wird eine straffe Zentralisierung und Vereinheitlichung der hunnischen Herrschaftsstrukturen zugeschrieben. Konkurrierende Kleinfürsten wurden verdrängt, die hunnischen

Truppen einem einheitlichen Befehl unterstellt. Dieser Machtkonzentration fiel schließlich auch Bleda zum Opfer, der um 445 von seinem Bruder ermordet wurde. Unter dem Namen Blödelin taucht er in einer ›Nebenrolle‹ noch im *Nibelungenlied* auf.

In wechselnden Koalitionen spielte der neue Großkönig Attila Römer und Germanen gegeneinander aus. Der Friedensschluss mit Ostrom bescherte den Hunnen im Jahr 443 hohe Tribute und neue Territorien. Als Hauptsitz Attilas wurde um diese Zeit eine große Burg in der Theißebene ausgebaut, in der römische Gesandte, germanische Fürsten und Fernhändler mit Luxuswaren verkehrten. Nach dem Bericht des oströmischen Gesandten Priskos hatten die Hunnen gotische Bräuche übernommen. Ebenso sollen Goten als Leibwächter, Diener und Sänger am Hof Attilas gewirkt haben.

Der Gesandte schildert seinen Empfang am Hunnenhof: »Bald standen wir an der Schwelle des Saales, Attila gegenüber. Die Weinschenke reichten uns nach der Sitte des Landes einen Kelch, welchen wir zum Gruße tranken, ehe wir uns setzten. Die Sessel waren längs der Seitenwände im Raum aufgestellt; in der Mitte saß auf einem Speisesofa Attila; dahinter befand sich noch ein anderes Sofa, hinter dem einige Stufen zu seinem Ruhelager hinaufführten« (Priskos, *Geschichte von Byzanz*).

Priskos erzählt weiter, dass Attila mehrere Frauen hatte und des Öfteren spontane Eheschließungen mit den Töchtern von Priestern vornahm. Eine solche Eheaffäre zerstörte das von Aetius hergestellte Einvernehmen mit Westrom. Die Schwester des weströmischen Kaisers Valentinian III. hatte dem Hunnenkönig offenbar eine Heiratsver-bindung angeboten, die Attila nur mit der Übergabe des halben weströmischen Reiches anzunehmen bereit war. Auf die vorseh-bare Ablehnung aus Rom folgten die Vor-bereitungen für hunnische Kriegszüge nach Westen. Vom Balkan aus bedrohten die Hunnen das italische Kernreich und die gallischen Provinzen. Die weit gesteckten Pläne Attilas bei der Eroberung des West-reiches scheiterten jedoch in der Schlacht auf den Katalaunischen Feldern im Jahr 451 gegen Aetius und die mit ihm verbündeten Westgoten. Zwar konnte keine Seite den Sieg für sich beanspruchen, doch wurde die hunnische Stärke so gemindert, dass an eine Fortsetzung des Feldzuges nicht zu denken war. Angeblich soll Aetius dem Hunnen-könig während der Schlacht das Leben gerettet haben. Das altisländische »Hunnen-schlachtlied« nimmt in stark veränderter Form auf die Ereignisse vor und während der Schlacht von 451 Bezug. Im 9. Jahrhundert verlegte der langobardische Geschichtsschrei-ber Paulus Diaconus die Vernichtung der Burgunder in das Jahr 451 und zog damit zwei wichtige Ereignisse zusammen. Der Name Attila stand jetzt ›offiziell‹ über dem Kapitel »Burgunderuntergang«.

Attila zog sich nach 451 in sein panno-nisches Machtzentrum zurück. Er starb nur zwei Jahre später während der Vorbereitun-gen auf einen Krieg gegen Ostrom, das die Tributzahlungen an die Hunnen eingestellt hatte. Angeblich erlitt der Großkönig wäh-rend der Hochzeitsnacht mit seiner burgun-dischen Nebenfrau Ildico einen Blutsturz. Der Gote Jordanes beschrieb anschaulich, wie Attila müde und liebestrunken auf das

Hochzeitsbett gesunken sei, als ihm Blut aus Mund und Nase floss, an dem er erstickte. Aus dem Geschehen um die Burgunder und Hunnen, um Gundahar, Aetius, Attila und Ildico formte die frühmittelalterliche Helden-sage vielfältige Motive und Erzählstränge.

Als weitere wichtige Figur trat der Ost-gotenkönig Theoderich in den Sagenkreis um Attila und die Burgunder ein. Aus seiner Biografie ist bekannt, dass er in jungen Jahren am Hunnenhof als Geisel gelebt hatte. Diese Parallele reichte, um den erfolg-reichen Herrscher mit Attila in Verbindung zu bringen, obwohl der Hunne mehrere Jahre vor Theoderichs Geburt starb.

An der Sagenbildung beteiligten sich auch römische, griechische und germanische Historiker, die später über diese Ereignisse berichteten. Ein eigener Motivkomplex rank-te sich um Attilas Ende. Als Erster äußerte der oströmische Geschichtsschreiber Ammi-anus Marcellinus etwa 70 Jahre nach Attilas Tod den Verdacht, die Germanin Ildico habe den Hunnenfürsten in der Hochzeits-nacht ermordet. Im späten 9. Jahrhundert dichtet ein sächsischer Schreiber dazu, Ildico habe aus Verwandtenrache gehandelt.

Eine ungarische Quelle des 13. Jahrhun-derts berichtet, nach dem Tod des Groß-königs seien am Hunnenhof Nachfolge-kämpfe zwischen Attilas Söhnen und einer Germanenfürstin namens Crimildis aus-gebrochen. Aus Ildico war Kriemhild gewor-den. Der Name spricht zumindest nicht dagegen. (H)ildico ist nur die Koseform eines beliebigen Hild-Namens: Hildchen. Zeuge dieser Kämpfe am Hunnenhof ist nach dieser Chronik auch der Ostgote Dietrich von Bern geworden.

Der hunnische Großkönig eignete sich für den Stoff, aus dem die Sagen sind. Schon zu Lebzeiten nannten katholische römische Historiker ihn und seine Truppen »Geißel Gottes«.

Daraus entstand die Erzählung, der römische Kriegsgott Mars habe ihm sein Schwert geliehen, um die unwürdigen Verhältnisse in Rom zu ordnen. Als mythischer Held und literarische Figur taucht er nicht nur in der Nibelungensage auf, sondern auch in den Liedern über Dietrich und Walther. Das Bild des historischen Hunnenkönigs hat dabei die buntesten Ausmalungen erfahren: Attila, der die Burgunder vernichtet hat; sein Ehebündnis mit dem Feind; Kriemhild, die ihre Verwandten am Hunnenkönig gerächt hat; Dietrich als Geisel und Zeuge der Rache am Hunnenhof – Geschichte und Mythos sind eine kaum zu entwirrende Symbiose eingegangen, als deren Resultat nicht zuletzt die nordischen und deutschen Nibelungendichtungen angesehen werden müssen.

VERWANDTENMORD UND KÖNIGINNEN-STREIT – DIE ZEIT DER MEROWINGER

Ein Jahrhundert nach dem Burgunderuntergang, nach Gundahar, Aetius und Attila sowie etwa 50 Jahre nach Chlodwig und Theoderich stößt man im westlichen Europa erneut auf Namen, Orte und Ereignisse, die an das große Nibelungenepos erinnern.

Die politische Landkarte Europas hatte sich zu diesem Zeitpunkt stark verändert. Das weströmische Reich mit seiner Haupt-stadt Rom war germanischen Eroberern in die Hände gefallen. Die römischen Kaiser beherrschten von Konstantinopel aus nur noch den Osten ihres ehemaligen Weltreiches. Dennoch ließen sie es nicht an Versuchen fehlen, in Rom und den früheren Westprovinzen wieder Fuß zu fassen. In Italien regierte bis zum Jahr 526 der große Theoderich. Seine Nachfolger mussten sich in langen Kämpfen dem oströmischen Kaiser Justinian I. (gest. 565) geschlagen geben, der jedoch sein wiedergewonnenes Reich bald erneut an die germanischen Langobarden verlor.

Auch nördlich der Alpen vermochten sich die alten römischen Senatorenfamilien nicht dauerhaft gegen die germanischen Eroberer zur Wehr zu setzen. Als stärkste Macht behauptete sich im Norden der Frankenkönig Chlodwig, der die Mitte Galliens besetzte und von dort sowohl die Westgoten und Aquitanier im Südwesten als auch die Alemannen und Burgunder im Südosten unterwerfen konnte. Chlodwig stammte aus dem fränkischen Königsgeschlecht der Merowinger, das sich bis zur Mitte des 8. Jahrhunderts an der Herrschaft halten konnte. Die großen Wanderungen kamen im 6. Jahrhundert zum Erliegen. Neue Reiche mit einer germanischen Führungsschicht über der romanisierten Bevölkerung entstanden auf dem Boden des einstigen weströmischen Imperiums.

Chlodwigs Frankenreich wurde nach seinem Tod gemäß dem fränkischen Erbrecht unter seinen Söhnen aufgeteilt. Auf diesem Wege entstanden zwischen Nordsee und Mittelmeer während des 6. Jahrhunderts drei Reichsteile, die sich häufig konkurrie-

rend, manchmal sogar feindselig gegenüber-
standen: Austrasien (im Osten), Neustrien
(im Westen) und Burgund (im Süden).

Chlodwigs Enkel Sigibert I. übernahm
im Jahr 561 von seinem Vater Chlothar die
Herrschaft über Austrasien. Als Gemahlin
hatte ihm sein Vater eine Tochter des westgotischen Königs Athanagild ausgesucht. In
fränkischen Quellen erscheint sie als Königin Brunichildis. Zur gleichen Zeit regierte
im westlichen Neustrien Sigiberts Bruder
Chilperich, der auf Drängen der Konkubine
Fredegunde seine Gemahlin Audovera
verstieß. Mit der jungen Prinzessin Gals-
wintha heiratete er jedoch wenig später die

Schwester der Brunichildis und bestärkte
damit das von seinem Bruder geschlossene
Bündnis mit den Westgoten.

Die Konkubine hatte mithin allen Grund,
sich um ihre Stellung am neustrischen
Königshof zu sorgen. Sie ließ die junge West-
gotin im Bett erdrosseln und provozierte
damit ein tiefes Zerwürfnis zwischen
Austrasien und Neustrien. Mehr als zehn
Jahre währten Streit und Krieg, der durch die
beiden Frauen Fredegunde und Brunichildis angefacht wurde. Mit der Entscheidung
des neustrischen Adels, sich Sigibert I. zu
unterwerfen, schien der Bürgerkrieg im Jahr
575 an sein Ende zu kommen.

Auf dem Höhepunkt seiner Macht starb Sigibert dann überraschend an den Folgen eines Attentats, für das seine Schwägerin Fredegunde verantwortlich gemacht wurde. Dem eskalierenden Familienkrieg fielen alsbald auch König Chilperich sowie seine Söhne Chlodwig und Merowech zum Opfer. Brunichildis organisierte den austrasischen Widerstand teilweise von ihrer Residenz in Worms aus. Vor ihrer Gefangennahme und Absetzung im Jahr 613 hatte Brunichildis noch den burgundischen Reichsteil für Austrasien gewonnen.

Als Motive, die an das Nibelungenthema erinnern, fallen zunächst die Namen Sigibert (Siegfried) und Brunichildis (Brünhild) ins Auge. Auch der Zank der Königinnen, der die gesamte Familie in den Abgrund zieht, und der feige Verwandtenmord am mächtigen Sigibert weisen Ähnlichkeiten mit dem Streit zwischen Kriemhild und Brünhild sowie mit dem anschließenden Mord an Siegfried auf. Schwieriger wird es bei der Zuordnung von Namen und Schicksalen. Als grausame Rächerin ihrer ermordeten Schwester und ihres Gemahls tritt im merowingischen Fall eher Brunichildis auf. Nach einer langen und ereignisreichen Regierungszeit bereitete ihr schließlich ihr Neffe Chlotar II. einen blutigen Prozess. Damit übernimmt die West-

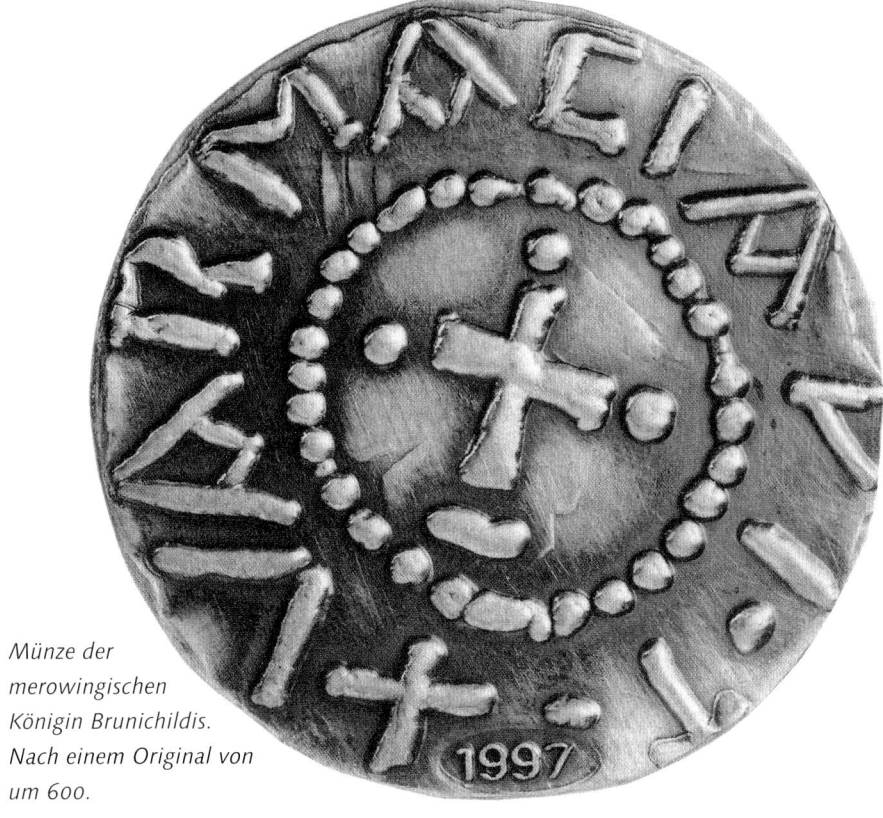

Münze der merowingischen Königin Brunichildis. Nach einem Original von um 600.

gotin eher Züge der Kriemhildgestalt in der Nibelungensage.

Doch weckt nicht nur der Namenstausch zwischen Brünhild und Kriemhild Zweifel, auch die klar umrissenen historisch-politischen Muster der fränkischen Bruderkriege lassen sich im Sagenkreis der Nibelungen nicht wiederfinden. Sigibert kämpft eben nicht gegen die Verwandtschaft seiner Gemahlin, sondern gegen seine eigenen Brüder. Ihm stehen dafür auch keine besonderen Reichtümer oder Wunderwaffen zur Verfügung, die auf die Abenteuer des jungen Siegfrieds verweisen könnten. Am deutlichsten spielt noch die Beziehung zwischen Worms und Brunichildis nach dem Tod der Könige auf die Situation am Ende des *Nibelungenlieds* und in der *Klage* an. Brünhild erfährt in Worms vom Tode Gunthers und ihrer Schwäger. Von den Wormser Aufenthalten der Merowingerherrscherin Brunichildis sind freilich nicht mehr als eine Münze und einige wenige Erwähnungen fränkischer Historiker erhalten geblieben.

Von Fredegunde ist bekannt, dass sie – wie ihre Konkurrentin – nach dem Tod des königlichen Gemahls selbst die Herrschaft über ihren Reichsteil ausübte. Gregor von Tours, der fränkische Geschichtsschreiber, berichtet, dass die Königin, um einen Streit innerhalb des neustrischen Adels zu schlich-ten, vor der heimtückischen Ermordung von Kontrahenten nicht zurückschreckte. Fredegunde hatte sie mit bösen Absichten zum Gastmahl an ihren Hof eingeladen und dort töten lassen (*Fränk. Geschichte* X, 27).

Vergleiche mit Kriemhilds Rolle im zweiten Teil des *Nibelungenlieds* drängen sich auf, doch fügen sich die Motive im merowingischen Familiendrama nicht zu einer ›nibelungischen‹ Erzählung zusammen. Im Gegenteil, die beiden Königinnen Fredegunde und Brunichildis führten in den 590er-Jahren sogar offenen Krieg gegeneinander, der für Letztere mit einer schweren Niederlage endete. Wenn das merowingische Königshaus tatsächlich im Zentrum der Nibelungensage stehen würde, wäre kaum vorstellbar, dass die Erzählung auf solche narrativen Highlights verzichtet hätte.

Die Kenntnis einzelner merowingischer Motive von Verrat und Intrige, von Königinnenstreit und Verwandtenmord hat dennoch ihren Weg in die Sage finden können, in der sich besonders im Zeitalter der Völkerwanderung ein großes Interesse am Schicksal von Herrschern und Völkern niederschlägt. In einer seit dem frühen Mittelalter populären Sagengestalt wie Siegfried konnten durchaus unterschiedliche Schicksale und Vorbilder zu einer neuen heroischen Figur verschmelzen.

Hinrichtung der Königin Brunichildis.
Französische Buchmalerei, 15. Jahrhundert.

Duuer que mon no
ble maistre francois
petrat ou premier
chappitre du bij.e
liure precedant me reprist se
autrement que de honte je me
fist vouyr le bisaure pouuer
que je mestoye habandonne a
repoz et a oisinete, Mainten
et entorel jay souuenaunce de
la reizonne que mon dit
maistre me trecta on bisaure
Et combien que je ne soye mie
si longuement demoure en re
poz et en oisinete come maloy
sente despre, Toutesfores apt
laccomplissement du bij.e liure
je me suis leues come coniou
teus ductandre la comne et la
fin de mon vj.e et derremer liure.

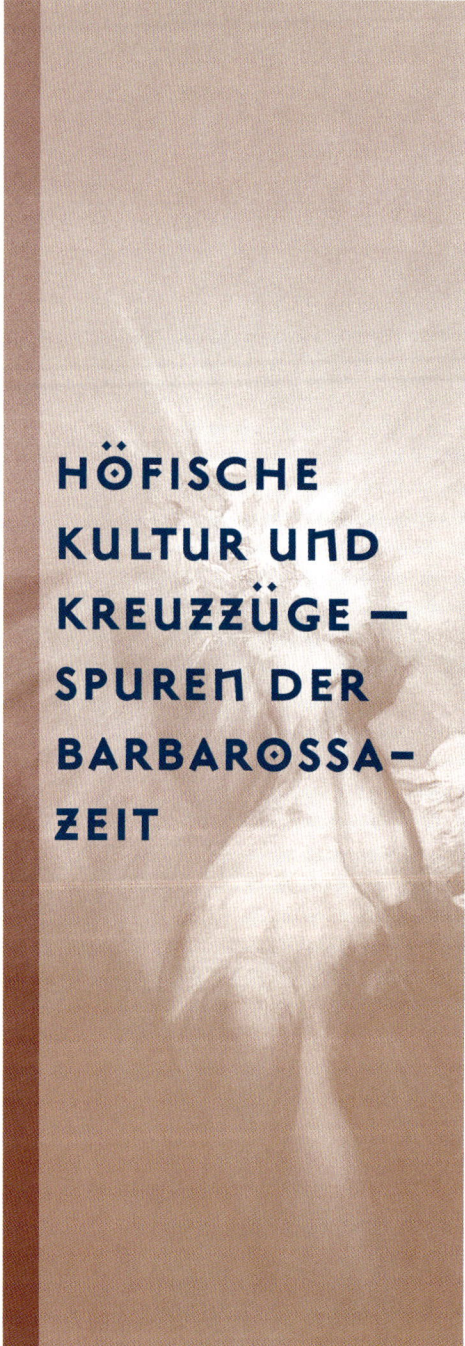

HÖFISCHE KULTUR UND KREUZZÜGE — SPUREN DER BARBAROSSA-ZEIT

Eine seit dem späteren Mittelalter populäre Erzählung, die bis in die Jugendbücher des 19. Jahrhunderts weitergetragen wurde, beschwört die Wiederkehr Kaiser Friedrichs I. Barbarossa. Der im Kyffhäuser, mitten im Harzer Bergland, schlafende Kaiser werde einst erwachen und das im Niedergang befindliche Land retten.

Ähnlich wie im Fall Theoderichs und Karls des Großen animierte die lange und erfolgreiche Regierungszeit des großen Stauferherrschers zur Mythenbildung. Da der Kaiser auf dem Dritten Kreuzzug 1190 in Kleinasien in einem Fluss ertrank, umgab seinen Tod darüber hinaus stets etwas Rätselhaftes und Fragwürdiges. Für die ursprüngliche Nibelungensage war die Erinnerung an Barbarossa zu jung, doch im mittelhochdeutschen *Nibelungenlied* aus der Zeit um 1200 schlug sich die gerade erst zu Ende gegangene staufische Blütezeit in vielfacher Weise nieder.

An den deutschen Adelshöfen gelangte die ritterliche Kultur auf ihren Höhepunkt. Sie war in Dichtungen und Kompositionen genauso prägend wie in Kleidung, Architektur und Waffenkunst. Große Hoffeste und Turniere wurden veranstaltet, auf denen sich die Adelsgesellschaft gleichsam nach literarischen Regeln präsentierte. Die gesellschaftliche Ordnung wurde von Gelehrten und Dichtern am höfisch-ritterlichen Ideal neu ausgerichtet. Von französischen und provenzalischen Vorbildern inspiriert, übertrafen sich die Liedermacher des 12. Jahrhunderts mit Texten über die Spielregeln der höfischen Liebe, die Tugenden des christlichen Ritters sowie die Vorzüge und Gefahren des höfischen Lebens. Das Bild des christlichen Ritters trat mit den alten Heroen der Völkerwanderungsepoche in Konkurrenz.

Was ist im Mittelalter ein Ritter? Schnaubende Schlachtrösser, glänzende Rüstungen und scharfe Schwerter – mit der Playmobil-Antwort sind freilich nicht alle Aspekte der mittelalterlichen Wirklichkeit zu erfassen. Ritter waren im 11. und 12. Jahrhundert eine durchaus problematische Gruppe. Der Grund für ihren sozialen Aufstieg lag einzig und allein in ihrer militärischen Bedeutung. Überaus gewalttätig verschafften sie sich oft zulasten der Kirchen und der Ärmeren eigene Territorien und Titel. In »Gottesfrieden« riefen die Bischöfe in Frankreich, Italien und Deutschland im 11. Jahrhundert die Bewaffneten zur Ordnung.

Wie ein Befreiungsschlag wirkte der Erste Kreuzzug (1096–1099) auf diejenigen, die unter den ständigen Fehden und Übergriffen zu leiden hatten. »Aus denjenigen, die vorher Raubritter waren, sind nun wirkliche Streiter für die Sache Christi geworden«, schwärmte der französische Chronist und Kreuzzugsteilnehmer Fulcher von Chartres. Im Heiligen Land, das im Juli 1099 mit der Eroberung Jerusalems durch französische und normannische Truppen für mehrere Generationen wieder in christliche Hand fiel, gründeten sich religiöse Ritterorden – die Templer, Johanniter, Lazariter und der Deutsche Orden. All diese Ereignisse hinterließen im alten Europa ihre Spuren. Kriegerisches Ideal und religiöse Tugend waren im Kampf gegen die ›Ungläubigen‹ kein Widerspruch mehr, sondern eine gerechte Sache im Auftrag Gottes. »Deus lo vult – Gott will es«, war

Der Kaiser als Reliquiengefäß. Barbarossa-Kopf aus dem Kloster Cappenberg, um 1160.

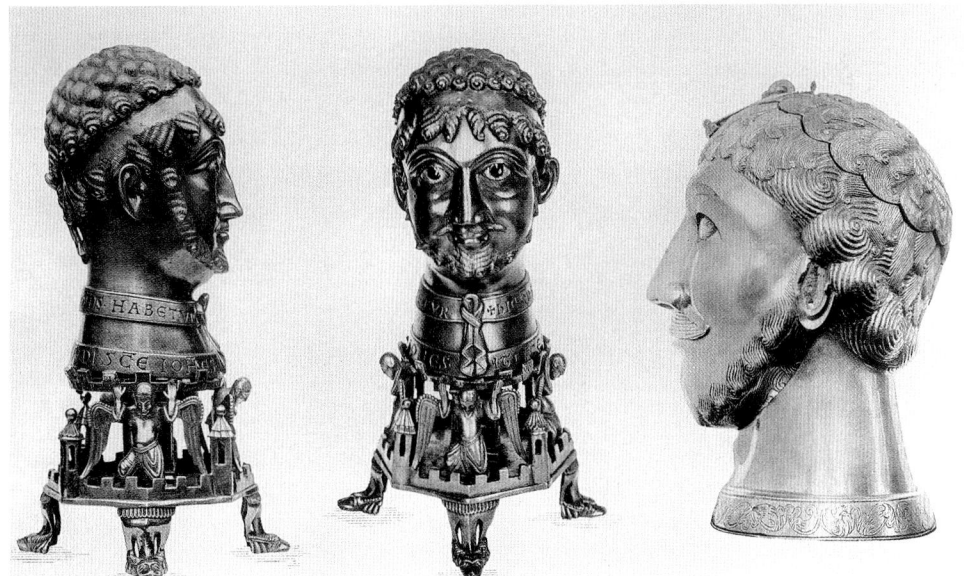

der Schlachtruf der Ritter auf dem Ersten Kreuzzug.

Das *Nibelungenlied* ist in vielen Details unverkennbar ein Kind der staufischen Zeit. Die alten Motive und Mythen präsentieren sich zugleich im höfischen und christlichen Gewand. Beim Zug der Burgunder an den Hunnenhof denkt man in der Beschreibung des Nibelungendichters weniger an die Kriegszüge germanischer Stämme im Zeitalter der Völkerwanderung, sondern eher an das Kreuzfahrerheer Barbarossas, das – ebenfalls dem Untergang bestimmt – von Regensburg aus entlang der Donau über Ungarn bis nach Konstantinopel und weiter in den Osten zog.

Der Germanist Friedrich Panzer hat vor mehr als 60 Jahren die These vertreten, die freundliche Aufnahme der Burgunderherrscher im *Nibelungenlied* durch Markgraf Rüdiger von Bechelaren (Aventiure 27) spiele direkt auf den Empfang Barbarossas durch König Bela I. von Ungarn auf dem unglückseligen Kreuzzug von 1190 an. Dieses Ereignis hatte in den Jahren vor der Niederschrift des *Nibelungenlieds* für großes Aufsehen bei den Chronisten gesorgt, weil sich hier die Macht und höfische Vollkommenheit des Kaisers zum letzten Mal zeigte.

Eine neuere Forschungsmeinung möchte den populären englischen König Richard Löwenherz (1157–1199) zu einer modernen Vorlage für die Gestaltung der Siegfriedfigur im *Nibelungenlied* erheben. Der Verrat an Richard durch die (entfernte) staufische Verwandtschaft, sein Ruf als jugendlicher Held und die immense Lösegeldzahlung zur Befreiung aus staufischer Gefangenschaft mögen den Nibelungendichter zu einigen

Details inspiriert haben. Die Grundmotive der Sigurd-/Siegfriedgeschichte sind freilich, wie dargelegt, weit älteren Datums.

Zur staufischen Aktualisierung passt auch die Nachricht des Nibelungendichters, Etzel habe die Hochzeitsfeierlichkeiten für Kriemhild in Wien veranstaltet. Zeitgleich zum *Nibelungenlied* bewegte die Wiener ›Traumhochzeit‹ zwischen dem erfolgreichen Kreuzfahrer Herzog Leopold VI. und Theodora, der Enkelin des byzantinischen Kaisers Isaak II. Angelos, die höfische Öffentlichkeit. Bischof Wolfger von Passau hatte im November 1203 in Wien die Zeremonie geleitet. Wien hatte sich im späten 12. Jahrhundert als Hauptstadt der mächtigen Herzöge von Österreich aus der Familie der Babenberger zu einem Zentrum der höfischen Kultur und Literatur entwickelt. Impulse für das durchaus positiv besetzte Bild der Hunnen im *Nibelungenlied* mochten von Leopolds Mutter, der ungarischen Königstochter Helena, ausgegangen sein.

Walther von der Vogelweide, einer der bekanntesten deutschen Lieddichter der Epoche, hatte in Wien für die Babenberger geschrieben, ehe er in staufische und später welfische Dienste trat. Für kurze Zeit arbeitete Walther zudem für ebenjenen Passauer Bischof Wolfger, der mit der Niederschrift des *Nibelungenlieds* in Verbindung gebracht wird.

Es gibt gute Gründe für die Annahme, dass die berufsmäßigen Dichter untereinander persönliche Beziehungen pflegten. Walthers Dichterkollege Wolfram von Eschenbach zitiert schon während der Entstehung seines *Parzival* eine Stelle aus dem etwa zeitgleichen *Nibelungenlied*. Der literarisch bezeugte Sängerkrieg auf der Wartburg veranschaulicht die Konkurrenz der Dichter um die Gunst mächtiger Mäzene und ihre Bedeutung für die höfische Kultur. In seinem berühmten Literaturexkurs gibt Wolfram Wertungen zu den bekanntesten seiner Dichterkollegen ab. Auch wenn sich Wolfram, Walther und ihre Kollegen in einem anderen Literaturgenre bewegten, darf man ihnen die Kenntnis des *Nibelungenlieds* und seines Dichters durchaus zutrauen.

Die Träger der höfischen Literatur waren in Deutschland vorwiegend kleine adlige Lehns- und Dienstleute, die ihren sozialen Aufstieg in den Adel mit einer besonderen Vorliebe für ritterlich-höfische Themen und Tugenden garnierten. Viele der Lieddichter stammten selbst aus diesen Kreisen; Walther von der Vogelweide beispielsweise schaffte es erst gegen Ende seines Lebens, von Kaiser Friedrich II. (1194–1250) das lange ersehnte Lehen zu erhalten.

Die »Verritterlichung« der alten heroischen Motive zeigt sich in der Gestaltung der äußeren Kulissen und der inneren Charaktere. Besonders die Hoffeste im ersten Teil des *Nibelungenlieds* sind idealisierte Abbilder der höfischen Kultur der Barbarossa-Zeit. Siegfrieds Schwertleite wird als bunte Abfolge von Gelagen, Turnieren, gesanglichen Vorträgen und reichen Gastgeschenken inszeniert.

Als historisches Vorbild hat man zu Recht an die feierliche Schwertleite der Söhne Barbarossas auf dem Mainzer Hoffest von 1184 gedacht. Der Chronist Arnold von Lübeck beschreibt, wie zwischen Rhein und Main eine Zeltstadt mit einem aus Holz gezimmerten Kaiserpalast im Zentrum errichtet

wurde. Auf den Flüssen lagen Hunderte von Schiffen mit Vorräten, große Scheunen mit Vieh und Leckereien standen für die Teilnehmer bereit. Angeblich sollen zu dem Fest 70000 Ritter und Knappen zusammengeströmt sein. Auch wenn die Zahl weit übertrieben sein dürfte, spiegelt sie doch die Anziehungskraft und Größe solcher Veranstaltungen. Sänger, Spielleute und Gaukler kamen aus allen Teilen des Reiches. In den Turnieren haben angeblich 20000 Ritter gemeinsam mit dem Kaiser gefochten. Den Siegern winkten reiche Belohnungen.

Das höfische Turnierwesen befand sich im 12. Jahrhundert auf einem glanzvollen Höhepunkt. Von der Kirche wurden diese Veranstaltungen argwöhnisch beobachtet, da immer wieder Tote und Verletzte zu beklagen waren. Insbesondere die frühere Form des Buhurts, in dem zwei Gruppen aufeinandertrafen und wild aufeinander losritten, forderte einen hohen Blutzoll. Dabei hatte der Buhurt durchaus eine militärische Funktion, da auch in der Schlacht in kleinen, persönlich miteinander verbundenen Gruppen gemeinsam gekämpft wurde.

In der Barbarossa-Zeit traten die Ritter in der Regel im Zweikampf (Tjost) gegeneinander an. Das Lanzenstechen unterlag festen Spielregeln, die schwere Verletzungen möglichst unterbinden und die individuelle Geschicklichkeit und den Mut des Ritters unter Beweis stellen sollten. Wie die dynastischen Hochzeiten und feierlichen Schwertleiten, mit denen die jungen Adelssöhne zeremoniell in den Kreis der waffenführenden Erwachsenen aufgenommen wurden, zählte das Turnier zu den Ritualen der höfischen Welt, wie sie sich im 12. Jahrhundert über das westliche und mittlere Europa verbreiteten.

Die hemmungslose Prachtentfaltung, mit der die Feste, Empfänge und Hochzeiten im *Nibelungenlied* ausgemalt werden, die über viele Strophen gestreckte Aufzählung von Stoffen und Kleidern, Schmuck und Zierrat, Speisen und Getränken – all dies hatte eine historische Grundlage in der höfischen Festkultur der Stauferzeit. Durch den im 12. Jahrhundert über die italienischen Seestädte Venedig, Pisa und Genua beträchtlich gesteigerten Fernhandel gelangten seltene Stoffe und Luxusgüter nach Europa, welche die Fantasien vom Morgenland anregten. Auch die Kreuzzüge und die Berührungen mit der arabischen Kultur trugen zu einer Bewunderung des Orientalischen bei. Der Nibelungendichter erwähnt bei der Wormser Doppelhochzeit kostbare Seidenstoffe aus dem Fernen Osten und damit den nach der Mode der Zeit größtmöglichen Luxus.

All diese Motive sind literarische Erfindungen des Nibelungendichters. Sie inszenieren die alten mythologischen Stoffe und Erzählungen aus grauer Vorzeit im Gewand des modernen Ritterepos. Diese Feststellung lässt sich bis ins Innenleben der einzelnen Charaktere verfolgen. Als Held und Lichtgestalt des zweiten Teils präsentiert das *Nibelungenlied* den Markgrafen Rüdiger von Bechelaren. Abgesehen davon, dass das Amt des Markgrafen eine karolingische Erfindung ist, kann man den Loyalitätskonflikt Rüdigers und seine über viele Strophen ausformulierte Zwangslage beim Kampf in Etzels Königshalle nur vor dem Hintergrund des europäischen Lehnswesens verstehen.

Das Lehnswesen ist jedoch ebenfalls eine Institution, die es während der Völkerwanderung, zur Zeit des Burgunderuntergangs oder Theoderichs des Großen noch nicht gegeben hat. Im Lehnswesen verfestigen sich seit dem 9. Jahrhundert die politischen und sozialen Beziehungen zwischen dem Herrscher und seinem Adel. In seiner Funktion als Lehnsherr konnte der König Rechte einfordern. Der Lehnsmann hatte dafür Anspruch auf gerichtlichen Beistand und materiellen Schutz.

Rüdiger von Bechelaren sah sich am Etzelhof als Lehnsmann des Hunnenkönigs letztlich gezwungen, in die Kämpfe einzugreifen, obwohl mit den Burgundern Freunde und neue Verwandte auf der anderen Seite standen. Das Lehnsrecht forderte die militärische Unterstützung des eigenen Herrn. Und der spektakuläre Prozess Barbarossas gegen Herzog Heinrich den Löwen, der den Kaiser beim Italienfeldzug von 1174 schmählich im Stich gelassen hatte, stand um 1200 als abschreckendes Beispiel jedem Adligen vor Augen.

Aus dem hochmittelalterlichen Lehnswesen nimmt der Nibelungendichter zudem das Motiv, das zum Streit zwischen Kriemhild und Brünhild führt. Da sie bei der Ankunft auf Island beobachtet, wie Siegfried dem König Gunther den Steigbügel hält, ordnet sie den Xantener Königssohn fälschlich als Lehnsmann Gunthers ein. Der Stratordienst galt wie erwähnt im 11. und 12. Jahrhundert als Ehrenpflicht gegenüber einem Lehnsherrn. Mit der Frage

Mittelalterliche Ritter im Gefecht. Deutsche Buchmalerei, um 1180.

COGITACHI·VIRES·IN·MARTIS·OPVS· LVVENILES·

STVLTVS·VT·EXPLORAT·SVA·FATA·PAVORE·LABORAT·

FASTV·DIVINA·POLIT· VLTIO· IES·TE·RVINA·

der lehnsrechtlichen Loyalität thematisiert das *Nibelungenlied* ein zentrales Problem der hochmittelalterlichen Adelsgesellschaft.

Wie Zeitgeschichte um 1200 in den Text des *Nibelungenlieds* einfloss und dessen Deutung für das höfische Publikum mit diktierte, lässt sich an weiteren Stationen der staufischen Geschichte ablesen. Angesichts der 1198 ausbrechenden Thronwirren zwischen Staufern und Welfen galt vielen Kirchenleuten, Gelehrten und Dichtern die vorausgegangene Barbarossa-Zeit als goldenes Zeitalter. Barbarossa war der Held einer Epoche, in der das deutsche Reich nach langwierigen Konflikten große außenpolitische Anerkennung erreicht hatte. Der plötzliche Tod des Kaisers in der Ferne hat schon bei Zeitgenossen die Tendenz zur mythischen Überhöhung befördert.

Zudem stammte Barbarossas Gemahlin Beatrix aus dem Königreich Hochburgund. Der Chronist aus der kaiserlichen Familie, Otto von Freising, hebt ihre Abstammung »aus dem alten und vornehmen Geschlecht der Burgunder« hervor (*Gesta Frid*. 11, 49). Zur Konstellation des *Nibelungenlieds*, in dem der Held eine Prinzessin aus der burgundischen Königsfamilie ehelicht, passt auch die Bevorzugung der Stadt Worms unter Barbarossa und seinen Söhnen. In Worms wurde Beatrix als deutsche Königin geweiht und gesalbt; eben hier hielten sich Barbarossa und sein Nachfolger Heinrich VI. am häufigsten auf, wenn sie in Deutschland weilten.

Nach dem überraschenden Tod Heinrichs VI. erhob sein jüngerer Bruder Philipp Ansprüche auf den Thron. Auf einem Hoftag in Worms präsentierte er sich erstmals mit

der Reichskrone. Die in der *Kölner Königschronik* zu Pfingsten 1198 beschriebene Szene erinnert stark an die Stelle in der *Klage*, als der junge Gunther, Sohn und Erbe des verstorbenen Burgunderherrschers, in Worms in sein Amt eingeführt wird (V. 4090).

Neben der allgemeinen Burgund-Renaissance in der Stauferzeit, die den Dichter des *Nibelungenlieds* bei seinen Entwürfen für das Wormser Burgunderreich beflügelt haben dürfte, liegt manche motivische Parallele aus dem politischen Alltag der Stauferzeit vor. So könnte man die in Aventiure 4 beschriebenen Kämpfe der Burgunder gegen die Dänen und Sachsen, bei denen sich der junge Siegfried als guter Gast profiliert, als Reflex auf den Thronstreit ansehen, bei dem der Welfe Otto IV. im Jahr 1200 mit starker sächsischer Hausmacht und dänischen Verbündeten gegen den Stauferkönig Philipp zu Felde ziehen wollte.

Der Streit der beiden Königinnen macht in der Fassung, wie sie das *Nibelungenlied* überliefert, auf eine weitere ›Aktualisierung‹ aufmerksam. Während die älteren Lieder aus dem Norden den Streit in der freien Natur verorten, verlegt der Nibelungendichter die hitzige Szene auf die Stufen des Wormser Münsters. Auf dem Zug in das Hunnenland spielen ein Kaplan der Burgunder und der Passauer Bischof eine Nebenrolle. Die christliche Einfärbung des Stoffs bleibt zwar im *Nibelungenlied* an der Oberfläche – erst in der späteren *Klage* gewinnt sie eine tragende Funktion –, doch weist auch die Verchristlichung der Handlung auf die neuen Zeiten hin.

Während viele der skandinavischen Lieder noch die heidnische Fassung der alten

Sagenmotive bewahrt haben, da die nordische Inselwelt erst seit dem 11. Jahrhundert flächendeckend christianisiert wurde, kam es in den älteren christlichen Kulturen des Südens und Westens ganz selbstverständlich zu einer christlichen Prägung der Kultur. Alle germanischen Völker, die im Laufe der Völkerwanderung auf ehemals römisches Gebiet und damit in den Einflussbereich des Christentums gelangten, haben sich in recht kurzen Fristen zur Annahme des neuen Glaubens entschlossen. Die katholische Taufe des Frankenkönigs Chlodwig in den Jahren um 500 gilt als Höhepunkt dieser Entwicklung.

Dass christliche Mönche im 13. Jahrhundert sogar zu den Trägern der ritterlichen und heroischen Literatur zählten, bezeugt die Handschrift C des *Nibelungenlieds*. In Aventiure 17 bietet diese Handschrift einen längeren Exkurs zur Abtei Lorsch, der den Verdacht nahelegt, dass der Abschreiber seinem Heimatkloster ein literarisches Denkmal setzen wollte. Im Unterschied zur älteren Fassung der Handschrift B, nach der Siegfried im Wormser Dom begraben wurde, verlegt der Schreiber von C das endgültige Begräbnis und Kriemhilds Trauerjahre nach Lorsch.

Zeitgeschichte und Lokalkolorit hinterlassen im Mythos der Nibelungen ebenso ihre Spuren wie alte mythologische Motive und historische Erinnerungen der germanischen Frühzeit.

Siegfrieds Grablege? Die Vorhalle des Klosters Lorsch, 12. Jahrhundert.

V. ATTILA IN SOEST? – SCHAUPLÄTZE UND LOKALE NIBELUNGEN-TRADITIONEN

ATTILA IN SOEST — DIE NIFLUNGEN IN DER *THIDREKSSAGA*

NIBELUNGEN AM NIEDER-RHEIN

In Norwegen entstand im späteren 13. Jahrhundert eine umfangreiche Dichtung über den Helden Dietrich von Bern (altnord. Thidrek af Bern). In die Geschichte werden unter anderem die Heldentaten Siegfrieds und der Untergang der Niflungen eingebunden. Im Zentrum stehen jedoch die Biografie und die Vorfahren Dietrichs, jener in der mittelalterlichen Literatur gefeierten Heldengestalt, in der die Erinnerung an den Ostgotenkönig Theoderich weiterlebte. Auch die norwegische *Thidrekssaga* ist mithin ein typisches Produkt hochmittelalterlicher Heldenepik, das sich aus unterschiedlichsten historischen, mythologischen, literarischen und lokalen Wurzeln nährt. Da die Darstellung des Niflungenuntergangs sowie die Ereignisse im Umfeld Siegfrieds, Brünhilds und Attilas in dieser Fassung jedoch ein völlig anderes Bild von den bekannten nibelungischen Handlungssträngen ergeben, lohnt ein näherer Blick auf den Inhalt der *Thidrekssaga*.

Die umfangreiche Erzählung beginnt mit den Vorfahren des Gotenherrschers. Sein Großvater Samson dient als junger Ritter beim Grafen Rodgeir von Salerno. Er tut sich durch große Körperkräfte und ritterliche Gesinnung hervor. Schwierig wird die Lage erst, als Samson auf die schöne Hildisvid trifft, die junge Tochter des Grafen. Gleich Tristan und Isolde fliehen die beiden Lieben-den vom Hof des Vaters, die Tochter mit-samt ihrer Juwelen und Schätze. Als sie durch die Ritter des Grafen gestellt werden, tötet Samson alle seine Gegner einschließlich Rodgeirs. Für den Bruder des Grafen, König Brunstein, wird die geplante Rache zum Albtraum. Am Ende wird er selbst von dem abtrünnigen Ritter in seiner Königsburg belagert und durch einen Schwerthieb getötet. Unterstützt durch seinen Onkel, nimmt Samson mit seiner Gemahlin das gesamte Reich Rodgeirs und Brunsteins in Besitz, wo er zum König von Salerno ausgerufen wird.

Aus der Ehe gehen zwei Söhne hervor: Ermanrich und Thetmar (Dietmar). Während Samson weitere Städte und Königreiche erobert, übernimmt sein ältester Sohn Ermanrich die Herrschaft in Spanien. Der jüngere Sohn fühlt sich übergangen und konspiriert mit dem Feind, in diesem Fall mit dem Grafen Elsung von Bern, in dessen Tochter Odila er sich verliebt. Im ausbrechenden Krieg zwischen Samson und Elsung behauptet sich der König von Salerno trotz einer Verwundung. Sein Feind stirbt in der Schlacht; die Männer Elsungs ergeben sich. Thetmar übernimmt die Herrschaft in Bern/Verona. Mit Odila hat er zwei Söhne, Thidrek und Theter, sowie eine Tochter namens Isolde. Damit besetzt die Familie der Amelungen die wichtigsten Throne zwischen Spanien und Sizilien.

Die Handlung der Saga verlässt für eine Zeit die Amelungen und wendet sich der Herrschaft in Skandinavien, Russland und dem europäischen Osten zu. Erzählt wird ausschweifend von Kriegen, neuen Bündnissen und dem Aufstieg der Hunnen. Attilas Weg zur Macht und zum Beherrscher Europas steht im Zentrum dieses Teils. Rüdiger von Bechelaren taucht als Diplomat in Diensten des mächtigen Hunnen auf.

Bis zu seinem Zusammentreffen mit Attila erlebt der junge Gotenfürst Thidrek erste prägende Abenteuer am Hof seines Vaters in Verona. Als treuer Weggefährte tritt der spätere Waffenmeister Hildebrand schon früh an die Seite Thidreks. Bei der Jagd nehmen die beiden Goten im Wald einen Zwerg namens Alfrek gefangen. Als Lösegeld bietet der Zwerg an, ihnen ein zauberwirkendes Schwert und einen großen Schatz zu verschaffen, deren Bewacher Hilde und Grim heißen. Hier übernimmt die *Thidrekssaga* deutlich die Züge nordischer Götterlieder, in denen etwa vom Schatz des mächtigen Zwergs Andwari, vom Oegishelm und vom Ring der Macht die Rede ist.

Insbesondere der folgende Ringkampf Thidreks und Hildebrands mit der Wächterin Hilde, in dem sich die beiden Männer nur mit letzter Kraft gegen die starke Frau durchsetzen können, erinnert überdies stark an Brünhilds Duell gegen Gunther und Siegfried in der Fassung des *Nibelungenlieds*. Allerdings gehen die magischen Fähigkeiten Hildes weit über die Kräfte Brünhilds hinaus. Als Thidrek seine Gegnerin mithilfe des gestohlenen Zauberschwertes in zwei Teile haut, setzt diese nach kurzer Behandlungspause den Kampf fort. Erst beim dritten Versuch halten die beiden Goten die Einzelteile Hildes fest, sodass sie sich nicht wieder zusammenfügen können.

Thidreks wachsender Ruhm bringt ihm bald neue Probleme. In einer Stadt namens Seegard herrscht die berühmte Brünhild. Einer ihrer Untertanen, der sich nach einem Drachen Heimir nennt, sucht ritterliche

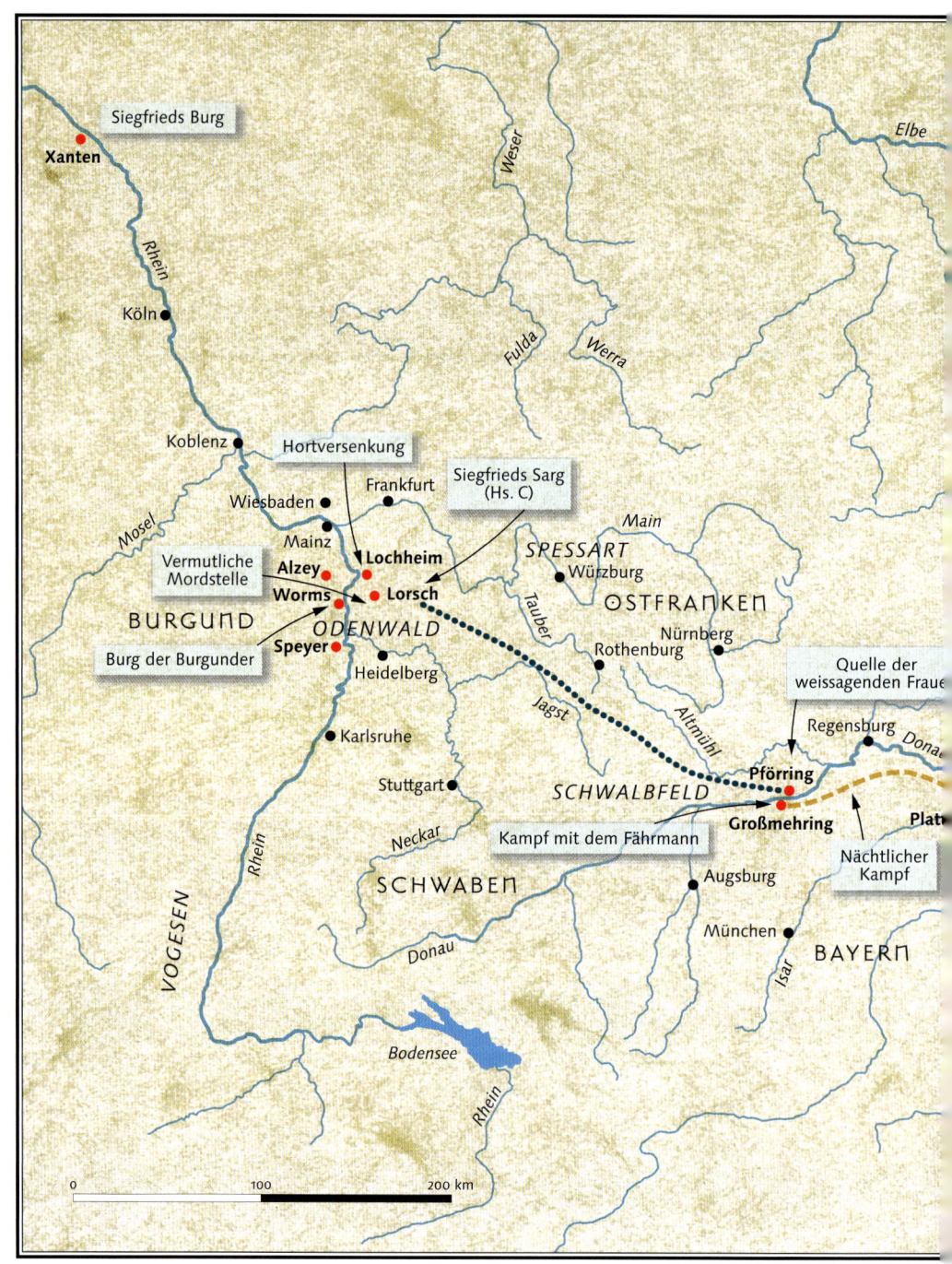

Siegfrieds Burg

Xanten

Elbe

Weser

Rhein

Köln

Fulda

Werra

Koblenz

Hortversenkung

Wiesbaden

Frankfurt

Siegfrieds Sarg
(Hs. C)

Main

SPESSART

Mainz

Lochheim

Vermutliche
Mordstelle

Alzey

Würzburg

OSTFRANKEN

Worms

Lorsch

Tauber

Nürnberg

BURGUND

ODENWALD

Rothenburg

Burg der Burgunder

Speyer

Quelle der
weissagenden Frau

Heidelberg

Jagst

Altmühl

Regensburg

Donau

Karlsruhe

Pförring

Stuttgart

SCHWALBFELD

Großmehring

Plat

Kampf mit dem Fährmann

Neckar

Nächtlicher
Kampf

SCHWABEN

Augsburg

VOGESEN

Rhein

Donau

München

BAYERN

Isar

Bodensee

Rhein

0   100   200 km

SCHAUPLÄTZE DES *NIBELUNGENLIEDS*

----- Im *Nibelungenlied* beschriebene Strecke

.... Im *Nibelungenlied* nicht beschriebene Strecke

POLEN

ÜRINGEN

Oder

REICH VON KIEW

Elbe

Prag

Moldau

...ammentreffen von Kriemhild
und Bischof Pilgrim (Hs. C)

...ammentreffen von Kriemhild
und Bischof Pilgrim (Hs. B)

March

Waag

Residenz Bischof
Pilgrims

Gran

Wohnsitz Astolts

Vielvölkertreffen

Etzelburg, Schauplatz
des Nibelungen-
untergangs

...ssau

Mautern

Zeiselmauer

Linz

Trais-
mauer

Tulln

Wien

...ferding

Enns

Melk

Pöchlarn

Hochzeitsfest
Kriemhilds
mit Etzel

Hainburg

Wieselburg
(Mosonmagyaróvár)

Gran
(Esztergom)

Burg des Markgrafen
Rüdiger

Neusiedler
See

Budapest

Donau

ÖSTERREICH

Raab

Plattensee

Bewährung und fordert Thidrek in Verona zum Turnier heraus, bei dem sich der Gote knapp behauptet. Heimir wird sein Gefährte und Freund.

Andere Helden fühlen sich vom Hof in Verona und vom Ruf des jungen Prinzen angezogen, um für sich ritterliche Ehre zu gewinnen. Unter ihnen ist Widga (Witigis), Sohn des mächtigen Schmieds Wieland. Hier verbindet die *Thidrekssaga* den Namen eines weiteren historischen Ostgotenherrschers in der Nachfolge Theoderichs namens Witigis (gest. 542) mit dem sagenhaften Schmied, dem die *Lieder-Edda* viele Strophen widmet. Dieser Widga wird nach heroischem Zweikampf ebenfalls Thidreks Gefährte.

Den inneren Zirkel um den Gotenkönig bilden der Däne Thetleif sowie die Brüder Fasold und Ekka. Im mittelhochdeutschen Epos *Biterolf und Dietleib* (um 1250) wird die Geschichte dieser Helden etwas abweichend erzählt. Daraus geht hervor, dass die Erzählungen und Lieder über Dietrich in Skandinavien und Deutschland durchaus eigenständige Formen annehmen konnten. In seinem Kampf um den Führungsanspruch bei den Hunnen ruft Attila schließlich den für seine Ritterlichkeit weithin berühmten Thidrek zu Hilfe.

Da Thidrek mit seinem Heldenmut alle Bewährungsproben höchst erfolgreich bestanden hat, führt die Saga nun einen weiteren Heros in die Handlung ein, der sich mit dem Gotenfürst messen wird: Sigurd. Seine Eltern werden als Siegmund und Sisibe vorgestellt. Sisibes Vater ist König Nidung von Spanien. Von einem seiner Vasallen hintergangen, glaubt Siegmund an die Untreue seiner schwangeren Frau, die er zur Strafe im Wald hinrichten lassen will. Während ihre beiden Henker in Streit geraten und übereinander herfallen, gebiert Sisibe an einem Fluss ihren Sohn Sigurd.

Während nach der *Lieder-Edda* (»Reginlied«) die Königin freundliche Aufnahme am Hof des Königs Hjalprek findet, dramatisiert die *Thidrekssaga* das Geschehen. Der Säugling wird vom Fluss fortgetragen, Sisibe stirbt an den Folgen des Schreckens. Sigurd wird vom Schmied Mimir gefunden und aufgezogen; Mimirs Bruder Regin verbreitet als Drache Angst und Schrecken. In den älteren Liedern heißen die Brüder Regin und Fafnir, wobei Letzterer den Part des Drachens übernimmt.

Mimir ist nicht nur Lehrer des heranwachsenden Sigurd, sondern auch des Schmieds Wieland. Als er erkennt, dass Sigurd keine Karriere als Schmied anstrebt, sondern ritterliche Ambitionen an den Tag legt, stachelt Mimir seinen Drachenbruder Regin zur Ermordung des Ziehsohns an. Damit wird die ältere Beziehung zwischen Regin, Fafnir und Sigurd in der Fassung der *Lieder-Edda* auf den Kopf gestellt, nach der Sigurd den Drachen Fafnir auf Geheiß Regins ermordet. Sigurd überlebt die Falle, die ihm die mörderischen Brüder stellen, tötet den Drachen mit einem brennenden Holzscheit und erhält durch das Bad im Drachenblut seine Unverletzlichkeit. Mimir versucht sich aus der Affäre zu ziehen, indem er den Helden mit den besten Utensilien ausstattet, unter ihnen das Schwert Gram und der Hengst Grani.

Da Helden jedoch meist nachtragend und wenig tolerant sind, verliert Mimir am Ende sein Leben durch Gram. Dessen Besitzer Sigurd ist nun bereit für große Abenteuer, die ihn sogleich zu der Burg der Walküre Brünhild bringen. Vor dem Tor muss er zunächst sieben Wachen umbringen, bevor er zur Burgherrin vorgelassen wird. Diese erkennt seine außergewöhnlichen Fähigkeiten. Beide geben sich flugs ein Heiratsversprechen und festigen dieses durch feierliche Eide, bevor Sigurd zu weiteren Abenteuern aufbricht. Diese führen ihn an den Hof des Königs Isung, wo er auf den Helden Thidrek und dessen Gefährten trifft.

Die illustre Ritterschar um den Gotenfürsten hat sich inzwischen um Gunnar, den König des Niflungenlandes, und seinen Halbbruder Högni erweitert. Ebenfalls zur Familie gehören die Königsmutter Oda (Ute), die jüngeren Brüder Gernoz (Gernot) und Gisler (Giselher) sowie deren Schwester Grimhild (Kriemhild). Bemerkenswert ist, dass die Namen der Niflungenfrauen in der norwegischen *Thidrekssaga* den Namen im *Nibelungenlied* (Ute und Kriemhild) entsprechen und nicht den älteren skandinavischen Quellen, in denen die Mutter Grimhild und die Tochter Gudrun heißen.

Die Handlung am Isunghof wird dadurch gestreckt, dass zunächst jeder der Helden im Gefolge Thidreks einen heroischen Zweikampf gegen einen der elf Söhne König Isungs zu bestehen hat. Das Motiv des seriellen Duells kommt bereits im lateinischen *Waltharius* aus dem 10. Jahrhundert vor. Wenig erfreut zeigt sich Thidrek von der Tatsache, dass nicht weniger als sieben seiner Ritter gleich am ersten Tag unterliegen und in Gefangenschaft geraten. Drei weitere Gefangene kommen am zweiten Tag hinzu, bevor Widga im Kampf gegen den elften

Sohn siegreich bleibt und alle Kameraden befreit.

Als Höhepunkt der Heldenduelle treten abschließend Thidrek und Sigurd gegeneinander an. Zwei Tage lang fechten die beiden, ohne dass sich ein Sieg abzeichnet. Erst als der Gote hinterlistig das Zauberschwert Mimung seines Vasallen Widga einsetzt, gibt sich Sigurd geschlagen und wird Thidreks Freund und Lehnsmann. Anschließend lädt König Gunnar alle Helden ins Niflungenland ein. Hier kommt es, wie es kommen muss: Sigurd lernt unter den wohlwollenden Augen des Königs dessen Schwester Grimhild kennen und lieben. Thidrek bleibt als Ehrengast bis zur prächtigen Hochzeitsfeier.

Halb aus Naivität, halb aus schlechtem Gewissen schlägt Sigurd schließlich seinem Schwager Gunnar vor, um die Hand der Walküre Brünhild anzuhalten. Diese fühlt sich von Sigurd jedoch schnell doppelt verraten. Nicht nur, dass er gegen seinen früheren Eid eine Ehe eingegangen ist, mithilfe seiner Zauberkräfte zwingt er Brünhild auch zur Verbindung mit Gunnar. Ihre schlechte Laune lässt die Walküre in der Hochzeitsnacht am König der Niflungen aus, den sie im Ringkampf überwindet und – gleich der Szene im *Nibelungenlied* – an den Wandhaken in der Kemenate hängt.

Als sich diese Schmach dreimal wiederholt, bittet Gunnar seinen Schwager um Hilfe. Sigurd kennt Brünhilds Geheimnis: Die Jungfräulichkeit verleiht ihr magische Kräfte. Folglich besteigt er in der vierten Nacht im Dunkeln Gunnars Ehebett und raubt der Walküre nach einem beeindruckenden Handgemenge neben einem wertvollen Goldring – ganz im Gegensatz zum *Nibelun-*

genlied – tatsächlich die Unschuld. Der Bann ist gebrochen, Brünhild von da an nur noch ein Schatten ihrer selbst. Ihr Zorn richtet sich zuerst auf ihre Widersacherin Grimhild.

Die *Thidrekssaga* verlässt mit ihrer Hauptfigur auch die vergiftete Stimmung am Niflungenhof. Das Interesse richtet sich auf den sich zuspitzenden Streit zwischen Thidrek und seinem Onkel Ermanrich, in dessen Folge der Gotenfürst mit seinem Gefolge aus dem väterlichen Reich vertrieben wird. Diese Konstellation kennt auch die deutsche Dietrichepik. Sie wird in *Dietrichs Flucht* und in der *Rabenschlacht* ausführlich ausgebreitet, im *Nibelungenlied* nur kurz angedeutet. In einer Nebenrolle taucht sogar König Artus in der *Thidrekssaga* auf, ein erneuter Hinweis, dass mittelalterliche Dichter keinerlei Scheu vor der Vermischung unterschiedlicher Sagenstoffe und Literaturmotive hatten.

In verwirrenden Verwandtschafts- und Gefolgschaftsintrigen bringen sich im Folgenden Ermanrichs Sippe sowie die mit ihm verbundenen Lehnsleute und Nachbarkönige gegenseitig um. Thidrek und sein Freund Widga geraten in den Strudel der Ereignisse. Widga wird als neuer Lehnsmann Ermanrichs von seinem alten Freund getrennt; Letzterer muss aus Verona weichen. Thidreks Flucht führt ihn direkt an den Hunnenhof nach Susat (Soest?), wo ihn Attila und dessen Frau Helche warmherzig empfangen. Bevor er an die Rückeroberung des väterlichen Reiches denken kann, greift er Attila erneut gegen die Wikinger und Russen unter die Arme. Hier wird ausdrücklich die Stadt Novgorod erwähnt, die – wie Soest – seit dem 13. Jahrhundert dem norddeutschen Zusammenschluss der Hanse angehörte. In den nächsten 20 Jahren sammelt Thidrek im Exil eine neue Armee, mit deren Hilfe er Ermanrich herausfordern kann. Unterstützung kommt vor allem von Königin Helche und Markgraf Rüdiger.

Mit starken Kräften trifft Thidrek schließlich in der Schlacht von Gronsport auf seinen Onkel. Viel Aufmerksamkeit erntet Ermanrichs Vasall Widga, der nur unter größten Seelenqualen gegen seinen alten Freund Thidrek kämpfen mag und quasi wider Willen viele Verwandte und Freunde von diesem erschlägt. Damit entspricht diese Szene exakt der Gewissensnot Markgraf Rüdigers im *Nibelungenlied* im Endstadium der Schlacht in Etzels Königshalle.

Überhaupt nimmt Gronsport in vielen Details die Züge des verheerenden Untergangs der Burgunder am Hunnenhof an. Während im *Nibelungenlied* die Schlacht in der Königshalle damit beginnt, dass Hagen dem Sohn Etzels und Kriemhilds den Kopf abschlägt, kommen in Gronsport die bereits volljährigen Söhne Attilas in offenem Kampf gegen Widga ums Leben. Ähnlich der berührenden Szene im *Nibelungenlied*, in der Markgraf Rüdiger durch die Hand des Burgunderkönigs Gernot fällt, tötet Thidrek seinen früheren Lehnsmann Widga am Ende durch einen Lanzenwurf.

Obwohl der junge Gotenfürst damit den Sieg in der Schlacht erringt, verzichtet er auf die Rückkehr nach Oberitalien. Stattdessen überbringt er seinem Freund Attila die traurige Nachricht vom Tod der Söhne. Deren Mutter Helche überlebt die Söhne nur um kurze Zeit. Reich beschenkt sie ihre treuen Freunde Thidrek und Hildebrand; hellsichtig warnt sie ihren Gemahl Attila, bei der Auswahl der nächsten Ehefrau die schöne Grimhild aus dem Niflungenland besser zu übergehen, da durch sie der Untergang der Hunnen drohe.

Nur nebenbei erfährt der Hörer der Saga, dass Grimhilds früherer Gemahl Sigurd von deren Brüdern ermordet wurde. Solche Rand-

Die mittelalterliche Stadtmauer von Soest. Blick auf den Kattenturm, 13. Jahrhundert.

notizen über wichtige Ereignisse dienen dazu, dem Hörer oder Leser die durchaus bekannten Geschehnisse anderer Dichtungen in Erinnerung zu rufen. Die folgenden Kapitel rekapitulieren dann die Umstände, die zu Sigurds Tod führen: den Streit der Königinnen, das Komplott der Niflungenkönige und die durch Högni ausgeführte Tat.

Das Verhängnis nimmt seinen Lauf, als Attila, die Warnung der sterbenden Helche vergessend, um die Hand der jungen und schönen Witwe Grimhild anhält. Seine Boten werden in Vernica (Worms?) gnädig aufgenommen; die Hochzeit wird mit Gunnars Zustimmung am dortigen Hof organisiert. Bei der Feier, auf der auch Thidrek, Hildebrand und Markgraf Rüdiger anwesend sind, verschenken die Niflungen großzügig Sigurds kostbare Ausrüstung: seinen Schild, das Schwert Gram und den Hengst Grani.

Mit seiner Braut, die noch immer um ihren früheren Gemahl trauert, und Thidrek kehrt Attila nach Susat zurück. Nach sieben Jahren eröffnet Grimhild das entscheidende Spiel: Sie setzt Attila mit dem Niflungenschatz einen Floh ins Ohr. Verräterisch lädt der Hunnenkönig daraufhin die Niflungen zu einem Fest nach Susat. Gegen den Rat seiner Mutter Oda und seines weisen Halbbruders Högni entschließt sich König Gunnar zu der Fahrt. Wo der Rhein in die Duna fließt, überquert das starke niflungische Heer den Fluss.

Die anschließenden Ereignisse folgen weitgehend demselben Handlungsschema wie im *Nibelungenlied*: Bei Markgraf Rüdiger gibt es ein freundliches Intermezzo, am Hunnenhof brechen die Unfreundlichkeiten zuerst zwischen Grimhild und Högni aus, dem

Mörder Sigurds. In der *Thidrekssaga* stirbt freilich als Erster König Gunnar, der gleich zu Beginn der Schlacht in Gefangenschaft gerät und von Attila in die Schlangengrube geworfen wird. Damit leiht sich der Dichter ein in Skandinavien sehr populäres Motiv aus dem »Alten Atlilied«, das auf einigen gotländischen Runensteinen sogar bildlich festgehalten wurde. Durch den Tod des Königs in Rage versetzt, kämpfen die Niflungen zunächst überaus erfolgreich gegen die hunnische Übermacht.

Erst durch das Eingreifen Thidreks, des Haupthelden der Saga, wendet sich die Schlacht zu Attilas Gunsten. Die Königs-brüder Gernot und Giselher sterben durch Hildebrands Hand, Högni wird von Thidrek gefangen genommen. Nun hat Grimhild ihren schauerlichen Auftritt. Um zu prüfen, ob ihre jüngeren Brüder wirklich tot sind, stößt sie beiden ein brennendes Holzscheit in den Mund, das Giselher endgültig um-bringt. Dieses unritterliche Verhalten stößt auf Thidreks Missfallen, der von seinem Freund Attila die Erlaubnis einholt und be-kommt, die Hunnenkönigin zur Strafe hin-zurichten. Grimhild stirbt unter Thidreks Schwert, Högni wenig später auf dem Kran-kenlager in Thidreks Haus, wo er aber zuvor noch einen Sohn mit einer adligen Hunnin zeugen kann. Der Grundstein für eine Fortsetzung in der nächsten Generation ist also gelegt.

Nach den traumatischen Ereignissen in Susat kehrt Thidrek endgültig dem Hunnen-land den Rücken. Zwar hat er in der Niflun-genschlacht die meisten seiner Krieger ver-loren, doch gemeinsam mit seiner Gemahlin Herrad und dem unverzichtbaren Hilde-brand tritt er den Heimweg nach Verona an. Glücklich trifft er dort ein, als Ermanrich gerade das Zeitliche gesegnet und dessen betrügerischer Berater Sifka die Königskrone an sich gebracht hat. Die Bevölkerung und der Adel in Verona laufen in Scharen zu Thidrek über. In der siegreichen Schlacht gegen Sifka unterwirft der Gotenfürst zu-letzt auch dessen römische Helfer – Thidrek herrscht nun über ganz Italien, kämpft noch ein paar Räuber und einen Drachen nieder, hilft wehrlosen Witwen und besiegt einen Riesen.

Als schließlich kein würdiger Gegner mehr übrig ist und die meisten der alten Freunde gegangen sind, ist auch für Thidrek die Zeit zum Abtreten gekommen. Auf dem Rücken eines wilden Riesenpferdes wird er davongetragen und nie wieder gesehen.

Neuere Forschungen sehen im norwe-gischen König Hakon IV. dem Alten (1204 bis 1263) den Initiator für eine ganze Reihe von literarischen Übertragungen aus dem west-europäischen Raum. Die *Thidrekssaga* steht damit neben einer Reihe von Beispielen aus der französischen Artustradition. Blickt man auf Thidreks Ende, lassen sich wahrhaft viele Parallelen zu den Aventiuren der Artusritter erkennen. Wie in den meisten heroischen Dichtungen übernehmen in der *Thidrekssaga* weitere bekannte Sagengestalten wichtige Rollen, so etwa der Schmied Wieland, Sieg-fried, Brünhild, die als Niflungen bezeichne-ten Burgunderherrscher, Attila oder Helche. Damit enthält die altnorwegische Saga auch eine eigenständige Version der Nibelungen-sage. Eine kürzere *Dietrichschronik* wurde zudem auf der Grundlage der Dietrichsage in Schweden im 15. Jahrhundert verfasst.

Von Interesse ist, dass der norwegische Dichter der *Thidrekssaga* erklärt, er habe seine Dichtung »nach der Erzählung deutscher Männer zusammengestellt, teilweise nach ihren Liedern, zur Unterhaltung großer Herren«. Etwas später wird präzisiert, die Deutschen stammten aus den Städten Soest, Münster und Bremen. Bereits in den Liedern der älteren *Edda* sind Hinweise auf deutsche Quellen gegeben worden. Damit bestätigt sich, was die Nennung deutscher Städte und Flüsse in den skandinavischen Dichtungen ohnehin bereits nahelegt. Die Erzählungen über Dietrich und Attila, Siegfried und die Nibelungen stammen vom germanischen Festland. Der Rhein taucht als lokale Markierung bereits in den frühesten Texten, so im Bruchstück des »Älteren Sigurdlieds«, auf.

Mit dem Hinweis auf Soest, Münster und Bremen ist die niederdeutsche Tiefebene zwischen Niederrhein und Weser präzise umrissen, die im frühen Mittelalter vorrangig von Sachsen bewohnt wurde. Münster und Bremen sind zwei alte karolingische Bistumsgründungen, die durch die von Köln kommende Rheinstraße miteinander verbunden waren. Als Wirtschaftsraum einte die norddeutsche Hanse seit dem späten 12. Jahrhundert die drei genannten Städte. Unter den in Skandinavien auftretenden deutschen Männernvwird man sich in erster Linie Kaufleute vorzustellen haben, die von der Rheinmündung und den nördlichen Hafenstädten aus am Nord- und Ostseehandel beteiligt waren.

Von Münster aus verlief der Fernhandel vorrangig in Richtung Deventer, Emden, Bremen, Hamburg und Lübeck. In Soest trafen sich der für den West-Ost-Handel wichtige Hellweg mit dem Fernweg nach Münster, Osnabrück und Bremen. Die in Soest und Umgebung produzierten Tuche wurden bis in den Ostseeraum, so in die Seestädte Visby und Livland, und weiter nach Novgorod gehandelt. Neben Dortmund und Münster war Soest die bedeutendste Hansestadt des westfälischen Binnenraums.

In Bremen residierten im hohen Mittelalter zeitweise die Erzbischöfe von Hamburg-Bremen, die seit der späten Karolingerzeit für die missionarische Erschließung Skandinaviens zuständig waren. Neben kommerziellen Impulsen bestanden seit dem 11. Jahrhundert mithin kirchliche Verbindungen in den skandinavischen Raum, die bei der Frage des »Kulturtransfers« von Deutschland in den Norden durchaus eine wichtige Rolle gespielt haben können. Kirchliche und kommerzielle Zentren in Norwegen und Schweden waren im hohen Mittelalter die Städte Visby, Bergen und Lund.

Der Inhalt der *Thidrekssaga* kann als Zusammenschau verschiedener Sagenkreise und Lieder beschrieben werden. Der erzählerische Bogen spannt sich über die Biografie des Helden Dietrich, die sich nur teilweise in den Bahnen der älteren Lieder bewegt. Die Auseinandersetzung mit seinem Onkel Ermanrich und viele der aus Einzelliedern bekannten Abenteuer lassen sich in der älteren Tradition wiederfinden. Andere Episoden wie diejenige um den Hunnenfürsten Etzel/Attila oder um die Walküre Brünhild treten in der *Thidrekssaga* in deutlichen Abwandlungen auf. Die Burgunder werden durchgehend als »Niflungen« bezeichnet; Attilas Residenz wird nach Soest verlegt; Brünhild regiert nicht auf der fernen Insel

Island, sondern in der Stadt Seegard. Somit unterscheiden sich wesentliche Lokalangaben des mittelhochdeutschen *Nibelungenlieds* von der norwegischen Saga.

Obwohl das *Nibelungenlied* einige Jahrzehnte vor der Saga entstanden sein dürfte, ist es eher unwahrscheinlich, dass der skandinavische Dichter Kenntnis davon hatte. Es sei daran erinnert, dass das *Nibelungenlied* sowie seine frühesten Abschriften während des 13. Jahrhunderts im süddeutschen Raum entstanden und bislang keine Erkenntnisse über seine Verbreitung im Niederdeutschen zu einem so frühen Zeitpunkt vorliegen.

Viel wahrscheinlicher ist es, dass im niederdeutschen Raum eigenständige Dichtungen über Dietrich und die Nibelungen kursierten, von wo aus sie ihren Weg nach Norwegen und Schweden fanden. In einem dichten Gewirr von Forschungsmeinungen und Behauptungen verlieren sich die Spuren zur Quelle für diese vom Bekannten abweichende niederdeutsche Sagenfassung. Nach der Germanistin Roswitha Wisniewski haben möglicherweise die Mönche des bei Arnsberg liegenden Prämonstratenserstifts Wedinghausen und Soester Lokalüberlieferungen bei der Erstellung einer solchen Fassung mitgewirkt.

Aus guten Gründen darf man annehmen, dass im Soester Raum eine eigenständige Tradition lokale und wenig bekannte Ereignisse mit dem populären Nibelungenstoff vermengte und dass Namensähnlichkeiten dafür den Ausschlag gaben. Die erste Auffälligkeit besteht in der Lokalisierung der Stelle, an der die Niflungen bei ihrem Ritt zu Attila den Rhein überquert haben sollen. Nach der *Thidrekssaga* flossen an dieser Stelle

Rhein und Duna zusammen. In der älteren Forschung wurde »Duna« mit der Donau gleichgesetzt, weil der Hunnenhof nach den *Edda*-Liedern und dem *Nibelungenlied* an der Donau lag. Da der Rhein nicht in die Donau mündet, ging man lange von der Ortsunkenntnis des norwegischen Dichters der *Thidrekssaga* aus.

Der Lokalhistoriker Heinz Ritter hat dagegen vorgeschlagen, in der Duna die Dhünn zu sehen, einen Nebenfluss der Wupper, der noch bis zum 18. Jahrhundert direkt in den Rhein mündete. Im Sinne einer niederdeutschen Lokaltradition ist dieser Vorschlag durchaus überzeugend. Gleichzeitig darf man jedoch nicht übersehen, wie es die heimatkundlich interessierten Anhänger Ritters gerne tun, dass die Hauptquellen der Nibelungensage unzweifelhaft vom Donauübergang der Nibelungen sprechen.

Eine weitere namenkundliche Überlegung widmet sich den – nur in der *Thidrekssaga* durchgängig so bezeichneten – Niflungen und ihrer Hauptstadt Vernica oder Verminza. In Kenntnis der älteren Nibelungendichtungen aus der *Edda*, in denen ebenfalls von »Niflungar« die Rede ist, und der Ortsangabe Worms für den Burgunderhof im *Nibelungenlied* ist an den Namen in der *Thidrekssaga* zunächst wenig Spektakuläres. Namenforscher halten eine Ableitung von Worms über »Vermayze« zu Verminza für durchaus möglich. Ein lokalhistorischer Vorschlag sieht in Verminza eher das heutige Virmenich in der Voreifel bei Zülpich. Ebenfalls im Zülpicher Raum fließt der Neffelbach, die Niflungen könnten mithin als Neffelungen eine ganz neue lokale Identität gewinnen.

Wie aber kommt der große Attila in das unbedeutende Soest? Die Hunnen haben im niederrheinisch-westfälischen Raum keine historischen oder archäologischen Spuren hinterlassen, auch wenn sie als römische Föderaten in der Zeit des Aetius gewiss Zugang zu den Legionslagern entlang der Rheingrenze besessen haben. Wichtiger jedoch scheint die Namensähnlichkeit zwischen Hunnen und der alten, beim angelsächsischen Chronisten Beda verwendeten Bezeichnung »Hunaland« für den niederdeutschen Raum zu sein.

Bereits in den »Sigurdliedern« der älteren *Edda* beschreibt das Adjektiv »hunisch« (in »hunski«) die regionale Herkunft Sigurds, die nach dem *Nibelungenlied* im niederrheinischen Xanten zu suchen ist. Hat demnach eine im 12./13. Jahrhundert verbreitete Lokalversion des Nibelungenstoffs aus den westfälischen Hunen die berüchtigten Hunnen Attilas gemacht?

Weitere Verwirrung stiftet der Fund einer Schmuckbrosche aus einem Frauengrab bei Soest, das in das frühe 6. Jahrhundert datiert werden kann. Aus der Runenumschrift will Heinz Ritter den Namen Atala herauslesen. Atala oder Attala soll ein friesischer Fürstensohn gewesen sein, der im 6. Jahrhundert bis in den westfälischen Raum vorgedrungen sei. Dietrich ist in dieser Konstruktion nicht König im italienischen Verona, sondern im rheinischen Bonn, von wo aus er gegen benachbarte Kleinfürsten Kriege führt. Alle Beteiligten erhalten eine neue regionale Identität, in der die lokalen Zentren der alten Nibelungensage am Mittelrhein (Worms und Lorsch) sowie an der Donau vollkommen ausgeblendet werden.

Was aber bedeutet die Regionalisierung der Nibelungensage im Raum zwischen Zülpich und Soest, in dem auch die ursprüngliche Dhünnmündung in den Rhein zu finden ist? Nach Ritter liegt hier nicht weniger als der Kern der Nibelungensage, der aus lokalen Ereignissen der rheinfränkischen Geschichte während der Völkerwanderung gebildet sei.

Die historische und germanistische Forschung bevorzugt aus guten Gründen eine andere Sicht. Man kann heute davon ausgehen, mit den lokalhistorischen Bezügen in der *Thidrekssaga* den Beleg für eine jüngere niederdeutsche Variante des älteren Nibelungenstoffs vor sich zu haben. Regionalisierungen dieser Art sind für mittelalterliche Erzählungen nicht untypisch, da sie als Identifikationsangebot für die Hörer und Leser solcher Dichtungen verstanden werden können.

XANTEN — DIE HEIMAT SIEGFRIEDS

Nach dem *Nibelungenlied* stammt Siegfried aus dem niederrheinischen Xanten. Dort herrscht sein Vater als König über ein eigenes Reich. Von da zieht der junge Königssohn aus, um Ruhm und Abenteuer zu finden. Das ehemalige Legionslager Xanten ist noch heute für bedeutende römische Bauwerke berühmt. Durch seine Lage ergeben sich verschiedene Bezüge zum geschichtlichen Umfeld der Nibelungensage: In der Zeit von Arminius und Germanicus befanden sich in Xanten zwei römische Legionen, denen der Schutz der unteren Rheingrenze zwischen

Nimwegen und Mainz übertragen war. Von Xanten aus bestanden Kontakte aber auch in das rechtsrheinische Gebiet der Cherusker, von denen einige im römischen Sold standen. Genau dieses niederrheinisch-westfälische Territorium bezeichnete Beda Venerabilis im 8. Jahrhundert als »Hunaland«.

Auch wenn die Beziehungen der Sagengestalt Siegfried zu den historischen »Hirschleuten«, den Cheruskern, vage bleiben müssen, war den Dichtern der nibelungischen *Edda*-Lieder, die dem »hunischen« Sigurd eigene Strophen widmeten, und dem Verfasser des *Nibelungenlieds*, der von Xanten spricht, die Lokalisierung von Siegfrieds Heimat am Niederrhein geläufig.

Der Ortsname Xanten leitet sich aus dem lateinischen »ad Sanctos – bei den Heiligen« ab. Die Anfänge römischer Präsenz liegen im Legionslager Vetera I (heute Birten), das im Jahr 12 v. Chr. auf Befehl des Augustus zur Kontrolle des Niederrhein- und Lippegebietes gegründet und im Jahr 70 n. Chr. durch den Bataveraufstand vernichtet wurde. Vermutlich war in Vetera die Legio XVIII Augusta stationiert, die zum Kontingent des Statthalters Varus gehörte und in der gleichnamigen Schlacht unterging. In den Jahren nach der Niederlage des Varus wurde das Lager stärker befestigt und die Besatzung auf zwei Legionen erhöht. Neben dem wieder aufgebauten Legionslager Vetera II ließ Kaiser Traian um das Jahr 100 eine römische Siedlung mit dem Ehrennamen Colonia Ulpia Traiana errichten und zur Stadt erheben. Solche Kolonien waren für die römischen Herrscher zur Versorgung von Veteranen und Föderaten von großer Bedeutung. In der Mitte des 3. Jahrhunderts fiel die Siedlung

den Eroberungszügen der Franken zum Opfer, die zu diesem Zeitpunkt über den Rhein setzten und in ganz Gallien Schrecken verbreiteten. Ein in der Nähe des gallo-römischen Haupttempels des Legionslagers vergrabener Schatz aus dem 3. Jahrhundert weist auf diese Plünderungsgefahr hin.

Neben Köln und Trier war Xanten die bedeutendste römische Stadt im römisch-germanischen Grenzgebiet und Hauptort der Provinz Niedergermanien. Die Ausstattung der Kolonie mit Amphitheater, Aquädukt, Forum, Stadtmauern, Toren und Tempeln lässt darauf schließen, dass sich hier bis zum 3. Jahrhundert ein blühendes urbanes Leben nach dem Vorbild Roms entwickelt hat. Gemäß der religionspolitischen Orientierung der römischen Kaiser entstand erst während des 4. Jahrhunderts eine erste christliche Kultstätte, eine sogenannte »cella memoriae«. Allerdings können durchaus bereits in früheren Jahrhunderten christliche Soldaten in Xanten stationiert worden sein.

Bei den Studien über die Verbreitung des frühen Christentums geraten immer wieder römische Legionäre ins Blickfeld. Auch unter den frühen Märtyrern der christlichen Gemeinschaft befinden sich zahlreiche Soldaten, am bekanntesten sind der Tribun Mauritius und seine Thebäische Legion. Nach den kirchlichen Märtyrerakten wurde die in Agaunum (heute Sankt Moritz in der Schweiz) stationierte Legion des Mauritius auf Befehl Kaiser Maximians am Ende des 3. Jahrhunderts dezimiert. Diese harte Strafe, bei der wahllos jeder zehnte Soldat mit dem Schwert hingerichtet wurde, war für militärische Einheiten vorgesehen, die sich als ungehorsam oder unfähig erwiesen hatten. Die Heiligenlegende aus der Mitte des 5. Jahrhunderts spricht davon, dass die vorwiegend aus Christen bestehende Legion die Opfer für den Kaiserkult verweigert habe.

Aus den versprengten Resten der Thebäischen Legion sollen späteren Überlieferungen zufolge die ersten Christengemeinden im rheinischen Germanien gegründet worden sein: durch St. Cassius und St. Florentius in Bonn, durch St. Gereon in Köln und durch St. Viktor in Xanten.

Die Xantener Legende berichtet von der Hinrichtung Viktors und seiner 330 Gefährten im Rahmen der reichsweiten Christenverfolgungen unter Kaiser Diokletian. Möglicherweise kann man eine Nachricht des fränkischen Chronisten Gregor von Tours (538/539–590) auf die Xantener Verhältnisse beziehen, als dieser davon spricht, der Kölner Bischof Everigisil habe eine der Heiligenverehrung dienende Kirche bei »Bertuna« (Birten?) bauen lassen. Erste sichere Zeugnisse des Viktorkultes in Xanten stammen aus der frühen Karolingerzeit, als eine diesem Heiligen geweihte Vorgängerkirche des heutigen Xantener Doms gebaut wurde. In dem seit etwa 840 belegten Ortsnamen »ad Sanctos« drückt sich die Reliquienverehrung Viktors und seiner Gefährten aus, deren Anfänge jedoch vermutlich weiter zurückreichen. Der Ortsname passt zum bei Xanten erschlossenen christlichen Gräberfeld, auf dem sich zwischen dem 4. und 8. Jahrhundert Menschen in der Nähe der heiligen Märtyrer – eben »ad Sanctos« – begraben ließen.

Im 9. Jahrhundert bestand in Xanten auch eine angesehene Klerikergemeinschaft, das Xantener Viktorstift, das auf Geheiß Kaiser Ludwigs des Frommen (778–840) nach den strengen Aachener Regeln des Abtes Benedikt von Aniane lebte. Die Kölner Erzbischöfe förderten das Stift und die in seiner Nachbarschaft entstehende Stadt, in der seit dem 12. Jahrhundert Kaufleute und Handwerker nachweisbar sind.

Zur Zeit des *Nibelungenlieds* war Xanten mithin ein mittelmäßiges städtisches und kirchliches Zentrum am Niederrhein, das im Schatten der großen Erzbistümer Köln und Mainz stand und in dem die Grafen von Kleve politischen Einfluss ausübten.

Die Frage stellt sich, warum der Nibelungendichter – ohne ältere Parallele in der *Lieder-Edda* – genau hier die Heimat Siegfrieds lokalisiert. Dabei bieten sich zwei Überlegungen zur Erklärung an: Zum einen weisen die früheren Abenteuer des jungen Helden, wie dargestellt, in den skandinavischen Raum. Das Niederrheingebiet ist traditionell mit den nördlichen Handelszentren in Nord- und Ostsee verbunden. Kaufleute tauschen indes nicht nur Waren, sondern auch kulturelles Wissen aus. Damit liegt es nahe, dass der süddeutsche Nibelungendichter, dem die älteren skandinavischen Fassungen der *Edda* zumindest teilweise bekannt gewesen sein müssen, im Niederrheingebiet einen Schlüssel zur Sage gesehen hat.

Dabei könnte die Tradition des heiligen Viktor den Ausschlag für die Auswahl Xantens gegeben haben. Viktor – lat. für »der Siegreiche« – war in der christlichen Legende der Inbegriff des siegreichen ritterlichen Helden, der einen ungerechten Tod erlitt. Mittelalterliche Abbildungen stellen ihn als

jugendlichen Ritter mit Schwert und Fahnen-
lanze dar, in mehreren Fällen sogar als
Drachentöter. Der im 13. Jahrhundert überaus populäre Xantener Viktorkult ließ sich
somit thematisch mit einigen Grundzügen
der Siegfriedsage in Verbindung bringen.

Zum anderen verfügte unter den niederrheinischen Städten gerade Xanten über
eine mythologische Besonderheit. Bereits im
6. und 7. Jahrhundert wurden die Ruinen
der Colonia Ulpia Traiana von Geschichtsschreibern als »fränkisches Troja« bezeichnet. Die Rheinfranken hatten im 5. Jahrhundert die römische Herrschaft am Niederrhein
beendet und die Stätten römischer Präsenz
selbst in Besitz genommen. Der Bezug zum
antiken Troja spielt auf einen im Mittelalter
weit verbreiteten Gründungsmythos von
Städten und Familien an, die sich auf die
durch den gleichnamigen Krieg in der Welt
versprengten Trojaner zurückführen lassen
wollten.

Im Fall von Xanten lag die Gleichsetzung
durch die Namensähnlichkeit Troja/Traian
womöglich auf der Hand. Noch im 10. Jahrhundert findet sich in Urkunden und auf
lokalen Münzen die Angabe »Troia sive
Xantum«. Auch das althochdeutsche *Anno-
lied* aus dem Kölner Raum kennt Xanten
als das »lützele Troja« – »Kleintroja«. Diese
Verbindung zu den mythischen Helden der
Ilias konnte für einen gebildeten Dichter
durchaus ein Grund sein, den Geburtsort
seines Helden nach Xanten zu verlegen. Der
Hinweis auf das antike Troja und seinen
weitreichenden Ruf in der mittelalterlichen
Welt schlägt überdies eine Brücke zur

*Seite 207: Der heilige Viktor ist der Patron
des Xantener Doms. Statue aus dem 15. Jahrhundert.*

*Xanten war eines der Zentren der römischen
Legionen in Niedergermanien.*

zweiten mythologisch befrachteten Hauptfigur des *Nibelungenlieds*, zu Hagen.

TRONEGE — WOHER STAMMT HAGEN?

Hagen ist die dunkelste Figur der Nibelungensage. Er wird weder in der deutschen
noch in der skandinavischen Tradition näher
in historische Zusammenhänge eingeordnet.
Er taucht als Bruder, Halbbruder oder Verwandter der burgundischen Königssippe auf.
Doch sein Name wird in keiner Geschichts-
quelle erwähnt. Ebenso bleibt seine geografische und genealogische Herkunft im Un-
klaren.

Im lateinischen *Walthariuslied* aus dem
10. Jahrhundert begegnet er als »Hagano
veniens de germine Troiae« (»Hagen aus dem
Geschlechte Trojas«). Erst im späteren *Nibelungenlied* wird daraus »Hagen von Tronege«.
Die norwegische *Thidrekssaga* hatte den
ursprünglichen lateinischen Namen besser
bewahrt, denn dort heißt der finstere
Held »Högni (Haugni) af Troia«.

Die Etymologie des Namens Hagen geht
auf den germanischen Stamm »hag« im
Sinne von »Gehege« zurück. Somit bedeutet
Hagen auch »der Heger« oder »der Beschüt-
zer«, womit seine Rolle in der Nibelungensage zumindest teilweise übereinstimmt. Das
althochdeutsche Wort »hagan« bedeutete im
Wortsinn »Dornbusch« (»hagan paliurus«),
worauf das *Walthariuslied* anspielt, wenn es
Hagen einmal als »Hagedorn mit grünen
Blättern« (»O paliure, vires foliis, ut pun-
gere possis«), ein anderes Mal als dornigen
Hagen (»hagano spinosus«) anspricht.

Die Abstammung Hagens von den
Trojanern verband ihn einerseits mit einer
populären mythologischen Tradition und
andererseits mit hochmittelalterlichen Herr-
schaftsvorstellungen. Bedeutende Städte wie
Trier und führende Adelsfamilien wie die
Welfen beriefen sich im hohen Mittelalter
auf ihre Abstammung von den Trojanern.

Der Dichter des *Nibelungenlieds* übernimmt den Trojanermythos nicht. In den
verschiedenen Fassungen des Lieds wird
Hagens Herkunftsort variabel als Tronyn,
Tronie, Tronje (Handschrift A) oder Tronege
(Handschrift B und C) angegeben. Bei der
Suche nach historischen Orten stößt man in
Belgien auf das Städtchen Drongen (franz.
Tronchiennes). Das mit der Nibelungensage
verbundene *Kudrunepos* kennt neben Hagen
weitere Personen und Orte aus Flandern, sodass man in der niederländischen Forschung
an die Übernahme einer flämischen Lokaltradition in das *Nibelungenlied* gedacht hat.

Ähnlich argumentieren norwegische
Forscher, die in Hagen von Tronege den in
Norwegen verbreiteten Namen Hakon sehen,
der aus dem kulturellen mittelalterlichen
Zentrum des Landes Trondheim stammen
soll. Beide Thesen sehen in Hagen mithin
eine spätere Hinzufügung aus Gegenden,
wo die Nibelungensage wieder erzählt und
weitergedichtet wurde.

Eine dritte Forschungsmeinung leitet das
mittelhochdeutsche Tronege aus dem alten
Ortsnamen der Colonia Ulpia Traiana bei
Xanten ab. Stammte Hagen mithin ebenfalls
vom Niederrhein? Damit wären Siegfried

*Hagendenkmal in Worms. Entwurf von
Johannes Hirt, 1905.*

und Hagen als unmittelbare Konkurrenten und Hagen zudem als ursprüngliche Figur der Nibelungensage etabliert.

Denkt man an die mögliche Gleichsetzung von Arminius und Siegfried, dann entspricht die Rolle Hagens im *Nibelungenlied* nach dieser These am besten derjenigen von Segestes, dem Schwiegervater des Arminius, der seinen erfolgreichen Schwiegersohn an die Römer verraten hatte. Allerdings darf man bei dieser Gleichung nicht übersehen, dass der wesentlich ältere skandinavische Högni eine ganz andere Haltung gegenüber Sigurd einnahm, die klassische Konkurrenzsituation des *Nibelungenlieds* somit nicht notgedrungen zum ältesten Bestand der Sage zählen muss.

Der interessanteste Deutungsversuch für den undurchsichtigen Hagen geht in erster Linie von seiner Funktion und Stellung am burgundischen Königshof aus. Seine Rolle als Verwandter tritt im *Nibelungenlied* deutlich hinter derjenigen des Beraters, Funktionsträgers und Lehnsmanns zurück. Darin spiegelt sich eine der wichtigsten sozialhistorischen Entwicklungen des hohen Mittelalters: der Aufstieg von Ministerialen als adlige Lehnsleute von Herrschern.

Bereits während der späteren Karolingerzeit war der hohe Adel durch erbliche Titel und Territorien in Konkurrenz zum Herrscherhaus getreten. In Krisensituationen wie Bruderkriegen, Doppelwahlen oder im Investiturstreit hatte sich das Bedrohungspotenzial des Hochadels für das Königtum erwiesen. Als Konsequenz beriefen die Herrscher immer häufiger nicht adlige Dienstleute in wichtige administrative und militärische Funktionen.

Diese sogenannten Ministerialen (von lat. »ministerium« – Dienst) übernahmen das Kommando über Königsburgen, vertraten den Herrscher bei der Rechtsprechung und der Ausübung von lokalen Herrschaftsrechten und bildeten den Kern des königlichen Hofes. Im 10. Jahrhundert werden beim sächsischen Geschichtsschreiber Widukind von Corvey erstmals die vier klassischen Hofämter des Marschalls, Truchsessen, Mundschenken und Kämmerers erwähnt. Jedoch übten erst in der Stauferzeit Ministerialen diese Funktionen in der Umgebung des Herrschers auch tatsächlich aus.

Der *Sachsenspiegel*, das einflussreichste deutsche Rechtsbuch aus dem frühen 13. Jahrhundert, spricht den Dienstleuten den Anspruch auf die Hofämter zu: »Nach Hofrecht soll aber jeder Dienstmann von seiner Geburt her Truchsess, Schenk, Marschall oder Kämmerer sein« (Lehnrecht 63). Erst in der Epoche des *Nibelungenlieds* waren die gewachsene Macht und der für das Königtum unverzichtbar gewordene Rückhalt der Ministerialität klar erkennbar geworden.

Betrachtet man die wichtigsten Vasallen und Dienstleute der burgundischen Könige, lässt sich Hagen als Oberhaupt der höfischen Hierarchie beschreiben. Sein Bruder Dankwart nimmt ebenfalls als Marschall einen Spitzenplatz in dieser Rangordnung ein, sein Neffe Ortwin von Metz wird als Truchsess eingeführt. Dahinter rangieren als Lehnsmann der Spielmann Volker von Alzey, der Küchenmeister Rumold sowie der Mundschenk Sindolt und der Kämmerer Hunold. Bei der Aufzählung der fünf Hofämter Truchsess, Marschall, Mundschenk, Kämmerer und Küchenmeister orientiert sich der

Dichter des *Nibelungenlieds* am Vorbild
des staufischen Königshofes, an dem
diese Ämter seit dem späten
12. Jahrhundert nachweisbar
sind. Der älteste Beleg für
einen königlichen Ober-
küchenmeister stammt
sogar erst aus dem Jahr 1201,
mithin aus dem unmittelbaren zeitlichen
Umfeld des *Nibelungenlieds*.

Wunderte sich noch der Literaturhistoriker Andreas Heusler zu Beginn des 20. Jahrhunderts über die außergewöhnliche Bedeutung des »Oberkochs« Rumold und des
Spielmanns Volker am Königshof, so kommt
die neuere Forschung zu dem Ergebnis,
dass die Übernahme eines Hofamtes als
Auszeichnung für bedeutende Lehnsleute
und nicht als tatsächlich ausgeübte Funktion
zu verstehen ist. Der Küchenmeister Rumold
war mithin keineswegs Koch oder Oberkoch,
sondern Vertreter einer am Burgunderhof
besonders angesehenen Ministerialenfamilie.

In der höfischen Hierarchie des Burgun-
derhofes schlägt sich mithin die aktuelle
politische und soziale Ordnung der Stauferzeit nieder. Auch der Spielmann Volker, der
im zweiten Teil des *Nibelungenlieds* neben
Hagen eine tragende Rolle spielt, lässt sich
sozialgeschichtlich als bedeutender Lehnsmann mit einem zentralen ministerialischen
Amt einordnen. Strophe 172 bezeichnet ihn
als Bannerträger des burgundischen Heeres,
weist ihm also eine führende militärische
Position am Königshof zu. Kurze Zeit später

Hagen versenkt den Schatz im Rhein.
Entwurf des Hagendenkmals in Worms
von Johannes Hirt, 1905.

tritt er auch als Reisemarschall der Königin Kriemhild in Erscheinung (Str. 196).

Wenn er zudem durchweg als Spielmann betitelt wird, ist dies weniger als Amt oder Funktion zu verstehen. Vielmehr kennzeichnet dies eine bei aufsteigenden Ministerialen häufiger zu beobachtende Neigung für die ritterlich-höfische Literatur, in der die Normen adligen Verhaltens verhandelt werden. Als Neulinge im Adel hatten die Vertreter dieser sozialen Gruppe offenbar ein Nachholbedürfnis, das sich unter anderem in der kulturellen Produktion niederschlug.

Hagens Funktion am Hof wird in Strophe 172 ebenfalls näher beleuchtet: Während Volker das Banner trägt, befehligt Hagen die burgundischen Truppen. An anderer Stelle wird er als Chef der Hofverwaltung bezeichnet, dem sein Neffe Ortwin als Truchsess beigeordnet ist. Der Historiker Bernd Ulrich Hucker sieht im Hagen des *Nibelungenlieds* mithin den »Obertruchsess« der burgundischen Könige. Dass er zugleich Spitzenministerialer, Lehnsmann und Blutsverwandter des Herrscherhauses ist, bleibt in der historischen Realität der Stauferzeit durchaus nicht ohne Parallele. Führende Ministeriale wie Markward von Annweiler oder Heinrich von Weida verbanden sich durch Heiraten mit der Herrscherfamilie und bereiteten so ihren weiteren Aufstieg in den Hochadel vor.

Wenn Hagens Familie und Funktion im *Nibelungenlied* so deutlich mit der Reichsministerialität der Stauferzeit in Verbindung zu stehen scheint, lohnt sich in dieser Perspektive auch ein Blick auf die in der Dichtung verwendeten Ortsnamen: Hagen von Tronje, Ortwin von Metz, Volker von Alzey. Auffällig ist zunächst, dass nur die Vertreter aus Hagens Familie und Volker einen lokalen Herkunftsnamen tragen. Sie stechen allein durch dieses Kennzeichen aus der Gruppe der übrigen Hofamtsträger heraus.

Noch deutlicher wird die Art der Bindung Hagens an die Königsfamilie in Strophe 699 benannt: Es sei »der Tronegæres site«, also Gewohnheit derjenigen von Tronege, den Königen zu dienen. Ministerialen übten ihre Ämter oft über Generationen im Dienst derselben Herrscher- oder Fürstenfamilien aus und wurden dafür in der Regel mit eigenen Herrschaftsorten belohnt.

Wer aber sind die von Tronege? Bei der Suche nach Burgen im weiteren Umkreis des Rheingebietes, auf denen staufische Ministerialen residierten, ist die Forschung auf die Burg Dhronecken an der Mosel sowie auf den elsässischen Ort Kirchheim gestoßen, der im Mittelalter ähnlich Xanten als »nova Troia« oder »Tronia« bezeichnet wurde. Eine eindeutige Lokalisierung der Herrschaft Hagens lässt sich dennoch nicht gewinnen.

Besser gelingt die Zuordnung der anderen beiden Herkunftsbezeichnungen: von Metz und von Alzey. In der alten lothringischen Bischofsstadt Metz saß eine mächtige Ministerialenfamilie, die im Dienst sowohl der Wormser Bischöfe als auch der staufischen Herrscher nachgewiesen ist. Im Jahr 1196 taucht der Ministeriale Volmar von Metz in einem Diplom Kaiser Heinrichs VI. als Zeuge auf. Damit lässt sich eine Beziehung zwischen Hagens Familie, der Stadt Worms und dem Königshaus konstruieren.

Die Burg Alzey liegt nur 22 Kilometer nordwestlich von Worms entfernt. Die Burgherren sind als Ministeriale der rheinischen Pfalzgrafen und ebenfalls im staufischen

Reichsdienst bekannt. Einige Vertreter dieser weitverzweigten Familie schaffen sogar den Aufstieg in das Grafenamt unter Kaiser Otto IV. (1175/1176–1218). Ein Teil derer von Alzey führte im 13. Jahrhundert eine schräg gestellte Fiedel im Wappen.

Nach den Forschungen von Bernd Ulrich Hucker drückte sich im Amtswappen von Ministerialen häufig ein Bezug zu ihrer Funktion am Herrscher- oder Fürstenhof aus. Als Truchsessen seien die Alzeyer Dienstleute zeitweise für die Unterhaltung an der königlichen Tafel zuständig gewesen. Der Spielmann Volker wird vom Dichter des *Nibelungenlieds* somit nach dem Vorbild der Ministerialenfamilie von Alzey gestaltet.

Verbleibt man bei der Gruppe der staufischen Reichsministerialen, fallen aus der Zeit um 1200 überdies zwei langjährige lokale Herrschaftsträger auf: Hugo von Worms (1186–1216) und Rüdiger von Hagenau (1158 bis 1205). Hugo verwaltete für König Heinrich VI. übrigens unter anderem den Ort Lochheim und damit jene Stelle, an der Hagen den Nibelungenschatz im Rhein versenkte. Rüdiger von Hagenau vertrat die staufischen Interessen als Vogt im Elsass. Beide waren zeitweise am staufischen Hof mit weiteren Dienstaufgaben betraut.

Auch wenn die Figur des Hagen/Högni zum ältesten bekannten Bestand der Nibelungensage zählt, so darf die Ausgestaltung dieser Figur, ihrer Familie und ihrer lokalen Verankerung im *Nibelungenlied* als zeitgenössischer Reflex auf die staufische Herrschaft und die mit ihr verbundene Ministerialität an Rhein und Mosel gelten.

Hagen von Tronje. Szene aus dem Film Die Nibelungen *(Regie: Fritz Lang), 1924.*

DIE MITTELRHEINISCHEN SCHAUPLÄTZE

WORMS — HAUPTSTADT DER BURGUNDER

Mit Alzey und Worms gerät der Mittelrhein in den Blick der Nibelungenforschung. Ältere Forschungen und eine tatkräftige Stadtwerbung haben Worms eilfertig zur Nibelungenhauptstadt in Deutschland erkoren. Die »Nibelungenstraße« vermarktet heute jene Orte am Mittelrhein, die mit der Sage in Verbindung stehen wollen. Nibelungen begegnen hier auf Schritt und Tritt: Dazu zählen das in Schatztruhen abgepackte Gebäck eines Wormser Cafés oder das Pauschalangebot »Drachenfieber« für Grundschüler in der Jugendherberge Bad Honnef. Unweit davon locken die 1912 zum Gedenken an Richard Wagner erbaute Nibelungenhalle von Königswinter und ein Reptilienzoo mit eigener Drachenhöhle die Besucher an. In Schloss »Drachenburg« bei Königswinter zieren große Wandgemälde aus der Nibelungensage den Rittersaal. Der Historienmaler Frank Kirchbach fertigte sie um 1882 an.

In der Tat spielen größere Teile des *Nibelungenlieds* und der *Klage* in Worms und seiner unmittelbaren Umgebung. Passend überliefern die frühmittelalterlichen Geschichtsquellen die Namen der burgundischen Königsbrüder Gundahar, Gislahar und Gundomar, die zu Beginn des 5. Jahrhunderts am Rhein nördlich der alemannischen Territorien ein burgundisches Reich begründet hatten. Allerdings sprechen die frühmittelalterlichen Quellen nicht ausdrücklich von Worms, obwohl die Siedlung den römischen Historikern der späteren Kaiserzeit durchaus bekannt war. Auch die archäologischen Sondierungen am Mittelrhein haben keinerlei burgundische oder »nibelungische« Spuren in und um Worms freilegen können.

Der Wormser Nibelungenmythos basiert einzig auf der Nennung der mittelrheinischen Bischofsstadt im *Nibelungenlied*. Lediglich das frühere lateinische *Walthariusepos* nennt die Stadt bereits als Sitz Gunthers, der in diesem Fall jedoch Franke war. Die Forschung denkt offen über die Möglichkeit nach, dass das rheinische Reich König Gundahars eher am Niederrhein zu suchen sei.

Der Name Worms geht auf die keltische Siedlung Borbetomagus zurück, die in vorrömischer Zeit gegründet wurde. Schon frühzeitig wurde der Ort Knotenpunkt keltischer, germanischer und römischer Interessen. Caesar besiegte in der Mitte des 1. vorchristlichen Jahrhunderts die germanischen Vangionen in ihrer Hauptstadt Borbetomagus. In der hohen römischen Kaiserzeit entwickelte sich Worms zu einer römischen Provinzstadt, deren Einwohner das eingeschränkte römische Bürgerrecht erhielten. Erst als die Alemannen in der Mitte des 3. Jahrhunderts den gesamten ober- und mittelrheinischen Raum besetzten, erhöhte sich die militärische Bedeutung von Worms. Die Stadt wurde zur Grenzbefestigung gegen die germanischen Invasoren ausgebaut; eine römische Legion schützte die romanisierte Bevölkerung. Nach dem Zusammenbruch der römischen Herrschaft am Rhein übernahmen für kurze Zeit die Burgunder die mittelrheinischen Territorien links und rechts des Stroms. Ob ihr Reich tatsächlich in Worms seine Hauptstadt hatte, bleibt, wie angedeutet, umstritten.

Was vielleicht für die Authentizität der Sagenüberlieferung und damit für die Bedeutung von Worms für das burgundische Königtum sprechen könnte, ist die auch andernorts zu beobachtende Nutzung römischer Bauten, Stadtmauern und Straßen für den Aufbau germanischer Herrschaften. Die bajuwarischen Herzöge etwa wählten im 5. Jahrhundert das alte Römerkastell Regensburg zu ihrer neuen Hauptstadt, weil hier die mit Abstand stärksten Befestigungen und besten Versorgungseinrichtungen im gesamten westlichen Donauraum zur Verfügung standen. Möglicherweise dachten die Burgunder bei ihrer Verlagerung an den Mittelrhein ähnlich? Von der Niederlage der Burgunder gegen Aetius profitierten zunächst die Alemannen, die sich jedoch in zwei großen Schlachten am Ende des 5. Jahrhunderts der neuen fränkischen Großmacht unter Chlodwig geschlagen geben mussten.

In den folgenden Jahrhunderten steigerten sich das Ansehen und die politische Bedeutung der Stadt, in der seit etwa 600 ein Bischof residierte. Die karolingischen Herrscher hielten mehrfach in Worms Reichstage ab. Das Königtum baute in dieser Zeit seinen Grundbesitz im Mittelrheingebiet weiter aus. Bischöfliche und königliche Ministerialen prägten die städtische Entwicklung im 11. und 12. Jahrhundert. Der Salierkönig Heinrich IV. fand im Wormser Bürgertum eine Stütze, als sich im Zuge des Investiturstreits viele Reichsfürsten und -bischöfe von ihm abgewandt hatten. Zum Dank förderten die Salier die kommunale Emanzipation, die zulasten der bischöflichen Stadtherrschaft ging.

Zur Zeit des *Nibelungenlieds* behauptete sich in Worms ein Stadtrat, der sich die

Regierung mit dem Bischof und den staufischen Herrschern teilte. Zu den führenden
Vertretern der Bürgerschaft zählten in der
Zeit um 1200 jene Ministerialen von Metz,
die sich im *Nibelungenlied* als Familie Hagens
eine zentrale Stellung verschafften. Inwie-
weit der Dichter des *Nibelungenlieds* aber die
lokalen Herrschaftsverhältnisse in Worms
zu seiner Zeit im Detail überblickte und sie
mit der alten Burgundertradition vereinte,
lässt sich nur schwer beurteilen.

Von größerer Popularität als die Familien-
geschichte bischöflicher Ministerialen war
in den Jahren um 1200 gewiss das Schicksal
des englischen Königs Richard Löwenherz.
In bestimmter Weise war dieses mit der
Stadt Worms und dem 1198 ausbrechenden
Thronstreit zwischen Staufern und Welfen
verknüpft, sodass man in der Forschung
den Versuch unternommen hat, die Ankunft
Siegfrieds am Wormser Königshof in der
3. Aventiure des *Nibelungenlieds* mit dem
Aufenthalt König Richards in Speyer und
Worms im Jahr 1193 zu vergleichen.

Bei diesem Versuch spielt noch einmal
die Überlegung eine Rolle, dass in der mittelalterlichen Literatur alte Motive und Stoffe
problemlos mit zeitgenössischen Ereignissen
und Aktualisierungen kombiniert werden
konnten. Offenbar hat dieses Vorgehen das
Interesse und den Unterhaltungswert solcher
Literatur beim adligen Publikum gesteigert,
dem es dabei weniger auf historische Authentizität, sondern auf glaubwürdige Konflikt-
und Handlungskonstellationen ankam.

Wie kam es zu dem nicht ganz freiwilli-
gen Wormser Gastspiel des englischen
Königs? Im Sommer 1190 hatte Richard gemeinsam mit seinem französischen Amts-

kollegen Philipp II. vom burgundischen
Vézelay aus den Dritten Kreuzzug eingeleitet.
In Messina befreite er seine Schwester
Johanna aus den Händen des sizilischen
Adels. Zypern und Akkon kapitulierten vor
dem englisch-französischen Bündnis. Der
mächtige Saladin musste sich vor dem neuen
Kreuzfahrerheer zurückziehen.

In Akkon soll Richard den österreichischen Herzog Leopold V. beleidigt und
damit ein folgenschweres Nachspiel provoziert haben. Auf der Rückreise von Akkon
ging der König in Venedig an Land, um
sizilisches und französisches Territorium zu
meiden. Obwohl er nur mit kleiner Begleitung und inkognito reiste, erkannte man ihn
auf dem Weg über die Alpen und lieferte
ihn dem Herzog von Österreich aus. Mit Bil-
ligung Kaiser Heinrichs VI. hielt Leopold V.
den englischen König zunächst auf der Burg
Dürnstein fest.

Im März 1193 lieferte man Richard in
Speyer an den deutschen Herrscher aus,
nachdem sich Heinrich und Leopold auf eine
gemeinsame Lösegeldforderung an England
im Umfang von 100 000 Mark Silber verstän-
digt hatten. Die Burg Trifels bei Annweiler
diente als nächstes Gefängnis. In Speyer und
Worms verhandelte man im Laufe des Jahres
1193 über die Bedingungen der Freilassung.
Schließlich wurden 200 englische Adlige
als Geiseln übergeben, die erst auf freien Fuß
gesetzt wurden, als der volle Umfang des
Lösegelds bezahlt war.

Für den europäischen Adel boten diese
Ereignisse Gesprächsstoff für Jahrzehnte.
Chronisten, Illustratoren und Dichter malten
die Erlebnisse des Löwen in immer neuen
Farben aus. Auch der Nibelungendichter ver-

zichtete nicht auf solch aktuelle Themen. An Anknüpfungen zum alten Sagenstoff fehlte es nicht: Die ungeheure Lösegeldsumme, die einem Reingewicht von 23 Tonnen Silber entsprach, verlieh der Schatzfantasie der alten Nibelungensage eine konkrete Anschauung.

Möglicherweise hat sich der Dichter des *Nibelungenlieds* sogar eine sehr konkrete Anspielung geleistet: Als er die Dimensionen des Nibelungenschatzes beschreibt, reichen ihm bei der ersten Erwähnung 100 Wagenladungen (Str. 92). Beim späteren Transport des Schatzes nach Worms müssen allerdings zwölf Wagen an vier Tagen je neun Fuhren nach oben befördern. Die Summe ergibt 432 Fuhren, und diese Zahl entspricht exakt der Zahl an Edelsteinen auf der Reichskrone. Es ist überdies zu bedenken, dass die Reichskrone in der Zeit der Entstehung des *Nibelungenlieds*, in den Wirren des Thronstreits von 1198 bis 1215, ein oft zitiertes und bemühtes Herrschaftssymbol war.

Der strahlende Held Richard, der mit kleinem Gefolge am Hof des mächtigen, ihm jedoch persönlich unterlegenen Staufers Heinrich VI. weilte, erinnerte an Siegfrieds Aufenthalt am Wormser Burgunderhof. Gunthers unglückliche Ehe mit der starken Brünhild hatte ihre Parallele in der Verheiratung Heinrichs VI. mit der zwölf Jahre älteren Thronerbin Konstanze von Sizilien. Auch der unglückliche Tod Richards im Jahr 1199 vor der französischen Burg Châlus trug zur Legendenbildung bei.

Die kulturellen Berührungen mit der arabischen Welt, die sich durch Kreuzzüge und die deutsche Herrschaft in Sizilien in der Zeit vor 1200 spürbar intensivierten, hinterließen ebenfalls ihre Spuren im *Nibelungenlied*: Feinste arabische Seidenstoffe gehören zum festlichen Ambiente am Burgunderhof (z. B. Str. 576). Auch feiner Silberschmuck, seltene Edelsteine und exotische Felle werden oft mit dem Hinweis aufgewertet, aus Arabien, Libyen oder Marokko zu stammen. Die Geschicke der europäischen Herrscherhäuser im ausgehenden 12. Jahrhundert, insbesondere diejenigen der Staufer und der englischen Plantagenets, inspirierten die höfische Literatur auch dort, wo es um uralte Mären und Sagen ging.

Die Wormser Nibelungentradition speiste sich aus unterschiedlichen Quellen. Die Bedeutung der Stadt für das salische und staufische Herrscherhaus prädestinierte den rheinischen Bischofssitz geradezu für literarische Herrschaftsinszenierungen. Mit einem Teil des für Richard Löwenherz ausgezahlten Lösegeldes ließ Kaiser Heinrich VI. die Wormser Stadtbefestigung erneuern. Die im *Nibelungenlied* beschriebenen Baulichkeiten entsprechen in vielen Einzelheiten den in Worms vorgefundenen Verhältnissen, die viele Adlige von den Reichstagen und Hoffesten der Salier und Staufer aus eigener Anschauung kannten.

Bildliche und archäologische Rekonstruktionen stellen den spätromanischen Kaiserdom in den Mittelpunkt, an dem sich im Norden der Bischofspalast sowie eine Freifläche für Versammlungen und Turniere anschlossen. Auf den Treppen vor dem Nordportal des im 11. Jahrhundert errichteten Doms siedelt der Nibelungendichter den verhängnisvollen Streit der Königinnen Kriemhild und Brünhild an. Siegfried leistet hier seinen feierlichen Unschuldseid. Eben vor diesem Portal übergab Kaiser Friedrich

VON NUN AN BLEIBE DEIN RUHM
DIR WERDE DER LOHN DEINER EHRE
WER DU O WORMS TREU UND GETREU DICH BEWUSST
DICH HAT DAS REICH MIR GEWEIHT
DICH HAT DAS SCHWERT MIR GESCHENKT
FERNER DEIN GUTES EISEN GEWÄHRE DIR SICHEREN SCHUTZ

Barbarossa den Bürgern von Worms im Jahr 1184 ihr großes Freiheitsprivileg, das sie aus der Stadtherrschaft des Bischofs entließ und unter kaiserlichen Schutz stellte. In der Kapelle des Wormser Westchores, den man vom Nordportal aus erreichte, singt man die Messe für die frisch vermählten Brautpaare Kriemhild und Siegfried sowie Brünhild und Gunther. Hierhin verlegt der Nibelungendichter auch die Bahrprobe, bei der Siegfrieds Wunden im Angesicht seines Mörders Hagen wieder zu bluten beginnen.

Szenenwechsel. Der freie Platz vor dem Nordportal des Wormser Doms zu Beginn des 21. Jahrhunderts. Tausende von Stühlen, Dutzende Scheinwerfer, erwartungsfrohe Menschen in Abendgarderobe. Die Wormser Nibelungenfestspiele gehören seit 2002 zu den Kultur-Highlights der Republik. Zeitgenössische Interpretationen der Nibelungen, mal parodistisch, mal sozialkritisch. Schauspielergrößen von Mario Adorf und Maria Schrader bis zu André Eisermann und Joachim Król geben sich die Ehre. Ilja Richter, der früher die Fernsehshow *Disco* moderierte, übernimmt den Part Rüdigers von Bechelaren.

Die neueste Inszenierung im Sommer 2007 spürt dem Burgunderuntergang am Königshof Etzels nach. Irgendwie modern mutet den Machern die blutige Saalschlacht an. Sie fragen auf der offiziellen Website: »Haben sich die Verhaltensweisen der Menschen und ihre Motivationen seit dem

Schauplatz für den Streit Kriemhilds und Brünhilds? Das romanische Nordportal des Wormser Doms.

Mittelalter wirklich so grundlegend verändert?«

Vielleicht sollte man sich zuerst fragen, was wir über die Verhaltensweisen mittelalterlicher Menschen und ihre Motivationen heute noch wissen können. Wenn Ilja Richter auf die Wormser Festspielbretter stürzt, rückt das Mittelalter in weite Ferne. Nur die Verlockungen des Nibelungenschatzes sind überall noch spürbar. Nibelungen lohnen sich wieder. Die Stadt Worms verzeichnet seit Beginn der Festspiele einen Touristenboom. Siegfried und Mario Adorf bringen es gemeinsam auf Wachstumsraten von stolzen 30 Prozent. Die modernen Schatzsucher auf den Spuren von Hagen & Co. haben hier gutes Gespür bewiesen.

TATORTE IM ODENWALD

Lokalforscher und moderne Schatzsucher machen nicht nur Worms unsicher. Handschrift C des *Nibelungenlieds* erwähnt in Strophe 919 vermeintlich den Odenwald: Die Nähe zu Worms und Lorsch, den beiden sicher identifizierbaren Handlungsschauplätzen in C, hat den Odenwald bereits im vorletzten Jahrhundert ins Nibelungenfieber gestürzt. Dass man sich dabei um die zweifelhafte Ehre einer Mordstätte stritt, tat dem allgemeinen Eifer keinen Abbruch. Vorbilder gab und gibt es zur Genüge: Lutherstadt Wittenberg, Robert-Schumann-Stadt Zwickau, Porzellanstadt Meißen, Nibelungenstadt Worms. Die Vorzüge historischer Persönlichkeiten oder schicksalhafter Ereignisse für die Lokalwerbung sind heute an Ortseingangs- oder Autobahnschildern ablesbar.

Solche Phänomene waren übrigens auch dem Mittelalter nicht unbekannt. Klöster und Städte traten seit dem 10. Jahrhundert in offene Konkurrenz um berühmte Heilige und Reliquien. Die mittelalterliche Form des Massentourismus bestand in Wallfahrten an die Gräber populärer Heiliger, mit denen man Tausende und Abertausende mobilisieren konnte. Das Geschäft mit den Pilgern mündete an vielen Orten in haarsträubende Diebstähle, Betrügereien und Werbekampagnen.

König Heinrich I. bedrohte seinen Kollegen Rudolf II. von Hochburgund sogar mit Krieg, um sich in den Besitz der Heiligen Lanze zu bringen, in deren Blatt man einen Nagel des Kreuzes Christi verehrte. Nach der Unterwerfung der Stadt Mailand ließ der neue Kölner Erzbischof Philipp von Heinsberg im Auftrag Barbarossas den wertvollen Schrein der Heiligen Drei Könige entwenden und nach Köln verfrachten, wo er bis heute eine der wesentlichen Attraktionen des Kölner Doms ist.

Im 11. Jahrhundert verfasste der Regensburger Mönch Otloh eine neue Lebensbeschreibung des heiligen Dionysius, des ersten Bischofs von Paris und Schutzherrn der französischen Könige. Darin behauptete er, die Gebeine des Dionysius seien aus der Abtei Saint-Denis bei Paris in das Regensburger Kloster Sankt Emmeram überführt worden. Zwar ließ sich die Behauptung nicht weiter erhärten, doch führte das bloße Gerücht dazu, dass eine überregionale Wallfahrt an das angebliche Grab des Heiligen in Regensburg einsetzte.

In der säkularen Neuzeit ist der Rummel um die Heiligen zum Wettlauf um touristische Attraktionen geworden. Selbst ein literarisches Ereignis wie die Ermordung Siegfrieds durch Hagen wird von der lokalen Tourismusbranche ausgeschlachtet. In der älteren Nibelungendichtung stirbt Siegfried mal im Ehebett, mal vor dem Schlafgemach seiner Gattin Kriemhild, mal auf einem Ausritt zur Gerichtsversammlung. Das *Nibelungenlied* inszeniert den Tod des Helden bei einer fingierten Jagdgesellschaft.

Zur Erinnerung: Am Wormser Hof sinnt Brünhild über die Rache an Siegfried nach, nachdem sie erfahren hat, wer in Wirklichkeit hinter Gunthers überraschenden Erfolgen bei der Freierprobe und bei der zweiten Hochzeitsnacht stand. In Hagen findet sie den treuen Handlanger für ihre Pläne. Auch Gunther stimmt, nicht ohne Skrupel, dem Mordkomplott zu. Der Plan ist sorgfältig ausgeheckt – und hätte dennoch nicht funktionieren dürfen.

Kriemhild lässt sich von Hagen das Geheimnis von Siegfrieds verwundbarer Stelle zwischen den Schulterblättern entlocken und näht auf den Kriegsmantel ihres Mannes das verräterische Kreuz. Der falsche Kriegszug wird planmäßig abgesagt, zum Ersatz eine Wildschweinjagd im nahen Wasgenwald angesetzt. Das Problem liegt in der Eitelkeit des Helden. Dieser eilt von der Bühne, um sich umzukleiden. Sein Jagdgewand übertrifft, wie könnte es anders sein, alle anderen Gewänder. Der Mantel mit dem kleinen Kreuz zwischen den Schulterblättern wird achtlos oben in der Kammer abgelegt. Dem Dichter scheint dieses krimi-

Tatort der Ermordung Siegfrieds durch Hagen? Der Siegfriedbrunnen in Grasellenbach.

nalistische Detail entgangen zu sein, denn bekanntlich trifft Hagens Speer genau ins Ziel: »Da der Herr Siegfried an der Quelle trank, traf Hagen ihn durch das Zeichen hindurch mit dem Speer« (Str. 981).

Für den Fortgang der Erzählung ist der logische Widerspruch eine Kleinigkeit.

Wichtig ist allein, dass Hagens Plan funktioniert. Für den Tourismus im Odenwald hingegen interessiert vor allem der Ort des blutigen Geschehens.

Das Örtchen Grasellenbach im Jahr 1844. Der Geheime Hofrat Dr. Johann Friedrich Knapp aus Darmstadt wandert am Spessart-

kopf in der Nähe des kleinen Besenbinderdorfes Grasellenbach. Er entdeckt am Fuß des Berges eine kleine Quelle und neben ihr ein altes Steinkreuz. Steinerne Sühnekreuze aus dem Mittelalter und der frühen Neuzeit deuten an vielen Orten auf frühere Unrechtstaten hin. Der Literaturkenner Knapp wähnt hier den Tatort von Siegfrieds Ermordung. Er ruft eine Expertenkommission zusammen, die seine Vermutung überprüfen soll.

Zu Wort kommt etwa der Förster Baltz aus dem benachbarten Fürth, der bereits davor die Meinung vertreten hatte: »Alte Leute erzählen, dass die von ihren Voreltern gehört, es sei ein gewisser Siegfried, den man nur den Gehörnten genannt habe, in dem Moment, als er sich an der Quelle niederlegte, um zu trinken, von seinem Schwager erstochen worden; daher der Name Siegfriedbrunnen.« Auch der Bürgermeister der kleinen Nachbargemeinde Affolterbach gibt zu Protokoll: »Die Quelle bei Grasellenbach wird seit Menschengedenken das Siegfriedbrünnchen genannt, weil der Sage nach hier der Ritter Hagen den Ritter Siegfried getötet habe.«

Für die Kommission war schnell klar: Die Suche nach dem Tatort ist beendet. Man fasste die Quelle in ein steinernes Becken und stellte ein neogotisches Steinkreuz mit Auszügen aus dem *Nibelungenlied* daneben. Mit dem neuen Siegfriedbrunnen nahm der kleine Ort im Odenwald einen ungeahnten Aufschwung. Die Einweihung der neuen Nibelungenpilgerstätte erregte im Jahr 1851 selbst die Aufmerksamkeit der überregionalen Presse. Heute wirbt man auf der offiziellen Homepage der Gemeinde mit dem stolzen Titel »Nibelungenstadt im Nibelungenland«.

Nur wenige Kilometer entfernt liegt das Dorf Hiltersklingen. Großzügig teilt man sich mit Grasellenbach und weiteren Bewerbern das touristische Territorium »Nibelungenland«. Bereits in Lorscher Urkunden des späten 8. Jahrhunderts wird hier ein Brunnen unter dem Namen »Lintbrunno« erwähnt. Das *Nibelungenlied* hebt eine Linde hervor, in deren Schatten die Untat geschieht (Str. 972). Heute zieren eine moderne Plastik und eine Hinweistafel den Lindelbrunnen an der Siegfriedstraße: »An diesem Brunnen soll der Überlieferung nach Siegfried erschlagen worden sein.« Die Lorscher Verbindung brachte im Jahr 1858 den Pfarrer und Lokalforscher Gustav Simon auf die Spur. Wurde Siegfried nicht in diesem Kloster beigesetzt?

Allerdings bringt die Nähe zu der berühmten Reichsabtei, die in Handschrift C des *Nibelungenlieds* ausführlich gewürdigt wird, auch zwei weitere Odenwaldstädtchen ins Gespräch, welche die zweifelhafte Ehre des Tatortes für sich beanspruchen: Heppenheim und Odenheim. In Heppenheim steht seit Jahrhunderten der Lindenbrunnen mit der Siegfriedquelle. Der Ort gehört seit dem frühen Mittelalter zum Jagdgebiet der Äbte von Lorsch. Besser noch: Heppenheim wird in einem weiten Bogen von der Weschnitz umschlossen. Vom Namen dieses Rhein-Nebenflusses leitet die Lokalforschung die Nennung des Wasgenwaldes im *Nibelungenlied* ab. Außerdem erwähnt Strophe 928 »eine sehr breite Halbinsel des Flusses, auf der sie jagen wollten«. Pech ist nur, dass Strophe 927 vom Rhein selbst und nicht von einem Nebenfluss spricht.

Bei Odenheim schließlich kommt der Vorzug des Namens zum Tragen, der als »Otenheim« in Handschrift C als Tatort genannt wird: »Von dem selben brunnen da Sivrit wart erslagen / sult ir diu rehten mære von mir hoern sagn / vor dem Otenwalde ein dorf lit Otenhaim / da vliuzet noch der brunne des ist zwifel dehein« (Str. 1013). Im Jahr 1932 versah man den Siegfriedbrunnen in Odenheim mit einem Steinrelief des Karlsruher Kunstprofessors Nagel. Der in die USA ausgewanderte Jude Simon Odenheimer stiftete zu diesem Zeitpunkt eine größere Summe zum Gedenken an die Nibelungensage seiner Heimatstadt.

Auffällig ist, dass nur der Schreiber von Handschrift C des *Nibelungenlieds* diese genauere Ortsangabe zum Tatort macht. Offenbar war die Kenntnis der mittelrheinischen Gebiete beim süddeutschen Verfasser des *Nibelungenlieds* nicht ausreichend, um solche Details in sein Epos einzubauen. Die heute in Karlsruhe liegende Handschrift C hingegen scheint von einem Ortskenner verfasst worden zu sein. Der Weg zum Schreiber führt in die Abtei Lorsch, die nur in Handschrift C zu einer Gründung seitens Königin Ute und zur endgültigen Begräbnisstätte Siegfrieds avanciert.

Den Ort Odenheim kennt bereits eine Lorscher Urkunde des Jahres 769. Zu Beginn des 12. Jahrhunderts gründeten die Grafen von Lauffen mithilfe von Benediktinern aus Hirsau ein eigenes Kloster in Odenheim. Zwar fällt die wirtschaftliche Blütezeit des Klosters mit der Entstehung des *Nibelungenlieds* zusammen, doch eine nähere Verbindung zwischen Kloster und Tatort Odenheim mag nicht einmal der heimatkundliche Arbeitskreis des kleinen Städtchens unterstellen.

LORSCH – ZENTRUM MITTELALTERLICHER KULTUR

Zwischen dem »Nibelungenland« im Odenwald und der Stadt Worms liegt auf der rechten Rheinseite die stolze Reichsabtei Lorsch. Auch diese besitzt ihre nibelungischen Mythen. Alle erhaltenen Handschriften des *Nibelungenlieds* stimmen darin überein, dass Siegfried zunächst in Worms begraben wird. Allerdings ist in Handschrift C und den von ihr abhängigen Manuskripten von einer späteren Umbettung Siegfrieds nach Lorsch die Rede. Diese Handschriften weisen am Ende der 19. Aventiure insgesamt acht zusätzliche Strophen (C 1158–1165) auf, die diesem berühmten Kloster gewidmet sind. Über die Beziehungen des Schreibers von C zu Lorsch gibt es, wie gesagt, die unterschiedlichsten Spekulationen.

Nach dem Tod König Dankrats, des Vaters der Burgunderherrscher, stiftet Königin Ute »von ihrem Eigengut eine reiche fürstliche Abtei … das weithin bekannte Kloster Lorsch« (Str. 1158). Diese Praxis ist aus mittelalterlichen Herrscherfamilien bestens bezeugt. Königinnen und Fürstinnen wurden anlässlich ihrer Verheiratung mit einer Morgengabe ausgestattet, die ihnen nach dem Tod des königlichen Gemahls als Witwengut dienen sollte. Viele Herrscherinnen verzichteten jedoch auf die wirtschaftliche Nutzung solcher Güter und stifteten dort aus religiösen Gründen ein Kloster, das die Grablege

und das Memorialgedenken der Familie übernahm. So ließ Königin Mathilde das Frau-
enkloster Quedlinburg errichten, nachdem
ihr Gemahl, König Heinrich I., im Jahr 936
verstorben war. Das Königsgrab kann bis
heute in der Krypta des Quedlinburger
Doms besichtigt werden.

Im *Nibelungenlied* beteiligt sich Kriemhild
an der Stiftung ihrer Mutter. Beide Witwen
spenden Gold und Edelsteine für den Bau
der Abtei und eine reiche Ausstattung. Für
Königin Ute wird auf dem Klostergelände ein
eigener Wohnsitz erbaut. Der Schreiber von
C fügt hinzu, noch heute – also um 1230 –
sei in Lorsch der Sarg der Königin Ute zu
sehen. Auch Kriemhild erklärt sich bereit,
nach Lorsch umzuziehen, stellt jedoch die
Bedingung, dass ihr Gemahl Siegfried in die
neue Abtei verlegt wird. Nach Strophe C 1164
wird Siegfried schließlich »ze Lorse bi dem
munster« bestattet, und zwar »in eime langen
sarche«. Als Kriemhild schließlich mit ihrer
Mutter den neuen Wohnsitz beziehen will,
kommen Nachrichten über den Rhein, die
ihre Pläne in eine andere Richtung lenken.

Handschrift C macht aus Lorsch somit
das Hauskloster der burgundischen Königsfamilie, in dem zumindest Königin Ute
und ihr Schwiegersohn Siegfried ihre letzte
Ruhestätte finden. Die literarische Inszenierung folgt damit der sozialen Praxis des
mittelalterlichen Hochadels, Hausklöster
zu gründen und reich auszustatten.

Auch das Kloster Lorsch bildet da keine
Ausnahme. Seine Gründung verdankt es
dem Grafen Cancor vom Oberrheingau aus
der Familie der Rupertiner. Die Klostergebäu-
de entstanden geschützt auf einer Insel in
der Weschnitz. Die ersten Mönche schickte

Bischof Chrodegang von Metz, ein Verwand-
ter des Stifters, um 763 nach Lorsch. Der
Bischof, der als führender Berater König
Pippins III. tätig war, sorgte dafür, dass
Lorsch von Beginn an mit der karolingischen
Dynastie in Verbindung stand. Unter Leitung
eines weiteren Verwandten kamen im Jahr
765 die Reliquien des römischen Heiligen
Nazarius in die Neugründung, die danach
einen rasanten Aufschwung nahm. An den
Urkunden des Klosters lässt sich das ganze
Ausmaß von Spenden und Schenkungen
seitens benachbarter Adelsfamilien ablesen.

Gleich zu Beginn der Herrschaft Karls des
Großen stellte sich der Abt von Lorsch unter
den Schutz des neuen Frankenkönigs, der
das Kloster zum Zentralort für die kirchliche
Organisation am Mittelrhein ausbaute. Unter
Abt Richbod (784–804) wurden die Kontakte
zum Karolingerhof weiter vertieft. Lorsch
galt zu diesem Zeitpunkt als Zentrum der
karolingischen Herrschaft und Kultur im
gesamten Frankenreich. Die Klosteranlage
wurde durch Neubauten vergrößert und ver-
schönert. Die angeschlossene Herrscher-
pfalz diente Karl dem Großen und seinen
Nachfolgern als häufiger Aufenthalts- und
Versammlungsort. Noch heute gilt die karolingische Torhalle als eines der architek-
tonischen Meisterwerke der Karolingerzeit.

Nach der Teilung des Frankenreiches in
ein West-, Mittel- und Ostreich, die im Vertrag von Verdun im Jahr 843 beschlossen
wurde, wählten einige der Ostfrankenherr-
scher Lorsch sogar zur Königsgrablege:
Ludwig der Deutsche, Ludwig der Jüngere
und dessen Sohn Hugo wurden hier in einer
vom jüngeren Ludwig gestifteten Grabkapel-
le beigesetzt.

Im Skriptorium des Klosters wurden im 9. Jahrhundert zahlreiche wichtige Schriften angefertigt. Über zeitgenössische Kataloge kann man sich noch heute einen Eindruck vom Umfang der bedeutenden Lorscher Klosterbibliothek verschaffen, die allein aus dem 9. Jahrhundert über 500 Bücher und Handschriften umfasste. Berühmt ist etwa das *Lorscher Arzneibuch*, das eine der wichtigsten Sammlungen mittelalterlicher Rezepte und Heilmethoden beinhaltet. Nach einem verheerenden Brand im Jahr 1090 wurde die Klosteranlage in der ersten Hälfte des 12. Jahrhunderts erneuert und erweitert.

Als eine der ältesten und bedeutendsten Klosteranlagen rechts des Rheins hat die glänzende Geschichte und Bedeutung von Lorsch auch den Schreiber von Handschrift C des *Nibelungenlieds* um die Mitte des 13. Jahrhunderts inspiriert. Ob dieser Schreiber freilich als Mönch in Lorsch tätig war, darf dennoch bezweifelt werden. Nicht nur dass die sprachlichen Besonderheiten von Handschrift C eher in den alemannischen Raum weisen. Die für Handschrift C angenommene Entstehungszeit im zweiten Viertel des 13. Jahrhunderts fällt darüber hinaus mit der größten Krise der Abtei zusammen.

Die moralischen und wirtschaftlichen Zustände waren im frühen 13. Jahrhundert so katastrophal, dass sich der Papst zum Eingreifen gezwungen sah. Gregor IX. (um 1167–1241) beauftragte zunächst den Mainzer Erzbischof Siegfried mit der Reform der traditionsreichen Abtei. Als sich die Mönche gegen den Auftrag sperrten, verfügte der Papst die Aufhebung des Konvents und die Neubesetzung mit Mönchen aus dem Zisterzienserorden.

Vom Scheitern dieses Projektes profitierte der Prämonstratenserorden, der hier ab 1248 bis zur Aufhebung des Klosters im Jahr 1557 wirkte. »Diß closter hat gar ein alte Liberei gehabt«, schrieb Sebastian Münster in seiner *Cosmographia*. Die großartige Bibliothek wurde zerstreut und gelangte in Teilen nach Heidelberg und Rom. Das Kloster diente seit dem 17. Jahrhundert als Steinbruch. Heute befindet sich in den Resten der einstigen Klosteranlage das Museumszentrum. Postadresse: Nibelungenstraße.

Die Bedeutung der Lorscher Erwähnung in der Handschrift C des *Nibelungenlieds* ist gelegentlich überschätzt worden. Immer wieder treten Lokalhistoriker hervor, die dem literarischen Text historische Glaubwürdigkeit in jedem Detail zusprechen wollen. Siegfried soll Arminius oder der Merowinger Sigibert, Brünhild eine gleichnamige Merowingerherrscherin des 6. Jahrhunderts oder deren Widersacherin Fredegunde sein. In Worms sucht man vergebens nach archäologischen Überresten der burgundischen Königspfalz, in Odenheim oder Heppenheim bemüht man sich um den Nachweis des Tatortes von Siegfrieds Ermordung.

Zu den eher skurrilen Vorschlägen in diese Richtung gehört auch der Versuch, dem karolingischen Kloster Lorsch eine Entstehung im 5. Jahrhundert zu verordnen (E. Metzner). Nach dieser These gab es am Ort der historisch einwandfrei bezeugten Gründung aus den 760er-Jahren mehr als drei Jahrhunderte zuvor ein erstes Kloster, von dem nichts mehr übrig geblieben sein soll als die bloße Erwähnung im *Nibelungenlied*.

Die Herleitung einer solchen doppelten Klostergründung liest sich mehr als abenteu-

erlich. Über die Burgunder der Völkerwanderungszeit geben historische und archäologische Quellen ohnedies nur ein sehr unvoll-
ständiges Bild wieder. Die Forschung ist bis
heute der Ansicht, dass erst mit der Umsied-
lung der Burgunder in den Raum zwischen
Genf und Lyon in den Jahren nach 437 die
Christianisierung Fortschritte machte. Die
katholische Form des Christentums hielt in
diesen Gebieten sogar erst nach den Eroberungen des Frankenherrschers Chlodwig
in den Jahren um 500 Einzug.

Die vorgeschlagene Klostergründung
der völkerwanderungszeitlichen Burgunder
in Lorsch würde jedoch voraussetzen, dass
dieses germanische Volk bereits kurz nach
400 zum Christentum übergetreten und in
den wenigen Jahren am Mittelrhein zu einer
Klostergründung fähig gewesen wäre, für
die es weder im regionalen Umfeld noch
im kulturellen Horizont der älteren burgundischen Stationen Vorbilder gegeben hat.
Zu viele Fragezeichen für eine These, die
durch eine simple sagengeschichtliche
Beobachtung leicht als methodischer Irr-
weg zu widerlegen ist.

Die mittelalterliche Heldendichtung
bedient sich einzelner historischer Erinnerungen und Motive und kombiniert sie in
aller literarischen Freiheit mit Erfundenem
und Mythologischem. Wer nach historischer
Glaubwürdigkeit sucht, kann nicht auf
Erfolg hoffen. Die Dichtungen vom Typ des
Nibelungenlieds bewahren allenfalls Namen
und den Schatten großer Ereignisse. Sie
rekonstruieren keine Geschichte, sondern
erzählen Geschichten. Die lokale Überlieferung formt solche Erzählungen freilich
mit Vorliebe in »Lokalgeschichte« um. Dafür

ist zuletzt der Lorscher Siegfriedsarg ein
besonders anschauliches Beispiel.

Strophe 1164 endet mit dem Hinweis,
Siegfried sei nach seiner Umbettung in
Lorsch »in eime langen sarche« bestattet
worden. Heute ist in der archäologischen
Sammlung des Lorscher Museums ein
etwa 2,45 Meter langer mittelalterlicher Steinsarg zu besichtigen, der
als »Siegfriedsarg« sogar schon
auf der großen Nibelungen-

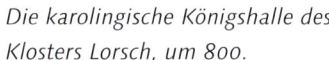

*Die karolingische Königshalle des
Klosters Lorsch, um 800.*

ausstellung im Badischen Landesmuseum in Karlsruhe im Jahr 2004 ausgestellt wurde. Der trapezförmige Sarkophag aus Odenwälder Buntsandstein wurde erstmals in der Mitte des 18. Jahrhunderts als Fundstück in dem kleinen Kloster Hagen unweit von Lorsch erwähnt. Enthalten waren zu diesem Zeitpunkt zwei Leichname, deren Identität jedoch im Dunkeln blieb. Die Innenseiten des Sarges waren mit Kreuzen und Ornamenten verziert worden. Ein Förster soll im 18. Jahrhundert das wertvolle Stück geborgen haben.

Die Tradition der großen Särge ist in Lorsch überraschend alt. Der *Lorscher Codex* berichtet, nach dem Klosterbrand habe man im Jahr 1090 unter dem Schutt »zwei Sarkophage von wunderbarer Größe« gefunden. Unwahrscheinlich, dass man schon damals die Nibelungen damit

»…in eime langen sarche« – der sogenannte Siegfriedsarg aus Lorsch.

in Verbindung brachte. Viel wahrscheinlicher ist, dass der Mythos vom Siegfriedsarg im 19. Jahrhundert entstand, im Zeitalter des Historismus und beginnenden Tourismus.

SCHATZKAMMER RHEIN

Der Rhein ist der älteste Erinnerungsort der Nibelungensage. Bereits im »Alten Atlilied« aus dem frühen Mittelalter, das weder etwas von Burgundern noch von Xanten oder Worms weiß, brechen die Niflungen Gunnar und Högni »aus rauem Rheingebirge« zum Hunnenherrscher Atli auf (Str. 17). Gunnar allein kennt am Ende das Geheimnis des Nibelungenhorts und nimmt es mit in den Tod: »Nur der Rhein soll schalten mit dem verderblichen Schatz. / Er kennt das asen-verwandte Erbe der Niflungen. / In der Woge gewälzt glühn die Waldringe mehr / Denn hier in den Händen der Hunnensöhne«

(Str. 27). Im Bruchstück des »Älteren Sigurd-lieds« wird der Held »südlich am Rhein« erschlagen (Str. 5).

Als Grenze zwischen dem römisch besetzten Europa und dem freien Germanien spielt der Rhein bei den Geschichtsschreibern der Kaiserzeit eine wichtige Rolle. Während der Völkerwanderungszeit war der Fluss ein zentraler Orientierungspunkt für die Neuordnung der politischen Verhältnisse. In der Römerzeit wurde der Schiffsverkehr auf dem Rhein durch römische Kriegsgaleeren kontrolliert, wie sie bei Mainz ausgegraben wurden. Später diente der Strom als Haupthandelsweg zwischen der südlichen und nördlichen Welt in Europa.

Auch als politische Grenze zwischen West- und Ostreich behielt er seine Bedeutung bei. Als sich der Ostfrankenkönig Heinrich I. im Jahr 921 mit seinem westfränkischen Kollegen Karl verabredete, traf man sich auf einem Schiff genau in der Mitte des Rheins bei Bonn, damit keiner der Könige sein Reich verlassen musste. Noch in der Ottonenzeit gelangte mit Lothringen ein größeres linksrheinisches Gebiet zum Osten. Bis in die Zeit der Weltkriege blieb der genaue Verlauf der rheinischen Grenze zwischen Deutschland und Frankreich umstritten. Die an schicksalsträchtigen Ereignissen und Erzählungen nicht arme Geschichte des Rheins wurde mit der Nibelungensage um einen Mythos reicher: das Rheingold.

In der Geschichte des Nibelungenschatzes kommt der Rhein erst im letzten Kapitel vor. Der Ursprung des Schatzes ist in den germanischen Göttermythen, in den Bergwerken der Zwerge und im sagenhaften Reich der nordischen Nibelungen zu suchen (Kapitel »Die Rätsel der nordischen Nibelungen«). Erst die mit Siegfried verschwägerten Burgunder bringen den Schatz schließlich an den Rhein und in den Rhein. Das mittelhochdeutsche *Nibelungenlied* aus dem 13. Jahrhundert lässt in der 19. Aventiure Kriemhilds jüngere Brüder den Nibelungenhort aus seinem Bergverlies im Norden heben und nach Worms ausführen. Mit ihm wandert auch der Nibelungenname nach Süden.

Als Hagen die Reichtümer schließlich bei Nacht und Nebel »ze Lôche« in die Rheinfluten schüttet, wird der Mythos vom verlorenen Schatz geboren. Bereits im »Alten Atlilied« kostet die Wahrung des Geheimnisses die Schatzhüter das Leben. Das *Nibelungenlied* inszeniert die abschließende Hortfrage besonders dramatisch, weil es Kriemhild selbst ist, die sie stellt und die als Reaktion auf die ausbleibende Antwort zuerst ihren Bruder und dann eigenhändig ihren Verwandten Hagen tötet. Der versunkene Schatz und der Untergang der Burgunder sind in der Nibelungensage untrennbar miteinander verknüpft. Der Blutzoll erhöht den mythologischen Stellenwert. Hort und Hortfrage bilden eine entscheidende narrative Pointe der mittelalterlichen Textzeugnisse der Nibelungensage.

Ähnlich wie bei Siegfriedsarg und Siegfriedquelle hat die literarische Inszenierung moderne Hobbyhistoriker und -archäologen zu einer emsigen, aber hoffnungslosen Suche veranlasst. Neben dem lokalen Ruhm einer weiteren nibelungischen Gedenkstätte lockt die Schatzsucher vor allem die Aussicht auf materielle Reichtümer. Mit Baggern und Metalldetektoren rücken sie dem literarischen Mythos zu Leibe. Dieses aussichtslose Unterfangen kann freilich dann zu einem einträglichen Geschäft mutieren, wenn man die historischen und geologischen Fakten ernst nimmt.

Historisch gesehen sind die meisten größeren Ströme in Europa als Schatzkammern zu betrachten. Als viel befahrene Handelswege und umkämpfte Grenzen hinterließen Schiffsunglücke, Piraterie und Beutezüge ihre Spuren auf dem Grund der Flüsse. Ein großer Teil der in Europa geborgenen Schatzfunde aus der römischen und mittelalterlichen Epoche stammt aus Schiffswracks.

Hinzu kommen geologische Erkenntnisse, die den Rhein zum Experimentierfeld von Goldschürfern machen. Am Oberrhein war die Goldwäscherei bis ins 19. Jahrhundert eine verbreitete Nebentätigkeit von Fischern und Bauern. Während der nationalsozialistischen Diktatur wurde dieses Projekt unter strenger Geheimhaltung wieder aufgenommen: Im Jahr 1938 wurde von der Schiffs- und Maschinenbau AG in Mannheim der Schwimmbagger »Rheingold« in einem Altarm des Rheins bei Steinmauern installiert, wo stündlich bis zu 120 Kubikmeter Kies gefördert werden konnten. Das magere Ergebnis von nur 300 Gramm Gold führte 1943 zur Beendigung des Versuchs. Der für das Projekt verantwortliche Reichsmarschall Hermann Göring hat sich aus dem Rheingold seinen Nibelungenring anfertigen lassen. Bis in die jüngste Zeit werden immer wieder neue Schürftechniken ausprobiert. Diese historischen und geologischen Fakten haben freilich nichts mit den Nibelungen gemein, gleichwohl beflügeln sie den Mythos vom Nibelungenhort.

Neupotz bei Speyer. In einem Altarm des Rheins arbeitet ein großer Kiesbagger. Zu Beginn der 1980er-Jahre macht ein Baggerführer der Firma Ludwig und Willi Kuhn eine sensationelle Entdeckung: Alte Waffen und Schmuckstücke tauchen aus dem Kiesschlamm auf. Auf dem Gelände der Firma sind bereits seit den 1960er-Jahren immer wieder Einzelstücke zum Vorschein gekommen. Doch die Dimension des neuen Fundes sprengt alle Erwartungen. Die hinzugezogenen Archäologen bergen in den nächsten Jahren mehr als 1000 Fundstücke: Allein das kostbare Tafelgeschirr umfasst 121 Teile. Sensen, Sicheln und Rebmesser, eines davon mit einer Darstellung des Gottes Silvanus, verweisen auf verschiedene Handwerke. Münzen und Waffen erlauben eine genauere zeitliche Einordnung. Insgesamt bringt es der Neupotzer Fund auf über 700 Kilogramm Edelmetall, darunter allerdings keine Gold- und Edelsteinobjekte. Damit darf man sich dort über den größten europäischen Schatzfund aus der römischen Kaiserzeit freuen. Die schönsten Stücke sind jüngst nach aufwendiger Restaurierung in Ausstellungen in Speyer und Augsburg gezeigt worden. Wie aber sind diese Kostbarkeiten in den Rhein gelangt?

Die Wissenschaft hat die Vorgeschichte des »Barbarenschatzes« zumindest teilweise aufhellen können. Er wird heute als Resultat eines größeren Plünderungszuges germanischer Verbände im linksrheinischen Gallien in den Jahren um 260 angesehen. Auf dem Rückweg müssen zumindest Teile der germanischen Verbände in einen Kampf mit römischen Kriegsschiffen verwickelt worden sein, die auf dem Rhein patrouillierten.

Zur römischen Grenzbefestigung zählte neben den festen Lagern, Wachtürmen und Mauern des Limes auch die in Mainz stationierte Rheinflotte. Beim anschließenden Gefecht ist offenbar ein Teil der Beute in den Fluten des Rheins versunken.

Germanische Plünderungszüge in grenznahen römischen Provinzen waren in der ausgehenden Antike keine Seltenheit. Der Limes verlor im Laufe des 3. Jahrhunderts seine militärische Bedeutung. Die römischen Legionäre, die etwa über eine Strecke von 550 Kilometern an Mittel- und Oberrhein und im sogenannten Dekumatenland bis zur Donau stationiert waren, konnten nicht rasch genug auf die konzentrierten Angriffe germanischer Invasoren reagieren. War der Limes erst einmal überschritten, hatten die Römer nahezu keinerlei Möglichkeiten zur Abwehr, da im Hinterland kaum Kampfverbände stationiert waren.

Seit etwa 230 zogen die römischen Kaiser wiederholt Truppen aus Obergermanien und Rätien für Feldzüge gegen die Perser ab, die im Osten das Reich bedrohten. Diese Schwächung nutzten germanische Siedel- und Heeresverbände, um über den Limes vorzudringen. Die kulturellen Errungenschaften der römisch besiedelten Gebiete in Gallien und Rätien zogen sie an. Die Plünderungen und Grenzkämpfe führten zur Entvölkerung ganzer Siedlungen im Vor- und Hinterland der Lager. In den Jahren um 259/60 drangen Verbände der Franken, Alemannen und Juthungen bis weit in den gallischen Raum vor.

Im Unterschied zum modernen Rheinkanal war der Flussverlauf in Antike und Mittelalter durch Mäander und sumpfige Landschaften mit zahlreichen Altarmen geprägt. Flussübergänge boten sich gerade im Mündungsgebiet der rechtsrheinischen Nebenflüsse an. In diesen Bereichen errichtete die römische Militärverwaltung Kleinkastelle mit Hafenbecken, in denen Kriegsgaleeren anlegen konnten. Ein solcher Schiffstyp wurde nur wenige Jahre vor der Sensation von Neupotz in Mainz aus dem Rhein geborgen.

Dass der Neupotzer Fund keinen Einzelfall darstellt, belegen weitere Schätze aus dem Rhein oder seinem Umland: aus Mainz-Kastel, Lingenfeld-Mechtersheim, Otterstadt sowie aus einem Baggersee bei Hagenbach. Vermutlich bildet der dortige Fundort den ursprünglichen Verlauf des Altrheins ab. Die mehr als 300 Metallobjekte aus dem römischen Aquitanien, die in Hagenbach gefunden wurden, werden ebenfalls dem Plünderungszug von 259/260 zugeordnet. Ein Großteil der wertvollen Silberobjekte aus dem Neupotzer und Hagenbacher Bestand ist nicht durch natürliche Einwirkung zerstört worden. Offenbar haben die Germanen die Stücke direkt nach der Erbeutung zum Zwecke der Schatzaufteilung zerhackt.

Auch wenn die Macher der Ausstellung *Geraubt und im Rhein versunken – Der Barbarenschatz* selbst gerne den Nibelungenmythos bemühen, um ihr Projekt zu bewerben, mit den literarischen Nibelungenzeugnissen haben die Rheinschätze nur die Vorstellung gemeinsam, dass große Reichtümer aus unterschiedlichsten Gründen auf dem Grund von Flüssen landen konnten.

Anders sieht das freilich der Mainzer Stadtarchitekt und Hobbyarchäologe Hans Jörg Jacobi. Seine Familie befindet sich bereits in der zweiten Generation auf den Spuren des Nibelungenhorts. Schon sein Vater Hans Jacobi hatte zu Beginn der 1970er-Jahre als Mainzer Bürgermeister mit großem technischem Aufwand die Suche begonnen, jedoch ergebnislos abbrechen müssen. Ausgangspunkt für die Suche der Jacobis ist die Ortsangabe in Strophe 1137 des *Nibelungenlieds*: »Bevor der mächtige König wieder ins Land zurückkam, hatte Hagen den ganzen gewaltigen Schatz geraubt und ihn bei Lochheim (ze Lôche) in den Rhein gesenkt.«

Die mittelalterliche Geografie des Mittelrheingebietes kennt – im Gegensatz zu heute – eine Ortschaft namens Lochheim. Sie ist vermutlich wegen der Hochwassergefahr im 13. Jahrhundert aufgegeben worden. Ihre Lokalisierung bereitet Probleme, doch ist sich Architekt Jacobi sicher, dass es sich um ein Senkgebiet am Altrhein bei

Mythos Rhein: der Loreleyfelsen.
Anonymes Aquarell, 19. Jahrhundert.

den heutigen Gemeinden Eich und Hamm zwischen Mainz und Worms handelt, das früher den Gemarkungsnamen »Schwarzes Loch« trug. Der Ort gilt mit etwa 25 Metern als tiefste Stelle des Rheins zwischen Basel und Rotterdam – ideal für Hagens Pläne?

Wenn man das *Nibelungenlied* in diesem Punkt ernst nimmt, wie Hobbyhistoriker dies gerne tun, waren sich die Burgunderkönige keineswegs einig, ob man den Schatz nicht später wieder heben und verwenden solle (Str. 1140). Bei einer privat durchgeführten Bohrung auf einem Grundstück bei Hamm stieß man in zehn Meter Tiefe immerhin auf eine Marmorplatte. Sollte der Schatz in einer Kiste verschlossen worden sein? Nach Hans Jörg Jacobi spricht auch die Theorie von der Schatzkiste dafür, dass die Burgunder die Reichtümer Siegfrieds einst wieder heben lassen wollten. Auch wenn nicht nur der Landwirt, auf dessen Grund und Boden die Bohrung stattfand, skeptisch bleibt, ist der Forscherdrang des jüngeren Jacobi ungebrochen.

DIE NIBELUNGEN-STRASSE AN DER DONAU

WO HERRSCHTE DER HUNNENKÖNIG?

Das *Nibelungenlied* ist nicht am Rhein, sondern an der Donau entstanden. Sprache und Ortskenntnisse des Nibelungendichters verraten seine Herkunft, auch wenn wir über seine Identität und die seines Auftraggebers nichts wissen. Es wurde bereits mehrfach betont, dass der Dichter auf eine lebendige Tradition von nibelungischen Texten und Liedern zurückgreifen konnte, als er sein großes Epos in den Jahren um 1200 fertigte. Zum ältesten Bestand der Sage gehört der Hunnenkönig Attila. Sein Hof ist Schauplatz des Burgunderuntergangs. Doch wo herrschte Attila-Etzel-Atli? Wohin zogen Gunthers und Hagens Mannen?

Die historischen Quellen über den Wirkungsbereich Attilas erwähnen ab 443 seine Hauptburg in der Theißebene im heutigen Ungarn (Kapitel »Das Zeitalter der Völkerwanderung«). Allerdings darf man sich das hunnische Herrschaftsgefüge im 5. Jahrhundert nicht zu statisch vorstellen. Innerhalb eines halben Jahrhunderts haben die Hunnen große Teile Europas zwischen Karpaten und Rhône aus dem Sattel heraus bedroht und teilweise unterworfen.

Für den Nibelungendichter lag die Residenz Etzels an der Donau, wenige Tagesreisen östlich von Wien. Vermutlich stand ihm dabei die alte ungarische Königsburg Gran (heute Esztergom) vor Augen, der zentrale Herrschaftssitz und Kirchenmittelpunkt der Ungarn im hohen Mittelalter. Das für die Christianisierung Ungarns zuständige Erzbistum wurde unter Mithilfe Papst

Silvesters II. und Kaiser Ottos III. im Jahr 1001 in Gran eingerichtet. Überdies ist die über der Donau gelegene Burg die Geburts- und Krönungsstätte des ersten christlichen Königs der Ungarn, Stephans des Heiligen (969–1038).

Der genaue Ort der Königsburg wurde erst bei Ausgrabungen im Jahr 1934 entdeckt, als Archäologen die Mauerreste und Fundamente des einstigen Königssitzes freilegten. Zur Zeit des Nibelungendichters war die Stammburg der Arpaden, des ungarischen Königshauses, ein Neubau. Er wurde nach 1173 durch König Bela III. an der Stelle eines alten Römerkastells und einer frühmittelalterlichen Befestigung errichtet und diente im Jahr 1189 wohl Kaiser Friedrich Barbarossa als Zwischenhalt während des Dritten Kreuzzuges. Bereits beim Ersten Kreuzzug im Jahr 1096 war Ungarn Transitgebiet für die über Land ziehenden christlichen Truppen, die sich erst in Konstantinopel zum gemeinsamen Vorgehen sammelten. König Bela III. soll den Kaiser und sein Gefolge in der Burg zu Gran empfangen und bewirtet haben.

Einige Forscher halten es für möglich, dass der Nibelungendichter selbst aus diesem Anlass auf der Burg weilte. Allerdings wirken seine Beschreibungen der Anlage im Vergleich zu den archäologisch gesicherten Fakten eher unzuverlässig. Nach der türkischen Eroberung Grans im Jahr 1543 wurden die Befestigungen völlig zerstört und zugeschüttet.

Nach einer anderen Auffassung kommt auch das heute im Nordwesten der ungarischen Hauptstadt Budapest gelegene Stadtviertel Obuda (Alt-Buda) für den Standort der Etzelburg in Betracht. Zur Entstehungszeit des *Nibelungenlieds* hielten sich an dem Ort, an dem neben alten römischen Ruinen auch ein wichtiges Kloster und eine mittelalterliche Festung standen, bayerische Kaufleute auf. Eine ungarische Quelle aus der Zeit um 1200, die *Gesta* des sogenannten ungarischen Anonymus, bezeichnet die frühmittelalterliche Burganlage ausdrücklich als »Ecilburgu« und als Sitz König Attilas (Kap. I, 48). Im späteren 13. Jahrhundert verlor die Stadt im Anschluss an ihre Zerstörung durch die Mongolen an Bedeutung, war aber in Deutschland noch während des 15. Jahrhunderts als »Etzelburg« bekannt (G. Györffy).

Der frühere Umfang der hunnischen Eroberungen spiegelt sich im *Nibelungenlied* in der Aufzählung der hochrangigen Lehnsleute Etzels wider: Die mächtigsten unter ihnen sind Iring von Dänemark, Irnfried von Thüringen und Rüdiger von Bechelaren. Andererseits färbt im mittelhochdeutschen Epos die Reputation der im 11. Jahrhundert christlich gewordenen Ungarnkönige auf die Darstellung Etzels ab. Zwar bleibt dieser im Sinne der älteren Atli-Tradition Heide, doch sind an seinem Hof Kirchenleute und Christen zu finden. Er selbst zweifelt zu Beginn der 20. Aventiure des *Nibelungenlieds*, ob er um Frau Kriemhild werben könne, da er doch »die Weihe der Taufe nicht habe« (Str. 1145).

Die frühmittelalterlichen skandinavischen Dichtungen vermitteln – im Unterschied zum *Nibelungenlied* – nur sehr ungenaue Vorstellungen von den geografischen Verhältnissen im Süden und Osten Europas.

Der Sitz Etzels? Königsburg der ungarischen Dynastie der Arpaden in Gran (Esztergom).

Wie stellen sich die älteren Überlieferungen den Donauraum vor? Es mag überraschen, doch die Ortsangaben bleiben hier vage und unklar.

Der Strom selbst wird in den skandinavischen Dichtungen nur am Rande als Schauplatz gewürdigt. Das »Alte Atlilied« bezeichnet das Land zwischen dem Sitz des Hunnenherrschers und dem rheinischen Niflungenhof Gunnars und Högnis als »Dunkelwald« und »Hunnenmark«. Auch »Schwarzwald« und »Gnitaheide« kommen als Ortsangabe vor. Der Bote Atlis, der die Brüder verräterisch zum Fest an den Hunnenhof einlädt, bietet als Gastgeschenk Gold von der Gnitaheide, die Kostbarkeiten vom »Gestade des Danpr« und »das schöne Gesträuch, Schwarzwald genannt« (Str. 5). Die Forschung sieht in Danpr den russischen Fluss Dnjepr und in den erwähnten Wäldern die hunnischen Grenzgebiete im westlichen Russland. Es handelt sich um genau die Gebiete, die im späteren 4. Jahrhundert von den Goten unter König Ermanrich besiedelt und von den Hunnen erobert wurden. Auf diesen Zusammenhang spielt das frühmittelalterliche »Hunnenschlachtlied« in der *Edda* an.

Die ins Hunnenland aufbrechenden Niflungen passieren auf ihrem Weg »tiefgrüne Täler« und »steile Felsburgen«, bis sie das »Südervolk« und Atlis Halle erreichen (Str. 13/14). Im *Nibelungenlied* werden Ritter aus dem Lande »ze Kiewen« erwähnt, die dem Etzel untertan waren, sowie als Nachbarn die »wilden Petschenære« (Str. 1340). Bei den Petschenegen handelt es sich um ein Nomadenvolk, das im 9. Jahrhundert aus der Ukraine in den Balkanraum vordrang,

wo es in ständigen Konflikten mit den Byzantinern lebte.

Das oben erwähnte »Hunnenschlachtlied« lokalisiert die Hunnenherrschaft weiter im Osten. Es spielt auf die Kämpfe zwischen Hunnen und Goten in den 370er- und 380er-Jahren an. Der Gotenherrscher legt als Schlachtfeld fest: »Entbiet sie zur Dyngja / und auf die Dunheide, / jene Walstatt / bei den Jassarbergen, / wo oft die Goten / Gerkampf erhoben / und stolz erstritten / strahlenden Sieg« (Str. 21). Die Forschung hat für die Lokalangaben »Dunheide« und »Dyngia« verschiedenste Auslegungen gefunden: Vorgeschlagen wurden Don, Weichsel, das Waldaigebirge im nördlichen Russland, das Donaubecken im nördlichen Ungarn oder das Gebiet zwischen Save und Drau.

Das jüngere grönländische »Atlilied« bleibt ebenfalls vage in seinen Ortsangaben, weiß allerdings zu berichten, dass die Niflungen per Schiff an die Burg Atlis reisten. In »Gudruns Lebensbeschreibung« dauert die Fahrt von den Burgundern zu den Hunnen 21 Tage: »Rasch auf die Rosse saßen die Recken da, / Die welschen Weiber zu Wagen hoben sie. / Sieben Tage durchtrabten wir kaltes Land, / Über See setzten wir sieben andre, / Durch dürre Steppen ging's die dritten sieben« (Str. 35).

Die eddische Nibelungentradition hält in ihren ältesten Teilen die Herkunft der Hunnen aus den Steppen Zentralasiens, ihre Verdrängungskämpfe gegen ostgermanische Völker, so vor allem Alanen, Goten und Terwingen, und damit den Beginn der sogenannten Völkerwanderung im 4. Jahrhundert in Erinnerung. Die mit Attila verbundene Tradition zielt historisch korrekt eher

MILITÄRISCHE FELDZÜGE ATTILAS 447–452

auf die Auseinandersetzungen im mittleren und westlichen Europa, die das 5. Jahrhundert prägten. Attilas Residenz an der Donau kennt freilich nur der Nibelungendichter, seine skandinavischen Vorlagen beschränken sich auf vage Angaben. Mit der Einführung von Gran (Esztergom) in das *Nibelungenlied* bietet der Dichter dem höfischen Publikum der Stauferzeit einen bekannten Bezugs-punkt im Osten, der durch die Kreuzzüge eine tagespolitische Bedeutung besaß und zugleich in die völkerwanderungszeitliche Geschichte der Hunnen zu passen schien.

Vergleicht man die frühen nibelungischen Überlieferungen mit dem staufischen *Nibelungenlied*, so fallen zwei sehr unterschiedliche Bewertungen des Hunnenherrschers Attila ins Auge. Der frühmittelalterliche Atli entspricht dem Bild, das die westlichen Chronisten des 5. und 6. Jahrhunderts vorgezeichnet haben: Attila als »Geißel Gottes« und als tödliche Bedrohung des christlichen Westens. Das *Nibelungenlied* nimmt eine deutlich mildere Position gegenüber Etzel ein. Im Hintergrund dürfte die mittlerweile erfolgte Missionierung und Verbindung mit den westlichen Monarchien gestanden haben.

Im 10./11. Jahrhundert wurde der Volksname der Hunnen auf die Magyaren übertragen. Bei den »Ungarn« wurden insbesondere zwei Herrschergestalten aus der Dynastie der Arpaden verehrt, die das Etzel-Bild positiv beeinflusst haben dürften. Zunächst förderte der heidnische Großfürst der Magyaren, Géza (972–997), die vom Regensburger Emmeramskloster ausgehende Missionierung. Die Taufe seines Sohnes und Erben noch zu Lebzeiten des Vaters drückt Gezas Einverständnis mit dem allgemeinen Religionswechsel der Ungarn aus.

Auch das Heiratsbündnis, das seinen Sohn Vajk mit dem bayerischen Herzogshaus verband, gehört in diesen Kontext. Man erinnert sich daran, dass Etzel den mit Kriemhild gezeugten Sohn Ortlieb christlich erziehen lässt. Während der Knabe im *Nibelungenlied* zu den ersten Opfern des Kampfes in Etzels Königshalle zählt, wandelt sich der geschichtliche Vajk im Jahr 1001 zum christlichen König Stephan, dem im 12. Jahrhundert heiliggesprochenen Idealtypus des christlichen Herrschers. Züge beider Arpadenherrscher könnten das Bild Etzels im *Nibelungenlied* beeinflusst haben.

ZWISCHEN PASSAU UND GRAN – STATIONEN IN DEN UNTERGANG

Die fast 1000 Kilometer zwischen Worms und Gran werden im *Nibelungenlied* mehrfach bewältigt. Als Erster legt dort Markgraf Rüdiger von Bechelaren den für die Nibelungen verhängnisvollen Weg zurück. König Etzel wählt seinen treuen Lehnsmann aus Bechelaren (Pöchlarn) für die Brautwerbung an Kriemhild aus, da dieser die Burgunderkönige »seit ihrer Kindheit« kennt (Str. 1147).

Die Wahl erweist sich als glücklich. Rüdiger vermag es, die Bedenken des Wormser Hofes gegen eine Verbindung Kriemhilds mit dem mächtigen heidnischen Fürsten zu zerstreuen. Kriemhild nimmt Rüdiger noch in Worms einen Treueschwur ab. Dieser Eid spielt beim finalen Geschehen in Etzels Königshalle später eine besondere Rolle.

Nach wochenlangen Vorbereitungen begibt sich endlich Kriemhild in Begleitung Rüdigers und eines stattlichen Gefolges auf die Reise an den Etzelhof. Von Worms bis zur Donau wird sie dabei von ihren königlichen Brüdern begleitet, die sich in Pförring an der Donau von ihrer Schwester verabschieden.

Mehr als 13 Jahre später kehren Boten Kriemhilds und Etzels an den Rhein nach Worms zurück, um die Burgunder an den festlichen Etzelhof zu laden. Die hunnischen Spielleute Wärbel und Swemmel stoßen mit ihrer Einladung auf offene Ohren, obwohl Hagen die von Kriemhild ausgehende Gefahr ahnt. Die Aventiuren 25 bis 28 sind schließlich der großen Fahrt der Burgunder, die ab

jetzt Nibelungen heißen, an den Hunnenhof gewidmet. Insbesondere bei Kriemhilds
und bei dieser letzten Reise geht der Dichter
ausführlich auf die Reisestationen an der
Donau ein. Anknüpfend daran, nutzt auch
die *Klage* die Kenntnisse über die ›Nibelungenstraße‹ an der Donau, um die tragischen
Ereignisse in Gran an den Höfen des Westens zu verbreiten.

Die Reisegesellschaft Kriemhilds setzt
nach dem Abschied von den Burgunderkönigen auf einer Fähre ans südliche Donau-
ufer über. Hervorgehoben wird eigens, dass
man das Land der Bayern »in raschem Zug«
durchquert (Str. 1295). Erst der Aufenthalt
in Passau wird in aller Ausführlichkeit beschrieben. Aus Passau eilen der Bischof der
Stadt und die Bewohner nach der Fassung
in Handschrift C den herannahenden Gästen bis nach Plattling entgegen. Die dortige
Jakobskirche war im 13. Jahrhundert als
regionale Wallfahrtsstätte und Station der
Kreuzzüge bekannt. Bischof Pilgrim
von Passau ist im *Nibelungenlied* der Onkel
Kriemhilds und Bruder ihrer Mutter Ute.

Als historische Persönlichkeit gehört
Pilgrim von Passau in das späte 10. Jahrhundert. Im Jahr 971 wurde der Vertraute und
Verwandte des ottonischen Königshauses
zum Bischof von Passau erhoben. Von Kaiser
Otto II. erhielt er im Jahr 976 das Kloster
Niedernburg als Entschädigung für Konflikte
mit dem Herzogtum Bayern. Seine weit
gespannten Pläne zur Errichtung einer eigenen donauländischen Kirchenprovinz mit
Passau als Zentrum scheiterten am Widerstand des Salzburger Erzbischofs. Pilgrim
gilt neben Wolfger von Erla als bedeutends-
ter Passauer Bischof. Die *Klage* nennt ihn

als Initiator einer lateinischen Nibelungendichtung.

In der Bischofsstadt übernachtet Kriemhild in einem Kloster, »wo sich der Inn mit
großem Schäumen in die Donau ergießt«.
Die Abtei Niedernburg ist eine Gründung
der bayerischen Herzöge aus der Familie der
Agilolfinger aus dem frühen 8. Jahrhundert.
Später wurde das Kloster Reichsabtei und
schließlich Besitz der Passauer Bischöfe.

Einziges Relikt aus der Zeit des Nibelungendichters stellt in Niedernburg die romanische Grabplatte der Äbtissin Gisela aus dem
11. Jahrhundert dar. Die hochadlige Gisela
war als Tochter Herzog Heinrichs II. von
Bayern zugleich die Nichte Bischof Pilgrims
von Passau. Vermittelt durch die ottonischen
Herrscher, ging Gisela eine Eheverbindung
mit dem ungarischen Herzogshaus ein. Im
Jahr 995/996 zog sie im Alter von elf Jahren
mit großem Gefolge an der Donau nach
Gran, dem Stammsitz der Arpaden. Ihr künf-
tiger Gemahl Vajk übernahm ein Jahr später als Herzog die Herrschaft über das große
Territorium der Ungarn.

Von einem Missionsbischof aus dem
benachbarten Ottonischen Reich getauft,
nahm Vajk (um 975–1038) den christlichen
Namen Stephan an. Die feste Einbindung in
die römisch-katholische Herrschaftsordnung
West- und Mitteleuropas gelang im Jahr
1001 mit der Erhebung Grans zum Erzbistum und Stephans zum König von Ungarn.
Seine Gemahlin Gisela brachte vielfältige
Bindungen an den bayerisch-österreichischen Adel mit in die Ehe. Später weitete
Stephan seine Beziehungen bis nach Byzanz
und auf den Balkan aus. Nach dem Tod
ihres Gemahls kehrte Gisela nach Bayern

zurück, wo sie um 1060 als Äbtissin von Niedernburg starb.

Das Schicksal Giselas wurde vom Nibelungendichter zur Gestaltung der Figur Kriemhilds herangezogen. Auch Kriemhild ist im *Nibelungenlied* die Nichte Bischof Pilgrims. Ihre feierliche Reise nach Gran und die Hochzeit mit dem Ungarnherrscher sind beachtliche Parallelen zwischen der historischen Gisela und der literarischen Kriemhild, die dem adligen Publikum zur Zeit des *Nibelungenlieds* aufgefallen sein müssen. Zwar geht die Verbindung zwischen dem burgundischen Herrscherhaus und Attila auf ältere literarische Zeugnisse zurück, jedoch

aktualisiert der Nibelungendichter – wie an vielen anderen Stellen – seinen literarischen Stoff durch jüngere Ereignisse und macht ihn somit für sein Publikum attraktiver.

Allerdings verlässt der Dichter dort seine historischen Quellen, wo es für die literarische Inszenierung sinnvoll erscheint. Nach der historischen Tradition heirateten Stephan und Gisela im bayerischen Scheyern. Im *Nibelungenlied* feiern Etzel und Kriemhild in Wien ihre Hochzeit. Als Hauptstadt der österreichischen Herzöge aus dem Haus der Babenberger stand Wien um 1200 im Mittelpunkt des politischen Lebens im Stauferreich. Nach Köln war Wien zu diesem Zeitpunkt die größte Stadt des Reiches. Unter Herzog Leopold VI. (1176–1230) stieg die Wiener Residenz auch zum kulturellen Zentrum auf. Die Nähe zu den europäischen Königshäusern färbte auf das höfische Leben und die Repräsentationsansprüche der Babenberger ab. Über seine Mutter war Leopold mit dem ungarischen Königshaus verwandt; seine Gemahlin Theodora stammte aus dem byzantinischen Kaiserhaus; seine Tochter Margarete wurde mit Heinrich (VII.), dem Sohn Kaiser Friedrichs II., vermählt.

Wenn Wien im *Nibelungenlied* als Stadt Etzels erscheint, dient dies vor dem zeitgenössischen Adelspublikum als Chiffre für die unerhörte Macht, den Reichtum und höfischen Glanz, die das Hunnenreich auszeichnen. Wien als kultureller Vorposten der heidnischen Hunnen – möglicherweise enthielt dieses Bild sogar eine Spitze gegen

Kriemhilds Vorbild? Grabmal der Königin Gisela in Passau-Niedernburg.

die mächtigen Babenberger, die als Kreuzfahrer, Ketzerverfolger, Klostergründer und
Teilnehmer an der spanischen Reconquista
zu den katholischen Vorzeigefürsten in Europa zählten.

Wer um 1200 als Kritiker der Babenberger
infrage kommt, deutet sich in einem Streit
an der päpstlichen Kurie unter Papst Inno-
zenz III. (1161–1216) an. Herzog Leopold
verfolgte in diesen Jahren den Plan, in Wien
ein für Österreich zuständiges Landesbistum
zu gründen, scheiterte jedoch am Widerstand des Passauer Bischofs Wolfger, zu
dessen Sprengel die Residenzstadt bis dahin
zählte. Auch Markgraf Rüdiger reitet bei
seiner ersten Reise an den Burgunderhof
zuerst von Gran nach Wien, wo die Kleider
für seine feierliche Gesandtschaft und sein
Gefolge von 500 Rittern angefertigt werden.
Die Stadt Wien wird hier und später als
westlicher Außenposten der Etzelherrschaft
dargestellt, die hauptsächlich für Zwecke
der höfischen Repräsentation herangezogen
wird.

Zwischen Passau und Wien reist Kriemhild noch in Begleitung ihres Onkels Pilgrim
zunächst bis nach Eferding, dem Stammsitz
der Herren von Schaunberg, die den hohen
Reisenden als Lehnsleute der Passauer Bischöfe freundlich Unterkunft gewähren. Die
»Gastung« war im Mittelalter ein wichtiges
Recht der Lehnsherren gegenüber ihren
adligen Lehnsleuten. Der Nibelungendichter
fügt an dieser Stelle eine weitere Spitze
gegen die Bayern ein: »Nun war die Königin
bis nach Eferding gelangt. Und hätten die
Bayern, wie es bei vielen von ihnen Brauch
ist, auf der Straße einen Überfall unternommen, dann hätten sie den Fremden vielleicht

Schaden zugefügt« (Str. 1302). Die schon
traditionellen Spannungen zwischen den
Bischöfen von Passau und den bayerischen
Herzögen schlagen sich auch im *Nibelungenlied* deutlich nieder. Beim großen Zug der
Burgunder an den Etzelhof kommt es sogar
zu Kampfhandlungen mit dem Bayern-
herzog, nachdem Hagen dessen Fährmann
erschlagen hat.

Schließlich gelangt Kriemhilds Reisegruppe nach Enns, wo man in Markgraf Rüdigers Land eintrifft. Nur eine Nacht bleibt
Kriemhild in Rüdigers Residenz in Bechelaren, deren historisches Vorbild wohl in
einer spätkarolingischen Grenzbefestigung,
der Herilungoburg in oder bei Pöchlarn,
zu suchen ist. Von hier aus herrscht er als
Lehnsmann König Etzels gemeinsam mit
seiner Gemahlin Gotelind über die östlich
der Enns gelegene Grenzmark.

Über 13 Jahre nach Kriemhilds Besuch
halten sich erneut Burgunder in der Residenz Rüdigers und Gotelinds auf. Diesmal
ist das gesamte Burgunderheer mit seinen
Königen für mehrere Tage zu Gast. Hier werden wertvolle Gastgeschenke ausgetauscht,
und ein Heiratsbündnis wird zwischen
Burgundern und Rüdigers Familie beschlossen. Im zweiten Teil des *Nibelungenlieds*
stellt die Aventiure 27 »Wie si ze Bechelâren
komen« die letzte Atempause vor dem
großen Gemetzel in Etzels Königshalle dar.
In Markgraf Rüdiger verwirklicht der Nibelungendichter seine Idealvorstellung vom
ritterlich-höfischen Ethos der Stauferzeit.

Das Donautal zwischen Ybbs und Melk
führt übrigens seit 1913 ganz offiziell den
Titel »Nibelungental«. In Melk stand eine
der ersten Burgen der Babenberger, die am

Ende des 10. Jahrhunderts die Grenzmark zwischen Ybbs und Traisen beherrschten. Der Zuschnitt dieser Markgrafschaft, die im Jahr 996 erstmals urkundlich als »Ostarrîchi« erwähnt wird, lässt erkennen, dass der Nibelungendichter bei Rüdigers Herrschaft offenbar an die ersten Babenberger und die Keimzelle des späteren Herzogtums Österreich dachte. An der Stelle ihrer Burg stifteten die babenbergischen Markgrafen kurz nach dem Jahr 1000 ein großes Benediktinerkloster, das sich im 12. Jahrhundert zum führenden Kulturzentrum und Hauskloster der Babenberger entwickelte. Mit der Erwähnung Melks trägt der Dichter einmal mehr der zur Zeit der Niederschrift des *Nibelungenlieds* auf dem Höhepunkt ihrer Macht Familie der Babenberger Rechnung. Allerdings heißt deren Stammvater Markgraf Leopold I. (um 940–994) und nicht Rüdiger, sodass die Forschung nach weiteren historischen Vorbildern für die wichtige Figur Rüdigers gesucht hat.

Als frühere historische Erinnerung liegen der Figur möglicherweise Ereignisse vom Beginn des 10. Jahrhunderts zugrunde. In der Schlacht von Pressburg beendeten im Jahr 907 ungarische Verbände die bayerische Herrschaft im mittleren Donauraum bis zur Enns, die seit der frühen Karolingerzeit bestanden hatte. Auch im *Nibelungenlied* werden die Herzöge von Bayern als Feinde des Etzelreiches dargestellt.

Die Ungarneinfälle stellten im 10. Jahrhundert den Adel und das Königtum im ostfränkisch-deutschen Reich vor große Probleme. Bis an den Oberrhein in Schwaben und das Elb-Saale-Gebiet in Sachsen stießen die nomadischen Reiterverbände vor. König

Heinrich I. (876–936) schloss zunächst einen Waffenstillstand, den er im Jahr 932 selbst brach, indem er den Ungarn in der Schlacht bei Riade eine erste größere Niederlage beibrachte. Erst Heinrichs Sohn Otto dem Großen (912–973) gelang es, die Ungarn endgültig in der großen Lechfeldschlacht vor den Stadtmauern von Augsburg im Jahr 955 zu besiegen. Noch aus der Zeit Karls des Großen stammte die Einrichtung von Markgrafschaften an den umkämpften Grenzen des Reiches, so auch im Donauraum östlich der Enns.

Auch wenn ein Markgraf Rüdiger mit Sitz in Pöchlarn in den historischen Quellen nicht nachgewiesen werden kann, bildet die Situation im *Nibelungenlied* gut die Verhältnisse in der bayerisch-ungarischen Grenzmark im 10. Jahrhundert ab. Allerdings kennen die Quellen einen Grafen Rutker aus der Familie der Grafen von Eppenstein. Rutkers Bruder Markwart III. von Eppenstein wird in den Jahren 985 bis 991 als Markgraf der Karantanischen Mark genannt. Im Totenbuch des Klosters St. Andrae in der Nähe des Ortes Traismauer erscheint ohne Jahresdatum sogar ein »Rudegerus marchio« – Markgraf Rüdiger. Es ist nicht ausgeschlossen, dass der Nibelungendichter auf diese lokale Tradition des späteren 10. Jahrhunderts zurückgriff, als er die Figur Rüdigers entwarf.

Von Melk aus macht sich Kriemhilds Reisegesellschaft in Richtung Mautern auf den Weg. Die an der Donau gelegene Burg Dürnstein im Besitz der Herren von Kuenring war dem Adelspublikum in der Zeit um 1200 ein Begriff, da hier im Jahr 1192 der englische König Richard Löwenherz für einige

Monate gefangen gehalten wurde, bevor ihn Herzog Leopold V. an den deutschen Kaiser Heinrich VI. auslieferte. Mit einer weiteren Donaufestung der Kuenringer, Burg Aggstein, verbindet sich in der Lokaltradition eine der Loreley vergleichbare Sage, die unter anderem den Amelungenschatz Dietrichs von Bern auf dem Grund der Donau zum Thema hat. Mautern, Traismauer und Tulln stellen die letzten Reisestationen Kriemhilds vor der Ankunft in Wien dar.

Auf den Feldern vor Tulln begegnet Kriemhild ihrem Gemahl Etzel zum ersten Mal. Dieser wird von 24 Fürsten und einem großen Heer begleitet, das aus Christen und Heiden, Russen und Griechen, Polen, Walachen, Petschenegen und Kiewern, Dänen und Thüringern besteht. Die zwölf bedeutendsten Fürsten werden bei diesem Empfang namentlich genannt. Die Lokalforschung hat betont, dass in der Tullner Pfarrkirche St. Stephan am romanischen Westportal die zwölf Apostel abgebildet sind. Sollte die Zahl der heroischen Gefolgsleute Etzels den Tullner Aposteln entsprechen? Bereits in Tulln beginnt man zum Auftakt der Hochzeitsfeierlichkeiten mit einem großen Turnier, bevor man zum Pfingstfest nach Wien weiterreitet und dort 17 Tage Hof hält. Auch diese Angabe belegt, wie der Nibelungendichter bei der Ausgestaltung des alten Sagenstoffs mit zeitgenössischen ›Versatzstücken‹ arbeitet.

Genau 17 Tage dauerten auch die Wiener Hochzeitsfeierlichkeiten Herzog Leopolds VI. mit der griechischen Prinzessin Theodora im Oktober 1203. Die Zeremonie wurde vom Passauer Bischof Wolfger geleitet, den die Forschung wie erwähnt seit Langem mit der Entstehung des *Nibelungenlieds* in Verbindung bringt (Kapitel »Mittelalterliche Helden und höfische Dichter«). Des Weiteren ist die Teilnahme Walthers von der Vogelweide, eines der bedeutendsten Dichter der hohen Stauferzeit, an den Feierlichkeiten bezeugt. Gegen die ebenfalls vermutete und zeitlich-regional durchaus mögliche Anwesenheit des Nibelungendichters spricht allerdings die im Vergleich zu anderen Festlichkeiten im Lied ausgesprochen knappe und stereotype Beschreibung der Wiener Hochzeit (Str. 1365–1374).

In Hainburg, wo man auf das Territorium Etzels gelangt, sind neben der karolingischen Reichsburg auch der Palast Theodoras, der byzantinischen Gemahlin Herzog Leopolds, sowie das Ungarntor als Bauwerke aus der Zeit des hohen Mittelalters erhalten. Im ungarischen Misenburg schiffte sich die Reisegesellschaft Kriemhilds auf miteinander vertäuten Flößen ein und ließ sich so auf der Donau in Richtung Gran treiben: »Viele sichere Schiffe waren miteinander vertäut, sodass ihnen Wellenschlag und Strömung nicht schaden konnten. Darauf waren viele Zelte gespannt, als stünden sie noch auf Land und Feldern« (Str. 1378).

Wenig später traf die neue Königin in Gran ein. Der Herrschersitz Etzels bietet Kriemhild schließlich die Kulisse für die von langer Hand geplante Rache an den Mördern ihres ersten Gemahls.

Die zwölf Recken des Nibelungenlieds*?*
Aposteltor von St. Stefan in Tulln.

VI. MACHT DER MYTHEN – DIE MODERNE SUCHE NACH DEN NIBELUNGEN

WEGE IN DIE MODERNE

NIBELUNGEN ALS ABZIEHBILDER — VOLKSBÜCHER IN DER FRÜHEN NEUZEIT

Die Wucht der Ereignisse am Etzelhof, die Tragik einzelner Schicksale und das abrupte Ende des *Nibelungenlieds* nach dem Tod seiner Hauptfiguren hat bereits beim Publikum des 13. Jahrhunderts Reaktionen hervorgerufen. Wohl in der Passauer ›Nibelungenwerkstatt‹ um Bischof Wolfger entstand die *Klage*, die Betroffenheit über das Geschehen und dessen moralische Bewertung vermittelt. An vielen Höfen entstand das Bedürfnis, eine Abschrift des neuen Monumentalwerks zu besitzen. Von Passau und Lorsch nimmt man solche Kopierdienste an. Die Abschreiber neigten zur Variation ihrer Vorlage, sei es, dass ihnen aus lokaler Sicht eine andere Lesart plausibler erschien, sei es, dass ihnen eine andere Version aus den kürzeren Liedern zu demselben Thema geläufig war.

Man darf nicht vergessen, dass auch im Zeitalter des *Nibelungenlieds* kürzere, gesungene Strophen über Siegfried und Hagen, über Kriemhilds Rache und den Untergang der Nibelungen in Umlauf waren. Der sogenannte Marner, ein schwäbischer Spielmann, zählt fast zeitgleich zum *Nibelungenlied* auf, was damals an den Höfen von ihm gefordert wurde: Lieder über König Rother, Dietrich von Bern und Siegfrieds Tod, über Kriemhilds Rache und den Nibelungenhort. Sein Kollege Hugo von Trimberg (um 1230 – um 1313) nennt noch eine Generation später Siegfrieds Drachenkampf, Schatz und Ermordung als die bevorzugten Liedstoffe seiner Zeit.

Das *Nibelungenlied* eignete sich in seiner monumentalen Form kaum zum kurzweiligen Vortrag am Hof oder auf dem Jahrmarkt. Welche kürzeren Formen in mündlicher Überlieferung und Variation bis ins späte Mittelalter von Spielmann zu Spielmann wanderten, kann kaum erschlossen werden. Dass auch Kaufleute zu Vermittlern solcher Dichtungen und Stoffe wurden, dafür ist die norwegische *Thidrekssaga* ein anschauliches Zeugnis: Der Verfasser berichtet in der Mitte des 13. Jahrhunderts von niederdeutschen Kaufleuten, die ihre eigene lokale Sicht der Nibelungensage zum Besten gaben. Nach ihrer Darstellung spielte sich der Nibelungenuntergang im westfälischen Soest ab, »da, wo diese Vorgänge geschahen und wo bis zum heutigen Tag die Stätten noch unzerstört zu sehen sind, wo Hagen fiel oder Iring erschlagen wurde, wo König Gunther den Tod fand und wo sich der Garten befindet, der noch heute ›Nibelungengarten‹ heißt« (Prolog).

Etwa zur gleichen Zeit fühlte sich wohl ein Regensburger Schreiber dazu angehalten, das im Schlussteil des *Nibelungenlieds* recht unhöfische Verhalten Kriemhilds durch eine ›Gegendichtung‹ zu korrigieren. Er nannte das mittelhochdeutsche Epos programmatisch nach seiner Hauptfigur *Kudrun* und wählte damit den in der älteren nordischen Tradition üblichen Namen für Kriemhild. Der Nibelungenstoff schimmert bei diesem Werk nur noch durch die Oberfläche: Kudrun führt eine vorbildliche Ehe mit Hertwig. Sie ist Inbegriff höfischer Tugenden wie Großzügigkeit und maßvolles Auftreten. Ebenso ist ihr Gegenspieler Hartmut – ganz anders als der dunkle Hagen – vollkommen

in die Welt des Hofes und des ritterlichen Glanzes integriert. Doch der Versuch der »Höfisierung« der Figuren muss als gescheitert gelten, wenn man die Maßstäbe des mittelalterlichen Publikums anlegt. Nur eine einzige Handschrift bewahrt die *Kudrun*; das Interesse der Sänger und Schreiber galt anderen Stoffen.

Im späten Mittelalter regte sich die Vorliebe für Buntes und Exotisches. Große Sammlungen von Abenteuern kursierten an den Adelshöfen und in den Patrizierpalästen: Darin finden sich oft wahllos aneinandergereihte Episoden über Artus und Iwein, Rother und Walther, Saladin und Siegfried. Solche Sammelwerke unter dem Titel *Krone der Abenteuer* (Heinrich von dem Türlin, um 1220) oder *Buch der Abenteuer* (Ulrich Fuetrer, um 1475) spiegeln den höfischen und großbürgerlichen Geschmack im ausgehenden Mittelalter besser als anspruchsvolle Versepik oder Großformen der Lyrik. Die in solchen Sammlungen transportierten Stoffe erreichten viel mehr Menschen als noch die höfische Literatur der Stauferzeit. Sie sorgten dafür, dass bestimmte Anekdoten sich im Geschichtsbewusstsein der Epoche verfestigten und in die Chroniken Eingang fanden.

Ein österreichischer Dominikaner schrieb um 1350 in die Chronik seines Heimatkonvents in Leoben, zur Zeit von Papst Leo sei Attila im Westen erschienen. Die Legende, nach welcher der weise Papst in der Mitte des 5. Jahrhunderts durch sein bloßes Charisma die blutrünstigen Hunnen von der Plünderung der wehrlosen Stadt Rom abgehalten habe, war bereits im früheren Mittelalter verbreitet und hat es sogar bis in die Filmstudios Hollywoods geschafft. Um die mit Attila verbundenen Sagenstoffe in seine Chronik einzubinden, berichtet der Leobener Dominikaner weiter, mit Attila seien Riesen durch das Land gezogen, darunter Dietrich von Bern, Hildebrand, Rüdiger von Pöchlarn, Hagen und andere. »Aber von Attila und den Riesen findet man vielerlei Falsches und Erfundenes«, beeilt sich der Chronist zu versichern, um Zweifeln an seiner Glaubwürdigkeit vorzubeugen. Auch in der *Weltchronik* Heinrichs von München aus dem 14. Jahrhundert tauchen die Nibelungen und ihr Untergang am Sitz des Hunnenherrschers als historisches Faktum der Völkerwanderungsepoche auf. Die Grenze zwischen Historie und Literatur blieb auch in den folgenden Jahrhunderten stets fließend.

Zu den volkstümlichen Bearbeitungen des Stoffs zählt nicht zuletzt das bayerische Epos *Rosengarten* aus der Zeit um 1260. Das Idyll des Wormser Rosengartens als Ort des friedlichen Zusammenlebens von Kriemhild und Siegfried hebt den tragischen Verlust im ersten Teil des *Nibelungenlieds* auf und entschärft mit seinem ›Happy End‹ die emotionalen Reaktionen, die noch das frühere *Nibelungenlied* entfacht hatte. Im späten Mittelalter waren die Nibelungen und die mit ihnen verbundenen Abenteuer so populär, dass ein seriöser Franziskaner wie Berthold von Regensburg sie um 1270 in seinen Predigten als Beispiel für unmoralisches Verhalten zitieren konnte.

Zumindest in den Zentren der Nibelungenüberlieferung hielt diese Popularität bis in die Neuzeit an. Im Jahr 1488 wünschte Kaiser Friedrich III. (1415–1493) bei einem Besuch der Stadt Worms die Gebeine des berühmten gehörnten Riesen Siegfried zu sehen, dessen Lanze mittlerweile als Kultobjekt im Wormser Dom ausgestellt war. Wie die Wormser den prekären kaiserlichen Wunsch umschifft haben, ist nicht überliefert. Doch auf dem alten Wormser Rathaus war bis zum 17. Jahrhundert eine Abbildung zu bewundern, auf der Friedrich gemeinsam mit Siegfried, dem Drachen und den burgundischen Königen zu sehen war. Drache und Lanze als Kennzeichen Siegfrieds verweisen darauf, dass die fantastischen Jugendabenteuer des Helden mittlerweile viel größere Begeisterung auslösten als die dramatischen Ereignisse des *Nibelungenlieds*.

Während die Abschriften des großen Versepos um 1500 am Hof Kaiser Maximilians I. (1459–1519), des Sohnes und Nachfolgers Friedrichs III., endgültig versiegten, brach sich mit den »Volksbüchern« eine neue Literaturgattung Bahn, die den veränderten Bedürfnissen der neuen Zeit besser entsprach.

Durch neue maritime Entdeckungen kam es nach 1500 zu einer Flut von Reiseberichten, deren gemeinsames Kennzeichen in einer Vorliebe für Fremdes und Grelles zu bestehen scheint. Viele von ihnen wurden dem stetig anwachsenden Lesepublikum in illustrierten Ausgaben angeboten. Buchdruck, die Verwendung des gegenüber dem Pergament deutlich billigeren Papiers und neue Illustrationstechniken kamen solchen Bedürfnissen vor allem des gebildeten städtischen Milieus nach. Die Spielleute, die auf den Jahrmärkten zur Belustigung auftraten und ihre Zuhörer durch immer neue Variationen der alten Lieder überraschten, hatten Konkurrenz in gedruckter Form bekommen.

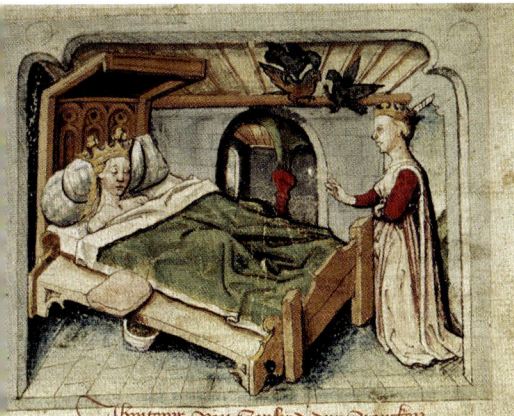

Kriemhilds Falkentraum. Illustrierte Nibelungenlied-Handschrift B, 15. Jahrhundert.

Ein früher Ableger der neuen Mode liegt mit dem *Lied vom Hürnen Sewfrid* vor, das zuerst im Jahr 1527 von einem Nürnberger Verleger gedruckt wurde. Sein Inhalt kann als Kompilation aus mündlich und schriftlich tradierten Versatzstücken der Nibelungensage verstanden werden. Das Hauptaugenmerk gilt jedoch eindeutig den exotischen Abenteuern des jungen Helden: dem Drachenkampf, dem sagenhaften Hort, der Jungfrau Brünhild und ihrer Gegenspielerin, der schönen Kriemhild. Vom ur-

sprünglichen Erzählgerüst der *Edda* ist in diesem frühneuzeitlichen Gedicht kaum etwas übrig geblieben:

Auf der Suche nach Abenteuern trifft Siegfried im Wald auf einen Köhler, dessen Unglück darin besteht, einen Drachen immerzu mit glühenden Kohlen füttern zu müssen. Hilfsbereit fordert der Held das Untier zum Kampf und tötet es mitsamt seiner Brut. Seine Hornhaut verdankt er dem im Feuer geschmolzenen Drachenpanzer. Mit dieser Bewehrung kommt er in der Stadt Wurmsv(!) zum Hof König Gybichs, der drei Söhne und eine Tochter hat. Letztere wird von einem weiteren Drachen entführt, der alle paar Jahre zum Menschen mutiert und sich in dieser Gestalt an die unglückliche Prinzessin heranmacht. Ihre Rettung scheint dem drachenerfahrenen Siegfried auf den Leib geschnitten. Allerdings benötigt er dazu die Hilfe eines zauberkundigen Zwergs, der auf einem schwarzen Rappen genau im Augenblick des entscheidenden Kampfes die Szene betritt. Von ihm erfährt der Held, dass sich der Schlüssel zum Versteck Kriemhilds in den Händen eines übellaunigen Riesen befindet, den er mithilfe seiner Tarnkappe bezwingen kann. Im finalen Showdown tauchen plötzlich an der Seite des Entführerdrachens 60 kleinere Kampfdrachen auf, die Siegfried alle umbringen muss.

Die Auswahl der Episoden deutet an, worauf es dem neuen Lesepublikum bei solchen Ausgaben ankam: Exotisches und Märchenhaftes, Spannendes und Unterhaltsames. Tragisches und Ernstes, Belehrendes und Moralisches hatte in dieser Literatur keinen Platz.

Weitere Bücher über diese und andere Heldentaten des »Hürnen Sewfrid« folgten der Nürnberger Ausgabe. Der Nürnberger Schuhmacher und Meistersinger Hans Sachs hat den Stoff in der Mitte des 16. Jahrhunderts zu einem Schauspiel verarbeitet: *Der hörnen Sewfriedt, ein son könig Sigmunds im Niderland* (uraufgeführt 1557). Drucke von diesem Text kursierten in vielen deutschen Städten und auf den Handelsmessen, auf denen Bücher mittlerweile zum Verkaufsschlager avancierten. Aus dem frühen 17. Jahrhundert sind sogar Übersetzungen ins Tschechische überliefert.

Die Stadt Worms bleibt in diesen Jahrhunderten das Zentrum der Nibelungenüberlieferung. Ein Frankfurter Buchhändler verkauft vor 1600 mehr als 20 Exemplare des »Hürnen Sewfrid« dorthin. Ein Wormser Gelehrter, der Schulrektor Friedrich Zorn, wettert in diesen Jahren gegen all den Unsinn, »was von diesem hörnin Seyfrid, seiner Stangen und Schwertkopf gedichtet wird«.

Einen neuerlichen Höhepunkt der literarischen Verballhornung des traditionellen Stoffs erreicht das in Prosa verfasste *Volksbuch vom gehörnten Siegfried* aus dem Jahr 1726. Im Stil des volkstümlichen Ritter- und Schelmenromans, dessen Vorbilder im Herzog Ernst, Faust oder Eulenspiegel zu suchen sind, kämpften sich die Nibelungen erfolgreich durch die Barockzeit.

Dabei schien es den Verlegern gemäß der Mode des 18. Jahrhunderts angeraten, die literarischen Wurzeln des Stoffs nach Frankreich zu verlegen. Sie behaupteten fälschlich auf dem Titelblatt, das Buch sei »aus dem Französischen ins Teutsche übersetzt«. Frankreich und der Versailler Hof des Sonnen-

königs wurden als Fixsterne im kulturellen Universum des barocken Europas bewundert. Viele der älteren Namen werden in dem erwähnten Volksbuch bis zur Unkenntlichkeit entstellt: Aus Kriemhild wird die modischere Florigunde, aus Kuperan, dem Riesen, wird Wulffgrambär.

Ferner lud das Adjektiv »gehörnt« zu pikanten Fehlschlüssen ein. Da in dem bunten ritterlichen Treiben die Herkunft des mythischen Nibelungenschatzes schlecht erklärt werden kann, setzt sich der Hort im Volksbuch aus den Preisgeldern für siegreich bestandene Turniere zusammen. Weshalb der Held dafür umgebracht werden muss, interessiert die Leserschaft der Barockzeit offenbar nicht. Dass das Volksbuch als Fortsetzungsroman angelegt war, macht der Hinweis am Ende deutlich: Was mit Siegfrieds Sohn geschehen sei, könne man in der »Löwhardi-Historie« nachlesen. Die Nibelungen durchlebten die ersten Jahrhunderte der neuen Zeit als Comicstars.

KEINEN SCHUSS PULVER WERT? — DIE WIEDERENTDECKUNG DES *NIBELUNGENLIEDS* IM 18. JAHRHUNDERT

Unser heutiges Wissen über die Ursprünge der Nibelungensage und die neue Wertschätzung von *Edda* und *Nibelungenlied* ist zwei parallelen Entwicklungen zu verdanken: Zum einen deutete sich bereits auf dem Höhepunkt der prallen und vergnügungssüchtigen Barockzeit mit der Aufklärung in bestimmten Kreisen eine Hinwendung zum kühlen und ernsten Rationalismus an. Diese Strömung mündete nach einem Prozess tiefgreifender politischer Umbrüche schließlich in der Begründung einer neuen Wissenschaftskultur, in der die Fächer Geschichte und Literatur einen hohen Stellenwert einnahmen.

Zum anderen schärfte sich im absolutistischen wie im revolutionären Europa das Bewusstsein für die nationale Identität, für die eigene Herkunft und Geschichte in Abgrenzung zum Fremden und anderen. Die Rückkehr zu den Wurzeln und Quellen des Eigenen förderte die wissenschaftliche Suche nach Texten und Überlieferungen aus Antike und Mittelalter genauso wie die unwissenschaftliche Konstruktion nationaler Vorbilder vom Schlage Hermanns des Cheruskers oder Friedrich Barbarossas. In diesem Wechselbad von akademischer Akribie und emotionaler Aufwallung legten die Nibelungen die letzten 250 Jahre bis heute zurück.

Das 18. Jahrhundert hat in verschiedenen Milieus sehr unterschiedliche Zugänge zur Nibelungensage gesucht. In den Jahren, als das *Volksbuch vom gehörnten Siegfried* den deutschen Büchermarkt und die Lesestuben der Bürgerhäuser eroberte, begaben sich Literaturhistoriker und Privatgelehrte auf die Spuren der antiken und mittelalterlichen Überlieferung. Ein für die Aufklärung typischer Kreis von Gleichgesinnten hatte sich um den Züricher Gelehrten Johann Jakob Bodmer (1698–1783) gebildet.

Bodmer fand als Sohn eines Pfarrers schon früh Zugang zu Büchern und Wissenschaften. Sein Interesse galt insbesondere den nationalen Literaturen Europas und ihren historischen Vorläufern. Im Jahr 1731

erhielt er eine Professur für Schweizerische Geschichte am angesehenen Collegium Carolinum in Zürich. Die Gründung einer eigenen Verlagsbuchhandlung und einer literarischen Wochenzeitschrift in Zürich zeigt, dass er sich in diesen Jahren überdies um geeignete Plattformen für die Veröffentlichung akademischer Studien bemühte. Nachdem er insbesondere durch seinen Streit mit dem Leipziger Literaturpapst Johann Christoph Gottsched auch in Deutschland bekannt wurde, entwickelte sich Bodmers Haus in der Schweiz zum Mittelpunkt eines intellektuellen Zirkels von Künstlern, Literaten, Theoretikern und Privatgelehrten. Klopstock, Wieland, Kleist und Goethe zählten zu Bodmers Gästen in Zürich.

Der Schweizer Professor übersetzte Homers Epen ins Deutsche und bewies so sein Gespür für historische Erzählungen und narrative Umformungen. Seiner Vorstellung nach hatte jede Epoche den ihr angemessenen Stil, Geschichte und Mythos miteinander zu verbinden. Für das Mittelalter wähnte er die Stauferzeit als kulturelle Blütezeit. Aus diesem Grund schickte er seine Schüler und Bewunderer auf die Suche nach alten Manuskripten aus dem 12. und 13. Jahrhundert.

Zu seinen Bewunderern gehörte ein junger Arzt aus Lindau am Bodensee: Jakob Hermann Obereit (1725–1798). Neben seinen Medizinstudien in Halle und Berlin fand Obereit Zeit und Interesse für klassische Literatur und moderne Philosophie. Im Jahr 1750 kehrte er als humanistisch gebildeter Arzt an den Bodensee zurück. Von dort nahm er Kontakt zu Bodmer in Zürich auf und widmete seine Freizeit der Suche nach alten Handschriften in den Bibliotheken des Bodenseeraums.

Im Mittelalter waren die Bibliotheksverhältnisse noch eher überschaubar, da sich fast ausnahmslos alle größeren Bücherbestände in Klöstern und Bischofssitzen befanden. Durch die Reformation, die europäischen Kriege der Frühneuzeit und die mit der Aufklärung verbundene Säkularisierung des Denkens war jedoch das einstige kirchliche Bildungsmonopol beseitigt worden. In der Konsequenz waren seit dem 16. Jahrhundert viele wertvolle Bestände aus Klosterbibliotheken zerstreut oder vernichtet worden. Dieser Prozess erreichte zu Beginn des 19. Jahrhunderts durch die von Napoleon angeordnete Säkularisation einen weiteren Höhepunkt. Doch bereits im 16. Jahrhundert galt die Sammlung alter Bücher und Handschriften als kostspieliger Zeitvertreib einzelner Adliger und reicher Bürger.

Obereit hatte das Glück, im Schloss von Hohenems eine bedeutende Adelsbibliothek in unmittelbarer Nähe zu finden. Hier befanden sich wertvolle Literaturschätze seit der Zeit Graf Jakob Hannibals I. (1530–1587) und seines Sohns Kaspar (1573–1640). Als Neffe von Papst Pius IV. fand Jakob Hannibal Zugang zu den Kunstschätzen südlich und nördlich der Alpen, die er in seiner Residenz in Hohenems sammelte. Unter seinem Sohn Kaspar wurden Schloss und Schlossbibliothek prachtvoll erweitert. Offenbar ließ der Literaturkenner gezielt nach alten Handschriften der mittelhochdeutschen Epik suchen, um sie zu erwerben.

In den Adelskreisen dieser Zeit galten die höfischen Romane und heroischen Erzählungen als begehrte Sammelobjekte, wie besonders das aufwendig illustrierte *Ambraser Heldenbuch* aus der Zeit Kaiser Maximilians I. veranschaulicht. Auf persönliche Initiative des Kaisers hatte seit 1504 der Zollschreiber Hans Ried die Arbeit an der Sammlung und kalligrafischen Abschrift der mittelhochdeutschen Texte begonnen. Darunter befanden sich neben Hartmann von Aue, Wolfram von Eschenbach und weiteren Vertretern der deutschen Artusepik auch das *Nibelungenlied* (Handschrift D) und die *Klage*. Das insgesamt 243 Blätter umfassende Manuskript wurde in Schloss Ambras in Tirol verwahrt und kam im Jahr 1806 in die Österreichische Nationalbibliothek nach Wien.

Als Jakob Hermann Obereit im Juni 1755 beim Schlossverwalter auf Hohenems um die Erlaubnis nachsuchte, die Bibliothek nutzen zu dürfen, hatte er die Empfehlung seines Freundes Joseph von Wocher mit dabei. Diese verschaffte ihm Zutritt zur bedeutendsten Adelsbibliothek des Bodenseeraums. In den Jahren zuvor hatte sich der Züricher Professor Bodmer immer wieder vergeblich in Hohenems um eine Bibliotheksbesichtigung beworben. Wie Obereit in einem Brief an Bodmer mitteilt, stieß er bereits am ersten Tag völlig überraschend auf eine Handschrift »aus dem schwäbischen Zeitalter«, jener staufischen Epoche also, welcher der Literaturprofessor aus Zürich seine ganze Aufmerksamkeit widmete. Der Brief vom 29. Juni 1755 gibt authentisch über die Wiederentdeckung der wichtigen Handschrift C des *Nibelungenlieds* Auskunft. Obereit schreibt:

»Eben gestern habe ich unvermutet Gelegenheit bekommen, eine kurze Reise nach Hohenems zu machen, woselbst heute unter anderm die Bibliothek in Augenschein genommen und so glücklich gewesen, dass ich unter den ersten Büchern, so in die Hände bekommen, zwei eingebundene pergamentene Codices von altschwäbischen Gedichten gefunden, darvon der eine sehr schön und deutlich geschrieben, einen mittelmäßig dicken Quartband ausmacht und ein aneinanderhangend weitläufig Heldengedichte zu enthalten scheint, von einer burgondischen Königin oder Princessin Chriemhild, der Titel aber ist Adventure von den Gibelungen, und das ganze Buch ist in Adventuren als in Capitel oder vielmehr Sectiones eingeteilt.«

Vergeblich versuchte Obereit, die Handschrift zur Prüfung für den kompetenteren Bodmer in Hohenems auszuleihen. Doch einmal auf die Fährte gestoßen, gelang es diesem schließlich, das wertvolle Manuskript in die Hand zu bekommen. Mit keinem Wort erwähnte Bodmer den eigentlichen Finder, als er die Entdeckung noch im Jahr 1755 in einer angesehenen Züricher Literaturzeitung bekannt gab. Auch in der ersten modernen Teilveröffentlichung des *Nibelungenlieds*, die Bodmer 1757 vorlegte, fehlte jeder Hinweis auf die Leistung Obereits, der in den Jahren danach sein Interesse an der altdeutschen Literatur gänzlich verloren zu haben scheint.

Die Teilausgabe von 1757 setzte sich im Literaturbetrieb der beginnenden Goethezeit nicht durch. Bodmer hatte versucht, im *Nibelungenlied* den deutschen Homer zu entdecken, und legte höchste dichterische Maßstäbe an das Manuskript an. Die Kunst der griechischen Klassik galt nicht nur Bodmer und seinem Kreis als höchstes Maß der Vollkommenheit. Genau im Jahr der Wiederentdeckung des *Nibelungenlieds* erschien auch die wegweisende Schrift

Johann Joachim Winckelmanns: *Gedancken über die Nachahmung der Griechischen Wercke in der Mahlerey und Bildhauer-Kunst.*

Wo der Text des *Nibelungenlieds* dem klassischen Anspruch nicht genügte, ›bereinigte‹ Bodmer gemäß dem Zeitgeist die Mängel. Außerdem begnügte er sich mit dem letzten Drittel des Werks, fügte jedoch die *Klage* mit an. Seine Edition erschien beim Züricher Verlag Orell unter dem Titel: *Chriemhildens Rache und die Klage, zwey Heldengedichte aus dem schwäbischen Zeitpunkte.* Die Kürzungen nahmen dem Epos allerdings viele dramatische Pointen, auch war es um die Kenntnisse im Mittelhochdeutschen selbst unter Gebildeten nicht sehr weit her. Somit blieb weiten Kreisen des Adels und Bildungsbürgertums der sensationelle Fund zunächst verborgen. Nur echte Literaturkenner waren auf das Nibelungenepos aufmerksam geworden und begaben sich auf die Suche nach weiteren Manuskripten.

In der Stiftsbibliothek von Sankt Gallen fand sich nur wenig später eine weitere vollständige Handschrift des Lieds. Der Germanist Karl Lachmann, der mit seiner kritischen Nibelungenausgabe von 1826 zu den Urvätern der altgermanistischen Textkritik zählt, wies dieser Handschrift den Buchstaben B zu, da er sie für originalgetreuer und älter hielt als den von Obereit entdeckten Text, den er mit C kennzeichnete. Als A und damit wichtigste Handschrift des *Nibelungenlieds* sah Lachmann einen Text an, der im Jahr 1779 ganz zufällig ebenfalls in der Schlossbibliothek von Hohenems zutage gefördert wurde.

Zu dieser Zeit unterstützte Bodmer den Plan seines Schülers Christoph Heinrich

Myller, eine originalgetreue Gesamtausgabe
des *Nibelungenlieds* nach C zu erstellen.
Dafür hielt er eine erneute Durchsicht des
Hohenemser Manuskriptes für nötig, damit
Myller die fehlenden Anfangsteile ergänzen
konnte. Seiner Bitte um Zusendung der Handschrift nach Zürich entsprach der Schlossverwalter, der jedoch Schwierigkeiten beim
Auffinden des Textes hatte. Erst nach längerer
Suche übergab er Bodmer einen Pergament-
band, bei dem es sich allerdings um einen
bislang unbekannten Textzeugen des *Nibelungenlieds* handelte, ebenjene Fassung, die
Lachmann später mit A bezeichnete. Bodmer
und Myller erkannten den Unterschied
nicht oder erst zu spät. Erst als Myller im
Jahr 1782 die neue Gesamtausgabe unter dem
Titel *Der Nibelungen Liet. Ein Rittergedicht aus
dem XIII. oder XIV. Jahrhundert* in Berlin zum
Druck brachte, bemerkte sein Lehrer den
Irrtum.

Die unbeabsichtigte Mischedition fiel
nicht nur beim gebildeten Publikum durch.
Auch Myllers Landesvater, König Friedrich II.
von Preußen, fällte in einem Brief an
den Herausgeber ein hartes Urteil über das
Nibelungenlied: »Ihr urteilt viel zu vorteil-
haft von denen Gedichten aus dem 12., 13.
und 14. Seculo... Meiner Einsicht nach sind
solche nicht einen Schuss Pulver werth
und verdienen nicht aus dem Staube der Vergessenheit gezogen zu werden.«

Doch blieb es bei dieser vernichtenden
Wertung nicht. Berufenere Kenner, unter
ihnen Lessing und Goethe, äußerten sich
bald gewogener über Siegfried und Brünhild. Die Nibelungen kamen in Mode.
Das 19. Jahrhundert wurde zum ›nibelungischen‹ Zeitalter.

NIBELUNGISCHE ZEITEN – DAS NATIONALE 19. JAHR-HUNDERT

WAS IST DEUTSCH? – NIBELUNGEN UND NATIONALGEFÜHL IN DER GOETHEZEIT

Das zentrale Ereignis der Goethezeit war die Französische Revolution, die im Jahr 1789 mit dem Sturm auf das Pariser Gefängnis, die Bastille, ihren symbolträchtigen Anfang nahm. Der Zusammenbruch der alten Ordnung, die tief greifende und gewaltsame Entmachtung und Enteignung des Adels, die Aufhebung der jahrhundertealten kirchlichen Privilegien, die stürmischen Entwicklungen von den ersten Volksaufständen über die Gewaltherrschaft der Jakobiner bis zur Diktatur Napoleons – all diese Nachrichten aus der »Grande Nation« beunruhigten das übrige Europa und beflügelten zugleich die oppositionellen Kräfte.

Nicht nur die Schriftsteller und Intellektuellen dachten verstärkt über ihr Verhältnis zu Nation und Nationalstaat nach. Die eigene Herkunft und Geschichte, die Rückkehr zu den Wurzeln und Quellen des eigenen Volkes standen hoch im Kurs. Zunehmend dienten die mittelalterlichen Überlieferungen zur Ortsbestimmung in der sich um 1800 rasant ändernden Welt. Die Nibelungen gehörten wie auch Arminius oder Barbarossa zu jenen Bannerträgern des Germanischen und Deutschen, die in literarischen Zirkeln, in monumentalen Denkmälern und in publizistischen Organen gefeiert wurden.

Noch im Jahr 1782 hatte der Herausgeber der ersten vollständigen Edition des *Nibelungenlieds*, Christoph Heinrich Myller, sein Buch voller Stolz dem schon damals weithin bekannten Goethe (1749–1832) zugeschickt. Dieser soll das Buch nicht einmal ausgepackt haben. Erst als ihm Friedrich Heinrich von der Hagen im Jahr 1807 seine verbesserte Edition des *Nibelungenlieds* überreichte, widmete der Weimarer ›Literaturpapst‹ gleich mehrere seiner Mittwochsvorlesungen vor dem Weimarer Hof dem Geschehen um Siegfried, Kriemhild und Etzel.

In einem Dankesbrief an von der Hagen äußerte sich Goethe am 18. Oktober 1807 fast überschwänglich über das *Nibelungenlied*: »... für das übersendete Exemplar der Nibelungen zu danken, eile ich umso mehr, als ich noch Ihnen und Ihrem Freunde wegen der Lieder ein Schuldner bin ... Das Lied der Nibelungen kann sich, nach meiner Einsicht, dem Stoff und Gehalte nach neben alles hinstellen, was wir poetisch Vorzügliches besitzen.« Im Dezember 1809 bekam Goethe in Weimar Besuch vom jungen Wilhelm Grimm. Gesprächsthema waren erneut die Nibelungen. Was hatte den Sinneswandel bei Goethe herbeigeführt?

In den letzten Jahrzehnten des 18. Jahrhunderts war in Deutschland die Begeisterung für die alte Dichtung und das Mittelalter stetig gewachsen. Johann Gottfried Herders *Philosophie zur Geschichte der Bildung der Menschheit* (1774) war ein glühendes Plädoyer für die Kultur und Poesie der Vorfahren. Nicht die Antike als absoluter Wert und unerreichtes Vorbild, sondern jede Kulturepoche für sich beanspruchte eine eigene zivilisatorische Blüte – auch das deutsche Mittelalter. Herder begann mit einer Sammlung von Volksliedern, die er für schöpferische und genuine Ausdrücke der Geschichte und Mentalität eines Volkes hielt:

»Je wilder, d. i. lebendiger, je frei wirkender ein Volk ist, desto wilder, d. i. lebendiger, freier, sinnlicher, lyrischer handelnder müssen auch, wenn es Lieder hat, seine Lieder sein« (*Stimmen der Völker in Liedern*, 1807).

Der im 18. Jahrhundert französisch dominierten Kultur hielten nun in der Zeit vor und nach 1800 fast alle deutschen Geistesgrößen genuine ›deutsche‹ Kunst und Kultur entgegen: Goethe beharrte darauf in seinem Aufsatz *Von deutscher Baukunst* (1772) ebenso wie Herder in seiner Sammlung *Von deutscher Art und Kunst* (1773). Auch Klopstock und Lessing konnten sich für mittelalterliche Dichtung und die in ihr gefeierten Heroen erwärmen.

Einen Durchbruch bei den intellektuellen Eliten bedeutete die euphorische Besprechung des *Nibelungenlieds* durch den angesehenen Schweizer Historiker Johannes von Müller in den *Göttinger Anzeigen für gelehrte Sachen*: Wie bereits Bodmer griff der Schweizer den Vergleich mit Homer auf: Das *Nibelungenlied* könne durchaus »die Teutsche Ilias werden«, auch wenn der griechische Dichter über dem Nibelungendichter stehe »wie Jupiter über dem Zwerg Alberich«.

Die Verehrung des Altgriechischen und die Ablehnung des Französischen waren zwei starke Triebkräfte der neuen nationalen Gesinnung vieler Künstler. Die Germanen wurden als Nachfahren der Griechen gesehen, die deutsch-französische Feindschaft als Spiegel der griechisch-römischen Konflikte in der Antike.

Damit wird verständlich, wie die Napoleonischen Kriege den Nibelungenboom beflügelten. Friedrich Heinrich von der Hagen schrieb im Vorwort seiner Neuedition des *Nibelungenlieds* nur ein Jahr nach der vernichtenden Niederlage Preußens gegen Napoleon in der Doppelschlacht von Jena und Auerstedt: »In diesen schmachvollsten Zeiten des Vaterlands war es mir eine hohe Verheißung der Wiederkehr deutscher Weltherrlichkeit« (1807). Wie von der Hagen aus dem schicksalhaften Untergang der Nibelungen am Etzelhof »die Wiederkehr deutscher Weltherrlichkeit« ableiten wollte, blieb freilich sein Geheimnis.

Besonders Siegfried wurde im Krieg gegen den übermächtigen französischen Nachbarn der Napoleon-Zeit zum deutschen Widerstandshelden. Das verband ihn mit Arminius, der unter dem Namen »Hermann der Cherusker« in ebenjenen Jahren als Befreier Germaniens ebenfalls eine ungeahnte Popularität genoss. Während der Befreiungskriege, im Jahr 1815, legte man in Preußen auf Betreiben des Geografen Johann August Zeune eine »Feld- und Zeltausgabe« des *Nibelungenlieds* für die gegen Napoleon ziehenden Truppen auf. Die Vorrede gibt einen Eindruck von der nationalen Rhetorik dieser Jahre. Frankreich wird als Drache, Siegfried als Personifikation Deutschlands vorgestellt: »Durch solch böses Lindgewürm ist denn seit 200 Jahren ein Stück nach dem andern von unserem heiligen deutschen Reich abgenagt worden ... Doch der mächtige Schlangentödter hat sich erhoben.« Nur ein halbes Jahrhundert nach seiner Wiederentdeckung diskutierte man ferner darüber, das *Nibelungenlied* zur Pflichtlektüre an den preußischen Schulen zu erheben.

Dichter der jüngeren romantischen Generation, so Brentano, Tieck, Uhland und Novalis, nahmen sich der mittelalterlichen

Peter Cornelius, Siegfried nimmt Abschied von Kriemhild, *1812*.

Stoffe, Sagen und Lieder an. Brentanos *Rhein-märchen* griffen auf einzelne Motive der Nibelungensage zurück; Uhland dichtete im Jahr 1812 über »Siegfrieds Schwert«. Ludwig Tiecks Gedichte »Siegfrieds Jugend« und »Siegfried der Drachentöter« waren bereits im Jahr 1804 erschienen; sechs Jahre später landete Friedrich de la Motte Fouqué mit dem Dreiteiler *Der Held des Nordens*

einen weiteren großen Erfolg beim Publikum. Tiecks Vorlage war dabei nicht das *Nibelungenlied*, sondern das Volksbuch vom »Hürnen Sewfrid« aus dem 16. Jahrhundert.

Freilich lagen Welten zwischen den feinsinnigen Romantikern und dem Kriegsgerassel Zeunes. Gemeinsam mit seinem Freund Wilhelm Heinrich Wackenroder hatte Ludwig Tieck die *Herzensergießungen eines jungen*

Klosterbruders herausgegeben und damit dem Mittelalterbild in literarischen Kreisen einen wichtigen Impuls vermittelt.

Der romantische Blick auf das Mittelalter war geprägt von der Sehnsucht nach den Wurzeln des Eigenen, nach der Natürlichkeit des Mythischen. Der Gelehrte Friedrich Schlegel schrieb in diesem Sinne an den jungen Tieck: »Mir däucht aber, dieses Gedicht (d. h. das *Nibelungenlied*) muss so ganz Grundlage und Eckstein unsrer Poesie werden« (Brief vom 15.09.1803).

Gegenüber Tiecks Dichterkollegen de la Motte Fouqué begründet wenig später August Wilhelm Schlegel diese Hochschätzung des *Nibelungenlieds*: »Was ist es denn, was im Homer, in den Nibelungen, im Dante, in Shakespeare die Gemüther so unwiderstehlich hinreißt, als jener Orakelspruch des Herzens, jene tiefen Ahnungen, worin das dunkle Räthsel unseres Daseyns sich aufzulösen scheint?« (Brief vom 12.03.1806).

Auch in der bildenden Kunst entdeckte man das ästhetische und patriotische Potenzial der Nibelungen. Der Schweizer Maler Johann Heinrich Füssli hatte als Freund und Schüler Bodmers an der Wiederentdeckung des *Nibelungenlieds* Anteil genommen. Seiner Verehrung der klassischen griechischen Kultur verlieh er im *Selbstbildnis* von 1778 Ausdruck, als er sich im Gespräch mit seinem Lehrer Bodmer vor einer Homer-Büste abbildete. In dem kurz nach 1800 entstandenen Gemälde *Brynhild erblickt Sigurd in der Waberlohe* trägt Brünhild die ikonografischen Merkmale der griechischen Göttin Pallas Athene. Füssli äußerte sich in diesen Jahren auch poetisch dazu: »War nicht Homerus dein Meister? / Die Fun-

ken Homerischer Geister / Wehn in des Nibelungs Nacht.«

Etwa zeitgleich illustrierte der Maler Friedrich Tieck für seinen Bruder Ludwig ein Kartenspiel mit Personen aus der Nibelungensage. Der in Rom wirkende Maler Peter Cornelius legte in den Jahren nach 1811 seinen großen Nibelungenzyklus mit insgesamt 21 Motiven aus der Sage an. Er sah darin – nach eigener Aussage – »eine neue nationale Kunst«. Auch der Heidelberger Maler Carl Philipp Fohr entwarf in Rom ein Nibelungentriptychon über Siegfrieds Ermordung, Kriemhilds Abschied aus Worms und Hagens Begegnung mit den Nixen (vor 1818). Der Bayernkönig Ludwig I. ließ mehrere Säle seiner Münchner Residenz durch den bekannten Historienmaler Schnorr von Carolsfeld mit Nibelungenthemen ausmalen.

Nach dem gesamteuropäischen Erfolg gegen Napoleon und dem Wiedererstarken Preußens auf dem Wiener Kongress (1815) klang der kriegerische Nibelungenpatriotismus vorerst ab. Das wissenschaftliche und literarische Interesse an den alten Sagenstoffen blieb jedoch ungebrochen. Die erste wissenschaftliche Edition des *Nibelungenlieds* durch den Philologen Karl Lachmann im Jahr 1826 fand ihren Weg in die neuen Universitäten und Gelehrtenstuben.

Neben Lachmann können die Brüder Jakob (1785 – 1863) und Wilhelm Grimm (1786 – 1859) als Mitbegründer der akademischen Germanistik angesehen werden. Ihre sprachgeschichtlichen und mythologischen Studien bahnten der Interpretation der alten Sagenstoffe einen wissenschaftlichen Weg, der über die politische und nationale Vereinnahmung hinauswies. Die Grimms sahen im »Nibelungischen« einen überzeitlichen, gleichsam anthropologischen Grundzug der deutschen Geschichte. Jakob schrieb: »Wir würden nicht über das geschichtliche im *Nibelungenliede*, sondern über das Nibelungische in der altdeutschen geschichte geschrieben haben« (*Schriften* IV, 91).

Mythen waren für die Brüder Grimm das narrative Substrat einer langen nationalen Geschichte: Sie wurden nicht geschrieben, sondern entstanden genuin aus dem Volk heraus. Ihre große Sammlung von Volksmärchen verdankt sich dem ehrgeizigen Versuch, die erzählerischen Zeugnisse der alten mythischen Überlieferung systematisch zusammenzustellen. Eine ähnliche Auffassung hatte auch ihr Zeitgenosse, der Naturphilosoph Friedrich Wilhelm Schelling, vertreten: Die Mythologie sei für die Poesie »der Urstoff, aus dem alles hervorging, der Ocean, aus dem alle Ströme ausfließen« (*Werke* II, 244).

Die sorgfältige Übersetzung des Lieds durch den Germanisten Karl Simrock (1802 bis 1876) von 1827 öffnete die Lektüre und das Verständnis des Lieds endgültig einem breiten Publikum. Goethe bekam die Fassung Simrocks in die Hand und äußerte sich in seinen Tagebüchern ausführlich über die Nibelungen. Dieses oft zitierte Zeugnis, in dem er die Kenntnis des *Nibelungenlieds* zu einer »Bildungsstufe der Nation« erhebt, spiegelt den ungeheuren Aufschwung des alten Sagenstoffs in der Zeit nach 1800. Goethe kommentiert das *Nibelungenlied* in für seine Tagebücher typischen Gedankensplittern:

»Der christliche Cultus ohne den mindesten Einfluß. Helden und Heldinnen gehn eigentlich nur in die Kirche, um Händel anzufangen. Alles ist derb und tüchtig von Hause aus. Dabei von der gröbsten Rohheit und Härte. Die anmuthigste Menschlichkeit wahrscheinlich dem Deutschen Dichter angehörig. In Absicht auf Localität große Düsternheit. Und es läßt sich kaum die Zeit denken, wo man die fabelhaften Begebenheiten des ersten Theiles innerhalb der Grenzen von Worms, Zanten und Ostfriesland setzen dürfte. Die beyden Theile unterscheiden sich von einander. Der erste hat mehr Prunk. Der zweite mehr Kraft. Doch sind sie beyde in Gehalt und Form einander völlig werth. Die Kenntniß dieses Gedichts gehört zu einer Bildungsstufe der Nation. Und zwar deswegen, weil es die Einbildungskraft erhöht, das Gefühl anregt, die Neugierde erweckt, und um sie zu befriedigen uns zu einem Urtheil auffordert. Jedermann sollte es lesen, damit er nach dem Maaß seines Vermögens die Wirkung davon empfange« (1827).

Goethes späte, entschiedene Hinwendung spielte jenen Kräften in die Hände, die seit Beginn des 19. Jahrhunderts den Nibelungenstoff im Deutschunterricht verankern wollten. August Wilhelm Schlegel wollte das Lied sogar »zum Hauptbuch bey der Erziehung der deutschen Jugend« machen und stellte es den »heiligen Urkunden« aus der Vergangenheit des Deutschen gleich.

Der in Jena um die Brüder Schlegel versammelte Kreis von Romantikern beeinflusste mit seinen Schriften nicht zuletzt die junge deutsche Nationalbewegung, die sich nach den Erfahrungen der Französischen Revolution und des Zerfalls der alten Habsburgermonarchie nach einer Einheit von Nation und Staat sehnte.

Besonders in studentischen Kreisen in Heidelberg und Gießen galten »altdeutsche« Literatur, Lebensweise und Tracht gewissermaßen als Erkennungszeichen der neuen nationalen Gesinnung. Studentische Burschenschaften und Turnerbünde schlossen sich deutschlandweit unter Namen wie »Teutonia« oder »Germania« zusammen. Solche Gruppierungen gehörten zu den Trägern der gescheiterten deutschen Revolution der Jahre 1848/49, die sich die Reichseinheit unter dem Dach einer von Preußen geführten konstitutionellen Monarchie nach englischem Vorbild zum Ziel gesetzt hatte.

In den Jahren zwischen der gescheiterten Revolution 1849 und der Reichsgründung von 1871 lebte der ›Nibelungenpatriotismus‹ in unterschiedlichen Milieus fort. Der Schatz der Nibelungen wurde zum Symbol deutscher Tugenden, wie der Pädagoge Karl Gustav Heiland formulierte: »Der Nibelungenhort aber sind die alten deutschen Ehren, ›der Väter Zucht und Muth und Ruhm‹. Da habe ich Sie mitten hingeführt in die Aufgabe deutscher Erziehung. Worin anders kann sie bestehen, als unsre Knaben und Jünglinge zu Männern zu bilden, treu und tüchtig, dereinst zu wahren und hüten den Nibelungenhort der alten deutschen Ehren« (*Der deutsche Geist*, 1859).

Revolutionäre und Monarchisten, Intellektuelle und Militaristen sahen sich im Streben nach nationaler Einheit und in der Ablehnung des »Erbfeindes« Frankreich verbunden. Die Nibelungen und ihr Schatz dienten ihnen als Metapher, in welcher »der Rhein als Hortbewahrer zum Symbol des deutschen Einigungspatriotismus wurde« (W. Wunderlich).

Noch im Revolutionsjahr 1848 wurde das Gartenhaus des Potsdamer Marmorpalais mit Nibelungenfresken ausgemalt. Darin folgten die Hohenzollern dem Beispiel der Münchner Residenz, über die Clemens Brentano und Georg Herwegh beißende Kritik geäußert hatten. So wie Siegfried als germanischer Freiheitsheld mit Hermann dem Cherusker gleichgesetzt und zum Symbol des Vormärz oder als Ausdruck einer glanzvollen dynastischen Geschichte seit dem Mittelalter stilisiert wurde, so übergossen intellektuelle Kritiker diese allzu schlichte Instrumentalisierung der mittelalterlichen Literatur mit beißendem Spott.

Heinrich Heine amüsierte sich in seinen satirischen Gedichten über »das täppische Rieselein« Deutschland, das – ähnlich dem jungen Siegfried – um sich schlagend und in rohen Gewaltausbrüchen herumlaufe (*Deutschland. Ein Wintermärchen*, 1840). Auch der als Briefpartner Goethes bekannt gewordene Schriftsteller Karl Ernst Schubarth wunderte sich über die nationale Vereinnahmung der Nibelungen: »Und wenn man behauptet, im *Nibelungenliede* sey die Feier der germanischen Urzeit und ihre Herrlichkeit und Größe erhalten, so ist das bare Gegentheil, nämlich die Unhaltbarkeit dieses germanischen Wesens, der eigentlich wahre Mittelpunkt des Gedichts.«

Die Kritik gipfelte im Aufruf des jungen Gottfried Keller an seine Dichterkollegen, »Mythos, Nibelungen und Bibel« aus ihren Werken zu verbannen und sich ihrer eigenen Zeit mit ihren Chancen und Problemen bewusst zu werden.

Auf der Suche nach einer deutschen Identität im Zeitalter der europäischen Revolutionen speiste sich das Interesse für die Nibelungen, wie ausgeführt, aus unterschiedlichsten Wurzeln: Frankreichhass, glühender Patriotismus, Freiheitskampf, die Vorstellung einer Identität von Reich und Nation im ›germanischen‹ Mittelalter, der Glaube an die Geschichtsmächtigkeit von Mythen – diese in verschiedenen Milieus vertretenen Auffassungen gaben den Nibelungen den Stellenwert einer politischen Ikone ohne eindeutiges Verständnis.

Die politische Brisanz des Nibelungenthemas nahm nach dem Scheitern der Revolution von 1848 vorerst ab. Sie sollte allerdings im Zuge der Bismarck'schen Reichsgründung von 1871 – diesmal eingebettet in die martialische Reichsrhetorik der Wilhelminischen Ära – wieder aufleben. In der Zwischenphase nahmen sich zwei bedeutende Dramatiker des Stoffs an. Sie beeinflussten mit ihren Bühnenfassungen wegweisend die literarische Rezeption der Nibelungensage in der Moderne: Friedrich Hebbel und Richard Wagner.

NIBELUNGEN AUF DER BÜHNE – FRIEDRICH HEBBEL

Das 19. Jahrhundert brachte insgesamt eine Flut von Nacherzählungen, lyrischen und dramatischen Bearbeitungen sowie Jugendbüchern über das Thema Nibelungen hervor. Friedrich von der Hagens *Heldenbilder* von 1819/23 gehörten zu den frühesten, Hermine Möbius' »Nibelungensage« innerhalb der in Dresden publizierten Reihe *Deutsche Götter- und Heldensagen. Für die Jugend erzählt* (1897)

zu den populärsten Bearbeitungen dieses Jahrhunderts.

In jungen Jahren hatte der Dichter Friedrich Hebbel (1813–1863) selbst eine solche Nacherzählung gehört. Die Nibelungen haben ihn seither begleitet. Zwei Jahre vor seinem Tod veröffentlichte Hebbel die bis dahin größte und bedeutendste Bühnenbearbeitung des Nibelungenstoffs: die Trilogie »Der gehörnte Siegfried«, »Siegfrieds Tod« und »Kriemhilds Rache«.

Noch Hebbels Dichterkollege und Zeitgenosse Ludwig Uhland, der sich seit dem frühen 19. Jahrhundert in Gedichten und Vorlesungen mit dem Nibelungenstoff und der sagengeschichtlichen Tradition auseinandersetzte, war im Jahr 1817 beim Versuch einer dramatischen Bearbeitung des Stoffs nicht über eine erste Skizze hinausgekommen.

Einen Erfolg beim Berliner Publikum, jedoch einen unbarmherzigen Verriss bei den Literaturkritikern erzielte der Dramatiker Ernst Raupach mit seinem Stück *Der Nibelungenhort*, über das Heinrich Heine urteilte:

»Es war jedenfalls ein origineller Anblick, wenn Herr Raupach auf seinem slawischen Pegasus über die Steppen der Poesie dahinjagte und unter dem Sattel, nach echter Baschkirenweise, seine dramatischen Stoffe gar ritt… Kein Held ist sicher vor solchem tragischen Schicksal. Sogar den Siegfried, den Drachentöter, hat er unterbekommen. Die Muse der deutschen Geschichte ist in Verzweiflung« (*Die romantische Schule* III, 4). Nicht besser schnitt in der Gunst der Kritiker das von Emanuel Geibel, einem Günstling König Maximilians II. von Bayern, verfasste Drama *Brunhilde* aus dem Jahr 1857 ab.

Hebbel selbst sah in Berlin eine Aufführung von Raupachs *Nibelungenhort*. Zwar spielte seine Ehefrau, Christiane Enghaus, eine der Hauptrollen, Hebbels Urteil fiel gleichwohl vernichtend aus. Als »kolossales Missverständnis« müsse man Raupachs Interpretation ansehen. Der Literaturkritiker Friedrich Theodor Vischer meinte sogar, der Nibelungenstoff eigne sich nicht für die Form des Dramas, sondern mehr für die Oper. Diese Einschätzung übte sowohl auf Friedrich Hebbel als auch auf Richard Wagner eine große Wirkung aus. Beide schrieben Vischers Rezension einen motivierenden Anstoß für ihre jeweiligen Bühnenstücke zu.

Hebbel konzipierte die Jugendgeschichte Siegfrieds unter dem Titel des alten Volksbuches aus dem 16. Jahrhundert als »Vorspiel in einem Akt« und die beiden folgenden Hauptteile gemäß der Scheidung des *Nibelungenlieds* jeweils als »Trauerspiel in fünf Akten«. Bereits zuvor hatte der Dichter unter Beweis gestellt, dass er historische und politische Stoffe durch Innenansichten menschlicher Schicksale und Charaktere dramatisch zu vertiefen und zu aktualisieren vermochte. In seinem Drama *Agnes Bernauer* (1851) verarbeitete er die Erfahrung der gescheiterten Revolution, die er als unlösbaren Konflikt zwischen dem übergeordneten Staatswohl und dem individuellen Glück deutete.

Hebbels Ziel war es, den tragischen Figuren der Sage bei aller Größe und Monumentalität eine menschliche Tiefe zu verleihen. In einem Tagebucheintrag von August 1861 heißt es: »Mir scheint, daß auf dem vom

Gegenstand unzertrennlichen mythischen Fundament eine rein menschliche, in allen ihren Motiven natürliche Tragödie errichtet werden kann ... Der Mysticismus des Hintergrunds soll höchstens daran erinnern, daß in dem Gedicht nicht die Secunden-Uhr, die das Daseyn der Mücken und Ameisen abmißt, sondern die Stunden-Uhr schlägt. Wen das mythische Fundament dennoch stört, der erwäge, daß er es, genau besehen, doch auch im Menschen selbst mit einem solchen zu thun hat.«

Neben der individuellen Charakterzeichnung schärft Hebbel die religiös-kulturellen Gegensätze zwischen den Hauptfiguren: die Burgunder als christliche Germanen, deren Vorbild Dietrich von Bern ist; Brünhild als Vertreterin des heidnisch-germanischen Nordens; Siegfried als Zwischen- und Bindeglied zwischen diesen Welten, in denen er nicht zu Hause ist; Etzel als heidnischer Außenseiter. Wo das mittelalterliche Epos den Konflikt Rüdigers von Bechelaren in den Kategorien von Vasalität und Verwandtentreue verhandelt, zielt Hebbel modern auf die innere Zerrissenheit des Individuums, das soziale Rollen und eigene Bedürfnisse nicht in Übereinstimmung zu bringen vermag.

Die Kritik hat diese Modernität auch in späteren Jahrzehnten zu würdigen gewusst. Im Jahr 1924, als mit Fritz Langs Film-Zweiteiler *Die Nibelungen* ein weiterer Meilenstein der modernen Rezeptionsgeschichte der Sage erreicht wurde, urteilte die *Weltbühne* anlässlich einer Berliner Aufführung der Trilogie über Hebbels Charaktere, das Stück zeige »Helden unheldisch und Walküren menschlich, Todgeweihte lyrisch, Nächtig-

keit leuchtend, entfesselte Sturmmusik melo-
diös, Chaos zweckvoll gesichtet und wütende
Grausamkeit förmlich zivilisiert«.

NIBELUNGEN
IN DER OPER –
RICHARD WAGNER

Ähnlich überschwängliche und anhaltende
Reaktionen rief nur die Nibelungenbearbei-
tung von Hebbels kongenialem Zeitgenossen, dem Komponisten Richard Wagner
(1813–1883), hervor. Mit der 1876 im neuen
Bayreuther Festspielhaus uraufgeführten
Tetralogie *Der Ring des Nibelungen* wurde
unbestritten der Höhepunkt der literarisch-
künstlerischen Nibelungenrezeption des
langen 19. Jahrhunderts erklommen. Bis
heute bestimmen die *Ring*-Interpretationen
in Bayreuth die aktuellen Kulturdebatten
über das moderne Verhältnis zu Mythos
und Geschichte oder über die Perspektiven
des dramatischen und musikdramatischen
Genres.

Dabei war Wagners Weg zu den Nibelungen von Missverständnissen, Rückschlägen,
langen Pausen und hoffnungslosen Momen-
ten übersät. Erste Andeutungen über die
Beschäftigung mit dem Nibelungenstoff
liegen aus der Zeit um 1840 vor. Seit 1843
befand sich ein Exemplar der *Deutschen
Mythologie* von Jakob Grimm im Besitz Wagners. In diesem Jahr wechselte der Komponist als Kapellmeister an die angesehene
Oper zu Dresden. Hier wurden in den Jahren 1843 bis 1846 die Opern *Der Fliegende
Holländer* und *Tannhäuser und der Sängerkrieg auf Wartburg* uraufgeführt, in denen

Wagner bereits mittelalterliche Stoffe verarbeitete.

Schon früh war Wagner mit den Ideen
des Vormärz in Berührung gekommen, von
deren Richtigkeit er überzeugt war. Im
Jahr 1849 musste er gemeinsam mit seinem
Freund Gottfried Semper Sachsen fluchtartig
verlassen, da ihnen die königlichen Behörden
die Beteiligung am Dresdner Maiaufstand
zur Last legten.

In der unruhigen Zeit zwischen 1848
und 1852 entstand Wagners Prosaentwurf
zur Nibelungensage, in dem der Komponist
historische Handlungsstränge und Figurenkonstellationen für seine musikdramatische
Bearbeitung niederlegte. Der eigentümliche
Titel der Schrift, *Die Wibelungen. Weltgeschich-
te aus der Sage*, lässt sich nur aus den zeitgenössischen Erlebnissen und Erfahrungen
der 48er-Revolution erklären. Das Ziel der
Revolutionäre, einen deutschen Einheits-
staat zu gründen, verband Wagner mit der
historischen Verklärung des mittelalterlichen Kaisertums im Zeitalter der Staufer.
In Friedrich Barbarossa und seinem Enkel
Friedrich II. sah man in diesen Kreisen das
ideale Vorbild für eine einheitsstiftende
›germanische‹ Monarchie.

Konkret stellte sich Wagner die beiden
Stauferherrscher als Verkörperungen von
Siegfried vor. Aus den Nibelungen formte
er »Wibelungen« als Anklang an den staufi-
schen Hausnamen der Waiblinger, der in
Italien als »Ghibellinen« noch im späten
Mittelalter weiterlebte. Von sozialistischen
Freunden, so dem Dresdner Exilrussen
Bakunin, kam ferner die Idee, den Nibelun-
genhort und seinen symbolischen Repräsen-
tanten, den Ring, für eine Parabel auf die

zerstörerische Kraft des Kapitals und Besitz-strebens zu verwenden.

Das Scheitern der revolutionären Ziele und der Sieg der reaktionären Kräfte ver-anlassten Wagner zu einer Entpolitisierung des Nibelungenstoffs. Nicht der symbo-lische Verweis auf historisch-konkrete Vor-bilder, auch nicht die nationale Rhetorik des Germanischen und Urdeutschen, sondern die Wirkkraft des Mythischen und Transzen-denten auf die kontingenten Ereignisse des menschlichen Lebens begannen für Wag-ner in den Mittelpunkt seiner Nibelungen-lektüre zu rücken.

Die Grimm'sche *Mythologie*, aber auch Schellings Vorstellung von der übergeschicht-lichen Zeit im Mythos inspirierten Wagner zu seiner Neuinterpretation des Nibelun-genstoffs, die sich gegen alles Historische und Nationale sperrte und einzig auf die – gewissermaßen als anthropologische Kons-tante gedachte – »Freilegung des wahren Menschen« zielte. Als Konsequenz interes-sierten ihn stärker die nordischen Nibelun-genüberlieferungen, in denen die Sage in der germanischen Götterwelt verankert wird, und weniger das mittelhochdeutsche Epos, das solche Bezüge zugunsten einer fiktiven Historizität fast gänzlich tilgt.

In einem Brief aus dem Jahr 1856 listet Wagner seine Quellen auf, die er zur Bearbei-tung des Nibelungenstoffs hauptsächlich heranzog: 1) das *Nibelungenlied* und die *Klage* in der Edition und mit den Kommentaren von Karl Lachmann, 2) Grimms *Mythologie*, 3) die *Lieder-Edda*, 4) die Wölsungensage sowie weitere Sagentexte und Studien, ins-besondere auch die *Untersuchungen zur teutschen Heldensage* von Franz Josef Mone.

Seinen ersten Plan, nur das Geschehen um Siegfrieds Ermordung zur Oper auszu-bauen, ließ Wagner fallen, da ihm die Kennt-nis der Vorgeschichte zum Verständnis der Handlung wichtig erschien. Der Tod des Helden rückt in den Mittelpunkt der großen Schlusstragödie, die in ihrer endgültigen Form den Namen »Götterdämmerung« tra-gen sollte.

In drei Stufen baut sich die Vorgeschichte zu diesem Schicksal auf: Noch im Jahr 1851 entsteht der Text zu »Siegfried«, ein Jahr später folgen das als Vorgeschichte konzi-pierte »Rheingold« und die Einführung der Siegfriedhandlung in der »Walküre«. Die Untertitel zeigen, wie Wagner die Auffüh-rung der vier Teile plante: »Das Rheingold. Vorabend«, »Die Walküre. Erster Tag«, »Siegfried. Zweiter Tag« und »Götterdäm-merung. Dritter Tag«.

Die Kompositionsarbeit machte in den 1850er-Jahren zunächst große Fortschritte, bis das negative Urteil Franz von Liszts, die Affäre mit Cosima von Bülow und Aufträge für andere Opern das Nibelungenprojekt in den Hintergrund drängten.

Erst 1869 nahm Wagner unter dem Einfluss seines wichtigsten Gönners, König Ludwigs II. von Bayern (1845–1886), die Arbeit an diesem Unternehmen wieder auf. Es folgten – gegen den ausdrücklichen Wunsch des Komponisten – die Uraufführun-gen von »Das Rheingold« (1869), »Die Wal-küre« (1870) und »Siegfried« (1876), bevor im August 1876 das Gesamtwerk bei gleich-

Amalie Materna als Brünnhilde in der Bayreuther Uraufführung von Wagners Ring des Nibelungen, *1876.*

zeitiger Eröffnung des Bayreuther Festspielhauses uraufgeführt wurde.

Die letzten Jahre vor dem Bayreuther
Festakt waren von Querelen, Verzögerungen
und Skandalen überschattet. Für seine große
Tetralogie hatte Wagner schon früh die Idee
entwickelt, diese außerhalb des normalen
Opernbetriebs an einem idyllischen Ort
geschlossen zur Aufführung zu bringen. Im
November 1864 schrieb Wagners Förderer
Ludwig II. an den Komponisten: »Ich habe
den Entschluß gefaßt, ein großes steinernes
Theater erbauen zu lassen, damit die Aufführung des *Rings des Nibelungen* eine voll-
kommene werde; dieses unvergleichliche

*Georg Unger als Siegfried (links) und Franz
Betz als Wotan (rechts) in der Bayreuther
Uraufführung des* Ring des Nibelungen, *1876.*

Werk muß einen würdigen Raum für seine
Darstellung erhalten« (Brief vom 26.11.1864).

Der Plan eines Münchner Festspielhauses scheiterte an der vom bayerischen Kabi-
nett beschlossenen Ausweisung Wagners aus
Bayern. Wegen seiner politischen Agitation
während der 48er-Revolution fürchtete man
in der bayerischen Regierung den Einfluss
Wagners auf den jungen König. Die künstlerische Nähe zwischen König und Komponist blieb indessen bestehen: Im Jahr 1869
setzte der ungeduldige Monarch die Uraufführung des längst vollendeten ersten Teils
des *Rings*, der Oper »Das Rheingold«, im
Münchner Schauspielhaus durch. Wagner
hatte bis zuletzt gegen die vorzeitige
Aufführung seines Vorspiels opponiert.

In seinem Schweizer Exil in Tribschen
wurde der Komponist dann auf das leer

stehende barocke Opernhaus in Bayreuth aufmerksam, das sich allerdings bei einer Ortsbesichtigung im April 1871 als zu klein und ungeeignet für die dreitägige *Ring*-Inszenierung erwies. Die Bayreuther Stadtväter erkannten in dem Anliegen Wagners ihre Chance und finanzierten mit Unterstützung König Ludwigs einen Neubau, bei dessen Grundsteinlegung im Mai 1872 Richard Wagner sein Konzept vorstellte: »Es wird sich Ihnen an diesem Ort ein allerdürftigstes Material, eine völlige Schmucklosigkeit darbieten ... Die Wirkung soll rein und vollkommen sein.« Zu dieser Wirkung trug insbesondere auch die Erfindung des Orchestergrabens bei, durch den die Musik »unsichtbar« zum Publikum gelangte.

Im Jahr 1874, mehr als 26 Jahre nach den ersten Prosaentwürfen zum Nibelungenthema, war die Partitur für den *Ring* endlich vollständig. Im Sommer 1876 zeichnete sich auch die Fertigstellung des Bayreuther Festspielhauses ab. König Ludwig reiste eigens zu den Generalproben an, so ungeduldig erwartete er die Uraufführung, die auf den 13. bis 16. August 1876 festgelegt wurde. Zu dem Festakt erschien sogar Kaiser Wilhelm I. aus Berlin. Bis zum 30. August desselben Jahres wurde der gesamte *Ring* dreimal aufgeführt. In einer euphorischen Reaktion bezeichnete Friedrich Nietzsche das Bayreuther Erlebnis als »die erste Weltumsegelung im Reiche der Kunst«.

Gleichwohl spielten sich hinter den Kulissen weitere Querelen ab. Mehrere Dekorationsmaler hatten dem eigensinnigen Wagner bereits Absagen für die Bühnenbilder erteilt. Schließlich erhielt der akademische Historienmaler Josef Hoffmann aus Wien den Auf-

trag, der seine Entwürfe aber nicht bühnengerecht umzusetzen vermochte. Im Oktober 1874 wurde Hoffmann durch die Coburger Theatermaler Max und Gotthold Brückner ersetzt, deren Entwürfe dennoch hinter Wagners Hoffnungen zurückblieben.

Ähnliche Kontroversen und Enttäuschungen erlebte man mit der Kostümierung. Der Berliner Professor Carl Emil Doepler hatte gegen Wagners Wunsch an einer historisch authentischen Erscheinung der Darsteller als frühmittelalterliche Germanen festgehalten. Wagners Ehefrau Cosima notierte dazu verächtlich: »Die Kostüme erinnern durchweg an Indianer-Häuptlinge und haben neben dem ethnographischen Unsinn noch den Stempel der Klein-Theater-Geschmacklosigkeit.« Etwas später schrieb sie: »Richard hat mit dem Wotans-Hut viel Not; es ist ein vollständiger Musketier-Hut.« Trotz Wagners Wunsch und Appell, Kostüme und Bühnenbild als Ausdruck einer Überzeitlichkeit des *Ring*-Mythos zu gestalten, glitt bereits die Ästhetik der Uraufführung in die Vorstellung »des bärenbefellten und flügelbehelmten Germanenbildes« (S. Friedrich) ab, das in den kommenden Jahrzehnten die *Ring*-Inszenierungen beherrschen sollte.

Angesichts solcher Pannen und zunehmender Finanzprobleme des Unternehmens zeigte sich der Komponist von der Wirkung seines Lebenswerks tief enttäuscht. Bereits 1877 stellte man den Festspielbetrieb in Bayreuth wieder ein. Richard Wagner erlebte die Wiederaufnahme der Inszenierungen nicht mehr mit, die unter der Leitung seiner Frau Cosima (1837–1930) 1896 erfolgte.

Die Handlung der Oper bietet keine einheitliche Interpretation der alten Sagenquellen, auch wenn Bezüge vor allem zur *Edda* und Wölsungensage unübersehbar sind. »Rheingold« beginnt mit dem farbenfrohen Spiel dreier Wasserjungfrauen, die als Hüterinnen des Rheingoldes eingesetzt sind. Der Zwerg Alberich aus dem Geschlecht der Nibelungen entlockt ihnen das Geheimnis des Goldes: »Der Welt Erbe gewänne zu eigen, / wer aus dem Rheingold schüfe den Ring, / der maßlose Macht ihm verlieh« (1. Szene, 1. Teil). Die Hüterinnen fühlen sich sicher, da der Besitz des Schatzes jede Liebe zerstört. Doch Alberich entsagt der Liebe und raubt gewaltsam das Gold.

Zu dieser Zeit erwachen über dem Rhein die Götter. Wotan verspricht den beiden Riesen Fafner und Fasolt, den Erbauern Walhalls, als Lohn die Hand der Göttin Freia oder das Rheingold. Diese entscheiden sich erneut für den Reichtum, nehmen aber die Göttin als Geisel mit sich. Wotan beschließt, dem Nibelungen Alberich den machtvollen Ring zu entwenden.

Aus den lichten göttlichen Höhen taucht der Gott in die dunkle Höhlenwelt der Nibelungen, wo Alberich unerbittlich herrscht. Alberichs Bruder Mime wird als kunstfertiger Schmied vorgestellt, der seinem Bruder eine Tarnkappe anfertigt. An Macht ist der Nibelungenherrscher den Göttern scheinbar überlegen, nur an Weisheit nicht. Wotans List führt zur Gefangennahme Alberichs, der den Schatz samt Tarnkappe und Ring ausliefern muss, ihn allerdings zuvor – in einer musikalisch bewegenden Szene – für die künftigen Besitzer verflucht:

»Wie durch Fluch er mir geriet, / verflucht sei dieser Ring! / Gab sein Gold mir Macht ohne Maß, / nun zeug' sein Zauber Tod dem, der ihn trägt! / Kein Froher soll seiner sich freun, / keinem Glücklichen lache sein lichter Glanz! / Wer ihn besitzt, den sehre die Sorge, / und wer ihn nicht hat, den nage der Neid! / Jeder giere nach seinem Gut, / doch keiner genieße mit Nutzen sein! / Ohne Wucher hüt' ihn sein Herr; / doch den Würger zieh' er ihm zu! / Dem Tode verfallen, fessle den Feigen die Furcht: / solang er lebt, sterb' er lechzend dahin, / des Ringes Herr als des Ringes Knecht: / bis in meiner Hand den geraubten wieder ich halte! / So segnet in höchster Not / der Nibelung seinen Ring!« (4. Szene, 1. Teil)

Die gesamte Szene lehnt sich an die Ringerzählung der *Prosa-Edda* an, in der drei Götter dem Zwergen Andwari einen mächtigen Schatz stehlen, dessen Juwel in einem zaubertätigen Ring besteht (Kapitel »Die Rätsel der nordischen Nibelungen«). Wagner nimmt sogar die dramaturgische Idee der *Edda* bei der Schatzübergabe auf: So muss die Göttin Freia als Geisel gänzlich mit Gold bedeckt werden, sodass Wotan schließlich gezwungen ist, auch die Tarnkappe und nach längerem Zögern den Zauberring an die Riesen auszuhändigen. Der Fluch des Schatzes stellt sich unverzüglich ein: Fafner erschlägt seinen Bruder Fasolt und wird der Herr des Rings.

Während sich Unheil über dem Schicksal des Riesen zusammenbraut, der sich als Drache in eine Felshöhle zurückgezogen hat, holt Wotan von der Göttin Erda Auskünfte über seine Zukunft ein. Bei dieser Gelegenheit zeugt er mit Erda die Tochter Brünhild, die mit ihren acht Halbschwestern die Gemeinschaft der Walküren bildet. An seine eigenen Gesetze gebunden, welche die Rückgewinnung des Rings verhindern, setzt Wotan auf einen menschlichen Helden, der die von ihm selbst geschaffene Weltordnung stürzen und den Göttern damit ihre alte Freiheit wiedergeben soll.

»Rheingold« endet in einer abenteuerlichen Familienepisode Wotans, als dessen weitere Kinder das Zwillingspaar Siegmund und Sieglinde vorgestellt werden. Sieglinde wird von Hunding entführt – erneut leiht sich Wagner ein Motiv aus der *Edda* –, Siegmund geht auf die Suche nach der geliebten

Schwester und dem zur Rache in einer Esche hinterlassenen Schwert des Vaters.

Die »Walküre« beginnt mit der Befreiung Sieglindes durch Siegmund und mit der inzestuösen Zeugung Siegfrieds durch das Geschwisterpaar. Als Strafe für diesen Bruch der offenbar auch für Götter gültigen Ehekonventionen entzieht Wotan auf Frickas Rat seinem Sohn Siegmund den Schutz und lässt ihn im Kampf mit dem gehörnten Entführer Hunding sterben. Wotan enthüllt traurig seiner Tochter Brünhild die vergangenen

Bühnenbild für die Bayreuther Uraufführung von »Das Rheingold«, 1876.

Intrigen und Treuebrüche: »Auf geb' ich mein Werk: nur eines will ich noch, das Ende! Und für das Ende sorgt Alberich« (2. Aufzug, 2. Szene). Nach der Verheißung Erdas ist das Ende der Götter (die »Götterdämmerung«) mit Alberichs Sohn Hagen verknüpft. Hagens Mutter, Grimhild, hat bereits zwei Kinder: Gunter und Gutrune.

Zwar übernimmt Wagner hier teilweise die Namensverhältnisse aus der *Edda* und der Wölsungensage, doch die verwandtschaftlichen Beziehungen ordnet er bis zur Unkenntlichkeit neu an, sodass die Figurenkonstellationen seiner Oper mit keiner der älteren Nibelungenüberlieferungen vergleichbar sind. Brünhilde macht sich bei ihrem Vater Wotan unbeliebt, als sie vergeblich versucht, Siegmund vor seinem Schicksal zu bewahren. Während die schwangere Witwe Sieglinde in den Wald flieht, versetzt Wotan die Walküre Brünhilde zur Strafe hinter einem Flammenwall in einen Zauberschlaf. Daraus kann sie nur ein Held erretten. Sieglinde bringt unterdessen Siegfried zur Welt. Die Mutter stirbt, der Knabe gerät an Mime, den Bruder Alberichs, als Erzieher und erlernt von diesem das Schmiedehandwerk. – Der Vorhang des ersten Tages fällt. In musikalischer Erinnerung bleibt etwa der berühmte »Walkürenritt« (3. Aufzug, 1. Szene). Das Feld für den Auftritt des Helden ist bereitet.

»Siegfried« gibt zu Beginn des zweiten Tages den naiven Kraftprotz, dem kein Schwert hart genug ist. Als Mime ihm die Geschichte seiner Herkunft erzählt und die Überreste des väterlichen Schwertes zeigt, das einst Wotan selbst geschmiedet hatte, erhält der starke Jüngling endlich seine Wunderwaffe. Dass nicht der Meisterschmied, sondern der Lehrling sie anfertigen muss, wird in der Oper mit einer eher wirren Intervention des depressiv gewordenen Wotan erklärt. Allerdings verdankt man dieser Szene einen der musikalischen Höhepunkte des zweiten Tages, »Siegfrieds Schmiedelied« (1. Aufzug, 3. Szene). Als Probe führt Mime den so bewaffneten Siegfried zum Drachen Fafner. Vor der Drachenhöhle tummeln sich freilich noch weitere Figuren in intriganter Absicht: Alberich, der den Schatz zurückgewinnen möchte; Wotan, der Alberich mit seiner Depression anstecken will (»Alles ist nach seiner Art, an ihr wirst du nichts ändern«); und Mime, der nach vollbrachter Tat den Drachentöter vergiften will.

In engerer Bindung an die »Fafnirlieder« aus der *Lieder-Edda* gestaltet Wagner den Fortgang der Handlung: Siegfried tötet den Drachen mit dem Schwert, bekommt aber als Dank noch die Warnung vor der Hinterlist Mimes mit auf den Weg. Die Vögel, deren Sprache er nach dem Verzehr des Drachenblutes versteht, raten ihm, den Nibelungenhort samt Ring und Tarnkappe in Besitz zu nehmen. Nach der Überwindung Alberichs und Mimes weisen ihm die Vögel schließlich den Weg zu Brünhilde. Ein letztes Hindernis wird flugs aus dem Weg geräumt: Sein Großvater Wotan stellt sich ihm mit seinem Speer entgegen, den Siegfried heldig zerschlägt. Der Gott ist gebrochen, aber von seinen eigenen Gesetzen befreit. Siegfried schreitet kühn zur Errettung Brünhildes. Im zärtlichen Duett »Leuchtende Liebe, lachender Tod« halten sich die beiden am Ende des zweiten Tages umschlungen.

Die »Götterdämmerung« zieht herauf. Mit dem Untergang der Götter zerbricht das mythologische, übergeschichtliche Zeitalter. Zu Beginn des dritten Tages rekapitulieren die Nornen, drei weise Göttinnen, die Vorgeschichte der Gesamthandlung. Sie rufen in Erinnerung, dass einst Wotan die weltliche Ordnung schuf, indem er einen Zweig von der Weltesche Yggdrasil brach und in den daraus geformten Speer Runen mit Gesetzeskraft gravierte. Als Spielbälle göttlicher Willkür sind Menschen, Riesen, Zwerge, Halbgötter und Natur diesem Treiben Wotans hilflos ausgeliefert.

In der Handlung der Oper tauschen Siegfried und Brünhilde als Liebesgaben den machtvollen Ring und ein schnelles Ross aus, bevor sich der Held in sein nächstes Abenteuer stürzt. Man erwartet ihn am Rhein am Königshof der Gibichungen. Unter den Klängen von »Siegfrieds Rheinfahrt« reitet er mit seinem neuen Ross Grane vor den Palast Gunters und Gutrunes. Hagen, der finstere Sohn Alberichs und Halbbruder der königlichen Geschwister, verabreicht Siegfried einen Vergessenstrank, der das Versprechen an Brünhilde aus seinem Gedächtnis löscht und ihn für die Zuneigung Gutrunes empfänglich macht. Nach dem Vorbild seiner mittelalterlichen Quellen organisiert Wagner

auch die folgende Begegnung Siegfrieds und Gunters mit der nichts ahnenden Brünhilde.

Ohne mittelalterliche Vorlage bleibt allerdings die apokalyptische Szenerie. Brünhilde wird von den anderen Walküren aufgefordert, ihren Ring an die Rheintöchter zurückzugeben. Nur so könne die Welt noch gerettet werden, da Wotan die Weltesche fällen und sie als Feuerholz rund um Walhall aufschichten ließ. Bevor Brünhilde diese Chance auf die Weltrettung ergreifen kann, hat Siegfried sie in Gunters Gestalt überwunden, ihr den Ring abgenommen und ihrem künftigen Gemahl übergeben. Nicht ganz grundlos fühlt sich Brünhilde verraten; in Hagen findet sie das willige Werkzeug ihrer Rache. Zwar gewinnt der Held kurz vor seinem gewaltsamen Tod noch seine Erinnerung und damit die Liebe zu Brünhilde zurück, doch Hagen führt den längst geplanten Mord aus. Wagners »Trauermarsch« begleitet die traurige Jagdgesellschaft in die Burg der Gibichungen, wo Hagen und Gunter vergeblich um den Ring kämpfen. Brünhilde gibt ihn den Rheintöchtern zurück, bevor sie sich selbst in Siegfrieds Scheiterhaufen stürzt (»Brünhildes Schlussgesang«). Die Weltesche brennt, Walhall stürzt ein. Doch die Welt der Menschen ist für ein neues Zeitalter gerettet.

TREUE BIS ZUM UNTERGANG — DAS ZEITALTER DER WELT- KRIEGE

Die gewalttätigen Bilder vom Untergang der mythischen Nibelungen sind in jeder Zeit auf eigene Deutungen und Erfahrungen gestoßen. Im 13. Jahrhundert reagierten die Zeitgenossen in der *Klage* mit einer christlichen Interpretation des Geschehens. Am Ende des 19. Jahrhunderts bezog man das Schicksal der Nibelungen eher auf nationale Fragen. Der Deutsch-Französische Krieg von 1870/71, der die schmachvolle Niederlage gegen Napoleon endgültig vergessen machte, und die Gründung des zweiten deutschen Kaiserreiches durch den preußischen Reichskanzler Otto von Bismarck im Jahr 1871 waren entscheidende Ereignisse auf dem Weg zu neuem Selbstbewusstsein und Nationalstolz. In den 1880er-Jahren erschienen Postkarten, auf denen Fürst Bismarck in Siegfriedpose als Schmied der Reichseinheit gefeiert wurde, der einer mit preußischer Pickelhaube verzierten Germania ein Schwert überreicht.

Vor solchen Gefühlsaufwallungen, die in den Jahrzehnten vor dem Ersten Weltkrieg auf breiteste Zustimmung in allen Gruppen der Bevölkerung stießen, konnten sich die überzeitlichen mythologischen Interpretationen des Nibelungenstoffs durch Hebbel und Wagner nicht allgemein durchsetzen. Der erste Misserfolg der Bayreuther Festspiele und die eher kritische Aufnahme von Hebbels Drama beim deutschen Publikum sind Ausdruck eines Zeitgeistes, dem mehr an germanischen Kriegstugenden und

Bismarck als Schmied der Reichseinheit.
Nach einem Gemälde von Guido Schmitt, 1866.

Kampfgerassel gelegen war als an modernen literarischen Interpretationen mittelalterlicher Mythen.

Das »Deutsche Lied« des Historikers und Literaten Felix Dahn (1834–1912) gibt diese Stimmung trefflich wieder. Den Anlass für diese Dichtung aus dem Jahr 1859 boten Gerüchte über eine gemeinsame Kriegserklärung Russlands, Frankreichs und Italiens an Deutschland. Die letzten beiden Strophen lauten:

»Dann siegt der Feind: – doch mit Entsetzen, und triumphieren soll er nicht! / Kämpft bis die letzte Fahn in Fetzen, kämpft bis die letzte Klinge bricht, / Kämpft bis der letzte Streich geschlagen ins letzte deutsche Herzblut rot, / Und lachend, wie der grimme Hagen, springt in die Schwerter und den Tod. // Wir stiegen auf in Kampfgewittern, der Heldentot ist unser Recht: / Die Erde soll im Kern erzittern, wann fällt ihr tapferstes Geschlecht: / Brach Etzels Haus in Glut zusammen, als er die Nibelungen zwang, / So soll Europa stehn in Flammen bei der Germanen Untergang!« (*Deutsche Lieder*, 1859)

Ein Blick in die Jugend- und Unterhaltungsliteratur verrät die Übermacht des preußisch gesinnten Zeitgeistes. Zwischen der Reichsgründung 1871 und dem Zweiten Weltkrieg erschienen nicht weniger als 21 Nacherzählungen und Bearbeitungen des Stoffs auf dem deutschen Buchmarkt. Den Ton der nationalen Vereinnahmung hatte bereits der Herausgeber der ersten populären Übersetzung des *Nibelungenlieds*, der Literat Friedrich Heinrich von der Hagen, im Jahr 1807 angeschlagen:

»Kein anderes Lied mag ein vaterländisches Herz so rühren und ergreifen, so ergötzen und stärken als dieses …, [das] die herrlichsten männlichen Tugenden offenbart: Gastlichkeit, Biederkeit, Redlichkeit, Treue und Freundschaft bis in den Tod, Menschlichkeit, Milde und Großmuth in des Kampfes Noth, Heldensinn, unerschütterlichen Standmuth, übermenschliche Tapferkeit, Kühnheit und willige Opferung für Ehre, Pflicht und Recht« (Vorrede von 1807).

In den Jahren vor dem Ersten Weltkrieg, auf dem Höhepunkt der wilhelminischen Großmachtpläne und Selbstüberschätzung, erschien Friedrich von der Leyens *Die deutschen Heldensagen* (1912), in dessen Vorwort der übersteigerte Nationalgedanke und sein Hang zur Gewalt klar formuliert werden: »Wenn wir uns einer Lösung nähern wollen, so müssen wir versuchen, die Heldensagen der Völkerwanderungszeit zurückzugewinnen … Ihre ungeheuren Taten und Schicksale, ihre endlosen und unerbittlichen Kämpfe verlangen von den Germanen die höchste Steigerung ihrer Kräfte.«

Von den germanischen Tugenden hatte sich die Kampfkraft an die vorderste Position geschoben; aus dem »Großmuth in des Kampfes Noth« (von der Hagen) waren in der Wilhelminischen Ära »die unerbittlichen Kämpfe« geworden. Nach dem Deutsch-Französischen Krieg von 1871 gefielen sich viele Patrioten in chauvinistischen Tönen: »Wie Erz durchströmte deine Glieder / Das Mark der Nibelungen wieder, / Der Geist des Herrn war über dir, / Und unterm Schall der Kriegsposaunen / Aufpflanztest du, der Welt zum Staunen, / In Frankreichs Herz dein Siegpanier« (E. Geibel, 1871).

Kaiser Wilhelm I. wurde als »Sieg-Fried des deutschen Volkes« gefeiert (J. Rodenberg, 1872), das neue Deutsche Reich stolz als »Nibelungenland« verbrämt: »Vom Westen braust der Sturm, der Regen fällt ... / Und trotzig harr' ich auf dem mächt'gen Damm, / Bis mir das Bild der Heimat ganz entschwand. – / Ich fühl's, ich bin vom Nibelungenstamm, / Und rings um mich ist Nibelungenland« (A. Bartels, 1896).

In ähnlichem Pathos beschwört die Ausgabe von Friedrich Wolters und Karl Petersen, die nur drei Jahre nach der Kriegsniederlage von 1918 in Breslau erschien, im Vorwort »das schicksalhafte Dasein des deutschen Volkes« und die Notwendigkeit, mit »Heldengeist« gegen die »Widerwelt der Moderne« vorzugehen (*Die Heldensagen der germanischen Vorzeit*, 1921).

Besonders unheilvolle Erinnerungen ruft bis heute das Schlagwort der »Nibelungentreue« hervor. Bereits die *Germania* des römischen Schriftstellers Tacitus kannte und verurteilte den germanischen Begriff der Treue. Die Literaturhistoriker des 19. Jahrhunderts handelten die germanischen Heldensagen freilich gerne unter diesem Oberbegriff ab: »Es ist die Treue des deutschen Volkes, die sich in diesen Liedern ein unvergängliches Denkmal gesetzt hat« (A. Vilmar, 1845).

In der Rezeption des *Nibelungenlieds* steht vor allem das Verhalten der Burgunderherrscher gegenüber ihrem Berater und Verwandten Hagen bei der Auslegung des Treuebegriffs im Vordergrund. Die verräterische Einladung Kriemhilds wird als solche erkannt. Dennoch gehen die Könige mit Hagen in den Untergang. Auch nach Eröffnung der Kampfhandlungen weigern sich die Burgunder-Nibelungen trotz aussichtsloser Lage, den Mörder Siegfrieds an Kriemhild auszuliefern. Eine Vielzahl weiterer Treuebündnisse steuert die Gesamthandlung und macht einen Ausweg schier unmöglich: Rüdiger gegenüber Kriemhild, Gernot gegenüber Rüdiger, Dietrich gegenüber Gunther usw. »Nibelungentreue« führt in diesem Verständnis alternativlos in den Untergang, da sie die persönliche Treuebindung höher bewertet als rationale Entscheidungen und politische Handlungsspielräume.

Vor diesem Hintergrund stellte sich der Reichskanzler Bernhard von Bülow ein denkbar schlechtes Zeugnis aus, als er am 29. März 1909 vor dem Deutschen Reichstag in Berlin die »Nibelungentreue« zu Österreich beschwor: »Meine Herren, ich habe irgendwo ein höhnisches Wort gelesen über unsere Vasallenschaft gegenüber Österreich-Ungarn. Das Wort ist einfältig. Es gibt hier keinen Streit um den Vortritt wie zwischen den beiden Königinnen im *Nibelungenliede*; aber die Nibelungentreue wollen wir aus unserem Verhältnis zu Österreich-Ungarn nicht ausschalten, die wollen wir gegenseitig bewahren.«

So wenig der Politiker und Diplomat bei seinem Vergleich im Jahr 1909 den drohenden Weltkrieg und Untergang der Monarchie vor Augen haben mochte, so passend erscheint die literarische Deutung der »Nibelungentreue« für das unverantwortliche Handeln fast aller beteiligten Staatsmänner in der Julikrise von 1914, als eine regionale Krise aus nationalen Vorurteilen und Selbstüberschätzungen heraus zum Krieg der europäischen Großmächte und dann zum Weltkrieg mutierte. Das Wort von der »Nibelungentreue« wurde somit zum Fanal für den Ersten Weltkrieg, den »gewollten Krieg« (W. Gutsche) und die »Urkatastrophe des 20. Jahrhunderts« (W. Mommsen), aus der weitere Kriege, Vertreibungen und nationale Fanatismen dieses Jahrhunderts erwachsen sollten.

Bereits kurz nach Kriegsausbruch im Juli 1914 griff die deutsche Propaganda das Schlagwort erneut auf. Aus dem unbedacht gewählten Bild des Kanzlers war jetzt das martialische Symbol einer germanischen Kampfgemeinschaft und einer unverbrüchlichen Kriegerfreundschaft »im Kampf gegen die Übermacht« geworden, die man im *Nibelungenlied* vor allem in der Schwertbrüderschaft Hagens und Volkers wiederfand. In einer der vielen Kriegsreden wurden so »der waffengewaltige, stolze, grimme Hagen auf der einen Seite, das Sinnbild Preußen-Deutschlands; und der heitere Spielmann auf der anderen Seite, der in Kampf und Lied gewandte Volker, das Sinnbild des sangesfrohen und kampfeslustigen Österreich-Ungarns« beschworen (F. von Liszt, 18.11.1914).

Der Berliner Germanist Gustav Roethe schwadronierte zu derselben Zeit ebenfalls über die Nibelungen: »Welch köstliche Mitgift deutscher Größe ist diese Treue! Es handelt sich um das rückhaltlose Einsetzen des ganzen Menschen, das nicht dingt, nicht wägt, nicht schwankt, sondern durchhält bis zuletzt, und mag der Erdball darüber in Trümmer gehen« (G. Roethe v. 30.10.1914).

Eine der Tragödien in der deutschen Geschichte des 20. Jahrhunderts besteht darin, dass der verheerende Weltkrieg von 1914 bis 1918, die traumatische Erfahrung des industrialisierten Tötens und des Zusammen-

bruchs der politischen Ordnung in vielen der am Krieg beteiligten Länder nicht zu einer Kompromittierung des nationalen Gedankens führte. Im Gegenteil, in Deutschland agitierten die Anhänger des alten Systems, die Vertreter der Monarchie und des Militärs, gegen das von ihnen diffamierte »Schanddiktat von Versailles«. Symbolträchtig hatten die siegreichen Alliierten unter Führung der Vereinigten Staaten das Ende des zweiten Reiches genau dort besiegelt, wo es im Jahr 1871 durch Bismarck begründet worden war: im Spiegelsaal des Schlosses von Versailles.

Der in Versailles verabschiedete Vertrag wies Deutschland und seinen Verbündeten die alleinige Kriegsschuld zu und legte weitreichende Reparationslasten fest (Art. 231). Ferner musste das Reich größere Gebiete im Westen und Osten abtreten, einer vollständigen Entmilitarisierung zustimmen und tief gehende Eingriffe in seine politische und wirtschaftliche Ordnung hinnehmen. Die demokratischen Parteien in Deutschland, die infolge der neuen Weimarer Verfassung an der Nachkriegsregierung beteiligt wurden, insbesondere die SPD unter Reichskanzler Gustav Bauer (1919/20), wurden wegen ihrer Zustimmung zum Versailler Vertrag von allen nationalen Kräften heftig kritisiert.

Erneut musste der Nibelungenmythos für die gewaltsame nationale Rhetorik herhalten. Die »Dolchstoßlegende« beschädigte in ihrer propagandistischen Wirkung die junge Demokratie bereits an ihren Wurzeln. Im letzten Kriegsjahr 1918 tauchte die Metapher des »Dolchstoßes« erstmals in der politischen Sprache in Deutschland auf, wie zuletzt der Historiker Boris Barth in seiner

2003 erschienenen Dokumentation *Dolchstoßlegenden und politische Desintegration. Das Trauma der deutschen Niederlage im Ersten Weltkrieg 1914–1933* nachwies.

Der Reichstagsabgeordnete Ernst Müller von der DDP stachelte am 2. November 1918 seine Zuhörer im Münchner Hofbräuhaus zum Widerstand gegen die Alliierten auf: »Solange die Front hält, haben wir in der Heimat die verdammte Pflicht auszuhalten. Wir müssten uns vor unseren Kindern und Enkeln schämen, wenn wir der Front in den Rücken fielen und ihr den Dolchstoß versetzten.« Kurze Zeit später verwendete ein britischer General im Interview mit der *Neuen Zürcher Zeitung* (17.12.1918) das Bild, um die öffentliche Meinung von der deutschen Kriegsniederlage zu beschreiben.

Populär wurde die »Dolchstoßlegende« jedoch erst, als die beiden führenden Generäle des deutschen Heeres, Erich Ludendorff und der spätere Reichspräsident Paul von Hindenburg, den Begriff zur Rechtfertigung der militärischen Niederlage missbrauchten. Die Soldaten seien bis zur Kapitulation

im Feld unbesiegt geblieben und die demokratischen Kräfte in Deutschland mit ihrer Friedenspolitik die Verantwortlichen für die Kapitulation.

Im November 1919 äußerte Hindenburg vor dem Weimarer Reichstag: »In dieser Zeit [i. e. 1918] setzte eine planmäßige Zersetzung von Flotte und Heer als Fortsetzung ähnlicher Erscheinungen im Frieden ein. Die braven Truppen, die sich von der revolutionären Zermürbung freihielten, hatten unter dem pflichtwidrigen Verhalten der revolutionären Kameraden schwer zu leiden; sie mussten die ganze Last des Kampfes tragen. Die Absichten der Führung konnten nicht mehr zur Ausführung gebracht werden. So mussten unsere Operationen misslingen, es musste zum Zusammenbruch kommen; die Revolution bildete nur den Schlussstein. Ein englischer General sagte mit Recht: ›Die deutsche Armee ist von hinten erdolcht worden.‹ Den guten Kern des Heeres trifft keine Schuld. Wo die Schuld liegt, ist klar erwiesen.«

Ein Jahr später schrieb der General in seinen Memoiren: »Wie Siegfried unter dem hinterlistigen Speerwurf des grimmigen Hagen, so stürzte unsere ermattete Front; vergebens hatte sie versucht, aus dem versiegenden Quell der heimatlichen Kraft neues Leben zu trinken.«

Die »Dolchstoßlegende« lenkte von den eigentlichen Ursachen der Kriegsniederlage, insbesondere auch von den Fehlentscheidungen der politisch und militärisch Verantwortlichen, ab. Unter dem Eindruck der revolu-

*Dolchstoßlegende.
Wahlplakat der DNVP, 1924.*

tionären Wirren von 1918 und der von der Öffentlichkeit als ungerecht empfundenen Klauseln des Versailler Friedensvertrages von 1919 vermochten es die reaktionären Kräfte, in der polemisch geführten Kriegsschulddebatte die neu formierten Parteien der Weimarer Demokratie zu diskreditieren. Die rechtsgerichtete DNVP nutzte die Plakatierung der Dolchstoßlegende im Wahlkampf von 1924 als Warnung vor den linken Parteien.

In der deutschen Innenpolitik behinderten das Erbe und die Hetze der alten Eliten aus Monarchie und Militär die Bildung einer neuen demokratischen Regierung. Da sie dem »Versailler Schanddiktat« – wenn auch unter Protest – formell zustimmte, wurde die neue Reichsregierung unter Reichspräsident Friedrich Ebert (SPD) und Reichskanzler Gustav Bauer (SPD) als »Novemberverbrecher« denunziert.

Mit diesem Bild projizierten die Nationalisten die Ereignisse im November 1918, als sich in vielen deutschen Städten revolutionäre Räteregierungen und Räterepubliken gründeten, auf die Weimarer Mitte-Links-Parteien, denen somit die Verantwortung für den Zusammenbruch der inneren und damit zugleich der militärischen Ordnung zugeschoben wurde. In den 1920er-Jahren beteiligte sich auch die neu gegründete nationalsozialistische Partei an der Demagogie gegen Weimar. Hitler schrieb im Jahr 1923 im *Völkischen Beobachter*: »Wir haben uns immer daran zu erinnern, daß jeder neue Kampf nach außen, mit den Novemberverbrechern im Rücken, dem deutschen Siegfried sofort wieder den Speer in den Rücken stieße.«

Das nibelungische Bild war mit Bedacht gewählt: Siegfried war im 19. Jahrhundert von national gesinnten Kreisen als Nationalheld und Sinnbild deutscher Stärke und Überlegenheit stilisiert worden. Seine feige Ermordung eignete sich bestens, um das Ende des Kaiserreiches und damit den vermeintlichen Untergang deutscher Größe zu symbolisieren. Noch im letzten Kriegsjahr 1917/18 hatte die Oberste Heeresleitung die defensive »Siegfriedstellung« zwischen Arras und Soissons ausbauen lassen, die das Deutsche Reich vor feindlichen Invasionen schützen sollte. Der Durchbruch alliierter Truppen durch die »Siegfriedstellung« im Oktober 1918 war das entscheidende militärische Ereignis, das zum Waffenstillstand von Compiègne und damit zur deutschen Kapitulation geführt hatte.

Die Symbolträchtigkeit von Namen und Orten bestätigte sich im Zweiten Weltkrieg: Hitler ließ die französische Kapitulation am 22. Juni 1940 in demselben Eisenbahnwaggon in Compiègne besiegeln, in dem bereits der Waffenstillstand von 1918 unterzeichnet worden war. Die neuen Befestigungen entlang des Rheins, die seit 1936 durch die Nazidiktatur geplant und bis 1940 vollendet wurden, firmierten bei den Alliierten unter dem Namen »Siegfriedlinie« – Symbol des neu erwachten Nationalwahns der Deutschen.

Passend zur alliierten Namensgebung, erfuhr der Nibelungenstoff durch den Aufstieg des Nationalsozialismus eine spürbare Aufwertung. Produktionen in Theater und Oper, Jugendbücher und Schulliteratur schossen aus dem Boden. Hitler hatte auf dem ersten Reichsjugendtag der NSDAP im

Jahr 1932 selbst den pädagogischen Wert der germanischen Heldensagen im Sinne der Naziideologie hervorgehoben:

»Die nationalsozialistische Bewegung will den deutschen Knaben erziehen, ihn stolz und mutig machen und ihn beizeiten lehren, das kleine Haupt nicht zu beugen... Gerade dann bleibt ein deutscher Junge seinem Volke treu, wenn es sich in der größten Gefahr befindet. Was du, mein lieber deutscher Junge, in deinen Heldensagen und in deinen Heldenliedern bewunderst, dem musst du selbst nachstreben, damit dein Volk einst würdig ist, im Heldenlied bewundert zu werden« (*Das Buch vom Führer für die deutsche Jugend*, Oldenburg 1933).

In Nacherzählungen der Nibelungensage von Leopold Weber (1934), Gerhard Krügel (1937) und Hans Friedrich Blunck (1938) wurde der Nibelungenstoff weit verbreitet und teilweise ideologisch aufgeladen. Insbesondere bei Weber finden sich rassistische Ausfälle gegen die Hunnen. So werden Etzels Kämpfer als »Wespen und Ratten« bezeichnet, die gegen die »deutschen Helden« antraten. Die burgundischen Könige halten trotz der ausweglosen Situation in der brennenden Königshalle ihrem Vasallen Hagen mit dem Hinweis die Treue, niemals einen »Volksgenossen« verraten zu dürfen.

Rassismus und Kriegsrhetorik waren in der Weimarer Zeit keineswegs dem politischen Lager der Nazis vorbehalten, sondern latent weithin verbreitet. Selbst der wegen seiner innovativen Filmtechnik und der expressionistischen Darstellungskunst gerühmte UFA-Stummfilm *Die Nibelungen* (1924) des österreichisch-deutschen Regisseurs Fritz Lang war nicht frei von rassistischen Stereo-

typen. Im Filmbuch, das Langs Ehefrau Thea von Harbou im Jahr 1923 auf der Grundlage ihres Drehbuches veröffentlichte, heißt es zu den Hunnen: »Nackte Männer, die von Fett troffen, den Schurz um die Lenden, Leder am Schenkel, teilten aus Gefäßen, deren manches von Gold war, an braune, von Wein und Blut trunkene Männer aus« (*Das Nibelungenbuch*, S. 145). Als die Hunnen in den Königssaal stürzen, prallen sie »an der Erzmauer der burgundischen Schildeträger« ab (S. 218). Die Widmung des Buches lautete: »Dir und Deutschland«.

Die Haltung zum aufstrebenden Nationalsozialismus wurde offenbar auch für das Ehepaar Lang/Harbou zur Zerreißprobe. Während Fritz Lang Nazi-Deutschland im Jahr 1933 den Rücken kehrte, machte Thea von Harbou hier am Theater Karriere.

Die gemeinsame Nibelungenproduktion zeigt freilich neben den oben zitierten Begleittexten Harbous keine auffällige Affinität zum ideologischen Rüstzeug der Rechten. Beide Teile des Films (»Siegfried« und »Kriemhilds Rache«) verarbeiten als literarische Grundlage das *Nibelungenlied*. Die visuellen Effekte etwa beim Kampf unter der Tarnkappe, bei Brünhilds Burg im Flammenmeer oder Siegfrieds Drachenkampf gelten bis heute als Meilensteine der Filmgeschichte.

Dass auch die Nazis den Nibelungenfilm – trotz der Emigration des Regisseurs – nicht ablehnten, sondern im Mai 1933 sogar dessen Vertonung zuließen, bestätigt nur: Das neue Regime profitierte von der Instrumentalisierung des alten Sagenstoffs und den Möglichkeiten seiner populären Verbreitung, die mit dem Medium Film in eine neue Phase eintraten. Die Propagandafilme Leni Riefenstahls oder Veit Harlans antisemitisch gefärbte Verfilmung des Feuchtwanger-Romans *Jud Süß* im Jahr 1940 dokumentieren, wie das Regime das im Medium Film liegende Potenzial propagandistischer Wirkung auszunutzen vermochte.

Die Nibelungen eigneten sich auch in der weitgehend unpolitischen Deutung Fritz Langs zur Beschwörung soldatischer Tugenden und völkischer Ideen. Der strahlende Held Siegfried und seine treue Gemahlin Kriemhilde, dargestellt von dem blonden Traumpaar Paul Richter und Margarete Schön, verkörperten das von den Nazis propagierte »arische« Schönheitsideal.

Die Nibelungen gerieten somit in der Weimarer Zeit endgültig in den Strudel des militanten Nationalismus und des aufkommenden Nationalsozialismus. Der Literaturhistoriker Klaus von See resümiert zur Figur Hagens in der Weimarer und NS-Zeit: »Für die Rezeptionsgeschichte des *Nibelungenlieds* heißt dies, dass jetzt endlich die Stunde Hagens schlug. Bisher galt er meist nur als tückisch und verschlagen, Peter Cornelius stellte ihn als Mephisto dar … Jetzt aber entdeckte man Eigenschaften in ihm, die die politische Situation zu fordern schien: die unbedingte Gefolgsmannstreue, den unbeirrten Willen, das Notwendige zu tun, die totale Hingabe an die Sache.«

In Bayreuth biederten sich Richard Wagners Erben schon während der Weimarer Zeit den neuen rechten Kräften in Deutschland, unter ihnen auch Hitlers NSDAP, an. Dieser hatte im Oktober 1923 erstmals die Bayreuther Spielstätten aufgesucht, die nach dem Ersten Weltkrieg geschlossen worden waren. Der Berichterstatter des *Völkischen*

Beobachters lobte dabei die »innige Verschmelzung der völkischen Freiheitsbewegung mit dem Bayreuther Kulturideal«. Wenn zu diesem Anlass auch an die Geisteshaltung Richard Wagners erinnert wurde, bot vor allem dessen Schwiegersohn, der Engländer Houston Stewart Chamberlain, ein willkommenes Bindeglied zur nationalsozialistischen Rassenideologie. Sein Werk *Die Grundlagen des 19. Jahrhunderts* (1899) zählt zu den Vorbildern der NS-Ideologen.

Den offiziellen Festspielführer des Jahres 1924 illustrierte der dem Bayreuther Kreis eng verbundene Maler Franz Stassen, dessen Abbildung von Siegfrieds Schwert Notung mit der Umschrift versehen wurde: »Nothung! Nothung! Neu und verjüngt! Zum Leben erwecke ich dich wieder.« Im Begleittext ist dazu von dem »großen deutschen Befreiungskampf« die Rede, für den man die Kraft »aus dem Geiste von Bayreuth« schöpfen solle.

Für die *Bayreuther Blätter* desselben Jahres wurde ein Hitler-Zitat als Motto ausgewählt: »Dem äußeren Kampf muss der innere vorausgehen.« Hitler selbst rühmte die Familie Wagner und ihre Wirkungsstätte in Bayreuth als den Ort, wo »erst durch den Meister und dann durch Chamberlain das geistige Schwert geschmiedet wurde, mit dem wir heute fechten«.

Nach der nationalsozialistischen Machtübernahme im Januar 1933 förderte Hitler die vom Bankrott bedrohten Bayreuther Festspiele. Deren neue Leiterin Winifred Wagner, die diese Funktion nach dem Tod ihres Mannes Siegfried im Jahr 1930 übernommen hatte, pflegte enge persönliche Kontakte zu Hitler. Bereits in einem Brief von Weihnachten 1923 hatte Festspielleiter Siegfried Wagner von der Begeisterung seiner Familie für Hitler geschrieben: »Wir lernten den herrlichen Mann im Sommer hier beim Deutschen Tag kennen und halten treu zu ihm… Meine Frau kämpft wie ein Löwe für Hitler. Großartig!« Bayreuth war seit 1924 unbestritten zum kulturellen Zentrum der rechtsnationalen Kräfte in Deutschland avanciert. Auf dem Dach des Festspielhauses wehte die alte Reichsfahne der Monarchie.

Die politische Vereinnahmung durch den Nationalsozialismus bedeutete aber nicht zwangsläufig den Verzicht auf musikalische Qualität. Berühmt wurde die letzte Inszenierung Siegfried Wagners, der in seinem Todesjahr 1930 einen viel umjubelten *Tannhäuser* unter musikalischer Leitung Arturo Toscaninis zur Aufführung brachte. 1933 wurde die politische Instrumentalisierung durch die neue Diktatur für alle offenkundig: Zu den Festspielen dieses Jahres zogen die Größen des NS-Regimes in Bayreuth pompös unter den Klängen des »Deutschland-« und des »Horst-Wessel-Lieds« ein.

Die Protektion von höchster Stelle erlaubte es Winifred Wagner, sich im Gegensatz zur allgemeinen Gleichschaltung des Kulturbetriebs schützend vor ihre Mitarbeiter und Künstler zu stellen, die andernfalls mit den Nazibehörden in Konflikt geraten wären. Dies traf auf den Regisseur Heinz Tietjen zu, der als SPD-Mitglied denunziert worden war, wie auch auf verschiedene Dirigenten und Sänger, die mit jüdischen Partnern zusammenlebten. Trotz solcher Interventionen zugunsten gefährdeter Künstler gilt uneingeschränkt das Urteil Thomas Manns über

Bayreuth, der den Festspielbetrieb bis 1944 schlicht als »Hitlers Hoftheater« gebrandmarkt hatte.

Der Zweite Weltkrieg hinterließ auch in Bayreuth tiefe Spuren, obwohl Winifred Wagner durch großzügige Staatszuschüsse von einer Million Reichsmark jährlich und die Kriegsdienstfreistellung für die Mitarbeiter und Künstler zunächst eine Bestandsgarantie erreichte. Karten wurden nicht mehr auf dem freien Markt verkauft, sondern von den Behörden an Veteranen, Verwundete und Verdiente ausgeteilt.

Zur Aufführung kamen seit 1940 zunächst nur noch *Der Ring des Nibelungen* und *Der Fliegende Holländer*, da man in den anderen Werken pazifistische Töne wähnte. Siegfrieds Schwert wurde zum Symbol deutscher Stärke, die Kampfmoral der Nibelungen zur wichtigsten Tugend der »Volksgenossen«. Nach der verheerenden Niederlage in Stalingrad im Jahr 1943 wurde schließlich auch der *Ring* abgesetzt. Die unpolitischen *Meistersinger* avancierten zur »Durchhalte-Oper« der letzten Kriegsjahre (S. Friedrich).

Stalingrad schrieb sich in die Rezeptionsgeschichte des Nibelungenstoffs mit einem besonders grauenvollen Kapitel ein: Hermann Göring, auch er ein in Bayreuth oft und gern gesehener Gast, verglich die in Stalingrad eingeschlossenen Truppen mit den Nibelungen in Etzels brennender Königshalle. Hitlers Durchhaltebefehl hinderte die Frontgeneräle an der Kapitulation vor der russischen Übermacht. Görings Nibelungenvergleich enthielt, wenn auch unausgesprochen, die Aufforderung an die Truppe, bis zum letzten Mann zu kämpfen und eher in den Tod als in Gefangenschaft zu gehen.

Man darf diese im Rundfunk übertragene Rede, die er im Januar 1943 vor Wehrmachtsoffizieren hielt, getrost als rhetorischen Höhepunkt des nibelungischen Nationalwahns im 20. Jahrhundert bezeichnen:

»...vom Nordkap bis zur Biskaya, hinunter bis in die Wüsten Afrikas und bis in den fernen Osten an der Wolga kämpft, blutet, aber siegt auch Deutschland. Aus all diesen gigantischen Kämpfen ragt nun gleich einem gewaltigen, monumentalen Bau Stalingrad, der Kampf um Stalingrad heraus. Es wird dies einmal der größte Heroenkampf gewesen sein, der sich jemals in unserer Geschichte abgespielt hat. Was dort jetzt unsere Grenadiere, Pioniere, Artilleristen, Flakartilleristen und wer sonst in dieser Stadt ist, vom General bis zum letzten Mann, wer da jetzt kämpft gegen eine gewaltige Übermacht um jeden Block, um jeden Stein, um jedes Loch, um jeden Graben, immer wieder kämpft, ermattet, erschöpft – wir kennen ein gewaltiges, heroisches Lied von einem Kampf ohnegleichen, das hieß ›Der Kampf der Nibelungen‹. Auch sie standen in einer Halle von Feuer und Brand und löschten den Durst mit eigenem Blut – aber sie kämpften und kämpften bis zum Letzten. Ein solcher Kampf tobt heute dort.«

Wagners Trauermarsch aus der »Götterdämmerung« begleitete schließlich die im Rundfunk verbreitete Nachricht von Hitlers Tod im April 1945. Bis zuletzt hielt das Regime an seiner kulturellen Verbrämung im Kleid der Nibelungen fest.

Im Zeitalter der Weltkriege, zwischen 1914 und 1945, waren die Nibelungen vielfach zur Chiffre in der politischen Sprache der Nationalisten, Reaktionäre, Militaristen und schließlich der Nazis geworden. Insbesondere die demagogische Wirkung der Dolchstoßlüge war gewaltig. Die Weimarer Demokratie hatte unter der Hypothek dieser Lüge schwer zu leiden. Nationalistische Parteien wie die NSDAP profitierten hingegen von der Diskreditierung der ersten Weimarer Regierungen und der sie tragenden gemäßigten Parteien. Noch gegen Ende des Zweiten Weltkrieges lehnten Offiziere mit Hinweis auf die Gefahr einer neuen »Dolchstoßlegende« ihre Beteiligung an den Putschplänen gegen das Naziregime ab. Die verhängnisvolle Rolle, die den Nibelungen bei der bewussten Verunglimpfung der Weimarer Demokratie auf den Leib geschnitten wurde, steigerte sich in den zwölf Jahren Nazidiktatur zu einer tragenden Säule der von der NS-Führung und den Bayreuther Festspielmachern gemeinsam entworfenen NS-Hochkultur.

EPILOG —
NIBELUNGEN
NACH 1945

Bayreuth im Sommer 2007. Auf dem Programm steht unter anderem der im vergangenen Jahr neu inszenierte *Ring* des Schriftstellers Tankred Dorst. Als musikalischer Leiter erntet wieder Christian Thielemann viel Zustimmung und Lob. Und einmal mehr gibt sich der Kultur- und Geldadel der Republik ein Stelldichein. Längst sind die Bayreuther Nibelungen keine Chiffre mehr für Heldenmut oder Kampfestreue; längst sind sie Gradmesser für das innere Befinden der deutschen Kulturszene. Die Kritik rätselt über Dorsts Begriff des Mythischen (N. Abels, »Dramaturgie des Untergangs«) oder empört sich über die »leeren Räume« und Gesichtslosigkeit der Inszenierung, »die so ziemlich alles herbeizitiert, was in der Rezeption irgendwo Spuren hinterlassen hat« (C. Lemke-Matwey, »Jedem Ende wohnt ein Zauber inne«).

Wer weniger zahlen möchte oder nach Jahren erfolglosen Bewerbens um Festspieltickets dem Bayreuther Mythos entsagt, fährt besser nach Worms. Dort werden am Originalschauplatz weniger pompös und vermeintlich weniger bierernst seit 2002 Nibelungenfestspiele zelebriert. In den ersten beiden Jahren kam Moritz Rinkes zeitgenössische Adaption des *Nibelungenlieds* zur Aufführung, in den Folgejahren eine Neuinszenierung von Hebbels Nibelungendrama. Große Schauspielernamen von Mario Adorf bis André Eisermann sicherten dem Versuchsballon die Aufmerksamkeit der Feuilletons und den Erfolg beim Publikum. Die Kulturszene hat ein sommerliches Medienereignis mehr und die »Nibelungenstadt Worms« mehr Übernachtungsgäste.

An die unfeine Gesellschaft der Nibelungen in der Zeit der Weltkriege mag man hier bei Sekt und Bratwurst nicht erinnert werden. Die Macher von Worms fügen vorsorglich auf ihrer Homepage den Hinweis ein: Die Neuinszenierung von Hebbels *Nibelungen* durch Katrin Beier von 2004 »hob das angeblich so deutsch-tümelnde Hebbeldrama in eine europäische Dimension mit vielen aktuellen Bezügen«.

In Bayreuth hat man es noch schwerer, die Schatten der Vergangenheit zu bannen. Ort und Familie sind noch dieselben wie 1933. Der Direktor des Richard-Wagner-Museums Bayreuth, Sven Friedrich, urteilt: »Angesichts der nachhaltigen Diskreditierung Wagners und seines Werks, der engen Verbindung der Familie Wagner mit Hitler und der herausragenden kulturellen und kulturpolitischen Stellung, die Bayreuth im Dritten Reich innehatte, erscheint es aus heutiger Sicht kaum glaublich, dass die Bayreuther Festspiele bereits sechs Jahre nach dem Ende des Zweiten Weltkrieges 1951 wieder aufgenommen werden konnten.«

Mit der Wiederaufnahme des Festspielbetriebs unter Winifreds und Siegfrieds älterem Sohn Wieland Wagner vollzog sich ein Prozess, der für den deutschen Kulturbetrieb nach 1945 kennzeichnend ist.

Lange bevor Theodor Adorno das Dilemma unter den Vorzeichen des Frankfurter Auschwitz-Prozesses auf die bekannte Formel brachte: »Alle Kultur nach Auschwitz, samt der dringlichen Kritik daran, ist Müll« (*Negative Dialektik*, 1966), haben Künstler und Intellektuelle die Frage nach der Mitschuld der Kultur und Kulturschaffenden gestellt. Die Erfahrungen der Nazidiktatur

ließen den einfachen Rückbezug zur kulturellen Tradition der Deutschen nicht mehr zu. Adornos Analyse hat auch diesen Punkt klar benannt: »Dass es [Auschwitz] geschehen konnte inmitten aller Tradition der Philosophie, der Kunst und der aufklärenden Wissenschaften, sagt mehr als nur, dass diese, der Geist, es nicht vermochte, die Menschen zu ergreifen und zu verändern. In jenen Sparten selber, im emphatischen Anspruch ihrer Autarkie, haust die Unwahrheit.«

Die Pervertierung der Nibelungen durch Nationalisten und Nationalsozialisten, die Umcodierung des mittelalterlichen Sagenstoffs durch eine fast 150-jährige Tradition martialischer Rhetorik ist nur ein – allerdings ein besonders treffendes – Beispiel für die Zerrissenheit des kulturellen Gedächtnisses der Deutschen: Land der Dichter, Land der KZ-Aufseher.

Geschichtswissenschaft und Germanistik haben sich nach 1945 erneut für die mittelalterliche Sage und ihre Zeugnisse geöffnet. Eine Vielzahl von Publikationen und durchaus spannenden Erkenntnissen ist aus dieser kontinuierlichen Beschäftigung erwachsen. Doch sind die Anforderungen an die Geisteswissenschaften heute anders geartet als in den Pionierjahren der Quellenkritik und Editionsphilologie am Anfang des 19. Jahrhunderts.

Eine kritische Auseinandersetzung mit der jüngeren Geschichte ist auch und gerade beim Thema Nibelungen nicht auszuklammern. Als Antwort darauf entstanden viele

Ernst Barlach, Kriemhild erschlägt Hagen, *1922.*

Arbeiten zur Wirkungs- und Rezeptionsgeschichte der Nibelungen. Einen Höhepunkt bildete die Ausstellung *Die Nibelungen – Bilder von Liebe, Verrat und Untergang*, die im Münchner Haus der Kunst im Dezember 1987 eröffnet wurde.

Die kritische Distanzierung vom gewalttätigen nibelungischen Nationalpathos verstärkte sich erstmals unter dem Eindruck des Ersten Weltkrieges. Die Schriftsteller Georg Herwegh und Heinrich Heine hatten bereits im 19. Jahrhundert den Siegfriedkult bissig kommentiert. Der Bildhauer Wilhelm Lehmbruck schuf zwischen 1914 und 1918 seine Skulpturen und Entwürfe *Der Gefallene*, *Der Gestürzte*, *Zusammenbruch* und *Begrabene Hoffnung*. *Der Gestürzte* hält in der Rechten ein Schwert; er ist unschwer als Zitat der früheren Siegfriedplastik Lehmbrucks zu erkennen. Ebenso spielt der Entwurf mit dem Titel *Zusammenbruch* oder *Sterbender Krieger* aus dem Jahr 1917 auf den schwerttragenden Helden an. Auch der Bildhauer und Schriftsteller Ernst Barlach (1870–1938) hob sich mit seinem Zyklus von Nibelungenblättern aus dem Jahr 1922 gegen die in der Weimarer Zeit noch vorherrschenden Spielregeln der historisierenden Heldenmalerei ab. Befreit von der pompösen historischen Kulisse, treten die Figuren Barlachs dem Betrachter allein und gebeugt entgegen. Reduziert auf Gesten, Gesichtsausdruck und Blicke, tritt das Innere der Charaktere an die Oberfläche.

Der Expressionismus der Weimarer Zeit und die moderne Malerei, so Adalbert Trillhaases naive Darstellung von *Siegfrieds Tod* (1925), Paul Klees *Walküre* (1940) oder Max Beckmanns *Geschwister* (1933), *Krimhilde*

(1949) und *Kampf der Königinnen* (1949), fanden zu einer neuen Ikonografie gegen das pathetische Erbe. Doch erreichte die Moderne vor 1945 keine soziale Plattform. Ihr Protest versiegte vor der Popularität des grassierenden Nationalismus. Ernst Barlach erhielt im Jahr 1924 mit dem Kleist-Preis die immerhin bedeutendste literarische Auszeichnung der Weimarer Republik. Die Feuilletons interessierten sich in diesem Jahr jedoch ungleich stärker für die Wiederaufnahme der Bayreuther Festspiele, die Siegfried und Winifred Wagner dem Wiedererstarken Deutschlands im Zeichen des Schwertes widmeten.

Erst nach dem Zweiten Weltkrieg und verstärkt nach der Protestbewegung von 1968, die in der kritischen Frankfurter Schule um Adorno und Horkheimer ihre intellektuellen Speerspitzen hatte, mündeten Kulturkritik und kritisches Geschichtsbewusstsein in den Mainstream der bundesdeutschen Kulturszene. Wieland Wagner hat mit »Neu-Bayreuth« und der tief greifenden Erneuerung der dortigen *Ring*-Interpretationen dazu unbestritten einen wichtigen Beitrag geleistet – jener Wieland Wagner, der für die Kriegsproduktionen von 1943 und 1944 die Bühnenbilder entworfen hatte. In einem Interview betonte der neue Festspielleiter, dass »das neue Bayreuth seit 1951 nicht mehr eine allein der Vergangenheit verpflichtete Kultstätte, sondern eine Werkstätte, ein sehr freies Diskussionsforum geworden ist« (*FAZ*, 29.07.1963).

Die Inszenierung von 1951 war die Bayreuther Bewährungsprobe in der neuen Bundesrepublik, deren Kulturpolitik sich zu diesem Zeitpunkt einer radikalen Entpolitisierung und damit zugleich einer »massiven Abwehr von Erinnerung« (A. Assmann) verschrieben hatte. Wagners Flucht aus der jüngeren deutschen Geschichte gelang – nach allgemeiner Auffassung – durch die strikte Verinnerlichung und Mythisierung des Stoffs. Statt historischen Welttheaters kamen menschliche Innenwelten und symbolische Räume zur Aufführung. Das Bühnenbild wurde auf einen Rundhorizont in einem leeren Raum reduziert, an dessen Wänden durch moderne Lichttechnik immer neue Illusionen des mythischen Raums entstanden. Einzelne Elemente erinnerten dabei an die Weimarer Expressionisten, mit denen Wieland Wagner an die erste Generation der kritischen Nibelungenrezeption anknüpfte.

Für die Bayreuther Inszenierungen blieben diese Maßgaben bis ins 21. Jahrhundert wegweisend. Zwar kehrte unter dem Einfluss der Kritischen Theorie der 1960er-Jahre durchaus Politisches zurück auf die Bühne. Wieland Wagners zweite *Ring*-Neuinszenierung von 1965 machte erstmals den Versuch, den mythischen Grundton zu bewahren und mit zeitkritischen Anmerkungen zu versehen. Wagner selbst brachte dies auf die Formel: »Walhall ist Wall Street« (*Der Spiegel*, 21.07.1965). Doch blieben Staatstragendes und Historisierendes verbannt. Die Figuren

»Das Rheingold«, 4. Szene. Szenenfoto der Bayreuther Festspiele, 1952.

der Inszenierung von 1965 werden in ihrer inneren Zerrissenheit moderne Charaktere, deren Verhältnis zur Außenwelt sich nur noch in Brüchen beschreiben lässt.

Großen Anteil an der »Verinnerlichung« trägt Wielands jüngerer Bruder Wolfgang Wagner, der in den Jahren 1960 und 1970 die Neuinszenierung des *Rings* übernahm. Das Bühnenbild besteht 1960 aus einer riesigen gewölbten Rundscheibe, deren drei Segmente die drei Welten der Götter, Alben und Menschen symbolisieren. Indem diese Welten sich langsam voneinander weg-

bewegen, sich im Laufe des Geschehens dekonstruieren, kommt es zur Entmythisierung, zur »Säkularisierung« der Welt. Übrig bleiben zweifelnde und zerrissene Charaktere. Konsequent werden im *Ring* von 1970 selbst die Götter »zu kläglichen Menschen, eine Entheroisierung im Geiste Shaws« (D. Mack).

Doch ging nicht nur das neue Bayreuth kritisch mit der prekären Nibelungentradition um. Die frühen surrealistischen Bilder des spanischen Malers Antoni Tàpies, so *Der Schmerz Brünhildes* (1950) oder *Der Trick,*

»Siegfried«, 3. Aufzug, 2. Bild. Szenenfoto der Bayreuther Festspiele, 1974.

Wotan verschwinden zu lassen (1950), zeigen nur noch leere Kulissen. Die Akteure sind verschwunden, haben in der traumatisierten Nachkriegswelt keine Stimme mehr.

Auch Joseph Beuys und Anselm Kiefer thematisieren das belastete Erbe der Nibelungensage in der neueren deutschen Geschichte. Ältere und jüngere Mythen werden schonungslos entkleidet; Kiefers Bild *Siegfried vergisst Brünhilde* (1975) zeigt eine schweigende Landschaft, dicke, von Schnee bedeckte Ackerfurchen, Heroisches – Fehlanzeige.

Die amerikanischen Objektkünstler Edward und Nancy Kienholz fügten zu Beginn der 1970er-Jahre Gegenstände von Berliner Trödelmärkten zu einer Werkgruppe unter dem Namen *Volksempfänger* zusammen. Für den Germanisten Joachim Heinzle zeigen diese Stücke »den Gedankenplunder der nationalen Mythenbildung«. Ihre Namen weisen darauf hin, dass es hier um die Auseinandersetzung mit den Nibelungen geht: »Brünnhilde«, »Die Nornen«, »Notung« und »Die Rheintöchter«. Die Installation »Brünnhilde« (1976), bestehend aus Sarg- und Waschbrettern, einem Gitter, dem nationalsozialistischen Mutterkreuz und einer am Boden angebrachten Schiffslampe, spielt Sequenzen aus Wagners *Ring*, wenn man einen Fußschalter betätigt.

Zwischen diesen kritischen Konstrukten und dem touristischen Marktgeschrei um Festspiele und Nibelungenstraße liegen Welten, ebenso zwischen den naiven Hoffnungen der Schatzgräber am Rhein und den akademischen Interpretationen der Germanisten. Immerhin: Mit Nibelungen verbinden die meisten Menschen etwas. In

Zeiten der »postmodernen Beliebigkeit« ist das schon viel. Was aber bedeuten die Nibelungen und ihr mythischer Schatz heute?

Man muss sich diese Bedeutung erarbeiten. Doch die Suche könnte sich lohnen: Auf den Spuren der Nibelungen lässt sich die Geschichte von Jahrhunderten aufspüren, die Hoffnungen und Ängste von Menschen, die verbindende und zerstörerische Kraft von Mythen, die Chancen und Grenzen der Wissenschaften, die verschlungenen Wege durch das schattenhafte Gestern und durch das vielschichtige Heute.

Edward Kienholz, »Brünnhilde«, 1976.

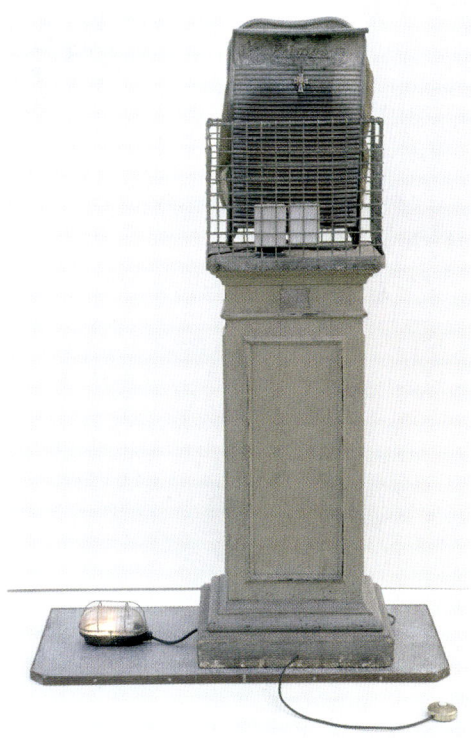

ZEITTAFEL

12 v. Chr.	Gründung des Legionslagers Vetera I (bei Xanten)
9 n. Chr.	Varusschlacht, Sieg der Cherusker unter Arminius über die Römer
12	Germanicus übernimmt den Oberbefehl über rheinische Legionen
14	Tod des Augustus, Revolte der in Germanien stationierten Truppen
70	Vernichtung des Legionslagers Vetera I
nach 96	Tacitus verfasst die *Germania*
255	Großer Frankeneinfall nach Gallien
276–282	Kaiser Probus; Zusammenstöße der Römer mit Burgundern
286	Vordringen der Burgunder, Alemannen und Heruler nach Gallien
nach 370	Kämpfe zwischen Hunnen und Goten
375	Tod des ostgotischen Königs Ermanrich
390–454	Flavius Aetius, römischer Heermeister in Gallien
um 400	Annäherung zwischen Römern und Hunnen unter Hunnenfürst Uldin
407	Burgunder unter König Gundahar an Main und Mittelrhein
410	Rom unterwirft sich dem Westgotenkönig Alarich
434–445	Attila beherrscht die Hunnen gemeinsam mit seinem Bruder Bleda
437	Untergang der Burgunder im Kampf gegen Aetius und verbündete Hunnen, Tod König Gundahars und der gesamten Königssippe
443	Niederlassung der überlebenden Burgunder im heutigen Burgund
445–453	Alleinherrschaft Attilas, Friedensschluss der Hunnen mit Ostrom
451	Schlacht auf den Katalaunischen Feldern
454–526	Ostgotenkönig Theoderich
466–511	Frankenkönig Chlodwig I.
476	Absetzung des letzten weströmischen Kaisers in Rom
497	Oströmischer Kaiser erkennt Theoderich als König in Italien an
516	Tod des burgundischen Königs Gundobad, *Lex Burgundionum*
561	König Sigibert I. und Brunichildis als Herrscher in Austrasien
565–575	Kampf im Frankenreich zwischen Fredegunde und Brunichildis
613	Gefangennahme und Absetzung der Brunichildis in Worms
763	Gründung der Abtei Lorsch
784	Salzburger Totenbuch mit Nibelungennamen
um 820	Holzwagen von Oseberg (Norwegen) mit Nibelungenmotiven

843	Vertrag von Verdun, Dreiteilung des Frankenreiches
850/1000	Entstehung des altnord. »Alten Sigurdlieds« und »Alten Atlilieds«
um 900	Entstehung des althochdt. *Hildebrandslieds*
900/950	Entstehung des lat. *Waltharius*
971–991	Bischof Pilgrim von Passau
um 1000	Entstehung des altengl. *Waldere*
1096–1099	Erster Kreuzzug
um 1170	Metellus von Tegernsee schreibt über Rüdiger und Dietrich von Bern
nach 1173	Errichtung der Königsburg in Gran durch König Bela III. von Ungarn
1184	Schwertleite der Söhne Barbarossas auf dem Hoffest von Mainz
1190	Tod Kaiser Friedrichs I. Barbarossa
1191–1204	Bischof Wolfger von Passau, Passauer »Nibelungenwerkstatt«
1198–1215	Thronstreit zwischen Staufern und Welfen in Deutschland
1198–1230	Herzog Leopold VI. von Österreich, Blüte des höfischen Lebens in Wien
um 1200	Entstehung des mittelhochdt. *Nibelungenlieds*
1203	Hochzeit zwischen Herzog Leopold VI. und Theodora in Wien
um 1220	Enstehung der altnord. *Prosa-Edda*
nach 1250	Entstehung der norweg. *Thidrekssaga*
um 1260	Entstehung der altnord. *Lieder-Edda*
1475	*Buch der Abenteuer* von Ulrich Fuetrer
1504/1516	Erstellung des *Ambraser Heldenbuchs* für Kaiser Maximilian I.
1527	Erstdruck des *Lieds vom Hürnen Sewfrid* in Nürnberg
1557	Uraufführung des Schauspiels *Der hörnen Sewfriedt* von Hans Sachs
1726	*Volksbuch vom gehörnten Siegfried*
1755	Entdeckung der Handschrift C des *Nibelungenlieds* in Hohenems
1782	Gesamtausgabe des *Nibelungenlieds* durch Christoph Heinrich Myller
nach 1811	Nibelungenzyklus des Malers Peter Cornelius
1826	Karl Lachmanns textkritische Ausgabe des *Nibelungenlieds*
1857	Schauspiel *Brunhilde* von Emanuel Geibel
1862	Schauspiel *Die Nibelungen* von Friedrich Hebbel
1876	Uraufführung von Richard Wagners Operntetralogie *Der Ring des Nibelungen* im Bayreuther Festspielhaus
1890	Einweihung des Barbarossa-Denkmals auf dem Kyffhäuser
1924	UFA-Produktion *Die Nibelungen* von Fritz Lang
1951	Wiederaufnahme der Bayreuther Festspiele

ANHANG

LITERATURVERZEICHNIS

AUSGABEN/ÜBERSETZUNGEN

*Das Nibelungenlied. Mittelhochdeutscher Text
und Übertragung*, hg. v. H. Brackert, 2 Bde.,
Frankfurt/M. 1990.

*Die Nibelungenklage. Mittelhochdeutscher Text
und neuhochdeutsche Übersetzung*, hg. v.
E. Lienert, Paderborn 2000.

Die Edda, in der Übertragung von K. Simrock
hg. v. H. Günther, Berlin 1987.

Die Geschichte Thidreks von Bern,
übers. v. F. Erichsen (Thule 22), Neuaus-
gabe Darmstadt 1967.

Tacitus: *Germania. Bericht über Germanien*,
hg. v. J. Lindauer, München 1975.

Waltharius. Mit einem Anhang: Waldere,
hg. v. G. Vogt-Spira und U. Schaefer,
Stuttgart 1994.

ALLGEMEINE LITERATUR

I. SPURENSUCHE —
DER LANGE WEG DER NIBELUNGEN

»*Uns ist in alten mæren…*« *Das Nibelungenlied
und seine Welt*, Darmstadt 2003.

Gentry, F. G. u. a. (Hg.): *The Nibelungen Tradition: An Encyclopedia*, New York/London
2002.

Heinzle, J. u. a. (Hg.): *Die Nibelungen. Sage –
Epos – Mythos*, Wiesbaden 2003.

Heinzle, J.: *Die Nibelungen. Lied und Sage*,
Darmstadt 2005.

Heusler, A.: *Nibelungensage und Nibelungen-
lied. Die Stoffgeschichte des deutschen
Heldenepos*, Nachdruck der 6. Aufl.,
Darmstadt 1991.

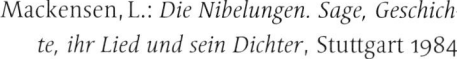
Mackensen, L.: *Die Nibelungen. Sage, Geschichte, ihr Lied und sein Dichter*, Stuttgart 1984.

Petzoldt, L.: *Einführung in die Sagenforschung*, 3. Aufl., Konstanz 2002.

Storch, W. (Hg.): *Die Nibelungen. Bilder von Liebe, Verrat und Untergang*. Ausstellungskatalog zur gleichnamigen Ausstellung vom 5.12.1987 bis 14.2.1988 im Haus der Kunst, München 1987.

II. RUNENSTEINE UND HELDENLIEDER — DIE ÄLTESTEN SPUREN DER NIBELUNGEN

Althaus, S.: *Die gotländischen Bildsteine – ein Programm*, Göttingen 1993.

Capelle, T.: *Die Wikinger. Kultur- und Kunstgeschichte*, Darmstadt 1988.

Fix, H. (Hg.): *Snorri Sturluson. Beiträge zu Werk und Rezeption*, Berlin 1998.

Kaufhold, M.: *Europas Norden im Mittelalter. Die Integration Skandinaviens in das christliche Europa*, Darmstadt 2001.

Lindquist, S. u. a.: *Gotlands Bildsteine*, 2 Bde., Stockholm 1941/42.

III. UNS IST IN ALTEN MAEREN — DAS MITTELHOCHDEUTSCHE *NIBELUNGENLIED*

Curschmann, M.: »Nibelungenlied und Klage«, in: *Die deutsche Literatur des Mittelalters. Verfasserlexikon*, 2. Aufl., hg. v. K. Ruh u. a., Bd. 6, Berlin / New York 1987, S. 926–969.

Ehrismann, O.: *Nibelungenlied. Epoche – Werk – Wirkung*, München 1987.

Hofmann, W.: *Das Nibelungenlied*, 6. Aufl., Stuttgart 1992.

Knapp, F. P. (Hg.): *Nibelungenlied und Klage. Sage und Geschichte, Struktur und Gattung*,

(Passauer Nibelungengespräche 1985) Heidelberg 1987.

Müller, J.: *Spielregeln für den Untergang. Die Welt des Nibelungenlieds*, Tübingen 1998.

Müller, J.: *Das Nibelungenlied*, 2. Aufl., Berlin 2005.

Schulze, U.: *Das Nibelungenlied*, Stuttgart 2003.

IV. DRACHENSCHÄTZE UND VÖLKERSCHLACHTEN — MYTHOS UND GESCHICHTE IN DER NIBELUNGENSAGE

Breuer, J.: »Die historischen Nibelungen und ihre Dynastie in Geschichtsschreibung und Dichtung im Mittelalter«, in: *Ze lorse bi dem münster*, S. 123–147.

Bumke, J.: *Höfische Kultur. Literatur und Gesellschaft im hohen Mittelalter*, 2 Bde., München 1986.

Geary, P.: *Die Merowinger. Europa vor Karl dem Großen*, München 1996.

Höfler, O.: *Siegfried, Arminius und die Symbolik. Mit einem historischen Anhang über die Varusschlacht*, Heidelberg 1961.

Kaiser, R.: *Die Burgunder*, Stuttgart 2004.

Levillain, L.: »Les Nibelungen historiques et leurs alliances de famille«, in: *Annales du Midi* 49 (1937), S. 337, 295–408, und 50 (1938), S. 5–66.

Neumann, G. u. a.: Art. »Burgunden«, in: *Realenzyklopädie der Germanischen Altertumskunde*, Bd. 4, Berlin / New York 1981, S. 224–271.

Schubart-Stumpfe, O.: *Der Kampf mit dem Drachen. Begegnungen mit einer Elementarkraft im Spiegel der Kulturen*, Stuttgart 1999.

Störmer, W.: »Nibelungentradition als Hausüberlieferung in frühmittelalterlichen Adelsfamilien? Beobachtungen zu Nibelungennamen im 8./9. Jahrhundert vornehmlich in Bayern«, in: *Nibelungenlied und Klage*, S. 1–20.

Wiegels, R. (Hg.): *Die Varusschlacht. Wendepunkt der Geschichte?*, Darmstadt 2007.

V. ATTILA IN SOEST? – SCHAUPLÄTZE UND LOKALE NIBELUNGENTRADITIONEN

Attila und die Hunnen, hg. v. Historischen Museum der Pfalz, Stuttgart 2007.

Györffy, G.: Art. »Etzelburg«, in: *Lexikon des Mittelalters*, Bd. 4, München 2003, Sp. 63 f.

Hansen, W.: *Wo Siegfried starb und Kriemhild liebte. Die Schauplätze des Nibelungenlieds*, München 2004.

Heuwieser, M.: »Passau und das Nibelungenlied«, in: *Zeitschrift für bayerische Landesgeschichte* 14 (1943/44), S. 5–62.

Ritter-Schaumburg, H.: *Die Nibelungen zogen nordwärts*, 2. Aufl., München/Berlin 1981.

Ze lorse bi dem münster. Das Nibelungenlied (Handschrift C), hg. v. J. Breuer, München 2006.

VI. MACHT DER MYTHEN – DIE MODERNE SUCHE NACH DEN NIBELUNGEN

Borchmeyer, D. (Hg.): *Wege des Mythos in der Moderne. Richard Wagners »Der Ring des Nibelungen«*, München 1987.

»Die Szene als Modell. Die Bühnenbildmodelle des Richard-Wagner-Museums und der ›Ring des Nibelungen‹« in: *Bayreuth 1876–2000*, München/Berlin 2006 (mit Beiträgen von S. Friedrich u. a.).

Eckert, N.: *Der Ring des Nibelungen und seine Inszenierungen von 1876 bis 2001*, Hamburg 2001.

Harbou, T. v.: *Das Nibelungenbuch*, Berlin 1923.

Heinzle, J. und A. Waldschmidt (Hg.): *Die Nibelungen. Ein deutscher Wahn, ein deutscher Alptraum*, Frankfurt/M. 1991.

Martin, B. R.: *Die Nibelungen im Spiegelkabinett des deutschen Nationalbewusstseins. Studie zur literarischen Rezeption des Nibelungenliedes in der Jugend- und Unterhaltungsliteratur von 1819 bis 2002*, München 2004.

Münkler, H. und W. Storch: *Siegfrieden. Politik mit einem deutschen Mythos*, Berlin 1988.

Schulte-Wülwer, U.: *Das Nibelungenlied in der deutschen Kunst des 19. und 20. Jahrhunderts*, Gießen 1980.

Wunderlich, W. (Hg.): *Der Schatz des Drachentödters. Materialien zur Wirkungsgeschichte des Nibelungenlieds*, Stuttgart 1977.

Zatloukal, K. (Hg.): *Die Rezeption des Nibelungenlieds*, Wien 1995.

REGISTER

(*Kursive* Seitenangaben verweisen auf
Einträge in den Karten.)

DANKSAGUNG

Das vorliegende Buch behandelt ein weit gestecktes Thema. Es umfasst einen Zeitraum von beinahe zweitausend Jahren und schlägt einen Bogen von der spätantiken und mittelalterlichen Geschichte Europas über die Kunst, Archäologie und Literatur dieser Epochen bis in die politische und Kulturgeschichte der Moderne. Viele haben dabei geholfen, hier den Überblick zu bewahren.

Eine Reihe von Anregungen entstand im Zusammenhang mit der gleichnamigen Fernsehproduktion für ARD und arte. Dafür danke ich den Regisseuren Jürgen Stumpfhaus und André Meier, Dr. Katja Wildermuth (MDR) sowie Simone Baumann, Friederike Freier und Irena Walinda (LE VISION).

Für die kompetente Betreuung im Verlag ist Elmar Klupsch (Gustav Lübbe Verlag) und Heike Rosbach (Fachlektorat) zu danken. Teile des Manuskriptes hat Katja Lehmann (Dresden) gelesen. Für umfangreiche Korrekturen, Bild- und Textrecherchen waren Anna Wipplinger, Sandra Lehner, Andrea Hofmann, Solvejg Schlee und Christine Unverzahrt (alle Regensburg) unentbehrlich.

Ihnen allen gilt mein herzlichster Dank!

Dresden, im Januar 2008
Jörg Oberste